2025

EBS 교육방송교재

물류관리사

단기완성

Since 2006
누적판매
1위

최신기출
개정법령
완벽반영

시험안내

물류관리사 개요

1 물류관리사란?

물류 관련 업무의 전문가로서, 물류의 전반적인 과정을 기획하고 관리하는 역할을 수행합니다. 물류관리사의 주된 업무는 물품의 수송, 보관, 하역, 포장, 유통, 국제물류 등을 체계적으로 관리하여 비용을 절감하고 효율성을 극대화하는 것입니다.

물류관리사 자격증은 국가공인 자격증으로, 한국산업인력공단이 주관하는 시험에 합격해야 취득할 수 있습니다. 물류 전문가로서의 전문성을 인정받기 위한 필수 자격증이라고 할 수 있습니다.

2 물류관리사 자격증이 필요한 사람들

① 물류 분야 취업을 원하는 취업 준비생

② 물류 실무자로서 자격증과 이론에 대한 지식이 필요한 직장인

③ 인사고과 및 승진을 위한 직장인 등

3 물류관리사의 수행업무

물류관리사는 물류관리에 대한 전문적인 지식을 가지고 원자재의 조달에서부터 물품의 생산, 보관, 포장, 가공, 유통에 이르기까지 물류가 이동되는 전체영역의 업무를 수행합니다.

4 물류관리사의 진로 및 전망

물류관리사는 물류관련 정부투자기관이나 공사, 운송・유통・보관 전문회사, 대기업 또는 중소기업의 물류 관련 부서(물류, 구매, 자재, 수송 등), 물류연구기관에 취업이 가능하다. 물류는 대부분의 주요 기업 활동을 포함하고 있으므로 대기업, 중소기업 및 공기업 모두 물류관리사를 요구하고 있다.

또한, 각계 전문기관에서 물류부문을 전자상거래와 함께 유망직종 중의 하나로 분류하고 있으며, 정부차원에서는 국가물류기본계획을 수립하여 우리나라가 지향하는 물류미래상을 제시하고 세계 속에서 경쟁할 수 있는 물류전문인력을 양성・보급한다는 장기 비전을 제시하고 있다. 이러한 현 상황과 기업에서의 물류비용의 증가가 국제경쟁력 약화의 중요 원인임을 인식하고 물류 전담부서를 마련하고 있는 추세에서 물류전문가는 부족한 실정이어서 고용 전망이 매우 밝다.

시험정보

1 시험과목 및 배정

<table>
<tr><th>교시</th><th>시험과목</th><th>세부사항</th><th>문항수</th><th>시험시간</th><th>시험방법</th></tr>
<tr><td rowspan="3">1</td><td>물류관리론</td><td>물류관리론 내의 「화물운송론」, 「보관하역론」 및 「국제물류론」은 제외</td><td rowspan="3">과목당
40문항
(총 120문항)</td><td rowspan="3">120분
(09:30~11:30)</td><td rowspan="5">객관식
5지선택형</td></tr>
<tr><td>화물운송론</td><td>–</td></tr>
<tr><td>국제물류론</td><td>–</td></tr>
<tr><td rowspan="2">2</td><td>보관하역론</td><td>–</td><td rowspan="2">과목당
40문항
(총 80문항)</td><td rowspan="2">80분
(12:00~13:20)</td></tr>
<tr><td>물류관련법규</td><td>「물류정책기본법」, 「물류시설의 개발 및 운영에 관한 법률」, 「화물자동차운수사업법」, 「항만운송사업법」, 「농수산물유통 및 가격안정에 관한 법률」 중 물류 관련 규정</td></tr>
</table>

※ 물류관련법규는 시험 시행일 현재 시행 중인 법령을 기준으로 출제함
(단, 공포만 되고 시행되지 않은 법령은 제외)

2 합격기준

매 과목 100점을 만점으로 하여 매 과목 40점 이상, 전 과목 평균 60점 이상 득점한 자

3 응시정보

- 응시자격 : 제한없음
- 주무부서 : 국토교통부
- 시행처 : 한국산업인력공단
- 응시수수료 : 20,000원
- 과목면제 : 물류관리론(화물운송론 · 보관하역론 및 국제물류론은 제외) · 화물운송론 · 보관하역론 및 국제물류론에 관한 과목이 개설되어 있는 대학원에서 해당 과목을 모두 이수(학점을 취득한 경우로 한정한다)하고 석사학위 이상의 학위를 받은 자는 시험과목 중 물류관련법규를 제외한 과목의 시험을 면제

※ 정확한 내용은 국가자격시험 물류관리사 (www.q-net.or.kr) 에서 확인

시험안내

물류관리사 시험 통계

1 최근 5개년 응시율 및 합격률

구분	접수자	응시자	응시율	합격자	합격률
제24회(2020년)	8,028명	5,879명	73.23%	2,582명	43.92%
제25회(2021년)	9,122명	6,401명	70.17%	3,284명	51.30%
제26회(2022년)	9,803명	6,053명	61.74%	2,474명	40.87%
제27회(2023년)	11,164명	6,816명	61.05%	3,304명	48.47%
제28회(2024년)	12,435명	7,186명	57.78%	3,448명	47.98%
총 계	50,552명	32,335명	63.9%	15,092명	46.6%

2 과목별 채점결과(2024년 제28회)

(단위 : 명, 점, %)

구분	응시자수	평균점수	과락자수	과락률
물류관리론	7,142명	63.12점	438명	6.13%
화물운송론	7,142명	67.01점	491명	6.87%
국제물류론	7,142명	53.74점	1,049명	14.69%
보관하역론	7,094명	71.35점	219명	3.09%
물류관련법규	7,138명	43.60점	2,816명	39.45%

※ '과락자'는 40점미만 득점자를 뜻함

3 2025년 물류관리사 시험일정

회차	자격명	원서접수	추가접수	시험 시행일	합격자 발표일
29회	물류관리사	6.16 ~ 6.20	7.17 ~ 7.18	7.26(토)	8.27(수)

이론과 문제풀이를 분권화하여 학습 효율성을 높였습니다!

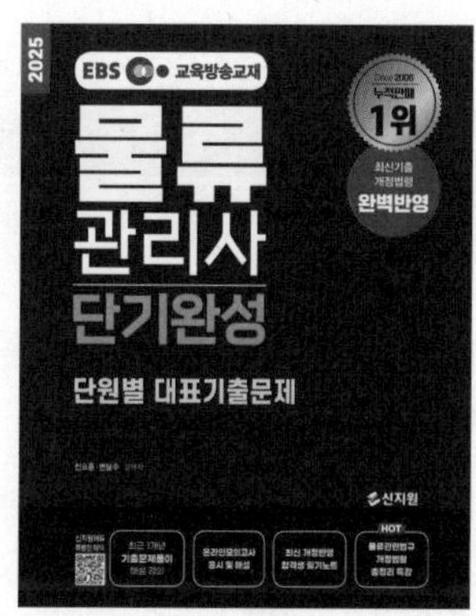

장점 1 이론과 문제의 분리

실제 시험 구성과 동일하게 과목을 1교시와 2교시로 분권화하면 휴대성이 높아져 언제 어디서나 학습이 용이해집니다. 또한, 각 과목을 따로 분리하여 관리하기 쉬워 필요한 부분만 집중적으로 학습할 수 있어 학습 효율성이 크게 향상됩니다. 특히, 시험 준비 과정에서 진도 관리가 체계적으로 이루어지며, 학습 부담을 줄이면서도 효과적인 복습이 가능합니다.

> 1교시 : 물류관리론, 화물운송론, 국제물류론
> 2교시 : 보관하역론, 물류관련법규

장점 2 단원별 대표기출문제 분리

회차별 기출문제 풀이에 비해 과목별/단원별 기출문제 풀이는 학습 효과를 배가시킬 수 있습니다. 물류관리사 시험에서 기출문제 풀이는 유형 파악과 복습의 필수적인 요소로, 단원별로 문제를 묶어 학습하면 학습에 더욱 집중할 수 있고 이해도가 높아집니다.

단원 이론 학습 후 문제를 풀면 이론에 대한 이해를 더욱 깊게 할 수 있으며, 이후 문제 풀이만 따로 복습할 때도 부담 없이 활용할 수 있습니다.

또한, '이론 학습 → 문제 풀이 → 이론 복습'의 반복 학습 구조를 만들어 체계적이고 효율적인 학습이 가능합니다.

미리보기

시험 문제에 나오는 중요 내용을 가독성있게 이론 정리하였습니다 !

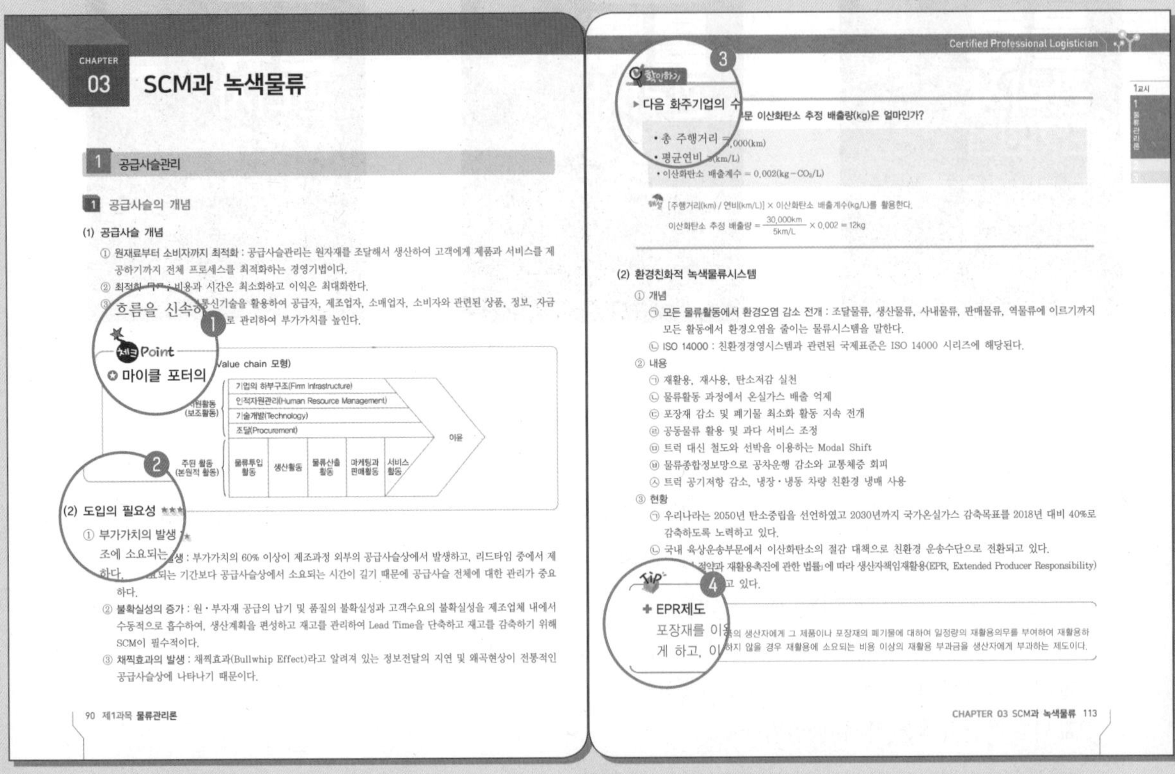

❶ 시험에 자주 출제되는 내용을 '체크 point'로 구분하여 가독성을 높였습니다.

❷ 최근 5개년 기출문제를 분석해 빈출 이론에 중요도를 ★로 표시, 중요도에 따라 3단계로 표기했습니다.

❸ 계산문제는 관련 이론에 '확인하기'를 추가해 실전 적용이 가능하도록 구성했습니다.

❹ 추가적으로 알아두어야 할 이론과 용어는 'TIP'으로 정리해 이해를 돕도록 하였습니다.

과목별 / 단원별 대표기출문제와 해설로 학습효과를 높였습니다!

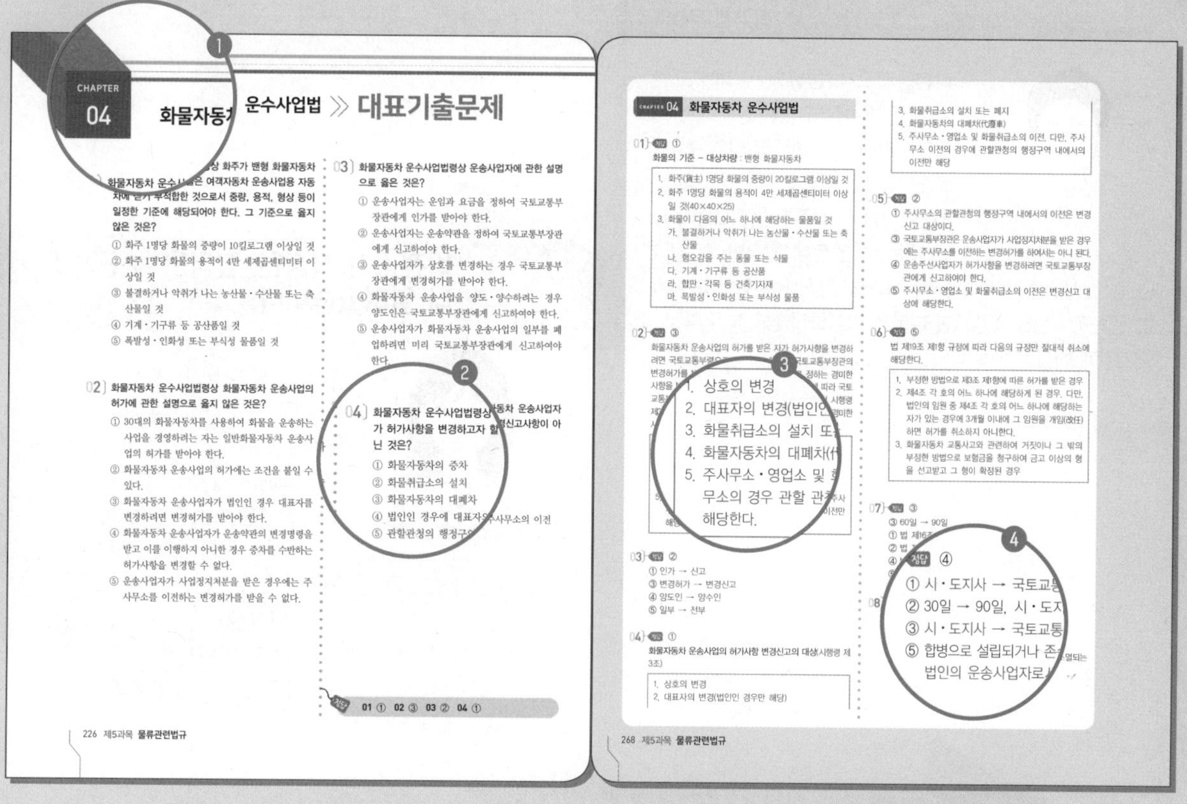

❶ 단원별로 문제를 분리해 학습한 이론을 문제에 바로 적용하고 이해할 수 있도록 구성하였습니다.

❷ 문제와 해설을 분리하여, 먼저 문제를 풀어본 후 해설을 따로 확인할 수 있도록 하였습니다.

❸ 물류 관련 법규는 해설에 '시행령'과 '시행규칙'도 수록하여 개괄적인 학습이 되도록 하였습니다.

❹ 오답 해설을 통해 유사한 내용을 비교 · 설명하여 명확한 이해를 돕고 사고력을 확장시킬 수 있도록 하였습니다.

합격 수기

노베이스라도 단기 합격 가능!

합격생 우O영

비전공자로서, 물류와 무역에 대한 기초 지식이 전혀 없는 상태에서 시작했지만, 신지원에듀의 단기완성으로 단기간에 합격할 수 있었습니다. 평균 82점, 비전공자임에도 불구하고 짧은 시간 안에 합격할 수 있었던 건 신지원에듀의 체계적인 교재와 강의 덕분이라고 생각합니다. 강사님들이 중요한 부분을 깔끔하게 정리해 주셔서 단기간에 핵심 이론을 파악할 수 있었어요.

비전공자 직장인, 합격은 누구에게나 열려있습니다.

합격생 정O운

부서 내 물류관리사 시험에 준비하는 분을 통해 EBS물류관리사를 추천받았고 구매 전 오랜시간 고민하고 검색해본 결과 신지원에듀를 믿고 가도 되겠다는 확신이 생겼습니다. (확신의 근거 : 개정법령 강의, 합격생 요점노트 공유, 5개년 기출문제 해설, 체계적으로 구성된 단기완성 교재, 세세한 설명과 문제풀이) 신지원에듀를 선택한 저의 확신은 스스로에게 동기부여가 되었고, 그 결과를 합격으로 증명했습니다.

합격! 신지원에듀와 함께라면 가능합니다.

합격생 임O준

타사의 책과 OT강의를 비교하다가 신지원에듀로 결정하게 되었습니다. 세세한 설명의 교재와 꼼꼼한 강의 덕분에 다른 곳에 눈돌리지 않고 시험 직전까지 공부를 잘 마무리할 수 있었습니다.
중요도와 빈출표기가 명확하여 공부방향을 잘 잡을 수 있었고 시험 직전 제공하는 신지원에듀의 양질의 핵심노트와 개정법령 제공은 합격에 확신을 주었습니다.
평균 78점으로 여유있게 합격했습니다.

더 많은 합격수기 보기

물류
관리사
1과목
물류관리론

출제영역 및 학습방법

기출 분석

물류관리론 주요 영역별 출제문항 수

(단위 : 문항수)

주요 영역 \ 연도	2020	2021	2022	2023	2024	합계	비율(%)
물류 원론	9	9	8	8	6	40	20
물류의 합리화	5	7	6	5	6	29	14.5
물류비용	4	3	4	5	4	20	10
고객서비스와 품질관리	2	3	3	3	5	16	8
유통과 마케팅	4	2	4	5	3	18	9
물류정보시스템	8	7	6	6	7	34	17
물류 조직과 아웃소싱	2	2	2	2	3	11	5.5
공급사슬관리	5	5	6	4	4	24	12
물류포장과 녹색물류	1	2	1	2	2	8	4
총계(문항수)	40	40	40	40	40	200(문항)	100(%)

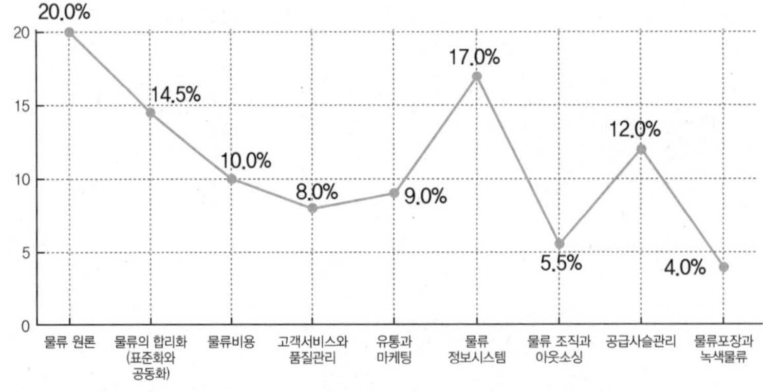

학습방법

최근 5년간 물류관리론 기출문제를 분석한 결과, 유사한 유형의 문제가 반복 출제되고 있음을 확인할 수 있었습니다. 통상적으로 기출문제를 다소 변형한 문제은행식 출제가 이루어지고 있다고 할 수 있습니다. 이에 따라 향후 물류관리사 자격을 취득하고자 하는 학습자들께서는 물류관리사 시험의 핵심 과목인 물류관리론에서 고득점을 받는 것이 매우 중요합니다. 이를 위해서는 기출문제 분석이 잘 되어 있는 교재를 선택하고, 전문 강사의 도움을 받는 것이 효과적인 학습 전략이 될 수 있습니다. 이를 바탕으로 짧은 시간 안에 전략적인 학습을 진행하여 합격이라는 목표를 이룰 수 있을 것입니다.

또한, 글로벌 경제 환경과 물류 환경이 급변하는 이 시점에서 글로벌 공급망에 대한 이해는 필수적입니다. 특히 우리나라는 수출입에 의존하는 경제 구조를 가지고 있기 때문에 물류 분야는 그 중요성이 더욱 강조되고 있습니다. 물류관리사 자격을 준비하시는 모든 분들의 노고에 진심으로 감사드리며, 본 교재가 대한민국 물류 발전에 기여하는 초석이 되기를 바랍니다.

저자 전표훈

차례

물류관리론

CHAPTER 01 물류관리 일반

차례

제1과목

물류관리론

CHAPTER 01 물류관리 일반

CHAPTER 02 물류시스템 구축

CHAPTER 03 SCM과 녹색물류

CHAPTER 01

물류관리 일반

1 물류원론

1 물류관리 배경의 이해

- 1960년대 : 스마이키에 의해 물적유통(Physical Distribution Management) 개념 도입
- 1980~1990년대 : 걸프전 이후 로지스틱스(Logistics)의 기술을 비즈니스모델에 적용
- 1997년 이후 : 하우리(Hau Lee) 교수가 공급사슬관리를 설명하는 대표적인 이론인 채찍효과(Bullwhip Effect)를 처음으로 제창하면서, 1990년대 말 공급사슬관리(SCM)의 시대 출발

	1960~1970년대	1980~1990년대	1990년대 말~
제조기술	• 제조기술 부족, 공급 부족 • 제품 차별화의 시대	• 제조기술 발전, 경쟁 심화 • 제품 다양화의 시대	• 제조기술 평준화, 무한 경쟁 • 시장이 원하는 제품의 시대
생산전략	• 소품종 대량생산의 시대 • 국내생산의 시대	• 다품종 소량생산의 시대 • 생산지와 소비지의 분리	• 고객 맞춤형 대량생산의 시대 • 글로벌 소싱의 시대
시장	• 소비자가 기다리는 시대 • 판매자 시장(Seller's Market) • 긴 제품수명주기	• 소비자의 기호 다양화 • 구매자 시장으로 전환 진행 • 짧아지는 제품수명주기	• 소비자의 기호 극단적 다양화 • 구매자 시장으로 전환 • 짧아진 제품수명주기
물류의 역할과 지향	• 생산과 영업의 하위기능 • 개별 기능으로서 비용절감	• 개별 기능을 합친 포괄적 기능 • 전체 최적화와 고객만족	• 기업 간 전체 공급사슬 • 전체 공급사슬 최적화
	물적유통의 시대	로지스틱스의 시대	공급사슬관리의 시대

◀ 물류의 변화를 이끈 자본주의의 변화 ▶

+ 공급사슬, 공급망

Supply Chain Management(SCM)는 우리말로 공급사슬관리와 공급망관리 모두 통용되었으나, 국립국어원은 산업통상자원부 주관 중앙행정기관 전문용어 개선안 검토회의 결과를 참조하여 공급망관리로 순화하였으나, 시험목적상 공급사슬로 일원화하였음.

2 물류의 개념 발전 ★★★

(1) 「물류정책기본법」상 '물류'의 정의

물류(物流)란 재화가 공급자로부터 조달・생산되어 수요자에게 전달되거나 소비자로부터 회수되어 폐기될 때까지 이루어지는 운송・보관・하역 등과 이에 부가되어 가치를 창출하는 가공・조립・분류・수리・포장・상표부착・판매・정보통신 등을 말한다(「물류정책기본법」 제2조 제1항 제1호).

(2) 물적유통의 개념

① **상품의 물적 흐름** : 물류(物流)는 물적유통(Physical Distribution)의 약어이며, 운송・보관 등을 통한 상품의 흐름을 의미한다. 물류와 대비되는 상류(商流)는 상적유통(Commercial Distribution)의 약어이며, 상품 소유권의 흐름을 의미한다.

② **판매의 일부** : 물적유통은 물류를 판매의 일부로 간주하는 개념이다.

③ **기능별・영역별 분류** : 물적유통은 제품을 소비자에게 운송・보관하는 기능과 관련성이 높고, 물류의 영역별 구분으로는 판매물류에 해당한다.

④ **부분 최적화** : 물적유통은 물류를 개별 기능으로 보기 때문에, 개별 기능 단위의 부분 최적화를 중요하게 보았다. 즉, 운송기능이라면 운송비 절감만을 중요하게 보았다.

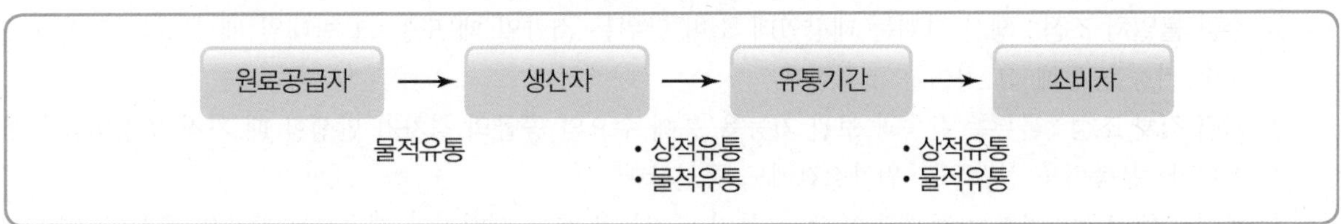

(3) 로지스틱스(Logistics)

① **재화의 전체적 흐름** : 1980년대 이후 물적유통은 로지스틱스(Logistics)로 발전했다. 로지스틱스는 군사용어인 '병참'에서 유래했으며, 보급, 정비, 회수, 수송, 건설 등 전투를 지원하는 기능을 뜻한다. 비즈니스적으로 기업에서는 물류를 운송과 보관뿐만 아니라 조달물류, 생산물류, 회수물류를 포함한 재화의 **전체적 흐름**으로 받아들이고 있다.

② **통합된 기능** : 군사용어 '병참'이 전투를 제외한 모든 기능이듯이, 로지스틱스는 물류를 단순 개별 기능이 아닌 재화를 다루는 모든 활동과 관련 활동 모두, 즉 통합된 기능으로 본다. 고객의 욕구를 충족하기 위해 원산지에서 소비지에 이르는 조달, 생산, 판매, 유통, 소비, 폐기, 회수 등 재화를 다루는 모든 활동을 포함한다.

③ **전체 최적화** : 로지스틱스는 물류를 통합된 기능으로 보기 때문에, 기업 내 전체 최적화를 중요하게 본다. 물류를 전체 최적화 관점에서 통합 기능으로 관리할 수 있게 된 데는 1990년대 정보기술 발전이 많은 영향을 주었다.

(4) 공급사슬관리(Supply Chain Management)

① **기업 내·외부를 포괄하는 통합적 관리** : 기업 내부로 한정되어 있던 물적유통과 로지스틱스의 개념은 1990년대 이후 기업 내부와 외부를 포괄하는 공급사슬관리의 개념으로 확대되었다.

② **기업 간 연결** : 글로벌 경영 확대, 제품별 분업이 아닌 공정별 분업의 확대, 소비자의 요구 다양화로 기업 내부 역량만으로는 경쟁할 수 없게 되자, 기업 외부 공급자로부터 최종 고객에 이르는 전체 유통채널을 통합 관리해야 할 필요성이 높아졌다.

③ **기업 간 정보공유** : 전체 유통채널을 통합 관리하기 위해서는 공급업체, 제조업체, 유통업체 등 공급사슬에 존재하는 모든 기업 간 구매, 생산, 판매, 재고 정보를 공유해야 할 필요성이 높아졌다.

④ **정보기술 고도화** : EDI, 구매 포털 등 기업 간 정보시스템을 연결하는 기술이 더 고도화되면서, 과거에 비해 기업 간 정보를 더 쉽게 공유할 수 있게 되었고 공급사슬관리를 촉진하였다.

3 물류의 기능별 분류 ★★☆

(1) 물류의 기본 기능

① **장소 격차 조정** : 물류는 '운송기능'을 통해 생산지와 소비지의 거리 차이를 좁혀준다.

② **시간 격차 조정** : 물류는 '보관기능'을 통해 생산 시기와 소비 시기가 달라도 소비할 수 있게 해준다.

③ **수량 불일치 조정** : 생산 단위는 대량인데 소비 단위는 소량일 때 또는 그 반대일 때 물류는 포장과 집화, 운송 기능을 통해 그 차이를 조정한다.

④ **가격 격차 조정** : 물류는 운송과 보관 기능을 통해 수요와 공급의 격차가 발생할 때 가격 조정역할을 할 뿐 아니라, 운송비용 절감으로 원가절감에도 공헌한다.

⑤ **품질 격차 조정** : 물류는 보관과 포장, 유통가공 기능을 통해 생산자가 제공하는 제품의 품질이 소비자에게 인도될 때까지 유지되도록 관리한다.

⑥ **인적 격차 조정** : 생산자와 소비자가 만나는 시장에서 물류는 운송과 포장을 통해 생산자와 소비자가 유대 관계를 구축할 수 있도록 연결해 주는 역할을 한다.

(2) 물류의 활동별 기능

① **운송** : 제품이나 상품을 효용가치가 낮은 장소에서 높은 장소로 이동시켜 **장소적 효용**가치를 높이는 활동이다.

㉠ **물류비 중 가장 큰 비중** : 일반적으로 운송비는 전체 물류비에서 가장 큰 비중을 차지한다. 2020년 기준 우리나라 기업물류비에서 운송비는 약 60% 이상을 차지한다.

㉡ **수송과 배송** : 물류거점 간의 이동을 의미하는 수송과 일정 지역 내의 소비자에게 전달하는 배송으로 분류할 수 있다.

㉢ **장소와 가격 차이 조정** : 생산과 소비의 장소와 가격 차이 조정은 물론, 운송비용 절감을 통한 원가절감에도 공헌한다.

② **보관** : 제품이나 상품을 물리적으로 저장하는 활동이다.

㉠ **시간과 품질 차이 조정** : 제품이나 상품의 품질을 유지하며, 생산과 소비의 **시간적 효용**을 통해 차이를 조정한다.

㉡ **고객서비스 기능** : 물류에서 고객서비스는 고객이 원하는 시기에 원하는 양만큼 원하는 재고를 보유하고 있는지를 의미한다. 고객서비스를 위해서는 보관기능이 필요하다.

③ **하역** : 운반수단에 화물을 싣고 내리는 작업, 보관시설에서 화물을 운반·입고·분류·출고하는 작업, 그리고 여기에 따르는 부수적인 작업을 총칭하는 물류활동이다.

㉠ **운송과 보관의 연결 고리** : 운송에서 보관으로, 보관에서 운송으로 제품이나 상품을 연결해 주는 역할이다.

㉡ **제품이나 상품 취급 행위 전체** : 상차, 하차, 운반, 적재, 분류 등을 말한다.

㉢ **기계화와 자동화의 대상** : 물류 전체 생산성에 영향을 주는 요인으로, 기계화와 자동화가 요구되는 영역이다.

④ **포장** : 한국산업표준 KS T 1001에 따르면 물품의 수송, 보관, 취급, 사용 등에 있어서 그것의 가치 및 상태를 보호하기 위하여 적합한 재료 또는 용기 등으로 물품을 포장하는 방법 및 포장한 상태를 말한다.

㉠ **생산의 마지막 단계이자 물류의 시작** : 일반적으로 완제품을 생산할 때 마지막으로 하는 작업이자, 공장에서 완제품을 출고하여 고객에게 배송하기 직전의 과정이다. 포장은 생산의 마지막 단계이자 물류의 시작점이다.

㉡ **포장의 종류** : 한국산업표준 KS T 1001에 따르면 포장에는 내부 포장을 의미하는 속포장과 외부 포장을 의미하는 겉포장, 그리고 낱개 포장인 낱포장 등이 있다.

㉢ **품질 격차 조정** : 생산자가 소비자에게 전달하는 제품이나 상품의 품질을 유지해 준다.

㉣ **상품 가치 제고** : 제품을 보호하고 다루기 쉽게 해주며, 상품 가치를 높여준다.

㉤ **표준화와 모듈화의 대상** : 표준화와 모듈화를 통해 물류비를 절감하고 적재효율을 높이는 데 공헌한다.

⑤ **유통가공** : 제품이나 상품의 유통과정에서 이루어지는 단순 가공, 재포장, 조립, 절단 등의 물류활동을 말한다.

㉠ **완제품 포장공정과 구분** : 완제품 포장은 제조 이전의 가공이고, 유통가공은 제조 이후, 판매 이전의 가공이다. 제조를 위해 공장에서 부품을 가공하는 행위가 아니라, 판매 촉진을 위해 제품을 묶거나 다시 포장하는 행위를 말한다.

㉡ **가공** : 재포장, 라벨 부착, 묶음, 해체, 조립 등의 행위를 말한다. 예를 들어 명절 선물세트를 구성하기 위해 여러 단품들을 합해서 포장하는 경우가 대표적이다.

⑥ **물류정보** : 운송, 보관, 포장, 하역 기능을 물류활동 관련 정보로 연결함으로써 전체 물류관리를 효율적으로 수행하게 해준다. 주요 물류정보로는 입고 예정 정보, 입고정보, 수주 및 발주정보, 재고정보, 출고정보, 고객별 물류 요구사항 정보 등이 있다.

4 물류의 영역별 분류 ★★☆

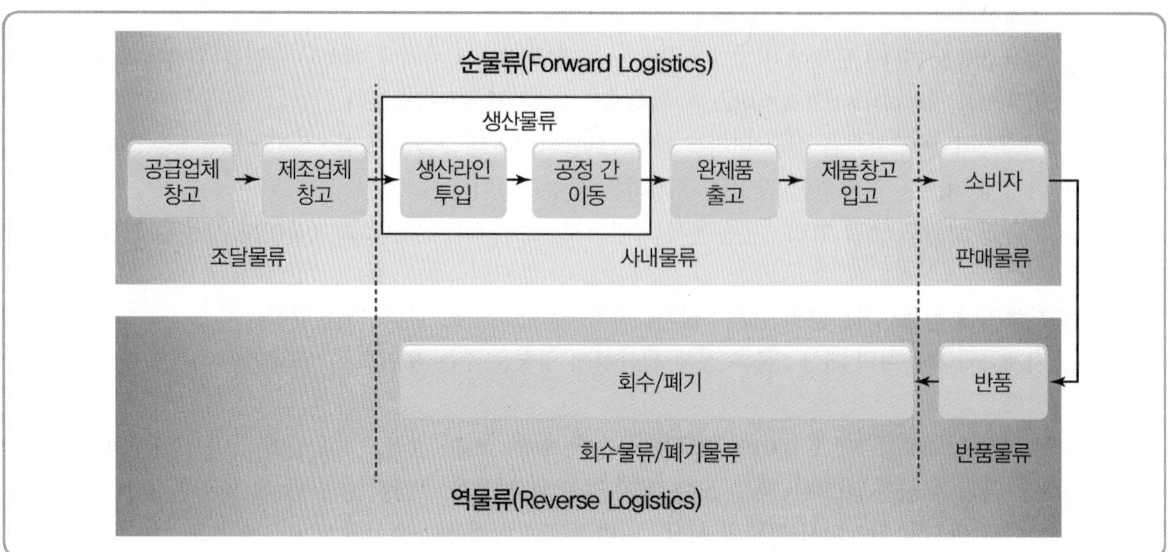

(1) 순물류(Forward Logistics)

① **조달물류** : 제조업의 경우 원재료를 조달처로부터 운송하고, 보관창고에 입고하여 생산공정에 투입하기 직전까지의 물류활동을 말한다. 도소매업의 경우 매입한 상품을 판매창고에 보관하고 소비자에게 전달하기 전까지의 물류활동을 말한다.

㉠ **물류의 시작점** : 판매물류의 시작점은 완제품 입고부터지만, 조달물류의 시작점은 원재료 입고부터이다.

㉡ **전략적 기능** : 공급사슬관리의 등장으로 글로벌 조달, 공급자와의 장기적 파트너십 구축, 공급자의 신제품 개발 참여 경향이 나타나면서, 조달물류는 전략적으로 중요한 분야가 되었다.

㉢ **조달물류의 발전** : 조달물류의 중요성이 높아짐에 따라 구매(Purchasing) → 조달(Procurement) → 공급사슬(Supply Chain)의 개념으로 진화되어 왔다.

- 구매(Purchasing) : 발주, 입고, 보관, 대금 지급 중심
- 조달(Procurement) : 공급처 발굴, 업체 선정, 구매조건 협상, 계약 등 구매 전후절차
- 공급사슬(Supply Chain) : 조달처부터 소비자에 이르는 기업 간 정보와 물자의 흐름관리

② **생산물류** : 원재료가 보관창고에서 출고되어 생산공정에 투입되는 시점부터 제품이 생산되고 포장되어 나올 때까지의 물류활동(「기업물류비 산정지침」에는 규정 없음)

③ **사내물류** : 매입물자의 보관창고에서 완제품 등의 판매를 위한 장소까지의 물류활동

④ **판매물류** : 생산된 완제품 또는 매입한 상품을 판매창고에 입고한 후, 소비자에게 전달하는 물류활동을 말한다.

(2) 역물류(Reverse Logistics)

반품물류, 회수물류, 폐기물류를 말한다. 순방향 배송과 반대 방향으로 발생하기 때문에 역물류라고 부른다.

① **반품물류** : 소비자나 고객에게 팔았던 제품과 상품을 교환이나 반품을 위해 도로 판매자에게 돌려보내는 물류를 말한다. 전자상거래의 발전으로 물건을 직접 보고 살 수 없어 소비자의 변심이 자주 일어나고 있고, 유통채널 간 고객만족을 위한 경쟁이 치열해지면서 과거보다 더 중요해졌다.

② **회수물류** : 제품이나 상품의 판매물류 이후에 발생하는 컨테이너, 파렛트, 빈 용기 등의 재사용과 재활용을 위한 물류활동이다. 녹색물류의 등장으로 과거보다 더 중요해졌다.

③ **폐기물류** : 원재료와 제품의 포장재 및 수·배송 용기 등의 폐기물을 처분하기 위한 물류활동이다.

5 물류사업의 범위

물류사업의 범위는 우리나라 「물류정책기본법」 시행령 제3조(별표 1)에 규정되어 있으며, 이밖에 「물류정책기본법」 제26조에 따라 고시된 「기업물류비 산정지침」과 연계된다.

대분류	세분류	세세분류
화물 운송업	육상화물운송업	화물자동차운송사업, 화물자동차운송가맹사업, 철도사업
	해상화물운송업	외항정기화물운송사업, 외항부정기화물운송사업, 내항화물운송사업
	항공화물운송업	정기항공운송사업, 부정기항공운송사업, 상업서류송달업
	파이프라인운송업	파이프라인운송업
물류시설 운영업	창고업 (공동집배송센터운영업 포함)	일반창고업, 냉장 및 냉동 창고업, 농·수산물 창고업, 위험물품보관업, 그 밖의 창고업
	물류터미널운영업	복합물류터미널, 일반물류터미널, 해상터미널, 공항화물터미널, 화물차전용터미널, 컨테이너화물조작장(CFS), 컨테이너장치장(CY), 물류단지, 집배송단지 등 물류시설의 운영업
물류 서비스업	화물취급업(하역업 포함)	화물의 하역, 포장, 가공, 조립, 상표부착, 프로그램 설치, 품질검사 등 부가적인 물류업
	화물주선업	국제물류주선업, 화물자동차운송주선사업
	물류장비임대업	운송장비임대업, 산업용 기계·장비 임대업, 운반용기 임대업, 화물자동차임대업, 화물선박임대업, 화물항공기임대업, 운반·적치·하역장비 임대업, 컨테이너·파렛트 등 포장용기 임대업, 선박대여업
	물류정보처리업	물류정보 데이터베이스 구축, 물류지원 소프트웨어 개발·운영, 물류 관련 전자문서 처리업
	물류컨설팅업	물류 관련 업무 프로세스 개선 관련 컨설팅, 자동창고, 물류자동화 설비 등 도입 관련 컨설팅, 물류 관련 정보시스템 도입 관련 컨설팅

대분류	세분류	세세분류
물류 서비스업	해운부대사업	해운대리점업, 해운중개업, 선박관리업
	항만운송관련업	항만용역업, 선용품공급업, 선박연료공급업, 선박수리업, 컨테이너 수리업, 예선업
	항만운송사업	항만하역사업, 검수사업, 감정사업, 검량사업
종합물류 서비스업	종합물류서비스업	종합물류서비스업

6 물류관리의 중요성 및 목표

(1) 물류관리의 중요성

① **물류비 증가** : COVID-19 이후 다품종 소량생산과 다빈도 소량 배송 등 전자상거래에 따른 소비자 개별 배송이 일상화되었고, 고객서비스 개선을 위한 역물류가 활성화되면서 물류비용 관리의 필요성이 점점 높아지고 있다.

② **원가절감과 이익증대 효과** : 제품의 수명주기 단축, 고객 맞춤형 제품 출시로 생산원가 절감은 한계에 달했으며, 경쟁 격화로 마케팅 활동에 의한 매출 증대 또한 한계에 다다랐다. 원가절감도, 매출 증대도 한계에 달한 기업들은 물류비 절감(제3의 이익원)을 통해 물류비 절감분만큼 영업이익 증대 효과를 누리려 하고 있다.

③ **고객만족도 개선** : 고객의 요구가 다양화, 전문화, 고도화됨에 따라 고객의 요구에 적절하게 대응하는 데 물류관리의 역할이 커진다. 물류관리는 비용절감을 통한 영업이익률 개선에 도움을 줄 뿐만 아니라, 배송서비스 품질이 그 기업의 인상을 결정하듯 고객만족도 개선에도 영향을 준다.

④ **전체 최적화** : 물류는 고객서비스 향상과 물류비용 절감이라는 상반된 목표를 달성하기 위하여 공급사슬 전체 통합 관점의 전체 최적화를 추구한다.

⑤ **글로벌 경영전략** : 글로벌 구매, 국가 간 분업의 확산으로 운송거리가 길어지고 수요와 공급, 물류비용의 불확실성이 높아지면서, 글로벌 경영에 대응하기 위한 물류의 중요성이 높아졌다.

⑥ **공급사슬관리로의 발전** : 원재료부터 소비자에 이르기까지 기업의 공급사슬 참여기업 간 조정과 협업을 강조하는 공급사슬관리의 중요성이 증가하면서, 물류관리의 대상이 원재료 조달, 구매상품 보관, 완제품 유통 등으로 넓어졌고, 공급사슬의 하부구조인 물류의 중요성이 커졌다.

체크 Point

제3의 이익원

물류비용 절감을 통한 이익창출은 제3의 이익원으로 인식

- 제1의 이익원(생산관리) : 비용절감(Cost Down)을 통한 이익창출
- 제2의 이익원(마케팅관리) : 매출액 증대를 통한 이익창출
- 제3의 이익원(물류관리) : 물류비 절감을 통한 이익창출

(2) 물류관리의 목표

① **효율성 제고** : 한정된 물류 자원을 효율적으로 활용하여 원활한 제조와 배송을 지원함으로써, 고객만족을 극대화하고 시장점유율과 수익률을 높일 수 있다.

② **원활한 의사소통** : 원재료 조달과 완제품 배송을 위한 의사소통을 통해 시간과 비용의 낭비를 사전에 방지한다.

③ **물류비용 절감** : 물류비용 절감을 통하여 영업이익 극대화에 공헌한다.

④ **고객서비스 수준 향상과 경쟁우위 달성** : 원재료 적시 조달을 통한 적시 생산과 완제품 적시 배송을 통한 판매 확대를 통하여 고객서비스 수준을 높임으로써 경쟁우위를 확보하는 데 공헌한다. 특히 비용을 절감하면서도 고객서비스 수준을 유지・개선하는 데 노력을 집중함으로써 경쟁우위를 확보한다.

⑤ **상충관계의 조절** : 물류합리화를 통해 상충관계(Trade-off)에 있는 물류비용과 고객서비스의 수준을 적정하게 조절함에 있다.

7 물류관리의 원칙 ★★★

(1) 일반원칙

① **적시성** : 필요한 수량을 필요한 시기에 공급함으로써, 고객만족도를 높이고 재고비용을 최소화한다.

② **경제성** : 최소의 자원으로 최대의 공급 효과를 추구하여 물류관리 비용을 최소화한다.

③ **집중지원** : 생산, 유통, 소비에 필요한 물자를 물량, 장소, 시기 등의 우선순위에 따라 집중적으로 공급한다.

④ **균형성** : 생산, 유통, 소비에 필요한 물자를 수요와 공급의 균형, 조달과 분배의 균형을 유지하며 공급한다.

⑤ **신뢰성** : 생산, 유통, 소비에 필요한 물자를 원하는 시기와 장소에 공급하여 사용할 수 있도록 보장한다.

⑥ **간편성** : 물류 프로세스나 물류조직은 간단하고 단순해야 능률이 오른다.

(2) 3S 1L과 7R

① **3S 1L 원칙** : 신속성, 경제성, 안전성, 정확성

3S 1L 원칙은 필요한 물자를 신속하고(Speedy), 저렴하고(Low), 안전하고(Safely), 확실하게(Surely) 거래 상대방에게 전달해야 한다는 원칙을 말한다.

② **물류관리의 7R**

㉠ **고객서비스 측면을 강조** : 7R 원칙은 에드워드 스마이키(Edward W. Smykay) 전 미시간 주립대 교수가 제창하였으며, 물류관리에서 고객서비스 측면을 강조한 원칙이다.

㉡ **적절해야(Right) 할 7가지 항목** : 상품, 수량, 품질, 가격, 시기, 장소, 인상

(3) 최근 물류환경 변화 추세 ★☆☆

① 제조업 중심의 생산자 물류에서 고객 중심의 소비자 물류로 전환되고 있어, 다품종 소량생산, 다빈도 배송이 중요시되고 있다.

② e-커머스 성장으로 택배, 당일배송 등의 신속한 물류서비스 경쟁이 증대되고 있다.

③ 기업 핵심역량 강화를 위해 물류 기능을 물류전문업체에 아웃소싱하는 제3자물류(3PL)와 제4자물류(4PL)의 활용이 크게 증가하고 있다.

④ 물류기술의 고도화 및 물류정보화의 진전으로 IoT와 인공지능 등에 기반을 둔 스마트팩토리를 통해 고객맞춤형, 다품종 · 소량 · 다빈도화를 촉진하고 있다.

⑤ 유통시장 개방 및 유통의 대형화로 유통채널의 주도권이 제조업체에서 유통업체로 이전되고 있다.

⑥ 유통가공 및 맞춤형 물류 기능 확대 등 고부가가치 물류서비스가 발전하고 있다.

⑦ 고객 맞춤형 기능 제공 등 고부가가치 물류서비스가 확산되고 있다.

⑧ 환경문제가 중시되는 가운데 그린물류에 대한 관심이 높아지고 있다.

⑨ 물류국제화가 진행되어 국내시장에서도 세계적인 물류기업과의 경쟁이 심화되고 있다.

⑩ RFID, 블록체인, 드론, 비콘, IoT 등의 정보기술을 이용한 물류관리가 정착되고 있다.

⑪ 상품의 입고부터 배송까지 물류 전체를 일괄 대행하는 풀필먼트(Fulfillment) 서비스의 증대 및 라스트마일(Last mile)의 중요성이 커지고 있다.

8 물류전략의 수립

(1) 전략

① 전략의 개념 : 최고경영진 주도로 기업 전체의 중장기 목표와 방향을 정하는 의사결정이다.

② 전략의 범위

기업수준 전략	기업 전체의 전사적 전략이며, 경쟁할 시장과 자원 배분 중심
사업부 전략	각 사업 단위의 전략이며, 경쟁우위나 사업 간 시너지효과 중심
기능별 전략	영업, 생산 등 기능 단위의 전략이며, 물류전략은 기능 전략에 속함

(2) 전술 및 운영

① 전술 : 전략에서 정한 목표를 달성하기 위한 사업부 단위의 단기적, 구체적 계획이다.

② 운영 : 사업부 단위 전술 목표를 달성하기 위한 기능조직별 구체적인 행동방침이다.

③ 전략, 전술, 운영의 비교 ★☆☆

구분	전략	전술	운영
의사결정의 성격	혁신적	일상적	일 단위
의사결정의 환경	불확실성	확실성	실행 영역
의사결정의 주체	최고경영층	중간관리층	부서, 현장관리자
고려 기간	중장기	단기	일 단위
관점	전사	사업	부서
예시	• 물류 아웃소싱 • '고객서비스' 요구사항 • 신사업	• 운송계획 • 수급계획 • 물류 생산성 제고	• 일일 생산계획 • 일일 배차 • 운송 관리, 창고 운영 • 주문처리

cf 구조적 수준(Robeson & Capacino) : 유통경로설계, 네트워크 전략

(3) 물류관리전략 수립

① 4단계 전략 수립절차

고객서비스 수준 결정 → 시설 입지 결정 → 재고정책 수립 → 운송수단 선택

② 물류전략 수립 시 고려사항

㉠ **공급사슬 전체 이익극대화** : 물류관리전략은 부품 공급에서 소비자에 이르는 공급사슬에서 공급사슬 전체의 이익 극대화를 추구해야 한다.

㉡ **유연성** : 효과적인 물류관리전략은 유연하면서도 고객의 다양한 요구를 저렴한 비용으로 충족해야 한다.

㉢ **총비용 최소화** : 물류관리전략의 목표는 비용절감, 서비스 개선 등이 있으며, 기회비용을 고려하여 총비용을 최소화할 수 있도록 전략을 수립한다.

㉣ **부가가치 창출** : 최근 물류관리의 목표는 단순 비용절감에서 부가가치 창출로 전환하고 있다. 판매와 생산을 보조하는 기능이 아닌 고객서비스 수준 향상을 통해 재구매와 매출을 유도하는 기능으로 변화하고 있다.

㉤ **제품과 제품수명주기별 차등** : 고객서비스는 모든 제품에 대해서 같은 수준으로 제공될 필요는 없으며, 물류관리전략 또한 제품수명주기에 따라 차별화할 수 있다.

㉥ **지연전략**(=연기전략, Postponement Strategy) : 고객 맞춤형 제품은 대량생산이 가능한 부분까지 대량생산하고, 마지막 고객별 세부 옵션은 최종소비자에게 판매하기 전에 완성해야 한다. 그렇지 않으면 고객별 세부 옵션까지 반영된 완제품 재고를 대량으로 보유해야 하므로 재고가 증가한다.

㉦ **표준화** : 고객서비스 수준을 높이고 물류비용을 절감하기 위해서는 프로세스와 각 활동의 표준화가 선행되어야 한다.

(4) 물류계획 수립

구분	전략	전술	운영
창고관리	레이아웃 설계	공간 활용	피킹
재고관리	입지	안전재고 수준	주문충족 수준
운송관리	운송수단	임대계약	발송

2 물류의 합리화(표준화와 공동화)

1 물류합리화

(1) 물류합리화의 개념

① 정의

㉠ **전체 최적화 추구** : 원재료 조달부터 소비자 배송에 이르는 물류시스템의 전체 활동을 체계화하여 전체 최적화를 달성해 나가는 과정을 말한다.

㉡ **서비스 수준 개선 및 물류비 절감** : 물류표준화, 물류자동화, 물류공동화를 통해 물류비를 절감함과 동시에, 최대한 높은 고객서비스 수준을 달성하기 위해 노력해야 한다.

② 필요성

㉠ **경제 규모의 증대** : 경제 규모가 커지면 지가와 임대료, 인건비가 상승하여 시설 투자와 인력 확보에 제약이 많아지며 물류비가 증가한다.

㉡ **물류비용 절감과 서비스 품질 유지** : 당일배송, 새벽배송, 도착시간 보장 등 고객의 물류서비스 요구가 복잡해지고 글로벌 조달과 분업이 늘어날수록, 물류비용 증가를 억제함과 동시에 고객이 만족할 만한 서비스 품질수준을 확보해야 한다.

㉢ **제품수명주기 단축** : 소비자의 욕구 다양화로 제품수명주기가 짧아지면서, 짧은 시간 안에 효율적으로 제품을 시장에 투입해야 한다.

㉣ **산업계의 변화** : 물류거점 집약화, 전자상거래 증가, 콜드체인 물류의 중요성 증대 등 산업계의 변화 요구에 대응해야 한다.

(2) 물류 최적화 방안

① 물류경로 최적화

㉠ **최적 운송수단 선택** : 불필요하게 운송수단을 교체하거나, 입・출고와 하역을 반복하지 않도록 운송수단을 선택한다.

㉡ **최적 운송계획 수립** : 배송지별 배송 빈도와 배송경로, 차량 크기 등을 정하고 이동 거리, 운송비용을 최소화할 수 있도록 계획에 따라 운송한다. 필요하다면 공동배송으로 대응한다.

㉢ **공차율 최소화 및 영차율 향상** : 복잡한 물류경로를 최대한 단순화하고 공차운행이나 휴차가 발생하지 않도록 한다.

② 물류 처리 속도 개선 및 보관기간 단축

㉠ **물류 처리 속도 개선** : 운송, 하역, 포장, 유통가공 속도는 물론, 수·발주 등 정보처리 속도를 전반적으로 높인다.

㉡ **보관기간 단축** : 크로스도킹의 활용을 통해 창고에 물자를 보관하는 기간을 최대한 단축하여 공간 활용을 극대화한다.

③ 물류거점 집약

㉠ **대형차량 이용** : 공장과 물류거점 간의 운송경로가 통합되어 대형차량의 이용이 가능해진다.

㉡ **재고 Risk Pooling 효과** : 물류거점에서 고객에게 배송할 때 거점을 대형화하고 지점과 영업소의 수주를 거점에서 처리하면, 단독 지점이나 영업소의 수주량보다 수주량 자체가 늘어날 뿐만 아니라 수주량의 증감이 줄어들어 안전재고를 줄이고 과부족 발생 가능성을 낮춘다.

> **체크 Point**
>
> - **거점의 수가 증가하면 배송비용은 감소** : 거점의 수가 많아지면 거점과 시장의 거리가 짧아져 배송비용은 반비례하는 반면, 거점 간 재고 이동을 위한 수송비용이 증가한다.
> - **거점의 수와 재고비용은 증가세 둔화** : 거점의 수가 많아질수록 재고 Pooling 효과가 발생하여 재고비용 증가세가 둔화한다.

㉢ **적재율 향상** : 운송경로 최적화와 수주 통합으로 차량 적재율을 높일 수 있다.

㉣ **기계화와 자동화** : 물류거점의 대형화로 보관·하역의 기계화/자동화 추진이 가능해진다.

④ **상물분리** : 물류합리화의 첫걸음으로 상품의 소유권을 넘기는 상류와 물자의 이동을 관리하는 물류는 분리되어야 한다. 즉, 상물분리가 전제되어야 한다.

⑤ **포장모듈화** : 포장이 모듈화되어야 기계화와 자동화를 할 수 있을 뿐만 아니라, 단위화물 체계를 구성할 수 있고, 물류를 합리화할 수 있다.

(3) 물류합리화 유형

① **생력(省力)형** : 단순노동을 기계로 대체하여 합리화를 추진하는 형태이다.

② **지능(知能)형** : 사람처럼 상황을 파악하고 조치할 수 있는 기계화와 자동화의 추진으로 업무 생산성을 높이는 ITS(Intelligence Transportation System), 인공지능(AI), 블록체인 등을 활용하는 형태이다.

③ **비용절감형** : 단일 작업을 시스템화하여 비용을 절감하는 형태이다.

④ **경영구조 혁신형** : 기존 경영구조를 과감하게 혁신하는 형태이다.

2 물류표준화

(1) 물류표준화의 개념 및 목적

① 개념

㉠ 「물류정책기본법」(제2조 제1항 제7호) : 물류표준화란 원활한 물류를 위하여 다음의 사항을 물류표준으로 통일하고 단순화하는 것을 말한다.

> ⓐ 시설 및 장비의 종류·형상·치수 및 구조
> ⓑ 포장의 종류·형상·치수·구조 및 방법
> ⓒ 물류용어, 물류회계 및 물류 관련 전자문서 등 물류체계의 효율화에 필요한 사항

㉡ **정합성, 호환성, 연계성 확보** : 물류표준화는 물류활동의 각 단계에서 사용되는 기기, 용기, 설비의 치수, 규격, 강도, 재질을 규격화하여 정합성과 호환성, 연계성을 확보하는 활동이다.

㉢ **표준화 목표** : 표준화의 목표는 단위화물 체계, 즉 **유닛로드 시스템**(Unit Load System) 구축이다.

② 목적 ★★☆

㉠ **물류비 절감** : 운송수단, 창고시설, 정보시스템, 포장재 등을 업종별로 또는 화주별로 확보할 필요가 없어지고, 통일된 수단과 시설, 인프라로 대응할 수 있게 되어 노동력 투입을 줄이고 물류비용을 절감할 수 있다.

㉡ **물류 품질 개선** : 다양한 업종의 물자를 표준화된 방법으로 처리하고 데이터를 처리하며, 추적할 수 있게 되어 물류 품질이 개선된다.

㉢ **물류 효율성 증진** : 화물이 규격화되면 효율적 일관운송이 쉬워진다. 단순화되고 규격화된 방법으로 물자를 대량으로 한꺼번에 취급할 수 있게 되어 차량 적재율이 높아지고, 창고 보관효율이 높아지며, 이동, 하역, 포장, 유통가공의 중복이 줄어들어 효율이 개선된다.

㉣ **호환성과 연계성 강화** : 물류활동의 호환성과 연계성을 높여 기계화와 자동화의 기반을 마련하고 국가 차원, 더 나아가 국제사회 차원의 효율성을 높인다.

㉤ **자동화·공동화 촉진** : 물류표준화를 통해 물류시설 및 장비의 표준화, 자동화, 물류공동화를 구축하여 물류의 합리화를 도모할 수 있다.

(2) 물류표준화의 대상

구분	내용
운송	• 트럭 적재함 치수(길이·폭·높이), 적재중량, 차량의 최소회전반경 • 철도 화차, 컨테이너 화차 치수, 컨테이너 야드, 화물터미널 치수
보관	• 물류센터 층고, 기둥 간격, 통로 폭, 바닥 적재하중 • 파렛트 랙, 메자닌 랙 치수
하역	• 지게차와 파렛트 트럭의 제원 및 처리 능력 • 컨베이어 벨트와 파렛타이저의 치수, 제원, 처리 능력
포장	포장재료 및 용기의 치수, 소재, 강도, 재사용 및 재활용 여부

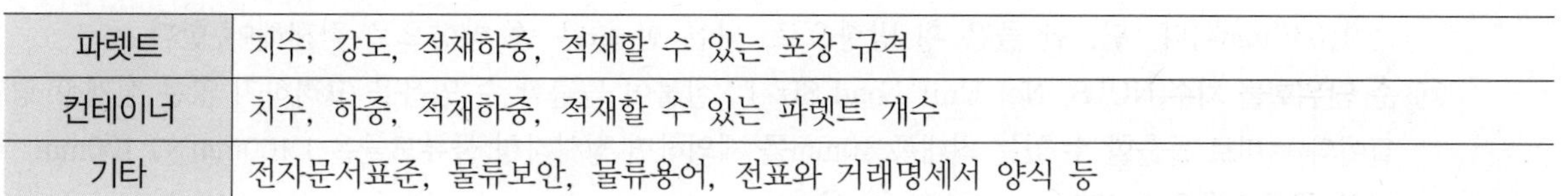

파렛트	치수, 강도, 적재하중, 적재할 수 있는 포장 규격
컨테이너	치수, 하중, 적재하중, 적재할 수 있는 파렛트 개수
기타	전자문서표준, 물류보안, 물류용어, 전표와 거래명세서 양식 등

(3) 물류모듈화와 유닛로드 시스템 ★★☆

① 정의

㉠ 물류모듈 : 한국산업표준 KS T 0001은 물류모듈을 '물류 표준화와 합리화를 위해 물류시스템의 각종 요소의 치수를 수치상으로 관련시키기 위한 **기준 척도**'라고 정의하고 있다.

㉡ 물류모듈화 : 물류기기와 시설, 장비의 규격이나 치수를 배수 또는 분할 관계로 만들어 물류표준화를 지원하는 활동을 말한다.

㉢ 유닛로드(Unit Load) : 수송, 하역, 보관 등 물류활동을 합리적으로 수행하기 위해, 여러 개의 물품을 지게차나 핸드 파렛트 트럭 등 물류장비로 취급할 수 있도록 하나로 합친 화물을 말한다.

㉣ 유닛로드 시스템(단위화물 체계) : 단위화물로 전환함으로써 운송, 보관, 하역, 포장을 재작업이나 재취급 없이 한 번에 처리하여 효율성을 제고하는 기법이다.

+ 한국산업표준 KS T 0005(2020)

트럭 적재함 최대폭 2,500mm를 기준으로 1,100mm×1,100mm(T-11 파렛트)와 1,200mm×1,000mm(T-12 파렛트)를 물류모듈로 지정하고 있다.

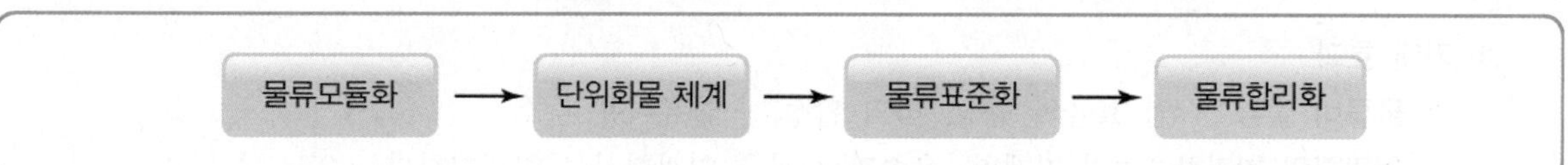

② 한국산업표준 KS T 0005(2020 기준 물류모듈)

㉠ 적재함 바깥쪽 최대폭 : 「도로교통법」상 차량 최대폭 2,500mm

㉡ 적재함 안쪽 최대폭 : 2,350mm

㉢ 화물 적재 가능 폭 : 2,290mm. 2,350mm에서 화물을 적재함 안쪽에서 움직이는 데 필요한 최소 여유 60mm를 제외한다.

㉣ 평면 치수(PVS, Plan View Size) : 단위화물 적재 시 적재물이 돌출한 부분을 고려한 평면의 길이와 너비로, 정사각형 물류모듈은 1,140mm×1,140mm, 직사각형 물류모듈은 1,240mm×1,040mm이다.

ⓐ 40mm 여유의 의미 : 파렛트에 적재했을 때 파렛트 치수를 넘기지 않도록 포장치수를 정의하고 적재해도 실물 적재 시 적재물의 포장 두께, 포장의 눌림 등의 이유로 실물이 파렛트 치수를 넘어 돌출할 수 있는 최대폭을 40mm로 본다.

ⓑ 1,140mm의 의미 : 2,290mm 안에 적재할 수 있는 정사각형 물류모듈 치수는 1,140mm×1,140mm이다.

ⓒ 1,240mm, 1,040mm의 의미 : 2,290mm 안에 적재할 수 있는 직사각형 물류모듈 치수는 1,240mm×

1,040mm이다. 단, 한 줄은 횡 방향으로, 다른 한 줄은 종 방향으로 적재해야 한다.

㉤ **순 단위화물 치수**(NULS, Net Unit Load Size) : 실물이 돌출할 수 있음을 고려하지 않은 설계상 평면의 길이와 너비로 돌출할 수 있는 최대폭 40mm를 제외하면 정사각형 물류모듈은 1,100mm×1,100mm, 직사각형 물류모듈은 1,200mm×1,000mm이다.

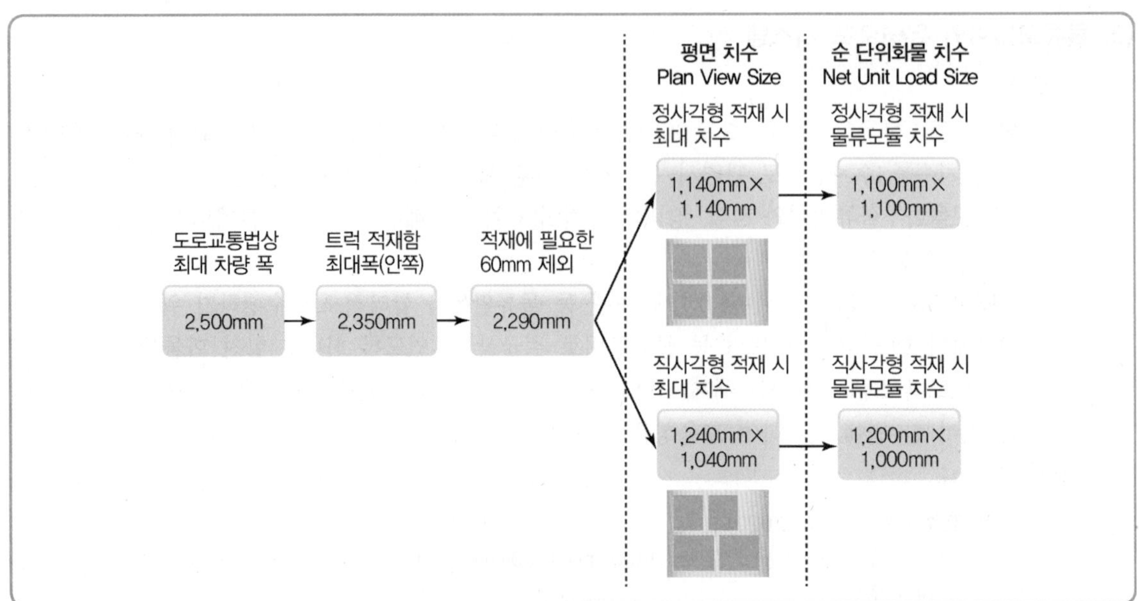

◀ 물류모듈 체계 ▶

③ 기대 효과

㉠ **물류비 절감** : 작업 효율의 향상, 하역 활성화, 물류비용 감소

㉡ **일관화와 합리화** : 하역 기계화, 운송과 보관을 일관화하고 합리화한다.

㉢ **포장자재 비용 절감** : 대량의 단위화된 크기로 작업하므로 포장자재 비용이 감소한다.

㉣ **화물 손상 감소** : 하역과 운송에 따른 화물 손상이 감소한다.

㉤ **작업 효율 향상** : 운송 및 보관 업무의 효율적 운용이 가능하다.

(4) 파렛트와 컨테이너

① **파렛트**(Pallet)

㉠ 한국산업표준 KS T 2001(파렛트 용어)에서는 파렛트를 '화물 트럭, 지게차 및 관련 장비 등에 적합하도록 최소 높이를 갖는 견고한 수평대'라고 정의하고 있으며, 단위화물 체계를 구성하는 핵심 장비이다.

㉡ **장점**

ⓐ **운송 및 하역 효율 향상** : 모듈화를 통한 적재효율 향상 및 중간 재작업이 필요 없다.

ⓑ **물품보호와 파손 방지 효과** : 적재물을 직접 나를 필요가 없으므로 물품을 보호하는 효과가 있다.

ⓒ **재고조사 편의** : 일반적으로 파렛트 적재 화물은 재고조사 시 파렛트 적재 수량을 실사수량으로 기재할 수 있다. 재고조사가 단순해진다.

ⓓ 트럭의 운행효율 향상 : 상하차 작업시간이 단축되므로 트럭 운행효율도 높아진다.

ⓔ 물류비 절감 : 일관 파렛트화와 재작업 해소로 운송비와 인건비가 절감된다.

㉢ 파렛트 국제규격

유럽	북미	아시아·태평양
1,200×800 (EPAL Pallet, EU 표준)	1,219×1,016 (48"×40", 미국 표준)	1,100×1,100 (한국 포함 아시아·태평양)
1,200×1,000 (한국 포함 아시아·유럽)	1,067×1,067 (42"×42")	
1,140×1,140 (EPAL CP9 Pallet)		

㉣ 일관 파렛트화

ⓐ 개념 : 출발지에서 도착지까지 전체 운송 과정에서 화물을 파렛트에 적재된 상태 그대로 포장을 뜯지 않고 일관되게 운송하는 형태를 말한다.

ⓑ 기대 효과 : 일관 파렛트화의 기대 효과 또한 물류표준화나 물류모듈화와 마찬가지로 물류비용 절감과 물류 효율 향상이다.

㉤ 파렛트 풀 시스템(Pallet Pool System)

ⓐ 개념 : 파렛트의 규격을 표준화하여 파렛트 풀 서비스 회사가 보유한 파렛트를 공동으로 사용함으로써 물류 효율성을 높이는 파렛트 운영 기법이다.

ⓑ 기대 효과

구분	내용
성수기와 비수기 대응	업종 간에 파렛트를 공동으로 이용함으로써, 성수기와 비수기의 파렛트 수요변동에 대응
일관운송	일관 파렛트화의 실현으로 출발지에서 최종 도착지까지 일관운송이 가능
파렛트 관리 용이	빈 파렛트 회수 문제가 해소되어 파렛트 관리가 용이
물류비용 감소	화주 및 물류업체가 단독 사용을 목적으로 빈 파렛트를 구매 또는 렌탈, 회수할 필요가 없으므로, 물류기기에 드는 물류비용이 감소
유지보수 불필요	파렛트 유지보수 관리를 파렛트 풀 서비스 회사가 하므로, 이용자는 유지보수할 필요가 없음

㉥ 파렛트 적재 방법 ★☆☆

방법	설명	그림
교대배열 적재	동일한 단 내에서는 동일한 방향으로 물품을 나란히 쌓지만 단별로는 방향을 90도로 바꾸거나 교대로 겹쳐 쌓는 방식	

벽돌 적재	동일한 단에서는 물품을 가로 세로로 조합해 쌓으며, 다음 단에서는 방향을 180도로 바꾸어 교대로 겹쳐 쌓는 방식으로, 작업의 효율성은 높지만 무너질 염려가 있어 안정성이 낮음	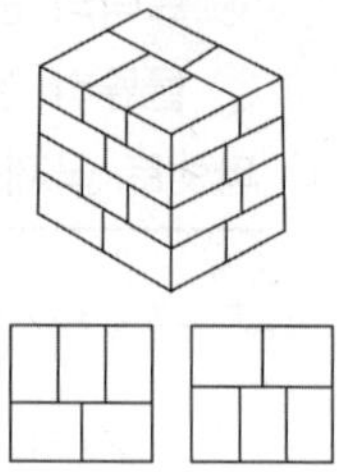
핀휠 적재	중간에 둔 공간을 중심으로 풍차 모양으로 둘러쌓되, 단 간에는 교대로 방향을 바꾸어 겹쳐 쌓는 방식	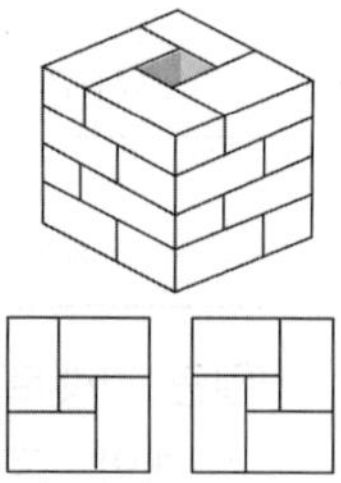
스플릿 적재	벽돌 적재의 일종이나 물품 사이에 공간을 두고 쌓는 방식	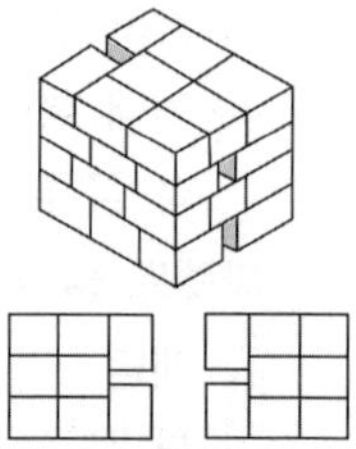
블록 적재	각 단에 쌓아 올리는 모양과 방향이 모두 같은 방식, 화물이 넘어질 우려가 큰 방식	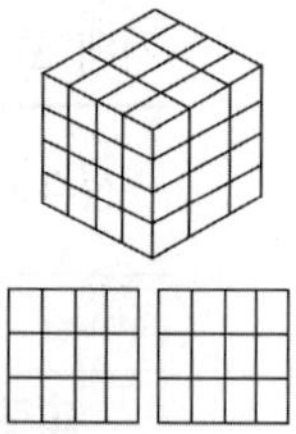

② 컨테이너(Container)

㉠ **운송용 용기** : 운송 도중 다시 적재하지 않고 하나의 운송 방식에서 다른 운송 방식으로 전환할 수 있도록 설계된 운송용 용기를 말한다.

㉡ **물류 효율 향상** : 대량의 화물을 쉽게 취급할 수 있게 되어 물류 효율이 높아진다.

㉢ **신속한 화물 처리** : 취급이 쉬워져 하역과 적재가 신속하게 이루어진다.

㉣ **복합운송 활성화** : 운송수단을 변경하는 복합운송과 연계운송이 활성화된다.

㉤ **물류표준화 및 효율화** : 컨테이너 치수를 기준으로 물류를 표준화할 수 있다.

체크 Point

✪ 표준파렛트 T-11형의 ISO 표준컨테이너 적재 수량

- 20피트 컨테이너에 1단 적재하면 10개를 적재 가능

1	2	3	4	5
6	7	8	9	10

2,330mm / 5,867mm

- 40피트 컨테이너에 1단 적재하면 20개를 적재 가능

1	2	3	4	5	6	7	8	9	10
11	12	13	14	15	16	17	18	19	20

2,330mm / 11,998mm

- 45피트 컨테이너에 1단 적재하면 22개를 적재 가능

cf T-11형의 11톤 트럭 적재 수량
- 일반적 : 2×8=16개 적재
  (최대 : 2×9=18개 적재 가능)

3 물류공동화

(1) 물류공동화의 개념 및 전제조건

① 개념 : 물류활동에 필요한 인프라를 복수의 파트너와 함께 연계하여 운영하는 물류합리화 방식을 말한다.

② 전제조건 ★☆☆

㉠ **주도기업 존재** : 공동화를 주관하는 주관업체가 있어야 지속 가능한 관리가 가능하다.

㉡ **참여업체 간 통일성** : 로고, 배송 서류 양식, 파렛트 등의 통일이 필요하다.

㉢ **물류시스템 연계** : 자사의 물류시스템과 외부의 물류시스템과의 연계가 필요하다.

㉣ **서비스 표준화** : 참여업체 모두를 위한 서비스를 해야 하므로, 서비스 내용을 명시하고 표준화해야 한다.

㉤ **일관 파렛트화** : 물류모듈화에 의한 단위화물 체계를 구축하여 파렛트 단위로 운송, 하역, 보관을 수행하는 일관 파렛트화가 되어야만 공동물류의 속도를 유지할 수 있다.

㉥ **유사성** : 참여업체 간 제품, 보관, 하역 조건 등이 유사해야 한다. 또한 배송지역이 너무 다르면 공동의 이익을 지향하기 어려우므로, 배송지가 유사해야 한다.

㉦ **물류비 산정기준** : 통일된 기준에 따라 물류비를 명확하게 산정하고 체계화해야 한다.

③ 운영방식

㉠ **수평적 공동화** : 동종의 제조업체 또는 도매업체 간 '수평적으로' 정보네트워크를 공유하고 공동으로 물

류를 처리하는 형태이다.

㉡ **수직적 공동화** : 제조업체 – 판매회사 – 도매업체라는 '수직적 관계'에서 추진하는 물류공동화로, 제조업체가 물류거점을 세우고 집화하면, 도매업체가 배송하는 형태이다.

㉢ **물류기업 동업자 공동화** : 노선화물이나 택배 등 복수의 물류기업이 제휴하여('동업하여'), 혼적 운송 또는 멀티모달 운송(여러 가지 운송수단이 개입되는 운송)하는 형태이다.

㉣ **경쟁제조업체 간 공동화** : '경쟁 관계에 있는' 제조업체들이 공장과 물류센터 간을 공동으로 운송하는 형태이다.

㉤ **유통업체 주도의 계열화** : '유통업체가' 물류거점을 세우고 제조업체와 도매업체의 납품물류를 통합하는 형태이다.

㉥ **화주와 물류업체 간 파트너십** : '물류업체가' 화주의 협력업체가 되거나 파트너가 되는 형태이다.

④ 장·단점 ★★★

장점	단점
• 중복투자 억제 및 물류비용 절감 • 수·배송 효율 및 생산성 향상 • 핵심역량 집중 • 물류서비스 안정화 • 안정적 화물 확보 • 녹색물류에 공헌	• 물류서비스의 차별화 한계 • 배송 순서 조절 어려움 • 기업 비밀 유출 우려 • 비용 배분에 대한 분쟁

(2) 수·배송 공동화

① **개념** : 공동수·배송이란 복수의 운송업체 또는 화주가 공동으로 수·배송하는 물류공동화의 한 형태를 말한다.

② **전제조건 및 도입 목적**

㉠ **전제조건** : 제품의 동질성, 배송조건의 유사성, 주관기업의 존재, 복수 기업의 참여, 이해관계 일치

㉡ **도입 목적**

ⓐ **다빈도 소량 배송** : 다수의 기업이 공동수·배송에 참여함으로써 대형차량으로 다수의 화물을 수취하여 소량 배송에 대응할 수 있고, 출고 빈도를 줄이면서도 다빈도 배송을 지원할 수 있다.

ⓑ **수·배송 효율 향상** : 혼적과 대형차량 이용을 통해 수·배송 효율을 높인다.

ⓒ **물류시설과 차량 중복투자 감소** : 모든 화주기업이 저마다 보관시설과 배송차량에 투자하지 않아도 된다.

ⓓ **인력 부족 대응** : 부족한 인력을 공동으로 사용함으로써 인력 부족 문제를 극복한다.

ⓔ **물류비용 절감** : 혼적과 대형차량 이용을 통해 물류비용을 절감한다.

ⓕ **친환경물류 및 교통체증 완화** : 전체적으로 배송차량 운행 횟수가 줄어들어 이산화탄소 배출 감소에 공헌하며, 교통체증을 줄인다.

③ 운영방식 ★☆☆

집배송공동형	특정화주공동형	복수의 화주가 주도하여 조합이나 연합회 등의 형태로 집화와 배송을 공동화하는 형태
	운송사업자공동형	복수의 운송업자가 주도하여 복수 화주의 집화와 배송을 공동화하는 형태
배송공동형	복수의 운송업자가 복수 화주의 화물을 공동으로 배송하는 형태, 운송사업자공동형은 집화와 배송을 공동화하는 데 반해, 배송공동형은 물류 거점까지 집화를 공동으로 하지는 않음	
납품대행형	백화점 또는 할인점 등이 지정한 운송업자가 납품업체를 대신하여 여러 업체에 납품하는 형태	
공동수주·공동배송형	운송업자가 조합을 구성하고 수주와 배송을 공동으로 하는 형태	
노선집하공동형	특정 노선의 집화를 공동화하여 화주가 지정된 노선의 운송업자에게 화물을 맡기면 노선 운송업자가 배송하는 방식	

④ 기대 효과 ★★☆

화주 측면	운송업체 측면
• 소량화물 대응 • 출하 횟수 감소 • 중복투자 감소 • 핵심역량 집중 • 물류비용 절감	• 차량의 효율 향상 • 화물의 안정적인 확보 • 교통혼잡 완화 • 보관과 하역 기계화 • 물류 인력 감소 • 물류비용 절감

⑤ 플랫폼 기반 공동물류(풀필먼트)

㉠ 물류업체가 복수의 화주기업을 대신하여 주문 피킹, 포장, 배송을 대행하는 공동물류와 유사한 물류합리화 형태를 말한다.

㉡ **업무 범위** : 상품 입고, 보관, 피킹, 포장, 배송뿐만 아니라 반품, 교환, 환불 등 역물류까지 일괄 담당한다.

㉢ **Amazon이 최초 도입** : 미국 Amazon이 2006년 도입한 FBA(Fulfillment By Amazon) 서비스가 최초의 풀필먼트 서비스라고 알려져 있다.

㉣ **기대 효과** : 비슷한 상황의 여러 화주가 공동으로 풀필먼트 서비스를 이용하면, 규모의 경제를 통해 물류비용 절감이 가능하고, 화주는 일반적인 공동수·배송과 마찬가지로 핵심역량에 집중 가능하다.

3 물류비용

1 물류회계

(1) 물류비의 개념

① 개념 : 물류란 재화가 공급자로부터 조달·생산되어 수요자에게 전달되거나 소비자로부터 회수되어 폐기될 때까지 이루어지는 운송·보관·하역 등과 이에 부가되어 가치를 창출하는 가공·조립·분류·수리·포장·상표부착·판매·정보통신 등 제 활동을 말한다. 물류비란 이에 따른 물류활동을 수행하기 위하여 발생하거나 소비한 경제가치를 말한다(「기업물류비 산정지침」 제2조).

② 물류비 관리의 목적

㉠ 계획, 관리, 평가 : 물류활동 계획은 물류비 목표로 나타나고, 관리는 물류비 관리이며, 평가는 물류비 증감으로 이루어진다.

㉡ 물류의 중요성 인식 : 물류비 산정을 통해 물류의 중요성을 인식할 수 있다.

㉢ 문제점 도출과 개선의 기회 : 물류활동의 문제점을 도출하고 개선함으로써, 기업의 물류비 절감 및 생산성 향상을 유도한다.

㉣ 의사결정 정보 제공 : 물류활동에 들어간 비용정보를 파악하여, 기업의 합리적인 의사결정을 위한 정보를 제공한다.

㉤ 직접비용과 간접비용 파악 : 물류비를 파악할 때는 물류활동에 들어가는 직접비용뿐만 아니라 간접비용도 포함한다.

㉥ 발생기준 관리 : 물류비는 지급했을 때가 아니라, 물류활동이 발생했을 때를 기준으로 관리해야 한다.

(2) 일반기준과 간이기준

① 일반기준과 간이기준의 차이

항목		일반기준	간이기준
근거자료		원가회계	재무회계
실태 파악 단위	영역별 구분	조달물류비, 사내물류비, 판매물류비, 리버스물류비	선택사항
	기능별 구분	운송비, 보관비, 하역비, 포장비, 물류정보·관리비	운송비, 보관비, 하역비, 포장비, 물류정보·관리비
	지급형태별 구분	자가물류비, 위탁물류비	자가물류비, 위탁물류비
	세목별 구분	재료비, 노무비, 경비, 이자	선택사항(이자)
관리 단위	관리항목별 구분	조직별, 지역별, 고객별, 활동별	선택사항
	조업도별 구분	고정비, 변동비	선택사항
물류비 인식		발생기준, 이자는 기회원가	기준 없음

② 일반기준과 간이기준의 특징

항목	일반기준	간이기준
관점	• 제품별, 고객사별 등 상세하게 물류비를 집계 • 물류활동에 관련된 인력, 자금, 시설 등을 계획하고 통제하기 위한 회계정보 작성	• 개략적인 물류비를 파악 • 재무상태표와 손익계산서에서 물류활동에 소비된 비용항목을 대상으로 하여 특정 회계기간의 총 물류비 추정
계산 방식	영역별, 기능별, 관리항목별 발생비용 집계	재무회계 비용항목 중 물류활동에 들어간 비용을 항목별 배부기준에 따라 추정
장점	영역별, 기능별, 관리항목별 계산을 통해 개선 포인트를 보다 쉽게 발굴	전문조직이나 전문지식 없이도 빠르게 계산 가능
단점	• 상세하게 파악하려면 업무량이 많아지므로 별도의 정보시스템 구축 필요 • 일반기준으로 물류비를 집계하는 기업 중에는 물류비를 집계하는 별도의 시스템을 갖춘 기업이 다수	상세하게 파악할 수 없으므로 개선 포인트 발굴이나 물류비 절감 효과 측정 어려움

2 일반기준에 의한 물류비 계산

(1) 물류비의 과목분류

① 실태 파악 목적 : 영역별, 기능별, 지급형태별, 세목별

② 관리 목적 : 관리항목별, 조업도별

《 물류비 과목분류표 》

과목	영역별	기능별	지급형태별	세목별	관리항목별	조업도별
비목	• 조달물류비 • 사내물류비 • 판매물류비 • 리버스물류비	• 운송비 • 보관비 • 하역비 • 포장비 • 물류정보 · 관리비	• 자가물류비 • 위탁물류비	• 재료비 • 노무비 • 경비 • 이자	• 조직별 • 지역별 • 고객별 • 활동별 등	• 고정비 • 변동비

(2) 영역별 분류(「기업물류비 산정지침」 제7조) ★★☆

① 순물류비

㉠ 조달물류비 : 물자(원자재, 부품, 제품 등을 포함)의 조달처로부터 운송되어 매입자의 보관창고에 입고, 관리되어 생산공정(또는 공장)에 투입되기 직전까지의 물류활동에 따른 물류비를 말한다. 여기에는 운송, 하역, 검수, 입고, 보관(조달창고) 등과 관련되는 비용이 해당한다.

ⓛ **사내물류비** : 매입물자의 보관창고에서 완제품 등의 판매를 위한 장소까지의 물류활동에 따른 비용을 말한다. 다만 재료의 생산이나 제품의 제조공정에서 발생하는 비용은 생산원가 또는 제조원가에 들어가므로 물류비에서는 제외한다. 결국, 「기업물류비 산정지침」에서는 생산물류비는 제품의 생산원가로 보아 기업물류비의 범위에서 제외됨을 명시하고 있다.

ⓒ **판매물류비** : 생산된 완제품 또는 매입한 상품의 판매창고 보관부터 고객 인도까지의 물류비를 말한다.

▶ **A기업은 공급업체로부터 부품을 운송해서 하역하는 데 40만 원, 창고입고를 위한 검수에 10만 원, 생산공정에 투입하여 제조하는 데 30만 원, 완제품 출고검사에 20만 원, 완제품 포장비 50만 원, 트럭에 상차하여 고객에게 배송하는 데 30만 원을 지불하였다. A기업의 영역별 물류비는?**

해설
- 조달물류비 : 부품의 운송하역비(40만 원) + 창고입고 검수비(10만 원) = 50만 원
- 생산공정 제조원가 : 30만 원
- 판매물류비 : 완제품 출고검사비(20만 원) + 완제품 포장비(50만 원) + 배송비(30만 원) = 100만 원

② **리버스(Reverse) 물류비** : 회수물류비, 폐기물류비, 반품물류비가 있다. 2009년 8월 「기업물류비 산정지침」 개정으로 추가되었다.

㉠ **회수물류비** : 빈 용기와 포장자재 등을 회수하고 재사용 가능해질 때까지의 물류비를 말한다.

ⓛ **폐기물류비** : 제품이나 상품, 포장용 또는 수송용 용기나 자재 등을 회수하고 폐기할 때까지의 물류비를 말한다.

ⓒ **반품물류비** : 판매한 제품·상품 또는 위탁 판매한 제품·상품의 취소, 위탁의 취소 등에 따른 회수와 하차, 재입고 같은 활동의 결과로 발생하는 물류비를 말한다.

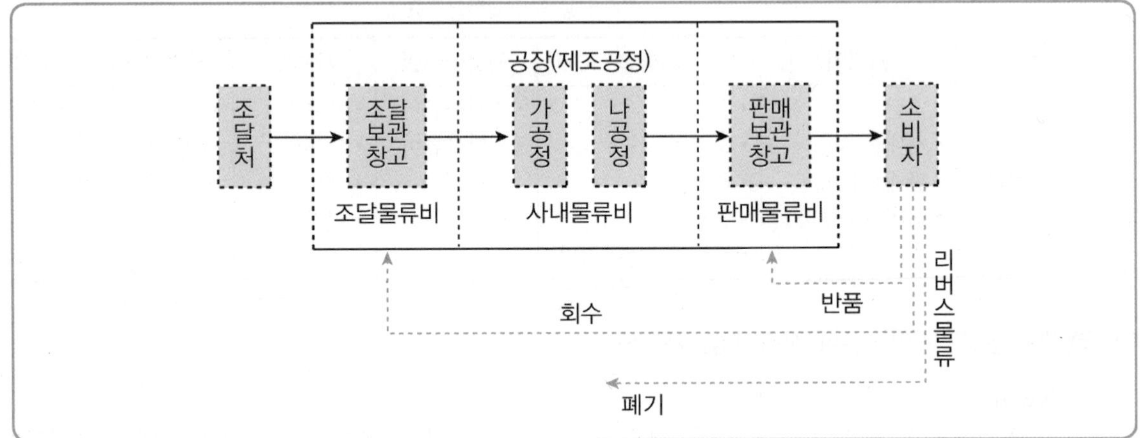

(3) 기능별 분류(「기업물류비 산정지침」 제7조) ★★☆

① **운송비** : 물자를 물류거점 간 및 고객에게 이동시키는 활동에 따른 물류비를 말한다. 물류비 계산 목적에 따라 수송비와 배송비로 나뉜다. 뒤에서 설명할 세목별 물류비 중 운전기사 급료, 수당, 차량 연료비, 감가상각비 등은 운송비에 속한다.

㉠ **수송비** : 기업 내에서 물자를 물류거점까지 이동시키는 물류비를 말한다. 주로 사내물류비에 해당한다.

㉡ **배송비** : 물자를 고객에게 배달하는 데 드는 물류비를 말한다.

② **보관비** : 물자를 창고 등의 물류시설에 보관하는 활동에 따른 물류비를 말한다. 보관비에는 순수 보관비 외에 재고부담이자, 재고유지비, 재고관리비가 포함된다.

③ **하역비** : 유통가공, 운송, 보관, 포장 등을 수행하기 위해 상차, 하차, 피킹, 분류 등 물자를 상하·좌우로 이동시키는 데 드는 물류비를 말한다. 크게 하역비와 유통가공비가 있다. 세목별로는 하역 작업자와 유통가공 작업자의 임금과 수당, 상하차 작업 관련 비용이 하역비에 들어간다.

㉠ **하역비** : 운송이나 보관 과정에서 동시에 발생하는 하역 작업에 따른 비용이다.

㉡ **유통가공비** : 유통과정에서 이루어지는 가공 중 물류 효율을 높이기 위한 가공업무에 관련된 비용을 말한다.

④ **포장비** : 물자의 이동과 보관을 쉽게 하려고 골판지 상자나 파렛트로 포장하는 물류포장 활동에 들어가는 물류비를 말한다. 공장에서 완성되어 나오는 포장은 제외한다.

⑤ **물류정보·관리비** : 물류활동 및 물류 기능과 관련된 정보처리와 관리에 따른 물류비를 말한다. 물류비 계산 목적에 따라 물류정보비와 물류관리비로 나뉜다.

㉠ **물류정보비** : 구매, 수송, 생산, 창고 운영, 재고관리, 유통 등 물류 프로세스를 전략적으로 관리하고 효율화하기 위하여 정보기술을 이용하여 지원하는 활동에 따른 물류비를 말한다.

㉡ **물류관리비** : 물류활동 및 물류 기능의 합리화와 공동화를 위한 계획, 조정, 통제 등의 물류관리 활동에 따른 물류비를 말한다.

(4) 지급형태별 구분

① **자가물류비** : 자사의 설비나 인력을 사용하여 물류활동을 수행함으로써 사용된 비용이다. 다시 세목별로 재료비, 노무비, 경비, 이자로 나뉜다.

㉠ **영역으로 구분** : 조달, 사내, 판매, 리버스 등 영역으로 구분할 수 있다.

㉡ **세목으로 세분화** : 비용을 조달, 사내, 판매, 리버스 영역으로 구분한 다음, 재료비, 노무비, 경비, 이자 등 세목으로 세분화하여 관리한다.

② **위탁물류비** : 물류활동의 일부 또는 전부를 타사에 위탁하여 수행함으로써 사용된 비용이다. 물류자회사 지급분과 물류 전문업체 지급분으로 나뉜다.

(5) 세목별 분류

① **재료비** : 주로 운송과 포장 활동에서 발생한다. 포장재료비, 연료비, 소모용 공구비, 비품비 등이 해당한다.
② **노무비** : 전 영역, 전 기능에서 발생하는 노동력 관련 비용이다. 임금, 급료, 수당, 퇴직금, 복리후생비 등을 말한다.
③ **경비** : 재료비와 노무비 외에 물류활동에 따라 발생하는 각종 비용을 말한다.
　㉠ **공공서비스비** : 전기요금, 가스요금, 수도요금, 통신비 등이다.
　㉡ **관리유지비** : 수선비, 운반비, 세금과 공과금, 지급임차료, 보험료 등이다.
　㉢ **감가상각비** : 건물, 구축물, 기계장치, 차량, 운반기기의 감가상각비를 말한다.
　㉣ **일반경비** : 여비, 교통비, 접대비, 교육 훈련비, 소모품비 등이다.
④ **시설부담이자** : 물류시설에 투자한 자금에 대한 이자 부담금에 해당하는 기회손실을 말한다. 즉, 물류시설에 투자하지 않았다면 아낄 수 있었던 이자 부담금을 기회손실로 본다.

> 시설부담이자 = 투자 금액의 미상각 잔액 × 이자율
> * 투자 금액의 미상각 잔액 : 자산 취득원가 − 누적 감가상각액

⑤ **재고부담이자** : 보유한 재고자산의 가치에 대한 이자 부담금에 해당하는 기회손실을 말한다. 즉, 재고를 보유하지 않았다면 아낄 수 있었던 보관비용 등에 의한 이자 부담금을 기회손실로 본다.

> 재고부담이자 = 평균재고 금액 × 이자율
> * 평균재고 금액 : $\frac{(\text{기초재고액}) + (\text{기말재고액})}{2}$ 또는 $\frac{EOQ}{2}$ × 매입가격

(6) 관리항목별 분류

① **목적** : 물류비를 더 상세하게 파악함으로써 물류활동의 성과를 평가하고, 각 관리 단위별로 채산성 분석을 하여 원가절감을 유도한다.
② **구분 기준** : 기업별 특징에 맞춰 제품별, 조직별, 지역별, 고객별, 활동별, 운송수단별 등으로 구분한다. 각 기업이 운영하는 사업에 따라 달라질 수 있다.

(7) 조업도별 분류 ★☆☆

① **물류고정비** : 물류활동의 증감과 관계없이 발생하거나, 발생하더라도 일정 비율로 발생하는 물류비를 말한다.
② **물류변동비** : 물류활동의 증감에 따라 발생량이 달라지거나, 발생 비율이 달라지는 물류비를 말한다.
③ **의의** : 물류비를 고정비와 변동비로 구분함으로써 손익분기점을 파악하고 물류 성과를 평가하는 데 이용된다.

(8) 물류비 계산 순서

단계	항목	내용
1	물류비 계산 욕구 정의	1. 물류비 계산 목적 명확화 2. 물류비 계산 대상 선정 : 영역별, 기능별, 지급형태별, 관리항목별 3. 물류비 계산 범위 선정 : 계산 영역, 영역별 범위, 지급형태별 범위
2	물류비 자료 식별 및 입수	1. 물류비 계산 대상별 자료 입수 – 회계자료 : 기업별 회계계정 기준 자료, 세목별 자료 – 물류 현황자료 : 운송량, 운송거리, 보관수량, 입출고 건수, 작업시간, 상하차 수량 등 2. 시설부담이자, 재고부담이자 계산 자료 입수 : 기회원가 자료
3	물류비 배부기준 선정	1. 배부기준과 배부 방법 선정 2. 직접물류비와 간접물류비 구분 – 직접물류비 : 계산 대상에 직접 부과 – 간접물류비 : 배부기준과 배부 방법에 따라 계산 대상에 일정 금액이나 비율로 배부 3. 배부기준은 하나 또는 여러 개를 사용할 수 있으며 물류활동의 특성에 따라 개별 배부 또는 일괄 배부
4	물류비 배부와 집계	1. 관련자료와 물류비 배부기준 및 배부 방법으로 물류비를 배부하고 집계 2. 영역별, 기능별, 지급형태별, 관리항목별 집계
5	물류비 보고서 제출	1. 전사 물류비 보고서 작성 및 제출 2. 영역별, 기능별, 지급형태별, 관리항목별, 조업도별 보고서 작성 3. 월별 또는 분기별 등 기간별 보고서 작성 4. 이슈 및 개선방안 제시

Tip

+ 물류비용과 보관시설 및 서비스 수준과의 관계

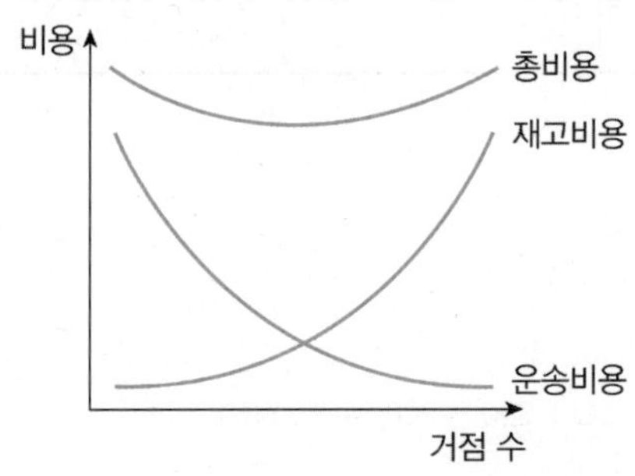

《 재고비용과 운송비용 간의 상충관계 》

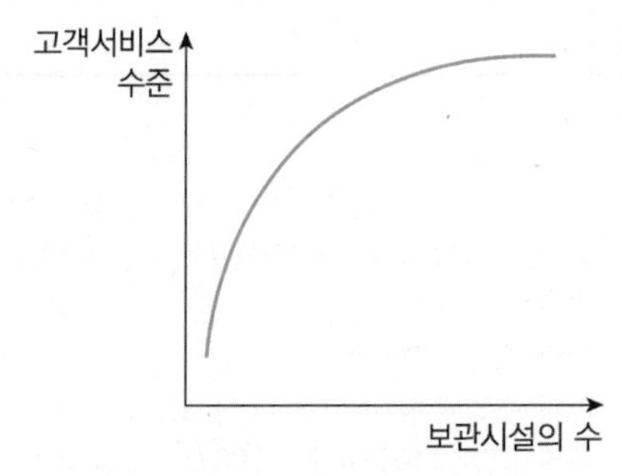

《 고객서비스 수준과 보관시설의 수 간의 상충관계 》

3 물류비 관련 중요 계산과 효과분석

(1) 재고자산 원가계산

① 계산방식

㉠ **선입선출법** : 먼저 구매한 상품을 먼저 판매한다는 가정이다. 물류 현장에서는 실물을 어떻게 보관하고 관리하느냐에 따라 먼저 구매한 상품이 먼저 판매되지 않을 수도 있지만, 회계적으로는 먼저 구매한 상품이 먼저 판매된다고 가정하고 재고 원가를 계산한다.

㉡ **후입선출법** : 나중에 구매한 상품을 먼저 판매한다는 가정이다. 후입선출법은 매출원가를 높여서 이익이 실제보다 적게 보이도록 할 수 있으므로 한국채택국제회계기준, K-IFRS에서는 인정하지 않으며, 일반기업회계기준에서는 허용한다.

㉢ **총평균법** : 기말재고 금액을 기말재고 수량으로 나누는 방법이다.

㉣ **이동평균법** : 상품을 구매할 때마다 보유재고의 원가를 다시 계산하는 방법이다.

② 재고자산 평가 예제

확인하기

▶ **㈜ABC의 8월 중 자재에 관한 거래 내역은 다음과 같다. 선입선출(FIFO), 총평균법으로 계산한 8월의 기말재고평가액을 구하면 얼마인가?**

날짜	구분	입고			출고			잔액		
		수량	단가	금액	수량	단가	금액	수량	단가	금액
1일	기초재고	100	110	11,000						
5일	매입	300	150	45,000						
10일	매출				200	300	60,000			
15일	매입	200	200	40,000						
20일	매출				200	300	60,000			
합계		600			400			200		

해설 1. FIFO 적용

기말재고량 : (100 + 300 − 200 + 200 − 200) = 200개

기말재고액 : 200개 × 200원/개 = 40,000원

2. 총평균법 적용

기말재고량 : 200개

개당 구입원가 : (100 × 110 + 300 × 150 + 200 × 200) / (100 + 300 + 200) = 160원/개

기말재고액 : 160원/개 × 200개 = 32,000원

(2) 손익분기점(Break Even Point) ★★☆

① 개념

㉠ 매출액 = 총비용 : 일정 기간의 매출액과 일정 기간의 총비용이 일치하는 지점을 말한다.

㉡ 손익분기점보다 더 많이 판매하면 이익을 낼 수 있다.

② 공식

• $\text{BEP 판매량} = \dfrac{\text{총고정비}}{\text{단위당 판매가격} - \text{단위당 변동비}}$

• $\text{목표이익을 달성하기 위한 판매량} = \dfrac{\text{총고정비} + \text{목표이익}}{\text{단위당 판매가격} - \text{단위당 변동비}}$

확인하기

▶ **유통가공을 수행하는 A물류기업의 당기 고정비는 1억 원, 개당 판매가격은 10만 원, 변동비는 가격의 60%이며 목표이익은 1억 원이다. 당기의 손익분기점 판매량과 목표이익을 달성하기 위한 판매량은 몇 개인가?**

해설

$\text{BEP 판매량} = \dfrac{\text{고정비}}{\text{개당 판매가격} - \text{단위당 변동비}} = \dfrac{\text{1억 원}}{\text{10만 원} - \text{6만 원}} = 2{,}500\text{개}$

$\text{목표이익을 달성하기 위한 판매량} = \dfrac{\text{고정비} + \text{목표이익}}{\text{개당 판매가격} - \text{단위당 변동비}} = \dfrac{\text{1억 원} + \text{1억 원}}{\text{10만 원} - \text{6만 원}} = 5{,}000\text{개}$

(3) 물류비 절감 효과

① 물류비 절감의 효과 : 기업이 물류비를 10% 절감할 경우, 회사는 그 이상의 매출액 증대를 꾀하는 효과를 갖게 된다. 또한 이익증가분이 투자로 이어질 경우 이자비용, 위험비용 감소 등의 부가적인 가치 증진이 더해지므로 물류비 절감은 기업활동에 영향을 미치는 '제3의 이익원'이 되고 있다.

② 물류비 절감이 기업활동에 미치는 영향 ★☆☆ : 기업이 마케팅 자원을 동원해서 매출액을 증대할 수도 있지만, 경쟁이 치열한 시장에서 매출액을 증대하는 노력만큼 물류비를 절감하면, 절감된 물류비만큼의 영업이익을 확보할 수 있다. 물류비를 절감함으로써 사실상 매출액 증대 효과가 있다.

확인하기

▶ **다음과 같은 실적을 가진 A기업의 영업이익을 현재 수준에서 10% 증가시키기 위해 매출액을 유지하면서 물류비를 줄이는 방법 또는 매출액을 증가시켜 달성하는 방법 중에서 한 가지를 선택하여 경영전략을 수립하고자 한다. 이를 위해 필요한 물류비 감소 비율과 매출액 증가 비율은 각각 얼마인가? (단, 두 가지 방법 모두에서 영업이익은 6%로 한다.)**

A기업 매출액	200억 원
A기업 물류비	매출액의 10%
A기업 영업이익	매출액의 6%

 1. 물류비 감소시키는 경우
매출액이 200억 원이면 물류비는 그중 10%인 20억 원, 영업이익은 그중 6%인 12억 원이다. 영업이익의 10%는 1억 2천만 원이다.
1억 2천만 원의 영업이익을 내기 위해 물류비 1억 2천만 원을 줄인다면
1억 2천만 원 ÷ 20억 원 = 0.06, 즉 물류비 6%를 줄이면 된다.
2. 매출액을 증가시키는 경우
1억 2천만 원의 영업이익을 내기 위해 매출액을 늘려야 한다면
1억 2천만 원 ÷ 매출액 대비 영업이익률, 1억 2천만 원 ÷ 0.06 = 20억 원의 매출액을 늘려야 한다.
매출액(20억 원) ÷ 현재 매출액(200억 원) = 0.1, 즉 현재 매출액의 10%를 늘려야 한다.
3. 결론 : 영업이익을 10% 증가시키기 위해 매출액을 10% 증가시키는 것보다 물류비용을 줄이는 것이 기업 전체 측면에서 더 효율적이다.

(4) 활동기준원가(Activity Based Costing)

① 정의 및 개념

㉠ **활동 기반 원가** : 기업이 수행하고 있는 활동을 기준으로 자원, 활동, 재화와 서비스 간의 관계를 자원과 활동, 활동과 재화와 서비스 간의 인과 관계로 분석하여 원가를 배부하는 방법이다.

㉡ **원가동인(Cost Driver) 기반 배부** : 원가를 발생시키는 요소, 즉 원가동인에 따라 비용을 배부해야 하는 시대가 도래하였다.

㉢ **정확한 비용 산정** : 실제 재화와 서비스 생산에 투입된 활동 기준으로 원가를 산정하므로, 정확한 원가를 제공하고, 정확한 원가를 바탕으로 수익성 분석을 하도록 지원한다.

② 장점

㉠ **현실적 원가계산** : 전통적 원가계산 방법보다 제품이나 서비스의 실제 비용을 현실적으로 계산할 수 있다.

㉡ **낭비요인 파악 용이** : 활동별로 원가를 분석하므로 낭비요인이 있는 업무 영역을 파악할 수 있다.

㉢ **원가 유발요인 분석 용이** : 산정 원가를 바탕으로 원가 유발요인 분석과 성과 측정을 할 수 있다.

㉣ **다품종 소량생산에 적합** : 소품종 대량생산 체제에서는 활동기준원가계산을 해야 할 만큼 배부 필요성이 크지 않다. 배부 대상이 많아지는 다품종 소량생산 방식에서 유용성이 더욱 크다.

㉤ **수익성 상세 분석** : 물류서비스별, 활동별, 고객별, 유통경로별, 프로세스별 수익성 분석을 할 수 있다.

(5) 물류원가 계산과 물류채산성 분석

물류채산성 분석은 현재 수행 중인 물류업무 또는 신규 물류 투자에 대한 경제성을 분석하는 의사결정 기법이다.

구분	물류원가 계산	물류채산 분석
목적	물류활동의 업적평가	물류활동에 관한 의사결정
대상	물류업무의 전반	특정의 개선안, 대체안
산정방식	항상 일정	상황에 따라 상이

계속성	반복적	임시적
사용원가	실제원가만 대상	특수원가도 대상

(6) 투자수익률(ROI, Return On Investment)

투자액 대비 이익이 얼마나 발생하는지 여부를 나타내는 지수로 미국 듀퐁사에 의해 개발된 투자 관련 지표이며, 매출액순이익률과 회전율의 곱으로 표현할 수 있다.

$$\text{투자수익률} = \frac{\text{순이익}}{\text{투자액}} = \frac{\text{순이익}}{\text{매출액}} \times \frac{\text{매출액}}{\text{투자액}} = \text{매출액순이익률} \times \text{회전율}$$

4 고객서비스와 품질관리

1 고객서비스의 개념

(1) 고객서비스

① 기업의 지원 활동 : 재화나 서비스를 구매한 고객에게 판매자인 기업이 제공하는 지원 활동 일체를 말한다.
② 매출 증가 수단 : 우수한 고객서비스는 재구매와 긍정적 입소문으로 이어져 매출 증가에 도움을 준다.
③ 기업의 전략과 가치 : 고객서비스는 제공하는 기업의 고객서비스 전략과 가치를 담고 있다. 기업에 따라서는 무형자산이자 경쟁기업과의 차별점 역할도 한다.

(2) 물류서비스

① 개념

㉠ 생산자와 소비자 연결 : 공장부터 소비자까지, 생산자를 소비자와 연결해 주는 공급사슬의 모든 요소를 말한다.
㉡ 주문과 배송 관련 모든 활동 : 배송, 보관, 풀필먼트 등 물류활동뿐만 아니라 주문처리, 송장이나 전표 발행, 각종 고객의 문의에 대한 응대 등을 포함한다.
㉢ 적시성과 신뢰성 : 고객이 주문한 정확한 수량과 정확한 품목을 정확한 납기에 파손 없이 배송해야 한다.
㉣ 물류정책기본법 시행령(제3조, 별표 1)의 물류사업 분류 : 시행령에서 언급하는 물류서비스업은 물류산업을 지원하는 지원산업 개념으로 봐야 하며, 이 장에서 배우는 물류서비스는 시행령 기준으로 화물운송업, 물류시설운영업 등 고객에게 물류를 서비스하는 업종을 포함한다.

> • 화물운송업 : 육상화물운송업, 해상화물운송업, 항공화물운송업, 파이프라인운송업
> • 물류시설운영업 : 창고업(공동집배송센터운영업 포함), 물류터미널운영업
> • 물류서비스업 : 화물취급업(하역업 포함), 화물주선업, 물류장비임대업, 물류정보처리업, 물류컨설팅업, 해운부대사업, 항만운송관련업, 항만운송사업

② 물류서비스의 특성

㉠ **무형성** : 물류서비스를 위한 장비는 눈에 보이지만 서비스 자체는 눈에 보이지 않는다.

㉡ **동시성** : 물리적 보관과 이동이기 때문에 생산되자마자 소비된다(비분리성).

㉢ **모방성과 이질성** : 경쟁사가 모방하기 쉬운 동시에 기업마다 서비스의 형태가 상이하다.

㉣ **소멸성** : 무형의 서비스이며, 생산하고 소비되면 바로 소멸한다.

㉤ **결과보다는 과정 중심** : 서비스 결과가 좋더라도 고객과 의사소통하고 행동한 과정에 따라 서비스 품질이 결정된다. 소비자들은 배송이 빨리 되더라도 고객센터에 연락했을 때 연락이 닿지 않았거나 응대가 미숙했다는 사실에 실망한다.

㉥ **효과 확인 시점 차이** : 택배와 같이 전달 과정에서 효과가 바로 확인되는 서비스가 있는 반면에, 설치와 같이 전달 후 시간이 지나야 효과가 확인되는 서비스도 있다.

㉦ **다양한 고객 상대** : 최종소비자부터 유통업체까지, 국내부터 국외까지 다양한 고객을 상대한다.

(3) 고객서비스 요소와 주문주기시간 구성요소 ★★★

① 고객서비스 구성요소

거래 전 요소	거래 시 요소	거래 후 요소
• 기업의 고객서비스 정책 • 고객서비스 명문화 • 고객의 접근 용이성 • 시스템의 유연성 • 경영관리 · 기술적 서비스 • 목표 배송일	• 재고품절 수준(재고 가용률) • 주문주기의 일관성(배송의 신뢰성) • 주문의 편리성 • 주문주기 및 주문처리능력 • 정보시스템의 정확성 • 제품교환 선적 • 제품의 대체 • 백오더(Back-order) 이용 가능성	• 설치, 보증, 수리, 서비스부품 • 고객 컴플레인의 처리 • 제품추적 및 보증 • 수리기간 동안의 제품대체 • 거래 후 A/S 조치

② 주문주기시간

㉠ **개념** : 주문주기시간(Order Cycle Time)은 기업이 주문을 생성한 시점부터 고객에게 배송을 완료할 때까지 걸린 전체 시간을 말하며, 주문주기시간은 재고정책의 개선활동을 통하여 단축될 수 있다.

㉡ **주문주기시간 구성요소**

> 주문전달(Order Transmittal Time) ➜ 주문처리(Order Processing Time) ➜ 주문조립(Order Assembly Time) ➜ 재고 가용성(Stock Availability) ➜ 인도시간(Delivery Time)

ⓐ **주문전달시간**(Order Transmittal Time) : 주문접수 후 관련 부서와 주문을 주고받는 데 사용되는 방법(이메일, 우편)별로 소요되는 시간

ⓑ **주문처리시간**(Order Processing Time) : 적재서류의 준비, 재고기록의 갱신, 신용장의 처리작업, 주문확인, 주문정보를 생산, 판매, 회계부서 등에 전달하는 데 소요되는 시간

ⓒ **주문조립시간**(Order Assembly Time) : 주문을 받아서 주문정보를 창고나 발송 관련 부서에 전달한 후부터 주문받은 제품을 발송 준비하는 데 걸리는 시간

ⓓ **재고 가용성**(Stock Availability) **확보시간** : 창고에 보유하고 있는 재고가 없을 때 생산자의 재고로부터 보충하는 데 소요되는 시간

ⓔ **인도시간**(Delivery Time) : 주문품을 재고지점에서 고객에게 전달하는 데 걸리는 시간으로, 창고에 재고가 있는 경우에는 공장을 거치지 않고 곧바로 고객에게 전달하는 데 걸리는 시간

③ Order Cycle Time 단축 방법

㉠ 결품이 일어나지 않도록 적정 재고 유지

㉡ 최소 주문 수량 설정과 표준 출고 수량 운영(Lot Size 관리)

㉢ 반품 및 교환 프로세스 명확화

㉣ 주문 입수 절차 표준화

㉤ 주문처리 오류 감소

2 서비스 품질 측정

(1) 물류서비스 품질 수준의 결정 ★☆☆

① 고객만족도 수준

㉠ 물류서비스에 대한 고객의 만족도는 기대(Expectation)수준과 성과(Performance)수준의 차이로 설명된다.

㉡ 고객서비스의 수준이 결정되지 않았다면 수익과 비용을 동시에 고려하여 최적의 서비스 수준을 결정해야 한다.

② **상충관계**(Trade-off) : 물류서비스와 물류비용 사이에는 기본적으로 상충관계가 존재한다. 서비스 수준을 높이면 물류비용이 증가하고, 물류비용을 낮추면 서비스 수준이 떨어진다.

③ **비용절감과 서비스 수준 개선 간 조화** : 물류서비스의 목표는 물류비용은 절감하면서도 서비스 수준은 개선하는 데 있다. 물류비용 절감 또는 서비스 수준 개선 어느 한쪽으로 치우쳐서는 안 된다.

④ **상호작용의 결과** : 서비스 품질은 고객과 서비스 제공자 간의 상호작용에 의해서 결정된다.

㉠ **서비스 수준 향상** : 우수한 물류서비스로 기업의 평판이 좋아지면 추가 매출로 이어진다.

㉡ **물류비용 절감** : 물류비용을 절감함으로써 변동비가 낮아지면, 직접적으로 공헌이익이 높아진다.

⑤ **물류시스템 구축** : 물류비용을 절감하면서도 물류서비스 수준을 높이려면 그에 맞는 물류시스템을 구축해야 한다.

⑥ **제품 가용성**(Availability) : 현재 보유 중인 재고로부터 고객의 주문을 충족시킬 수 있는 기업의 능력으로, 가용성에 대한 정보제공은 물류서비스 신뢰성에 영향을 준다.

(2) 서비스 품질관리(SERVQUAL모형)

신뢰성 (Reliability)	고객에게 약속된 서비스를 정확히 수행하는 능력 예 신속·정확한 수주 정보처리, 재고관리의 정확도 향상, 조달 리드타임 단축, 제품 가용성 정보제공 등
확신성 (Assurance)	'보장성'이라고도 하며, 서비스 직원의 지식과 예절, 신뢰성과 자신감을 전달하는 능력과 안정성을 의미 예 화주기업에게 전반적인 업무수행에 대해 확신을 주는 능력
유형성 (Tangibles)	물리적 시설, 직원, 장비 등 외관으로 확인 가능한 유형의 설비 예 화주기업에게 차량, 장비 등 물류서비스를 원활히 제공해 줄 수 있는 능력
공감성 (Empathy)	고객에게 제공하는 개별적인 배려와 관심, 원활한 의사소통, 고객에 대한 이해 예 화주기업과의 원활한 의사소통 능력
응답성 (Responsiveness)	고객에 대한 대응성 또는 반응성으로, 신속한 서비스를 제공하는 종업원의 자세 예 화주기업에게 정확하고 신속하게 물류서비스를 제공할 수 있는 능력

(3) 품질경영 국제표준

① ISO 9000 : 품질경영시스템. 기업 또는 조직의 품질관리 체계가 국제표준기구(ISO)에서 요구하는 규격에 적합하게 구축되어 있음을 객관적으로 증명한다.

② ISO 14000 : 환경경영시스템. 기업 또는 조직의 환경경영 체계가 계획(Plan), 실행(Do), 점검(Check), 개선(Action) 단계로 구성되어 환경 개선에 적합하게 구축되어 있음을 인증한다.

③ ISO 22000 : 식품안전경영시스템. 기업 또는 조직의 식품 안전관리 능력을 객관적으로 증명하기 위한 식품안전경영시스템 요구사항을 말한다. HACCP(Hazard Analysis and Critical Control Point, 식품안전관리인증)의 원칙도 ISO 22000에 정의되어 있다.

④ ISO 26000 : 기업의 사회적 책임(CSR) 표준. 2010년 국제표준기구에서 발표한 기업의 사회적 책임 이행과 사회와의 상호작용 관련 지침을 담고 있다.

⑤ ISO 28000 : 공급사슬보안경영시스템. 2007년 국제표준기구에서 발표한 공급사슬 안전관리 체계 구축과 실행, 개선 관련 지침을 담고 있다.

(4) 서비스 프로세스 매트릭스 모형

① 서비스 프로세스 매트릭스 : 1986년 인디애나대 슈메너(R. W. Schmenner) 교수는 기업마다 다른 서비스 프로세스의 특성을 분류한 서비스 프로세스 매트릭스를 제창하였다.

② 의의 : 노동 집약도와 고객과의 상호작용 및 고객 맞춤 서비스 강도로 사분면을 만들고, 기업의 서비스를 표시함으로써 기업이 전략적으로 서비스 수준을 높이기 위해 어떤 노력을 기울여야 하는지에 대한 방향을 제시하였다.

③ 각 분면별 설명

㉠ 서비스 공장 : 낮은 노동 집약도, 낮은 상호작용. 공장에서 물건을 대량생산하듯 연속해서 정해진 서비스를 제공하는 형태이다. 숙련도 낮은 인력으로도 규모의 경제를 추구할 수 있다. 숙박업소나 항공사가 대표적이다.

㉡ **서비스 샵** : 낮은 노동 집약도, 높은 상호작용. 병원이나 식당이 대표적이다.

㉢ **대량 서비스** : 높은 노동 집약도, 낮은 상호작용. 소매점이 대표적이다.

㉣ **전문 서비스** : 높은 노동 집약도, 높은 상호작용. 공장에서 각각의 옵션에 따라 제품을 생산하는 체제를 생각하면 된다. 의사나 변호사, 약사 등 전문가 서비스가 대표적이다.

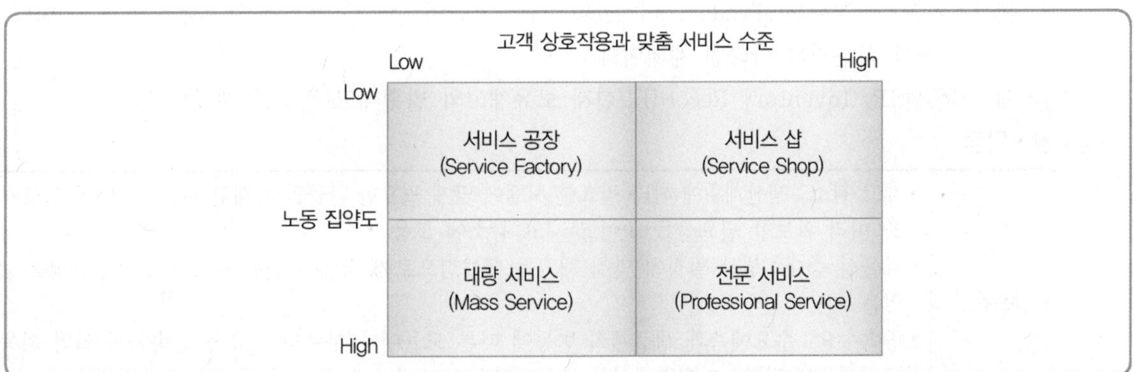

3 물류서비스 품질시스템

(1) BPR(Business Process Reengineering, 업무 재설계)

① **정의** : 획기적이고 근본적인 프로세스의 재설계를 말하며, 비용, 품질, 서비스, 속도 측면에서 획기적인 개선을 달성하기 위해 조직의 프로세스와 업무 흐름을 분석하고 근본적으로 재설계하는 경영기법을 말한다.

② **기본 원칙**

㉠ **업무 통합** : 과거 분업화, 전문화되어 있던 업무를 기능 중심이 아닌 업무 프로세스 중심으로 통합한다.

㉡ **분산된 자원의 중앙집중 관리** : 자원의 효율적 이용과 비용절감이 가능하다. 정보기술의 발전으로 ERP(전사적 자원관리)와 같은 솔루션을 도입함으로써 자원의 통합 관리가 가능해졌다.

㉢ **병렬 처리** : 업무를 병렬 처리함으로써 처리 시간을 단축한다. 대표적인 기법이 동시공학이다. 동시공학(Concurrent Engineering)은 제품 기획부터 생산까지 순차적으로 이루어지는 제품 개발 프로세스의 모든 과정을 병행 처리하여 제품 개발 기간을 단축하고 개발 비용을 줄이는 기법으로, 동시공학을 통해 개발 분야의 BPR을 달성할 수 있다.

(2) MRP(Material Requirement Planning, 자재소요계획) ★★☆

① **개념** : 자재 소요와 조달을 계획

제품의 생산계획, 재고 현황, 자재명세서, 자재별 조달 리드타임에 근거하여 필요한 자재를 필요한 시점에 필요한 만큼 조달할 수 있도록 계획하는 프로세스를 말한다.

② **목적**

㉠ **생산계획 달성 지원** : 제품의 자재명세서를 근거로 생산에 필요한 자재의 발주 시점과 조달 시점을 정의함으로써 생산계획 수립과 달성을 지원한다.

ⓛ **자재 재고 합리화와 결품 방지** : 자재명세서를 근거로 생산에 필요한 만큼만 자재를 발주하고 조달하도록 함으로써 재고를 줄이고, 리드타임을 단축하며, 고객만족을 높인다.

③ **구성요소**

㉠ **자재명세서**(Bill of Material) : 완제품을 생산하는 데 필요한 부품과 모듈의 개수를 정의하고 있다.

ⓛ **생산계획**(MPS, Master Production Schedule) : 고객의 수요를 맞추기 위해서는 언제, 얼마나 완제품을 공급해야 하는지를 나타낸 계획이다.

ⓒ **재고기록철**(IR, Inventory Record) : 현재 보유재고와 발주재고 정보를 제공한다.

④ **장 · 단점**

장점	• 재고 감소 : 생산계획에 따라 필요한 시점에 맞게 필요한 만큼만 자재와 부품을 확보함으로써, 재고를 미리 확보할 필요성을 줄이고 재고 감소에 도움 • 효율성 증대 : 생산 일정에 맞춰 재고를 확보함으로써 작업이 원활해지고, 노동생산성을 높일 수 있음 • 종속수요 : 수요예측과 생산계획 변동에 따른 모듈이나 부품의 수요를 신속하게 확인 가능 • 조립생산에 적합 : 자재명세서와 생산계획으로 자재 소요를 풀기 때문에 조립품 생산에 적합한 자재관리 기법에 해당함
단점	• 데이터 정확성에 의존 : 수요예측이나 자재명세서, 발주 리드타임 등이 부정확하면 계획 전체가 부정확해짐 • 유연성 부족 : 생산계획에 따른 종속수요이기 때문에 유연성이 떨어짐 • 필요 이상 재고 확보 : 부정확한 계획에 따른 생산 차질을 경험하다 보면, 안전재고나 예비 리드타임 등의 방법으로 필요 이상으로 재고를 확보하려는 유인이 생김

(3) MRP Ⅱ (Manufacturing Resource Planning, 생산자원계획)

① **개념** : MRP + 생산자원

생산계획과 자재 소요 중심의 MRP가 인적자원 관리와 재무관리를 포함한 기업의 자원 전체에 관한 계획으로 확장된 형태를 말한다.

② **의의**

㉠ **S&OP 발전의 계기** : 수요예측과 생산 Capacity를 고려한 생산 조정 프로세스이기 때문에, MRP Ⅱ는 생산-판매 회의, 즉 S&OP(Sales and Operations Planning)가 발전하는 계기를 제공하였으며, S&OP는 공급사슬관리를 실행하기 위한 기본 프로세스로 발전하였다.

ⓛ **ERP 탄생의 계기** : MRP Ⅱ는 정보기술의 발전으로 MRP가 1990년대 전사적 자원관리(ERP)로 발전하는 계기가 되었다.

③ **MRP와의 차이**

㉠ **자재 소요 중심의 MRP** : MRP는 생산계획과 자재소요계획을 바탕으로 수학적으로 자재 소요를 산출하는 시스템이다.

ⓛ **기업 전체의 생산자원계획 중심의 MRP Ⅱ** : MRP Ⅱ는 MRP는 물론 생산 Capacity, 인적자원, 수요예측 등을 고려하여 전체 생산을 조절하고 여기서 도출된 생산원가는 회계 시스템으로 연결해 주는 시스템이다.

(4) DRP(Distribution Resource Planning, 유통자원계획)

① 개념과 목적

㉠ 수요관리의 MRP : 고객의 수요를 신속하게 생산계획에 반영하고, 제품을 고객이 필요한 양만큼 필요한 장소에 빠르게 전달하기 위한 프로세스이다.

㉡ 목적 : 주문, 배송 관련 비용은 물론 재고 감소를 목적으로 한다.

② MRP와의 차이

㉠ MRP : 생산계획을 근거로 자재소요계획을 수립하고 실행하는 개념이다.

㉡ DRP : 고객의 수요를 근거로 소요계획을 수립하고 실행하는 개념이다.

③ Push 방식과 Pull 방식 ★☆☆

㉠ Push 방식 : 얼마나 보충할지 중앙집중 방식으로 통제하고 보충해 주는 방식. 관리 비용은 적게 들지만, 실제 수요를 적시에 반영하지 못할 위험이 크다.

㉡ Pull 방식 : 필요로 하는 곳에서 요청한 만큼 공급하는 방식. 관리가 어렵고, 공급 부족이나 예측 실패 경험이 있으면 채찍효과(Bullwhip Effect)가 발생할 가능성이 높다.

(5) ERP(Enterprise Resource Planning, 전사적 자원관리)

① 개념

㉠ 기업의 모든 부문을 연결하는 시스템 : 영업과 생산뿐만 아니라 회계, 물류, 구매, 인사, 서비스 등 기업의 모든 주요 부문을 연결하고 통합 관리하며, 정보를 공유하는 시스템이다.

㉡ 시스템 통합의 중요성 : 기업의 주요 부문이 저마다의 시스템을 운용하고 있다면 부문마다 미세한 데이터 형태 차이와 시스템끼리의 연결 부족으로 정보가 제때 공유될 수 없으며, 각 부문은 저마다 독자적인 의사결정을 하게 된다. 예를 들어 생산부문은 비용절감을 위해 생산을 줄이는데, 구매부문은 박리다매를 위해 원자재 구매량을 늘릴 수 있다.

㉢ MRP · DRP와의 차이

ⓐ MRP : 생산계획을 근거로 자재소요계획을 생성하고 실행하는 개념이다.

ⓑ DRP : 고객의 수요를 근거로 고객이 원하는 물자를 신속하게 생산계획에 반영하고 보충하는 개념이다.

ⓒ ERP : 기업 내 모든 부문을 통합적으로 연결하여 정보를 공유하고 효율을 높이는 시스템을 말한다.

㉣ 클라우드 ERP의 확산 : 2000년 가트너는 MRP Ⅱ에 이어 CRM, SCM 등 다른 고객 접점 시스템과 연결된 웹 기반 시스템 ERP Ⅱ를 정의하였다. 또한 1990년대 말에 처음 출시된 클라우드 ERP가 2000년대 들어 본격 확산하기 시작하였다.

② ERP 도입 효과

㉠ 생산성 향상 : 기업의 구매, 생산, 물류, 영업, 회계 등 주요 부문의 데이터 왜곡 없이 상대방의 정보를 가감 없이 직접 활용함으로써 전체적인 생산성을 높일 수 있다.

㉡ 기업경영의 가시성 제공 : 기업의 상황을 왜곡 없이 파악할 수 있으며, 위험을 사전에 감지하고 신속하게 행동을 취할 수 있다.

㉢ **시스템 구조 개선** : 생산 및 재고계획, 구매, 창고, 재무, 회계, 인적자원, 고객관계관리 등과 같은 다양한 업무의 통합 시스템화를 추구하므로, 각 부문이 통일된 데이터 포맷으로 정보를 공유할 수 있으며, 신속하고 용이하게 타 기업 시스템과 연결할 수 있다.

㉣ **공급사슬 운영 개선** : 전체 공급사슬의 가시성을 높이고, 재고를 줄이며, 효율적으로 물류활동을 전개하기 위한 시스템 체계 구축의 기반이 된다.

(6) CALS(Computer Aided Logistics Support, 통합 판매 · 물류 · 생산시스템)

① **개념** : 디지털 기술을 이용한 효율화

기업의 프로세스를 혁신하고 표준화하기 위해 제품개발, 생산, 영업, 물류에 이르는 영역을 디지털 정보기술로 효율화하는 전략이다.

+ CALS의 개념 확장

시대가 변하면서 자본주의와 물류의 발전에 따라 CALS의 지향점도 바뀌어 왔음을 알 수 있다. 처음 국방부 내의 정보전산화와 공유에서 시작한 것은 로지스틱스의 시대와 개념이 일치하고, 이후 방산업체까지 확대 적용하고 제품수명주기 전체 관리까지 포함한 것은 공급사슬관리의 시대와 개념이 일치한다. 연구와 개발부터 조달, 생산, 판매까지를 모두 포괄하는 Commerce At Light Speed의 개념은 지금의 End-to-End 공급사슬관리의 개념과 비슷하다.

② 목적

㉠ **전산화와 정보공유** : 시스템 기반으로 설계도, 장비명세서, 매뉴얼, 교육자료, 작동 순서 등의 데이터를 자동으로 수집하고 전달함으로써 수작업과 종이 문서 제거를 목적으로 하였다. 이후 방산업체와의 정보공유, 민간기업의 정보공유로 개념이 확장되었다.

㉡ **데이터 효율화** : 데이터 저장공간과 중량 축소

㉢ **자동화 확대** : 자동화 분야를 확대한다.

㉣ 인프라 현대화

㉤ **정보 품질 개선** : 수작업으로 정보를 공유할 때 발생할 수 있는 정보의 부정확성 문제를 개선한다.

(7) TOC(Theory of Constraints, 제약이론) ★★☆

① **개념 및 목적** : 이스라엘의 물리학자 엘리야후 골드랫(Eliyahu Moshe Goldratt) 박사가 제약이론을 소개하기 위해 1984년 발표한 소설 'The Goal'을 통해 제창한 개념이다. TOC의 요점은 먼저 공정 흐름을 더디게 하는 병목지점(Bottle Neck)을 찾고 이곳을 통과하는 흐름에 대한 모든 의사결정을 TOC를 기준으로 삼으라는 것이다.

㉠ **제약요인에 관리를 집중** : 조직의 전체적인 성과를 좌우하는 것은 제약요인이므로, 더 높은 이익을 얻기 위해서는 제약요인인 병목(Bottle Neck) 구간을 중심으로 관리를 집중해야 한다는 이론이다.

㉡ **목적** : 이익 극대화, 산출물 최대화(Through-put 증대)

② **주요 구성요소** : TOC는 공급체인의 제약(Bottle Neck)을 발견하고 관리하는 SCM에 응용할 수 있으며, 다음의 내용으로 구성된다.

㉠ **DBR(Drum-Buffer-Rope) 시스템** : Drum-Buffer-Rope 시스템은 생산·물류시스템을 관리하여 재고를 줄이면서 산출을 증대시키는 기법으로, 제약공정(Constraint Process)이 쉬는 일이 없도록 충분한 재공품을 공급하여 주는 것이다.

㉡ **사고 프로세스**(Thinking Process) : Thinking Process는 시스템의 개선과 조직이 처한 제약을 판별할 수 있는 도구로 제약요인을 개선하여 목표를 달성하는 구체적 해결방안을 도출하는 기법으로 '전체 최적화'를 추구한다.

㉢ **애로공정 프로젝트관리**(Critical Chain Project Management) : 이는 프로젝트의 단계별 작업을 효과적으로 관리하여 기간을 단축하고 돌발 상황에서도 납기 수준을 높일 수 있는 기법을 말한다.

③ 기대 효과

㉠ **이익 증가** : 제약이론의 가장 큰 목표는 이익 극대화이다.

㉡ **빠른 개선** : 하나의 제약요인 개선에 모든 역량을 집중함으로써 개선의 효과가 빠르게 나타날 수 있다.

㉢ **생산능력 증대** : 제약요인을 개선함으로써 생산량 증가와 생산능력 증대 효과가 있다.

㉣ **리드타임 감소** : 제약요인을 개선함으로써 생산이 원활해지고 빨라져서 리드타임 감소 효과를 가져온다.

㉤ **재고 감소** : 제약요인을 제거함으로써 제약공정을 기다리는 재공품 재고가 줄어들고, 전체적으로 재고를 줄일 수 있다.

④ **집중개선 5단계**(The Five Focusing Steps)

㉠ **제약요인 찾기**(Identify) : 목표 달성을 제한하는 현재의 제약요인을 찾는다.

㉡ **제약 활용 극대화**(Exploit) : 기존 자원을 활용해서 제약의 쓰루풋을 개선할 방안을 찾는다.

㉢ **제약에 맞춰 실행**(Subordinate) : 제약이 아닌 요인은 제약에 종속시킨다. 어떤 공정이 느리면 그 공정에 다른 공정의 속도를 맞추라는 뜻이다.

㉣ **제약요인 향상**(Elevate) : 제약요인을 제거하여 더 이상 제약요인이 되지 않도록 개선한다. 제약요인은 제거될 수도 있고 다른 프로세스로 이동할 수도 있는데, 그렇게 될 때까지 계속 수행해야 하는 단계이다. ㉡의 단계처럼 현장에서 이용할 수 있는 자원으로 개선할 수 없다면, 투자가 필요할 수도 있다.

㉤ **반복**(Repeat) : 하나의 제약요인이 해결되거나 제거되면, 다른 제약요인이 발생한다. 다른 제약요인을 찾는 ㉠의 단계부터 다시 반복한다.

⑤ **쓰루풋 회계**(Through-put Accounting)

㉠ **정의** : 현금 창출, 재고, 운영비 관점에서 이익 극대화를 추구하는 TOC 실천 기법이다. 전통적 회계처리와 아래와 같은 차이가 있다.

ⓐ **재고는 부채** : 전통적 회계처리는 재고를 자산으로 보지만, 쓰루풋 회계는 재고를 부채로 본다.

ⓑ **비용보다 쓰루풋** : 전통적 회계처리는 비용절감에 중점을 두지만, 쓰루풋 회계는 비용을 뛰어넘을 정도로 높은 쓰루풋, 즉 현금 창출에 중점을 둔다.

㉡ 3대 핵심 관점

ⓐ **쓰루풋**(Through-put) : 매출에서 변동비를 차감한 공헌이익, 현금 창출 능력을 말한다.

ⓑ **운영비**(Operating Expense) : 현금 창출을 위해 현재의 생산능력을 유지하기 위해 사용된 비용을 말한다. 전통적인 경비나 판매비, 관리비와 달리 급여, 노무비, 공과금 등을 말한다.

ⓒ 재고·투자(Inventory·Investment) : 판매 목적으로 구매하는 데 투자한 비용을 말한다.

㉢ 주요 지표

ⓐ 순이익(Net Profit) = Through-put − 운영비, 즉 공헌이익 − 운영비

ⓑ 투자수익률(Return on Investment) : 순이익 ÷ 투자

ⓒ 생산성 = Through-put ÷ 운영비

ⓓ 투자 회전율(Investment Turns) = Through-put ÷ 투자

⑥ Drum-Buffer-Rope(DBR)

㉠ 정의 : 제약요인에 생산을 맞추는 생산경영 기법이다.

㉡ 유래 : 소설 'The Goal'에서 주인공 알렉스가 아들의 하이킹에 따라갔다가 걸음이 느린 아이 때문에 정해진 시간 안에 완주할 수 없는 상황에 이르자, 걸음이 느린 아이를 선두에 세우고 아이들을 로프(Rope)로 묶어 간격을 유지한 다음(Buffer), 선두 아이가 북을 치며 전체 대열의 속도를 조절하는 방법으로(Drum) 정해진 시간 안에 완주하는 데 성공한 데서 유래했다.

ⓐ Drum : 제약요인 그 자체이다. 전체 프로세스 흐름의 속도를 결정한다.

ⓑ Buffer : 버퍼는 생산과 판매를 중단 없이 지속하기 위한 재고수준으로 병목 전 공정은 병목이 쉬지 않도록 버퍼를 형성한다.

ⓒ Rope : 생산과 판매에서 재고가 소진되는 속도를 나타낸다.

⑦ 공정효율(Balance Efficiency, Line of Balance)

$$\text{공정효율(LOB)} = \frac{\sum \text{각 공정시간}}{(\text{애로공정작업시간} \times \text{공정수})} \times 100\%$$

확인하기

▸ **다음은 물류센터 하역작업의 연속된 5개 공정별 작업시간이다. 공정개선 후 공정효율(Balance Efficiency)을 80%로 만들기 위해서는 애로공정의 작업시간을 몇 분 줄여야 하는가?**

공정명	A	B	C	D	E
작업시간(분)	13	10	16	11	10

해설 1. 개선 전 공정효율(LOB)

• 공정효율(LOB) = 각 공정시간 합계 / (애로공정시간 × 공정수)

• 개선 전 애로공정 : C공정(16분)

∴ 개선 전 LOB(%) = {(13 + 10 + 16 + 11 + 10) / (16분 × 5개)} × 100 = 75%

2. 애로공정 개선 후

C공정 개선 후 나머지 공정 중 애로공정은 A공정(13분)이 되며, LOB 80%를 달성하기 위한

LOB(%) = {(13 + 10 + x + 11 + 10) / (13분 × 5개)} × 100 = 80%

∴ x = 8분

(8) JIT(Just-In-Time, 적시생산시스템) ★☆☆

① **개념** : 재고를 최소화하여 낭비 제거

재고를 적치할 넓은 토지가 부족한 일본의 도요타 자동차에 의해 개발된 자재관리 또는 생산관리 기법으로, 필요한 때, 필요한 물건을, 필요한 만큼 생산함으로써 재고를 최소화하여 낭비를 없애는 시스템을 뜻한다.

② **JIT시스템의 목표** : 생산과정에서의 낭비요인들인 재고(Inventory), 제조준비시간, 리드타임, 불량품, 자재 취급노력 등의 경감을 목표로 한다.

③ **JIT시스템의 구성요소**

㉠ **소로트(Lot) 생산과 제조준비시간 단축** : 생산계획 변경에 영향 적음.

㉡ 생산의 평준화(Heijunka)

㉢ 작업자의 다기능화

㉣ **품질관리활동** : 품질분임조, 안돈시스템(품질문제 발생 시 경고시스템), 카이젠(지속적 개선활동), 포카요케(실수 방지도구)

㉤ **칸반시스템**(Kanban System) : 부품 생산과 보충 신호를 칸반으로 주고받는 JIT 생산방식의 업무 프로세스

㉥ 단일 또는 소수의 공급자와 **장기적인 협력관계** 구축

④ **JIT와 MRP의 비교** ★☆☆

구분	JIT시스템	MRP시스템
관리시스템	요구(주문)에 따라가는 Pull 시스템	계획대로 추진하는 Push 시스템
관리목표	낭비 제거(무재고시스템)	계획과 통제(필요시 확보)
관리도구	눈으로 보는 관리(칸반시스템)	컴퓨터 처리
생산계획	안정된 MPS 필요	변경이 잦은 MPS 적용 가능
자재소요판단	칸반	자재소요계획
발주(생산)로트	소로트(Small Lot)	경제적 주문량
재고 관점	재고는 부채	재고는 자산

⑤ **JIT-Ⅱ 시스템**

㉠ JIT-Ⅱ는 **미국 보스(Bose)사**의 총 책임자 랜스 딕슨(Lance Dixon)에 의해 최초로 개발된 자재관리기법으로, 미국 기업들이 제품원가 중 조달물류비가 차지하는 비중이 증가하고 있는 원인을 해결하고자 하는 데에서 탄생하였다.

㉡ **Pull시스템**으로 기존 JIT와 유사하나, 장기적인 계약관계가 아닌 상호 파트너십관계를 전제로 한다는 점에서 JIT와는 큰 차이점을 갖는다.

㉢ JIT-Ⅱ는 공급회사의 판매업무와 발주회사의 조달(구매)업무를 연결한 하나의 가상기업(Virtual Company)을 가정한다.

Tip

+ 린 생산시스템(Lean Production System)

- MIT 연구진이 붙인 이름에서 유래한 Lean시스템은 JIT를 좀 더 체계화하여 발전시킨 형태로, 일본에서 개발된 JIT를 미국의 환경에 적합하도록 재정립한 생산시스템이다.
- Lean이란 얇은 혹은 마른의 뜻으로, 낭비 없는 생산을 의미하고 생산과정에서 발생할 수 있는 어떤 유형의 낭비도 철저히 제거하겠다는 생산관리시스템을 의미한다.
- 고객관점에서의 가치창조를 위한 전체 Process 흐름 최적화에 중점을 둔다.

(9) TQM(Total Quality Management, 전사적 품질경영)

① 개념

㉠ **모든 구성원이 품질경영에 동참** : 현장 작업자부터 경영진까지 기업의 모든 구성원이 품질 개선을 위해 노력하고 고객만족을 실현하자는 경영기법이다.

㉡ **점진적이고 장기적 개선** : 연구개발, 생산, 영업 등 전 부서가 점진적 개선을 통해 장기적으로 프로세스를 개선하고 품질 개선을 일회성 캠페인이 아닌 기업의 문화로 만드는 데 초점을 둔다. 이때 경영진은 인원 지원, 교육 지원 등을 통해 목표 달성을 유도한다.

② 실행 원칙

㉠ **고객 만족** : 재화와 서비스의 품질 수준을 결정하는 주체는 고객이다. 자사가 정한 기준대로 만들어지는 것이 품질이 아니라, 고객이 만족해야 품질이다. 고객의 범위 또한 외부고객뿐만 아니라 내부고객을 포함한다.

㉡ **전 구성원 참여** : Total Quality라는 말에서 알 수 있듯이 TQM은 품질관리가 품질관리 부서만의 업무가 아니라는 발상에서 출발한다. 모든 구성원이 업무 분야의 프로세스와 시스템 개선에 참여하는 것이 곧 품질 개선이다.

㉢ **프로세스 중심** : 프로세스를 지속 분석하고, 약점을 찾아 개선해야 한다. 기업의 모든 프로세스가 품질 개선에 초점을 두고 있어야, 기업이 생산하는 재화와 서비스의 품질도 우수하다는 논리이다.

㉣ **프로세스 통합** : 모든 TQM 프로세스는 비즈니스 프로세스와 통합되어야 한다.

㉤ **체계적, 전략적 접근** : 품질도 전략적으로 계획하고 관리해야 한다.

㉥ **지속적 개선** : 모든 구성원이 지속적 품질 개선에 공헌함으로써, 시장의 변화에 적응하고 경쟁우위를 확보할 수 있다는 주장이다.

㉦ **의사소통** : 기업 내 조직 간 전략, 방법, 적시성 관련해서 의사소통이 필요하다.

(10) 식스시그마 ★★☆

① **개념** : 품질의 편차를 아주 작게 관리하는 품질관리 시스템

통계학에서 표준편차를 의미하는 '시그마'라는 용어에서 알 수 있듯이 수치데이터로 접근해서 품질관리 수준이 큰 변동 없이 안정적인 수준, 즉 편차가 적은 수준으로 관리되는 것을 지향한다. 100만 개 중 3.4개의 불량만을 인정(3.4PPM)한다는 통계적 품질관리 기법으로, 모토로라의 엔지니어 빌 스미스가 1985년 제창한 기법이다.

② 구성 내용

㉠ **상의하달** : 하의상달 방식의 자율적 실행보다는 상의하달 방식의 강력한 추진이 더 높은 효과를 낸다. 구성원의 자발적 참여를 유도하는 방식이 아니다.

㉡ **프로세스 중심** : 프로세스 중심의 접근방식이며, 제품 또는 서비스의 리드타임을 단축하고 재고를 감축하는 효과가 있다.

㉢ **DMAIC** : 6시그마의 실행 순서이다. 정의(Define), 측정(Measure), 분석(Analyze), 개선(Improve), 관리(Control)의 순서로 이루어진다.

단계	내용
정의(Define)	고객들의 요구사항과 품질의 중요영향요인(CTQ : Critical to Quality), 즉 고객만족을 위해 개선해야 할 중요부분을 인지하고 이를 근거로 개선작업을 수행할 프로세스를 선정하는 단계
측정(Measure)	중요영향요인(CTQ)에 영향을 미치는 프로세스에 대하여 그 업무과정에서 발생하는 결함을 측정하는 단계
분석(Analyze)	결함의 형태와 발생원인을 조사하여 중요한 직접적 및 잠재적 변동원인을 파악하는 단계 • 프로세스의 현재 수준과 목표 수준 간 차이가 발생하는 원인 규명 • 파레토도, 특성요인도 등의 도구 활용
개선(Improve)	결함의 원인을 제거하여 문제나 프로세스를 개선하는 단계
관리(Control)	개선효과 분석, 개선 프로세스의 지속방법을 모색하는 단계

㉣ **물류 등 비제조 분야 적용** : 제조뿐만 아니라 서비스, 연구개발, 물류 등 다른 부문에도 적용할 수 있다. 예를 들어 고객에 대한 적시 배송률이 80%와 100% 사이를 오르내리는 경우보다는 항상 90%를 유지할 수 있도록 관리하는 것이 6시그마 물류관리의 본질이다.

5 유통과 마케팅

1 마케팅

(1) 마케팅관리의 정의

① 마케팅의 개념 및 기능

㉠ 마케팅(Marketing)이란 개인과 조직의 목적을 충족시켜 주는 교환을 창출하기 위해 아이디어, 제품 및 서비스, 가격결정, 촉진 및 유통을 계획하고 실행하는 과정을 의미한다.

㉡ 마케팅의 기능으로는 교환기능(구매, 판매), 물적유통기능(운송, 보관), 조성기능(표준화, 금융, 정보제공, 위험부담) 등이 있다.

② 물류와 마케팅과의 관계

㉠ 마케팅 전략에는 제품전략(Product), 가격전략(Price), 유통전략(Place) 및 촉진전략(Promotion) 등이 있다. 물류는 마케팅 요소 4P 중 **유통(Place)**과 가장 밀접한 관계가 있다.

㉡ 기술혁신으로 품질과 가격 면에서 평준화가 이루어진 상태에서는 고객서비스가 마케팅과 물류에서 중요한 비중을 차지한다.

㉢ 물류는 포괄적인 마케팅에 포함되면서 물류 자체의 마케팅활동을 실천해야 한다.

㉣ 최근의 물류는 마케팅뿐만 아니라 산업공학적인 측면, 무역학적인 측면 등 보다 광범위한 개념으로 확대되고 있다.

㉤ 생산과 물류의 상호작용에 포함되는 요소로 공장입지, 구매계획, 제품생산계획이 있다.

(2) 마케팅전략과제의 도출

① **SWOT분석** ★☆☆ : SWOT는 강점(Strength), 약점(Weakness), 기회(Opportunity), 위협(Threat)의 이니셜로 기업 내부의 강점과 약점을 파악하여 환경의 기회요인을 포착하고 위협요인을 회피하는 전략의 수립이 이루어져야 한다는 모형이다.

내부 / 외부		강점(Strength)	약점(Weakness)
		S	W
기회 (Opportunity)	O	SO 전략 • 자사의 강점을 특화하여 • 기회를 살리고 선점하는	WO 전략 • 기회를 살리고 선점하기 위해 • 자사의 약점을 보완하는
위협 (Threat)	T	ST 전략 • 자사의 강점을 특화하여 • 외부 위협에 대응하고 감쇄	WT 전략 • 외부 위협에 대응, 감쇄하고자 • 자사의 약점을 보완하는

(3) 마케팅믹스(4P)

① **마케팅의 4가지 고려사항** : 재화나 서비스를 마케팅하기 위해서 고려해야 할 4가지 사항으로, 알파벳 P로 시작해서 4P라고 부르며, 마케팅믹스라고도 부른다.

② Product(제품)

㉠ **마케팅의 출발점** : 모든 마케팅은 제품에 대한 이해에서 출발한다.

㉡ **유통의 사전 지식** : 제품의 수명주기에 따라 마케팅 전략이 달라지기 때문에 제품을 유통하려면 제품을 알아야 한다.

㉢ **나머지 3P의 전제조건** : 제품 자체가 그 제품이 받아야 할 가격, 유통할 시장, 판촉 방법을 어느 정도 판가름한다.

③ Price(가격)

㉠ **소비자의 지출 의사** : 가격을 결정할 때는 원가, 경쟁사 가격, 유통 수수료, 할인도 중요하지만, 소비자가 느끼는 가치, 즉 소비자의 지출 의사를 반영해야 한다.

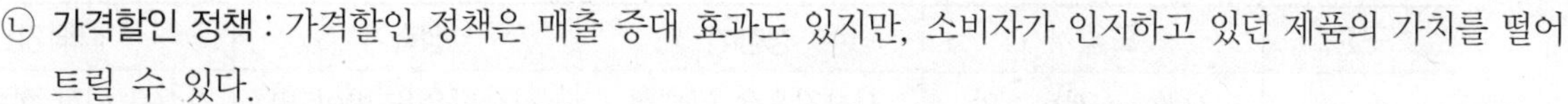

ⓛ **가격할인 정책** : 가격할인 정책은 매출 증대 효과도 있지만, 소비자가 인지하고 있던 제품의 가치를 떨어트릴 수 있다.

④ Promotion(촉진)

㉠ **소비자에게 알리는 행동** : 소비자에게 제품의 필요성과 가격의 적절성을 알리는 행동으로 광고, 홍보, 미디어 전략을 포함한다.

ⓛ **Place(장소)와 연계** : Promotion 전략과 Place 전략을 같이 고려해야 한다.

⑤ Place(장소)

㉠ **판매 장소** : 가장 구매 가능성 높은 소비자층을 공략하기 위해 어디서 판매해야 하는지를 정한다.

ⓛ **Promotion과 연결** : 목표 소비자층을 공략하기 위해 어떤 미디어로 광고할 것인지를 같이 고려해야 한다.

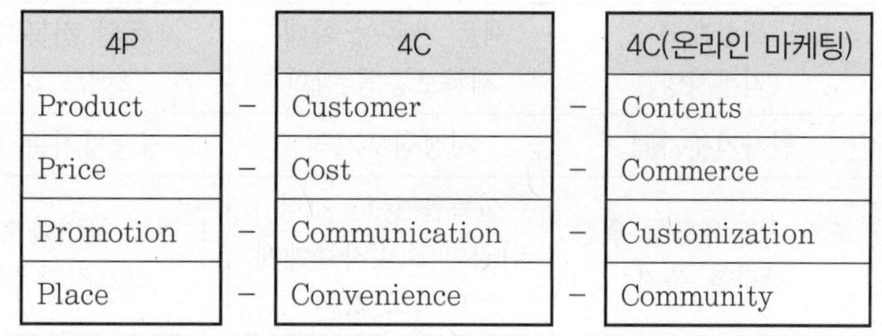

4P		4C		4C(온라인 마케팅)
Product	–	Customer	–	Contents
Price	–	Cost	–	Commerce
Promotion	–	Communication	–	Customization
Place	–	Convenience	–	Community

(4) 물류와 제품수명주기(PLC) ★★☆

① **제품수명주기**(Product Life Cycle) : 새로운 제품 또는 서비스가 개발되면, 처음으로 시장에 등장하는 도입기, 판매가 빠르게 증가하여 성장하는 성장기, 판매증가율이 둔화되는 성숙기, 판매가 감소하는 쇠퇴기를 거쳐 점차 시장에서 사라지게 된다. 이러한 과정을 제품수명주기(PLC, Product Life Cycle)라고 한다.

② **단계별 특징**

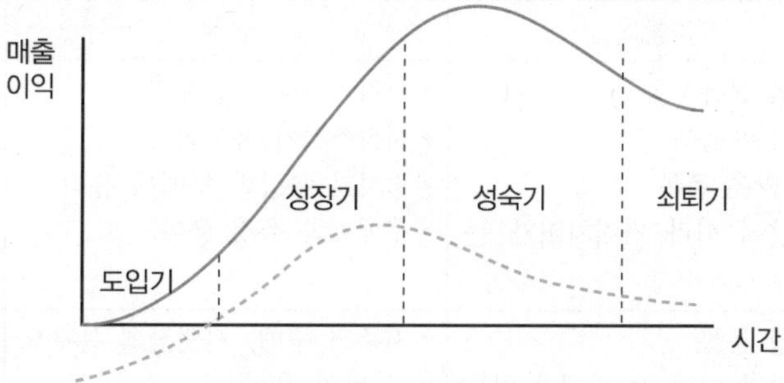

구분	도입기	성장기	성숙기	쇠퇴기
마케팅목표	제품 or 서비스의 인지도 제고	시장점유율 극대화, 소비자의 구전이 중요	시장점유율 방어 및 이윤극대화	철수를 위한 회수 또는 회생
물류 활동	소수 혁신층 확보, 제품 가용성 제한	물류비와 서비스 간 상충관계 고려, 규모의 경제 실현	차별화된 물류서비스 제공, 다수의 거점 필요	위험 최소화 전략
매출액	낮음	급격한 성장	최대 매출액 체감적으로 증가	감소
이익	(–)	한계이익 최대	최대 총이익에서 점차 감소	감소
제품	핵심제품 (기본사양)	제품 가용성 확대, 제품보증의 강화	제품의 전문화 및 브랜드 강화	취약품목의 포기
가격	원가기준가격	시장침투가격	경쟁자기준가격	가격인하
촉진	조기 사용유도를 위한 강력한 촉진	설득을 통한 보다 다양한 소비자들에게 인지도 강화	브랜드 차별화 강조 및 상표전환유도	최소한의 촉진 또는 재마케팅 촉진

(5) 제품의 조달방법 ★★☆

① **집중구매** : 일정한 거래처로부터 지속적으로 다량을 구매하는 방식으로, 안정적인 품질관리나 통합적인 경영관리시스템을 적용할 경우에 유리하다.

② **분산구매** : 각각 독립적으로 분산시켜 구매하는 방식으로, 정해진 목표시장의 변화에 대한 유연성이 증가되고, 기업의 제품개발이나 기술개발에 있어 상품공급 측면에서는 독립성이 강하게 작용을 한다.

구분	적용품목	장점	단점
집중구매	• 전사의 공통품목 • 표준화된 품목 • 수요 많은 품목 • 구매량에 따라 가격차이가 큰 품목	• 가격 · 거래조건 유리 • 시장조사가 용이함 • 절차가 복잡한 구매에 유리 • 구매효과 측정 용이	• 구매부서 · 사업장별 자주성이 없고 수속 복잡 • 긴급조달 어려움 • 각 사업장별 재고파악 어려움 • 조달기간과 운임 증가
분산구매	• 시장성 품목 • 구매량과 가격 간 관계가 없는 품목 • 소량 · 소액 품목 • 사무용 소모품, 수리용 부속품	• 자주적 구매, 사업장의 특수요구 반영 용이 • 긴급수요의 경우 유리 • 구매수속 신속 처리	• 본사 방침과 다른 자재를 구매하는 경우 발생 • 구입단가 비싸고 구매경비 증가 • 구입처와 거리가 먼 경우 적절한 자재구입 어려움

(6) 물류와 유통경로관리 ★☆☆

① 유통경로(Distribution Channel)

㉠ 유통경로는 제품이나 서비스가 생산자에서 소비자에 이르기까지 거치게 되는 통로 또는 단계를 의미한다.

㉡ 유통경로는 비탄력적이어서 한 번 결정되면 다른 유통경로의 전환이 용이하지 않다. 따라서 제품, 가격, 촉진 등 다른 마케팅믹스 요소와 달리 신중하게 결정되어야 한다.

㉢ 유통경로는 시간적, 장소적 효용뿐만 아니라 소유적, 형태적 효용도 창출한다.

② 유통경로상에 존재하는 중간상의 역할

㉠ **총거래수 최소화의 원칙** : 중간상의 존재로 인해 생산자는 다수의 소비자와의 거래를 단순화시킬 수 있다.

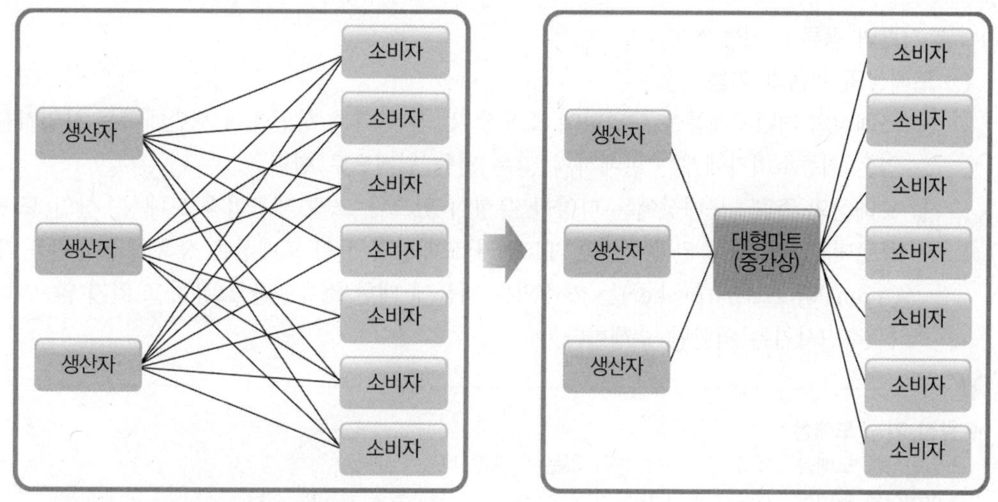

* 중간상의 유무에 따른 거래 수 비교 예
중간상이 없는 경우의 총거래수 : 3×7=21
중간상이 존재하는 경우의 총거래수 : 3×1+7×1=10
∴ 중간상이 있는 경우 감소하는 거래수 : 21−10=11

㉡ **불일치의 조절** : 중간상은 생산자와 소비자 간의 욕구 차이에서 발생하는 제품구색 및 구매량의 불일치를 조절한다.

㉢ **집중 준비의 원칙**(집중 저장의 원칙) : 중간상이 제품의 보관기능을 분담함으로써 사회 전체가 원활한 소비를 위해 저장해야 할 제품의 총량을 줄일 수 있다.

㉣ **분업의 원칙** : 유통경로상에서 수행되는 다양한 기능에도 분업의 원리가 적용된다. 즉, 주문, 촉진, 금융, 정보 수집 등의 기능을 중간상들이 분담하여 수행하면 유통기능의 효율성이 높아져 전체 유통비용은 감소하고 상품의 가격도 낮아질 수 있다.

Tip

+ 유통경로의 효용

유통경로는 제품을 소비자에게 전달하는 경로이므로 시간과 장소의 효용을 갖는다. 다만 유통경로는 물류와 상류를 모두 포괄하므로 소유와 형태 효용이 더해진다.

- **시간적 효용** : 소비자가 원하는 시간에 재화와 서비스를 제공한다.
- **장소적 효용** : 소비자가 원하는 장소에 재화와 서비스를 제공한다.
- **소유적 효용** : 신용거래, 할부거래 등을 통해 재화와 서비스의 소유권 이전을 원활하게 수행하고 판매를 촉진할 수 있다.
- **형태적 효용** : 대량으로 생산된 재화와 서비스를 소비자가 구매할 수 있는 양으로 나누거나, 구매를 자극하는 묶음이나 포장으로 변환하여 거래를 촉진한다.

③ 유통기관의 종류와 기능 ★☆☆

㉠ 도매상의 개념과 기능

ⓐ **도매상의 개념** : 제품을 구입하여 소매상 및 기타 다른 상인에게 재판매하는 사업자를 말하며, 도매업은 최종소비자에게는 판매하지 않는 것을 원칙으로 한다.

ⓑ **도매상의 종류** : 도매상에는 다양한 유형이 있으나 크게 제조업자 도매상, 상인 도매상, 대리인 및 브로커 등으로 구분된다. 이 중 제조업자 도매상과 상인 도매상은 상품의 소유권을 가지지만 대리인(Agent)과 브로커(Broker)는 거래되는 제품에 대한 소유권을 보유하고 있지 않으며 단지 제품거래를 촉진시키는 역할만 수행한다.

+ 완전 기능 도매상

- **일반상품 도매상** : 서로 간에 관련성이 없는 다양한 제품을 취급
- **한정상품 도매상** : 서로 간에 관련성이 있는 몇 가지 제품들을 동시에 취급
- **전문품 도매상** : 불과 몇 가지의 전문품 라인만을 취급

+ 한정상품 도매상

유통기능 중 소수의 기능에 전문화되어 있고 소매상 고객에게 제한된 서비스만을 제공

- **현금인도 도매상**(현금무배달 도매상) : 현금 지불을 거래 조건으로 하고, 배달은 하지 않지만 대신 제품을 낮은 가격으로 공급
- **트럭배달 도매상** : 판매와 배달 기능을 트럭을 이용하여 직접 수행한다. 주로 한정된 제품을 취급하며 고객들의 주문에 의해 구매와 보관, 배송을 담당
- **선반진열 도매상**(Rack Jobber) : 식료품과 잡화류를 취급하는 도매상으로 소매상에 재고수준에 대한 조언, 저장 방법에 대한 아이디어를 제공하고 선반진열 업무 등을 대신 수행
- **직송 도매상**(Drop Shipper) : 소매상 고객으로부터 주문이 왔을 때, 해당 상품을 생산자가 직접 구매자에게 배송하도록 중개하는 도매상으로 재고를 보유하거나 운송하는 기능을 수행하지 않는다. 물류비용과 부피가 큰 목재, 석탄, 중기계 등을 취급

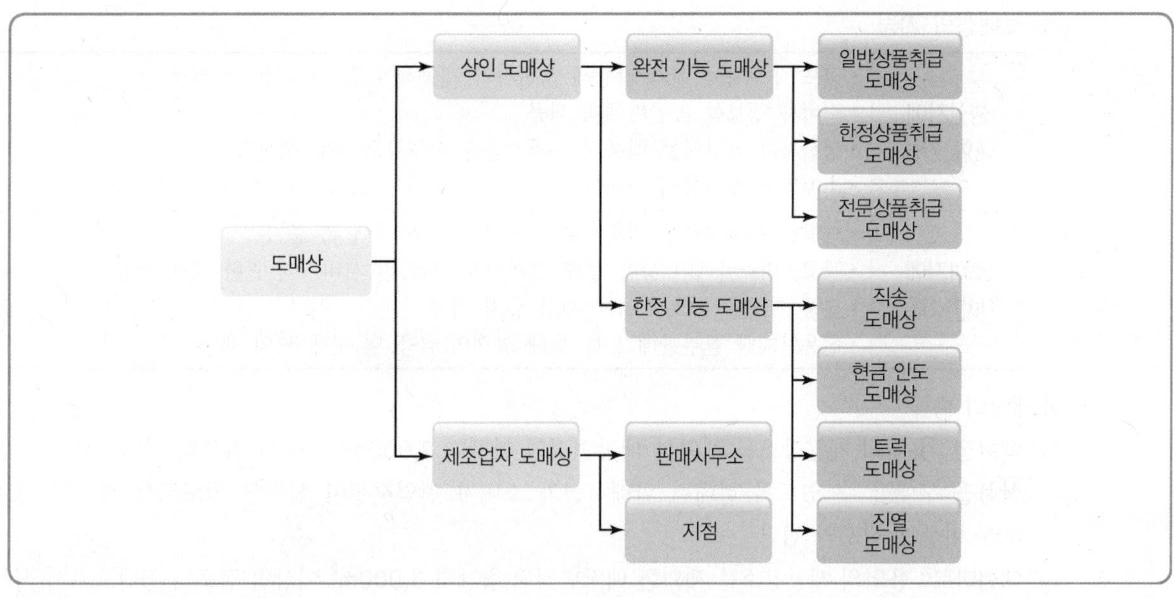

✚ 도매상과 소매상의 차이

- **도매상** : 유통과정에서 소비자가 아닌 다른 상인(소매점 등)에게 물건을 판매하는 상인
- **소매상** : 최종소비자에게 물건을 판매하는 상인

ⓒ 도매상의 기능

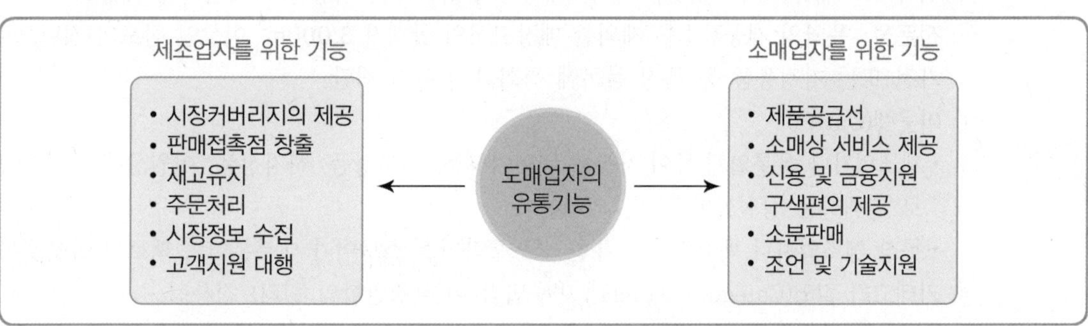

㉡ 소매업의 개념과 기능

ⓐ **소매업**(Retailing) : 소매업은 최종소비자를 대상으로 제품 및 서비스를 판매하는 것을 업으로 하는 활동으로, 소비자와 직접 접촉하기 때문에 소비자의 욕구에 신속하게 반응한다.

ⓑ **소매업의 변화** : 소비자의 욕구가 점점 다양해지고 업태 간 경쟁이 치열해지면서 오프라인 소매점에서 온라인 소매점으로 최근에는 온-오프라인을 넘나드는 형태의 O2O(Online to Offline) 커머스 형태의 새로운 소매업태들이 빠르게 등장하고 있다.

ⓒ 소매상의 기능

생산자에 대한 기능	• 점포 내 주문처리가 가능해 생산자가 제공해야 할 고객서비스 대행 • 소비자 정보를 공급자에게 제공 • 생산자가 담당하는 상품의 보관기능을 수행함으로써, 생산자의 부담을 경감시킴 • 소매업이 자신들의 판매를 증대시키기 위하여 스스로 광고 및 프로모션 진행
소비자에 대한 기능	• 다양한 상품구색을 갖춤으로써 고객의 상품 선택 폭 증가 • 광고, 디스플레이 등을 통해 고객에게 상품 및 서비스에 관한 정보 제공 • 상품 저장을 통해 상품의 재고 유지 기능 • 신용판매나 할부판매 등을 통해 고객의 금융 및 구매 편의 제공

㉢ 소매상의 종류

ⓐ **백화점** : 용역의 제공장소를 제외한 매장면적의 합계가 3,000m^2 이상인 점포의 집단으로서 다양한 상품을 구매할 수 있도록 현대적 판매시설과 소비자 편익시설이 설치된 점포로서 직영의 비율이 30% 이상인 점포의 집단

ⓑ **대형마트** : 용역의 제공장소를 제외한 매장면적의 합계가 3,000m^2 이상인 점포의 집단으로서 식품·가전 및 생활용품을 중심으로 점원의 도움 없이 소비자에게 소매하는 점포의 집단

ⓒ **SSM**(Super-Super Market) : 「유통산업발전법」상 '준대규모점포'라 하며, 기업형 슈퍼마켓으로 품목수와 재고량을 적절히 조절하는 매장(이마트24, 홈플러스 익스프레스 등)

ⓓ **하이퍼마켓** : 대형화된 슈퍼마켓에 할인점 및 창고소매업 방식을 접목해 저가격으로 판매하는 업태로 취급상품 중 상당부분이 PB제품으로 구성되어 있는 것이 특징이다. 식품, 비식품 등을 다양하게 취급하고 대규모 주차장을 보유한 매장면적 2,500m^2 이상의 소매점포에 해당한다.

ⓔ **전문점** : 용역의 제공장소를 제외한 매장면적의 합계가 3,000m^2 이상인 점포의 집단으로서 의류·가전 또는 가정용품 등 특정 품목에 특화한 점포의 집단

ⓕ **아웃렛**(Outlet)
- 제조업자나 유통업체 등이 자사의 비인기상품, 재고상품, 하자상품, 이월상품 등을 할인된 가격으로 판매하는 상설할인점포를 의미한다.
- 통상 제조업자나 백화점이 소유한 오프프라이스 스토어가 대부분이며 팩토리 아웃렛이라고 한다.

ⓖ **카테고리 킬러**(Category Killer) : 변증법적 이론(정반합의 원리) 적용됨.
- 한정된 제품계열에서 깊이 있는 상품구색으로 전문점과 유사하나 저렴한 가격으로 판매하는 소매점으로 대량판매, 다점포화, 셀프서비스 방식을 채택한다.
- **사례** : 가전제품 전문매장인 서울전자랜드, 하이마트, 세계최대의 완구 전문할인점인 토이저러스(Toysrus), 신발 멀티숍인 ABC마트 등이 대표적이다.

ⓗ **회원제 창고형 할인점**(MWC) : 회원제로 일정한 회비를 내는 회원에게만 구매할 수 있는 자격을 주고 거대한 창고형 점포에서 할인된 가격에 상품을 판매하는 소매업이다.

ⓘ **무점포 소매상** : 자판기, 방문판매(네트워크 마케팅), 직접마케팅(인터넷 쇼핑몰, 인터넷 상거래), SNS마케팅 등 온라인 또는 직접판매를 통해 매출액을 발생시키는 소매상을 뜻한다.

④ 유통경로결정이론

㉠ 연기－투기이론 : 경로구성원들 중 누가 재고보유에 따른 위험을 부담하는가에 따라 경로구조가 결정된다는 이론이다.

㉡ 기능위양이론 : 유통기관은 비용우위를 갖는 마케팅 기능들만을 수행하고, 나머지 마케팅 기능은 다른 경로구성원들에게 위양하는 것이다.

㉢ 거래비용이론 : 윌리엄슨(Williamson)의 거래비용이론은 수직적 계열화(수직적 통합)에 드는 비용과 시장거래에서 발생되는 거래비용 간의 상대적 크기에 따라 유통경로 길이의 범위가 결정된다는 것이다.

㉣ 게임이론 : 수직적인 경쟁관계에 있는 제조업자와 중간상이 각자 자신의 이익을 극대화하기 위해 자신과 상대방의 행위를 조정하는 과정에서 유통경로의 구조가 결정된다는 이론이다.

㉤ 대리인이론 : 의뢰인이 대리인의 결정과 행동에 의존한다는 개념을 배경으로, 유통경로에 개별 경로구성원(의뢰인)에게 가장 큰 성과를 주는 경로구성원(대리인)을 찾아 계약을 맺게 됨에 따라 경로구조가 결정된다는 이론이다.

㉥ Checklist법 : 경로구조 결정 시 경로구성원들의 마케팅능력 및 소비자의 유통서비스에 대한 요구(Needs)를 구체화한 요인들(시장요인, 제품요인, 기업요인, 경로구성원 등)을 고려하여 경로의 길이를 결정한다.

체크 Point

유통경로의 길이

구분	짧은 유통경로	긴 유통경로
제품특성	• 부패성 상품 • 비표준화된 중량품 • 기술적으로 복잡한 제품, 전문품	• 비부패성 상품 • 표준화된 경량품 • 기술적으로 단순한 제품, 편의품
수요특성	• 구매 단위가 큰 제품 • 구매 빈도가 낮고 비규칙적인 제품	• 구매 단위가 작은 제품 • 구매 빈도가 높고 규칙적인 제품
공급특성	• 생산자 수가 적고, 공급자의 시장 진입이 제한적 • 지역적 집중생산	• 생산자 수가 많고, 공급자의 시장 진입이 자유로움 • 지역적 분산생산
유통비용 구조	• 장기적으로 불안정 → 최적화 추구	• 장기적으로 안정적

⑤ 수직적 유통경로(VMS, Vertical Marketing System) ★★★

㉠ 수직적 유통경로

ⓐ 개념 : 수직적 유통경로(VMS)는 생산에서 소비에 이르기까지 유통과정의 흐름을 체계적으로 통합·조정하여 규모의 경제를 실현할 수 있도록 설계된 유통경로의 형태를 말한다.

ⓑ VMS 도입 이유

- 유통비용의 절감과 심화되는 업태 간 경쟁에 효과적으로 대응
- 자원 및 원재료 등의 안정적 확보 및 도소매 유통망의 확보

㉡ 수직적 유통경로의 유형

ⓐ 기업형 VMS : 기업형 VMS는 한 경로구성원이 다른 경로구성원들을 경제적, 법률적으로 소유・관리하는 유형으로, 전방통합과 후방통합 유형이 있다.

전방통합	제조회사가 도・소매업체를 소유하거나 혹은 도매상이 소매업체를 소유하는 유형	
후방통합	소매상이나 도매상이 제조업체를 소유하거나 제조업체가 부품공급업체를 소유하는 유형	
수직적 통합의 장・단점	장점	• 안정적인 원료 공급 및 유통망 확보가 가능함 • 유통경로 전반에 걸친 지배력이 강화되며, 규모의 경제 발생
	단점	• 조직 규모의 비대화로 환경변화에 대한 유연성이 떨어짐 • 초기 투자비용이 많이 발생함

ⓑ 계약형 VMS : 계약형 VMS는 경로구성원들이 각자 수행해야 할 마케팅 기능들을 계약(Contract)에 의해 합의함으로써 공식적인 경로관계를 형성하는 경로조직으로, 프랜차이즈 시스템, 도매상 후원의 자발적 연쇄점 등이 있다.

ⓒ 관리형 VMS : 관리형 VMS는 경로구성원들의 마케팅 활동이 소유권이나 명시적인 계약에 의하지 않고 상호이익을 바탕으로 맺어진 협력시스템으로, 어느 한 경로리더의 규모나 파워, 또는 경영지원에 의해 조정되는 경로유형이다.

ⓓ **경로구성원에 대한 통제력의 강도** : 기업형 VMS > 계약형 VMS > 관리형 VMS

체크Point

수평적 유통경로(HMS, Horizontal Marketing System)

유통경로 중 동일 단계에서 활동하는 복수의 기업이 결합한 형태를 말한다. 도매상과 도매상, 소매상과 소매상의 결합 형태이다. 개별 기업의 역량으로는 단독으로 마케팅하는 데 한계가 있을 때, 수평 통합을 통해 시너지효과를 얻을 수 있다.

⑥ 유통경로의 힘 : 프렌치(J. R. P. French)와 레이븐(B. H. Raven)은 권력의 원천을 5가지로 분류하였다.

권력의 파생	권력의 원천	내용
공식적 지위	보상적 권력	보상적 권력(Reward Power)은 권력행사자가 권력수용자에게 보상을 줄 수 있다는 인식에 기초한 권력
	강압적 권력	강압적 권력(Coercive Power)은 해고나 징계, 작업시간의 단축 등을 지시할 수 있는 능력에서 기인하는 권력
	합법적 권력	합법적 권력(Legitimate Power)은 권력행사자의 **정당한 영향력 행사권(권한)**을 추종해야 할 의무가 있다는 사고에 기초한 권력
개인적 특성	준거적 권력	준거적 권력(Referent Power)은 리더가 바람직한 특별한 자질을 가지고 있어 다른 사람들이 그를 따르고 **일체감**을 느끼고자 할 때 생기는 권력
	전문적 권력	전문적 권력(Expert Power)은 권력자가 특정 분야나 상황에 대해서 높은 지식이나 경험을 가지고 있다고 느낄 때 발생

(7) 유통 커버리지 전략

① **개방적 유통경로**(Intensive Distribution, 집약적 유통경로)

㉠ 개방적 유통경로는 가능한 한 많은 점포가 자사제품을 취급하도록 하는 마케팅전략으로 '집중적 유통경로'라고도 한다.

㉡ 개방적 유통경로는 제품이 소비자에게 충분히 노출되어 있고, 제품판매의 체인화에 어려움이 있는 편의품 등에 적용할 수 있다. 그러나 유통비용이 증가되고, 특히 경로 통제가 어렵다는 문제점이 있다.

② **선택적 유통경로**(Selective Distribution)

㉠ 선택적 유통경로는 경영능력, 평판, 점포 규모 등의 일정 자격을 갖춘 소수의 중간상에게만 자사의 제품을 취급하게 하는 것이다.

㉡ 일반적으로 의류·가구 및 가전제품 등 선매품에 적용할 수 있다. 개방적 유통경로에 비해 중간상의 수가 적기 때문에 유통비용이 절감된다. 또한 전속적 유통경로에 비해 제품 노출이 확대된다.

③ **전속적 유통경로**(Exclusive Distribution, 배타적 유통경로)

㉠ 전속적 유통경로는 일정한 지역에서 자사의 제품을 한 점포가 배타적·독점적으로 취급하게 하는 것으로 유통경로 계열화의 가장 강력한 형태이다.

㉡ 주로 고급 자동차·귀금속·명품 등 전문품이나 고관여 제품에 적용이 가능하며, 제조업체가 도매상이나 소매상을 강하게 통제할 수 있다.

④ **옴니채널**(Omni-channel 또는 O2O 커머스) : 소비자가 온라인, 오프라인, 모바일 등 다양한 유통경로를 넘나들며 상품을 검색하고 구매할 수 있도록 한 서비스를 말하며, 각 유통채널의 특성들을 결합하여 어떤 채널에서든 같은 매장을 이용하는 것처럼 느낄 수 있도록 한 쇼핑환경을 의미한다.

2 수요예측(Forecasting)

(1) 개념

① **정의** : 기업의 제품과 서비스에 대한 시장의 수요를 예측하는 활동이다.

② **중요성**

㉠ 수요예측에서 판매계획이 나온다.

㉡ 판매계획에서 생산계획, 마케팅계획이 나온다.

㉢ 생산계획에서 자재수급계획, 인력수급계획이 나온다.

㉣ 수요예측은 기업의 모든 계획의 시작이며, 공급사슬관리의 시작이다.

(2) 수요예측 기법 ★★★

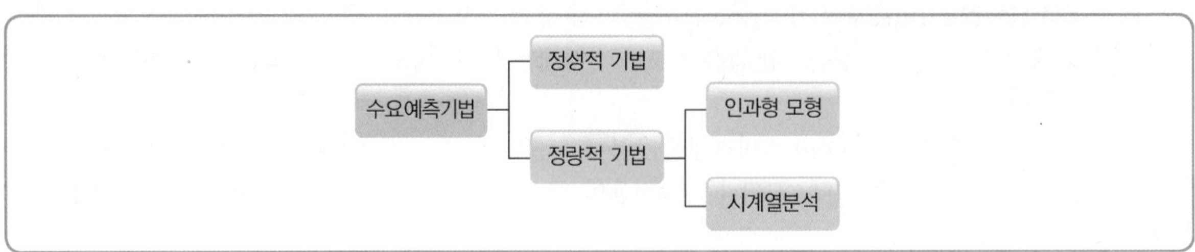

◀ 수요예측 기법 ▶

① 정성적 기법

㉠ 델파이법

ⓐ 전문가를 한 장소로 모으지 않고 개별적으로 의견을 취합하고, 정리된 결과를 제공한 다음, 의견이 일치될 때까지 개별적 의견을 청취하는 기법이다.

ⓑ 전문가들의 직관력을 이용하므로 중·장기 예측에 적합하다.

㉡ 전문가 의견법

ⓐ 전문가들을 모아서 청취한 의견을 바탕으로 예측하는 기법이다. 기업에서 수요예측은 매출을 대상으로 하기 마련이고, 매출에 대한 통찰은 경험 많은 경영진이나 중역(Executive)이 많이 갖고 있으므로 중역의견법이라고도 부른다.

ⓑ 신속하고 저렴하게 예측할 수 있고, 전문가의 경험과 통찰을 이용할 수 있다.

㉢ 시장조사법

ⓐ 소비자가 제품이나 서비스에 기대하는 시장수요, 소비자의 심리, 선호도, 구매동기 등을 조사하는 기법이다.

ⓑ 시장에 대한 이해가 높아지며, 신제품 투입이나 시장 개척에 유용하나, 상대적으로 시간과 비용이 많이 든다.

㉣ 수명주기 유추법

ⓐ 예측하고자 하는 신제품과 유사한 제품의 제품수명주기에 따른 수요변화를 참조하여 예측하는 방법이다.

ⓑ 중·장기 수요예측에 적합하며, 비용이 적게 소요되나, 유사한 제품을 어떻게 선택하느냐에 따라 예측 결과가 크게 달라질 수 있다.

② 정량적 기법

㉠ 인과형 모형(Causal Forecasting Method)

ⓐ 원인이 있어서 결과가 있다는 가정에 근거한 분석 기법으로 회귀분석, 계량경제모형, 투입-산출모형, 시뮬레이션모형 등이 있다.

ⓑ **독립변수와 종속변수** : 결과는 원인에 종속되기 때문에 원인을 독립변수, 결과를 종속변수라 부른다. 종속변수를 잘 설명할 수 있는 독립변수를 찾아서 관계식을 세우고, 그 관계식으로 예측치를 추정하는 기법이다.

연도	매출액	2010년 편의점 수를 1로 했을 때 연도별 편의점 수
2010년	830	1.00
2011년	1,000	1.25
2012년	850	1.45
2013년	930	1.47
2014년	1,050	1.57
2015년	1,060	1.80
2016년	1,040	2.03
2017년	950	2.33
2018년	950	2.46
2019년	1,030	2.65
2020년	1,257	2.79

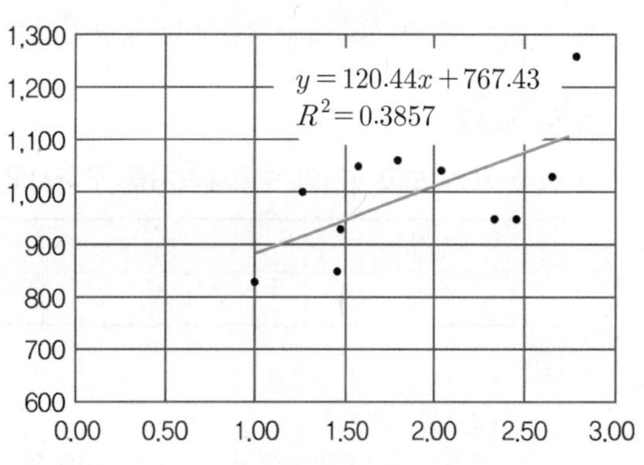

ⓛ 시계열모형(Time Series Analysis)

ⓐ 시계열은 시간에 따라 변화하는 어떤 현상을 일정 시간 간격으로 관찰할 때 얻어지는 관측치로, 과거에 관측된 패턴을 기준으로 하여 미래의 수요를 예측하는 방법을 말한다.

ⓑ **변동요인** : 추세변동, 계절변동, 순환변동, 불규칙변동 등의 요소를 지닌다.

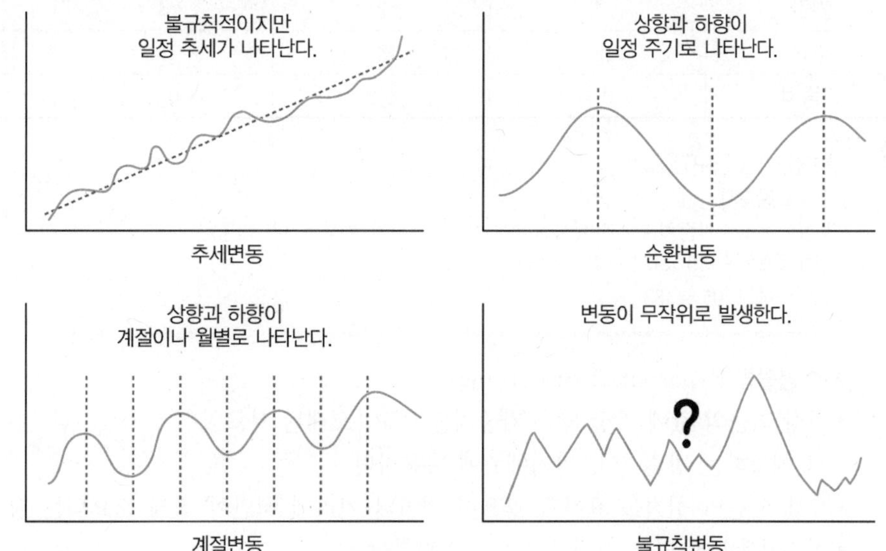

ⓒ 분석기법

ⓐ 이동평균법

• **단순이동평균법** : 과거는 현재에 영향을 미치고 현재는 미래에 영향을 미친다는 가정하에 일정 구간의 산술평균치를 이동평균기간으로 나눈다.

▶ **아래 표를 보고 4기의 수요예측치를 구하시오. (단순이동평균법에 의함)**

기간	1	2	3	4
수요	120	180	210	?

해설 • 이동평균기간 : 3구간

• 4기 수요예측치

(1기 실적 + 2기 실적 + 3기 실적) ÷ 이동평균기간

= (120 + 180 + 210) ÷ 3 = 170

• **가중이동평균법** : 가까운 과거에 더 높은 가중치를 부여하는 등 구간별로 가중치를 부여해서 일정 구간의 가중평균치를 더하여 미래 수요를 예측한다.

▶ **아래 표를 보고 4기의 수요예측치를 구하시오. (가중이동평균법에 의함)**

기간	1	2	3	4
수요	120	180	210	?
가중치	0.2	0.3	0.5	?

해설 • 이동평균기간 : 3구간

• 4기 수요예측치

1기 실적 × 1기 가중치 + 2기 실적 × 2기 가중치 + 3기 실적 × 3기 가중치

= 120 × 0.2 + 180 × 0.3 + 210 × 0.5

= 24 + 54 + 105 = 183

ⓑ 지수평활법(Exponential Smoothing)

• 가장 최근의 값에 가장 많은 가중치를 주고, 오래된 자료일수록 가중치를 지수적으로 감소시키면서 예측하는 방법이며, 단기예측에 유용하다.

• 오랜 기간의 실적을 요하지 않으며 데이터 처리에 시간이 적게 소요되는 장점이 있다.

• 지수평활법에 의한 예측치 공식(α : 평활상수)

다음 기의 예측치 = α × 전기의 실제치 + $(1 - \alpha)$ × 전기의 예측치
= 전기의 예측치 + (전기의 실제치 − 전기의 예측치) × α

▶ ㈜ABC의 4월의 수요예측치는 얼마인가? (단, 지수평활상수 α = 0.8을 적용한다)

기간	실제판매량	예측판매량
1월	40만대	36만대
2월	43만대	42.5만대
3월	43만대	45만대

1. 예측치(C) = 0.8 ×42만대 + (1−0.8) × 45만대 = 42.6만대
2. 또는, 45만대 + (42만대−45만대) × 0.8 = 42.6만대

3 유통 관련 주요 이론

(1) 상물분리 ★☆☆

① 상류와 물류의 개념

㉠ 상류 : 상적유통을 말하며 상품의 소유권 이전에 관련된 활동이다.

㉡ 물류 : 물적유통을 말하며 상품의 이동과 보관을 통해 시간과 공간 효용을 창출하는 활동이다.

㉢ 상물분리 : 상류와 물류를 분리하여 운영하는 비즈니스 형태를 말한다. 상류는 수주와 고객관리에 전념하고, 물류는 보관과 배송에 집중한다.

② 특징

㉠ 상류(Commercial Distribution)

ⓐ 판매자에서 소비자에 이르는 경로이므로 다양한 경로와 배송처가 존재한다.

ⓑ 상품 거래, 금융, 보험 등이 상적유통의 영역이다.

㉡ 물류(Physical Distribution)

ⓐ 되도록 많은 상품을 유닛로드 기반으로 적재하고 배송해야 한다.

ⓑ 이동, 보관, 배송을 위한 포장, 화물정보의 전달 및 활용이 물적유통에 해당한다.

③ 상물분리의 사례 : 일반적으로 시중 대형마트는 산지와 직거래로 농산물을 물류센터에 입고시키고, 물류센터에서 각 매장으로 배송하고 있다. 산지와 직거래 계약은 대형마트 사무실에서 관리하고, 실제 입고와 배송은 물류가 담당하는 상물분리 형태이다.

④ 효과

㉠ 운송비 감소 : 물류거점을 통한 수·배송으로 수송경로가 단축되고, 대형차량을 이용할 수 있으므로 운송비가 감소한다.

㉡ 물류관리 효율화 : 지점과 영업소의 수주가 통합되면 물류센터의 처리량이 늘어난다. 물류센터의 처리량이 늘어나면 일괄 대량 처리, 창고 자동화, 하역 기계화를 추진할 수 있어 물류 효율성이 개선되고, 리드타임이 감소한다.

㉢ **재고관리 효율화** : 지점과 영업소가 각각 재고를 보유할 때보다 재고의 편재 또는 과부족이 해소되므로, 효율적 재고관리가 가능하다.

㉣ **전문 분야에 전념** : 영업부는 영업활동에만 전념할 수 있으므로 도소매업의 매출 증대 효과가 있다. 물류는 수·배송과 보관 등 물류활동에만 전념할 수 있으므로 물류 효율이 증대된다.

(2) 전자상거래

① 정의 및 개념

㉠ **주문부터 결제까지 온라인으로 처리** : 주문, 판매, 서비스, 대금결제 등이 인터넷 등 온라인으로 이루어지는 판매 형태를 말한다.

㉡ **형태** : 고객이 누구냐에 따라 아래와 같이 구분한다.

ⓐ B2B(Business to Business) : 기업과 기업 간을 연결한다. 개인사업자의 식자재 대량구매 온라인 쇼핑몰이나, MRO(Maintenance, Repair and Operations, 소모성 자재) 구매 쇼핑몰을 들 수 있다. 구매과정은 B2C 쇼핑몰과 크게 다르지 않아 보이지만, 신용거래, 사업자 세금계산서 처리 등 B2C 쇼핑몰에서는 볼 수 없는 서비스를 제공한다.

ⓑ B2C(Business to Consumer) : 기업과 소비자를 연결한다. 일반적인 개인 소비자를 겨냥한 온라인 쇼핑몰 대부분이 여기에 속한다.

ⓒ C2C(Consumer to Consumer) : 소비자와 소비자를 연결한다. 중고 거래 또는 직거래 플랫폼을 들 수 있다.

ⓓ C2B(Consumer to Business) : 소비자와 기업을 연결한다. 소비자의 데이터와 아이디어를 수집해서 생산에 신속하게 반영하는 비즈니스 모델이다.

ⓔ O2O(Online to Offline) : 온라인과 오프라인을 연결하는 연계 서비스를 말한다. 온라인에서 주문하고 오프라인 매장에서 받는 음료 주문이 여기에 속한다.

② 특징

㉠ 높은 접근성 및 24시간 이용 가능

㉡ 개인화(Customization) 및 개인정보 유출 위험

㉢ 고객서비스의 한계(컴플레인 대응) 및 실물 인수 리드타임의 연기

③ 물류에 미치는 영향

㉠ **배송비 증가** : 개별 소비자나 개별 기업에 소량주문을 배송할 때가 많아지므로 배송물류비가 증가한다.

㉡ **시스템 인프라** : 물류가 전자상거래를 지원하려면 온라인 추적시스템, 글로벌 배송시스템, 주문시스템과의 연동 등이 필수적이다.

㉢ **다양한 배송서비스 지원** : 익일배송, 당일배송, 지정일 배송, 배송 시간 보장 등 소비자의 다양한 요구를 충족시킬 수 있는 신속하고 효율적인 물류시스템을 구축해야 한다.

㉣ **보안** : 소비자의 개인정보 유출 가능성이 커지고 있으므로, 물류시스템 구축 시 보안 기능 강화가 필요하다.

ⓜ **고객 응대 강화** : 배송서비스가 온라인 판매 기업의 인상을 결정하므로 배송서비스 관련 고객 응대가 중요해졌다.

ⓑ **역물류** : 직접 제품을 체험하기 어려운 환경 때문에 구매 후 반품이 오프라인 매장에 비해 높은 편이다. 효율적인 역물류 운영이 중요하다.

CHAPTER 02

물류시스템 구축

1 물류정보시스템

1 물류정보시스템의 배경

	1960~1970년대	1980~1990년대	1990년대 말~
제조기술	• 제조기술 부족, 공급 부족 • 제품 차별화의 시대	• 제조기술 발전, 경쟁 심화 • 제품 다양화의 시대	• 제조기술 평준화, 무한 경쟁 • 시장이 원하는 제품의 시대
생산전략	• 소품종 대량생산의 시대 • 국내생산의 시대	• 다품종 소량생산의 시대 • 생산지와 소비지의 분리	• 고객 맞춤형 대량생산의 시대 • 글로벌 소싱의 시대
시장	• 소비자가 기다리는 시대 • 판매자 시장(Seller's Market) • 긴 제품수명주기	• 소비자의 기호 다양화 • 구매자 시장으로 전환 진행 • 짧아지는 제품수명주기	• 소비자의 기호 극단적 다양화 • 구매자 시장으로 전환 • 짧아진 제품수명주기
물류의 역할과 지향	• 개별 기능 단위 비용절감 • 개별 기능 단위 효율 향상	기업 내 물류 통합과 물류정보공유	기업 간 물류 통합과 물류정보공유
	정보화보다는 기계화 우선	정보기술을 적용한 기업 내 물류합리화와 정보공유	정보통신기술을 적용한 기업 간 물류합리화와 정보공유

(1) 물적유통의 시대

① **전자문서교환**(EDI, Electronic Data Interchange) **시험 단계** : 1948년 구소련이 봉쇄한 베를린에 물자를 공급한 베를린 공수작전을 수행하던 에드 길버트(Ed Guilbert) 상사가 화물 추적을 위해 화물 목록 양식을 표준화한 후, 듀폰으로 이직하여 1960년대 화물정보 송신에 EDI를 처음 적용하였다.

② **AS/RS**(Automated Storage and Retrieval Systems) **개발** : 1962년 미국의 자동화 물류설비업체 Dematic에서 화물을 층층이 자동 적재할 수 있는 최초의 AS/RS를 개발하였다.

(2) 로지스틱스의 시대

① **구매자 시장으로의 전환 진행** : 소비자의 기호가 다양해지고 제품수명주기가 짧아지면서 판매자 중심의 시장은 점차 구매자 시장으로 전환되었다.

② **물류는 물류 통합과 정보공유에 초점** : 개별 기능이 아닌 프로세스 최적화를 주제로 한 경영혁신 기법이 다수 등장하였고, 이러한 경영혁신 기법을 실천할 수 있는 정보기술이 빠르게 발전하였다. 프로세스 최적화를 위해 정보기술을 활용하여 부문 간 정보를 공유하게 되면서, 물류 또한 전체 물류 기능 통합과 정보공유에 초점을 맞추게 되었다.

③ **정보기술을 활용한 기업 내 물류합리화** : 고객서비스 수준을 유지하고 비용절감을 위한 창고관리시스템(Warehouse Management System) 도입이 늘었고, 운송비용과 이동 경로를 최소화하기 위해 TMS(Transportation Management System)를 도입하기 시작하였다.

(3) 공급사슬관리의 시대

① **수요자 시장으로의 전환** : 기술 평준화, 글로벌 소싱 및 분업으로 제품 차별화가 어려워지고 생산의 불확실성이 높아짐에 따라, 제품 차별화보다는 소비자가 원하는 물건을, 원하는 시기에, 원하는 만큼, 원하는 장소에 공급하는 적시공급으로 차별화하는 시대가 되었다.

② **기업 간 물류 통합과 물류정보 공유에 초점** : 경쟁의 범위가 기업 간 경쟁이 아닌 공급사슬 간 경쟁이 되면서 물류 또한 기업 간 물류를 통합 관리하고 물류정보를 상호 공유할 수 있는 체제를 구축하는 데 초점을 두기 시작하였다.

③ **정보통신기술을 활용한 물류합리화** : 기업 간 정보공유와 물류 통합을 위해 기업 간 시스템을 연결할 수 있는 EDI나 API 활용이 증가하였다. 2차원 바코드와 RFID로 많은 양의 정보를 기업 간 공유할 수 있게 되었고, IoT, 블록체인 기술의 발전으로 사람이 중간에 개입하지 않아도 기업 간 화물을 추적하고 화물의 상태를 확인할 수 있는 길이 열렸다.

④ **데이터 분석의 발전** : 기업 간 정보공유와 사물인터넷 기술의 발전으로 데이터의 양이 폭증하였고, 공급사슬을 최적화하기 위한 요구와 맞물려 Big Data의 시대가 열렸다.

2 물류정보

(1) 물류정보의 개념

① **정의** : 물류관리를 효율적으로 수행하기 위해 운송, 보관, 하역, 포장 등 물류활동을 수행하는 과정에서 축적되고 조합되어 정리된 자료를 말한다.

② **물류정보의 특징**

㉠ **많은 정보량** : 주문정보를 분할하거나 합쳐서 입·출고 처리하고, 제품의 경우 단품별 제조 일련번호, 생산 로트번호, 유닛로드 단위 일련번호, 유통기간 등 부가적인 정보와 함께 관리되므로 정보의 절대량이 많고 복잡하다.

㉡ **정보량의 시기별 유동성** : 성수기와 비수기의 주문량과 입·출고량 차이가 크기 때문에 정보량의 차이도 크다.

㉢ **분산된 정보** : 주문, 입고, 피킹, 파렛타이징, 출고, 운송, 물류비 관리 등 단계마다 정보처리 장소와 관리 시스템이 다르며, 물류정보를 기반으로 수출입신고 등 정보공유가 이루어진다. 이렇게 정보의 원천, 물리적 처리 장소, 정보공유 대상이 분산되어 있다.

㉣ **업무와 정보의 동시성** : 물류정보는 실제 업무와 정보 처리가 동시에 이루어질 때가 많다. 실제 입·출고 시점에 입·출고를 처리하지 않거나 실제 배송 완료시점에 배송을 처리하지 않으면 시장은 그 기업의 회계 장부를 신뢰할 수 없게 된다.

㉤ **다른 부문과의 연관성** : 입고, 출고, 배송 등 물류활동의 결과 구매, 영업, 생산 실적이 만들어지며, 구매, 영업, 생산 실적이 회계 처리로 이어져 투자자와 경영진에게 제공된다.

③ 데이터·정보·지식 간의 관계

구분	Data(자료)	Information(정보)	Knowledge(지식)
구체성 수준	낮은 구체성, 개체적 구체성	통합된 구체성	고도의 추상성, 구체성이 제거됨
상황적 의미	상황적 의미가 거의 없음	특정 상황 의존적	광범위한 상황에 적용 가능
범위 특성	매우 협소	특정 상황에 제한	정보범위 이상 확대
시간 제약	해당 안 됨	정보가치 감소	시간제약 거의 없음

(2) 물류정보시스템

① 개념 : 물류정보시스템은 원재료 구매부터 최종소비자 배송에 이르기까지 물류 전 과정을 효율적으로 관리할 수 있게 해주는 정보시스템을 말한다.

② 종류

㉠ **공급사슬계획시스템**(Supply Chain Planning) : 전사적 자원관리(ERP) 등 운영시스템에서 제공하는 생산, 구매, 판매, 재고 데이터를 바탕으로 수요를 예측하고, 자재 소요, 생산, 마케팅, 판매를 계획하는 시스템을 말한다.

㉡ **공급사슬실행시스템**(Supply Chain Execution) : 전사적 자원관리(ERP) 등 운영시스템에서 제공하는 생산, 구매, 판매, 재고 데이터를 바탕으로 주문처리, 입고, 출고, 수·배송을 처리하는 시스템을 말한다.

ⓐ **주문관리시스템**(Order Management System) : 다양한 경로로부터 입수한 주문을 통합하여, 진행상황을 관리하며 OMS, EOS(Electronic Ordering System) 등을 말한다.

ⓑ **운송관리시스템**(Transportation Management System) : 운송비용 또는 운송거리를 최적화할 수 있는 최적의 운송계획을 수립하고 고객의 주문에 대한 적기 배송을 관리한다.

ⓒ **창고관리시스템**(Warehouse Management System) : 물류센터 입고, 보관, 피킹, 출고를 통합 관리한다.

㉢ **물류정보관리 시스템** : 물류비용, Risk, 입출고 실적, 관리지표 등 물류를 종합적으로 관리·통제하며, 상세 분석을 위한 데이터 테이블을 지원한다.

㉣ **프로토콜** : 공급사슬 참여기업 또는 참여기관이 운영하는 시스템을 연결하는 연결 규격을 말한다.

ⓐ **전자문서교환**(EDI) : 각종 문서를 일정한 형식을 가진 전자문서로 변환하여 합의된 통신 방식에 맞춰 시스템 간 주고받는 전자문서교환 시스템이다.

ⓑ **애플리케이션 프로그래밍 인터페이스**(API, Application Programming Interface) : 사전 정의와 프로토콜(규약)을 이용하여, 두 소프트웨어(애플리케이션)의 구성요소가 상호 통신할 수 있게 하는 기능이다.

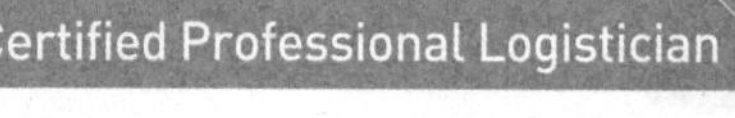

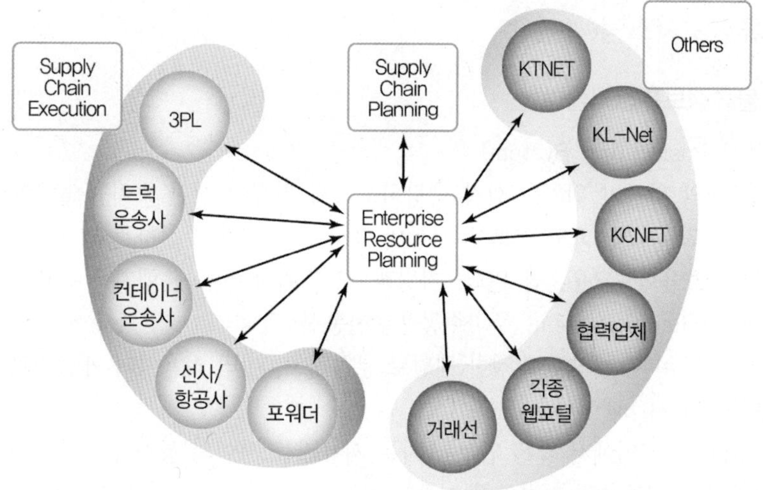

③ 도입의 기대 효과 ★☆☆

㉠ **업무 표준화** : 업무처리 방식을 표준화함으로써 사무처리가 합리화되고, 고객에게 표준화된 물류서비스를 물류 품질의 기복 없이 제공할 수 있다.

㉡ **주문관리 효율화** : 업무 표준화로 주문처리 방식도 표준화함으로써, 인력 투입을 줄이고 대량의 주문을 신속하게 처리할 수 있다.

㉢ **재고관리의 정확도 향상** : 대량의 주문처리에 따라 실물 재고가 빠른 속도로 입출고되는 상황에서도 시스템 재고와 실물 재고의 차이 가능성을 원천적으로 줄임으로써 재고관리 정확도가 높아지며, 재고 과부족에 의한 재고 손실과 불필요한 조정 업무 증가를 방지할 수 있다.

㉣ **판매량 증가** : 대량의 주문을 재고 차이 없이 신속하게 처리할 수 있는 시스템 도입으로 주문량이 급증해도 주문처리, 출고, 고객 대응을 신속하게 진행할 수 있게 되어 영업력 개선에 도움을 준다.

㉤ **물류비 절감** : 주문과 입·출고를 대량으로 처리하고, 콘솔배송과 최적경로 배송을 통해 운송비 절감에 도움을 준다. 또한 정확한 판매정보에 근거한 생산량 조정, 적기 재고발주, 적정 재고 유지를 함으로써 불필요한 운송비와 보관비 지출을 사전에 방지할 수 있다.

㉥ **Pull 방식 유통망 지원** : 구매자 중심의 시장에서는 시장이 원하는 물건을 시장이 원하는 만큼 공급할 수 있어야 하므로, 구매자인 유통이 원하는 만큼 가져가는 Pull 방식 적용이 가능해진다.

+ 스마트물류

- **개념** : 스마트물류는 인공지능(AI)과 BigData, 사물인터넷(IoT), 클라우드 서비스, 로봇 등의 최신 IT기술로 물류를 자동화, 지능화하는 것을 뜻함
- **특징** : 초연결성, 초지능화, 공유경제를 통해 기존의 물리적인 한계를 극복하고 물류의 효율화와 생산성을 추구함
- **스마트물류센터 인증**(「물류시설법」 제21조의4) : 2020년에 도입된 스마트물류센터 인증제도는 물류센터의 첨단화와 효율성을 높여 물류산업 전반의 발전을 도모하는 기업에게 혜택을 제공하는 제도임

3 주요 물류정보시스템

(1) 운송 관련 물류정보통신기술 ★★☆

① GPS(Global Positioning System)

㉠ **개념** : 3개의 위성이 위치를 삼각 측량하고 1개 위성이 시간 오차를 줄인다. 총 4개 위성이 송신하는 위도와 경도, 시간, 고도 정보를 지상의 GPS 수신기가 수신하는 방식이다.

㉡ 배차관리 효율화, 교통혼잡 완화, 차량과 기사 위치추적, 운행기록 관리 등에 활용된다.

② TRS(Trunked Radio System, 주파수공용무선통신)

㉠ **개념** : 동일 주파수대역을 일정한 채널로 분할하고, 여러 사용자가 채널별로 접속하여 공동으로 사용하는 무선통신 시스템이다.

㉡ **특징** : 제한된 지역에서 같은 업무를 하는 사용자들 사이의 통신에 유리하며, 다수의 사용자가 빈 채널을 찾아서 이용하므로 저렴하게 이용할 수 있다.

㉢ **적용 분야** : 경찰, 소방, 군, 운송, 항만, 항공 등 상용 이동통신과 별도로 고품질의 통신을 유지해야 하는 분야에서 사용한다.

③ 사물인터넷(Internet of Things)

㉠ **개념** : 복수의 디바이스가 네트워크와 연결되어 사람과 사람, 또는 사람과 디바이스의 상호작용 없이 데이터를 주고받을 수 있는 시스템을 말한다. 1980년대 초 카네기 멜런 대학교에서 코카콜라 자판기를 인터넷으로 연결하여 지금 가면 차가운 콜라가 자판기에서 나올지를 확인할 수 있도록 실증한 사례가 있다.

㉡ **필요성** : 자동화와 인건비 절감, 프로세스 모니터링, 고객 경험 향상, 노동생산성 향상 등

㉢ **물류 분야 활용 사례**

ⓐ **배송추적** : RFID와 GPS 기능을 겸한 무선 디바이스를 통해 화물의 위치추적 및 컨테이너 내부 온도, 습기 등을 실시간으로 파악하고, 데이터를 인공지능으로 연결하여 문제 발생을 사전에 예측할 수 있게 되었다.

ⓑ **재고관리** : 재고별 RFID 태그를 부착하여 재고의 위치를 정확히 관리하고, 실시간으로 재고 현황을 파악하여 수요예측 정확도를 높이고 최적의 재고수준을 관리할 수 있게 되었다.

ⓒ **운송차량 관리** : 실시간 차량의 위치, 적재중량, 차량의 현재 상태 등을 파악함으로써, 공차율 감소뿐만 아니라 적재효율을 제고할 수 있는 최적 운송경로와 스케줄관리가 가능하다.

ⓓ **예방정비** : 센서 등 사물인터넷 디바이스에서 수집한 정보를 통해 장비의 고장 가능성을 모니터링하고 사전에 정비할 수 있다.

④ 블록체인(Block Chain) ★★☆

㉠ 개념

ⓐ **분산원장 또는 공공거래장부**라고 불리며, 다수의 상대방과 거래할 때 발생하는 데이터를 중앙 서버가 아닌 각 사용자의 개인 장비에 분산 저장하고 공동으로 관리하다가, 검증이 필요할 때 모든 개인 장비에 분산 저장된 데이터를 검증하는 방식으로 신뢰성과 보안성을 강화한 분산형 정보기술이다.

ⓑ 블록체인은 공급사슬 전체와 반품 등의 물류과정을 효과적으로 처리할 수 있도록 추적 및 관리할

수 있는 기술이다.

ⓛ **탄생 배경** : 신용거래가 많은 온라인 시장에서 해킹 피해를 막기 위해 개발되었다. 비트코인도 블록체인 기술을 이용한 암호화폐이다.

ⓒ **구분**

구분	내용
퍼블릭 블록체인 (Public Block Chain)	누구나 접근할 수 있다.
프라이빗 블록체인 (Private Block Chain)	허가받은 사용자만 접근할 수 있다.
컨소시엄 블록체인 (Consortium Block Chain)	프라이빗 블록체인과 마찬가지로 허가받은 사용자만 접근할 수 있는데, 개인 사용자가 아닌 기업이나 단체 사용자에 해당한다.

ⓔ **물류 적용**

ⓐ **투명성 개선** : 사물인터넷과 연결하여 데이터를 좀 더 투명하게 관리할 수 있다.

ⓑ **화물추적** : 화주들이 실시간으로 화물의 위치와 상태를 점검할 수 있으며, 운송 중 관리 부실로 발생할 수 있는 과실에 실시간으로 대처할 수 있다.

ⓒ **활용 추진** : 항만운송, 항공운송, 관세청, 수출통관 등의 분야에서 활용을 추진하고 있다.

⑤ EDI와 VAN

㉠ EDI(Electronic Data Interchange, 전자적 자료교환)

ⓐ **개념** : 서로 다른 기업 간에 상거래를 위한 데이터를 합의한 규격에 의해 컴퓨터와 네트워크를 통해 교환하는 전자문서 교환방식을 말한다.

ⓑ **기능** : 합의된 규격에 의해 전자데이터 교환, 물류기관 간의 컴퓨터에 의한 주문, 배송, 보고 등

ⓒ **도입의 장·단점**

구분	내용
장점	• 사무인력의 생산성 향상 : 오류 감소, 업무처리시간 단축 • 비용절감 : 서류 관련 비용절감, 사무처리비용 및 인건비의 감소 • 고객의 요구에 효율적인 대응 가능 • 거래상대방과 정보의 공유로 협력관계 증진
단점	• 높은 회선(VAN) 사용료를 지급 • 비표준화 정보의 송수신 불가능 • 문서표준화의 문제 대두

ⓓ **활용** : 건강보험 EDI, 국민연금 EDI, 금융결제원 EDI 등 다양한 한국형 EDI시스템이 개발 및 활용되고 있다.

ⓛ VAN(Value Added Network, 부가가치통신망)

ⓐ **개념** : 회선을 직접 보유하거나 임차 또는 이용하여, 다양한 부가가치를 부여한 음성 또는 데이터 정보를 제공하는 광범위하고 복합적인 서비스의 집합으로 EDI 구축에 필요하다.

ⓑ **기능** : 전송기능, 교환기능, 통신처리, 정보처리 등

ⓒ **EDI와의 관계** : EDI를 수행하는 가장 효율적인 수단에 해당한다.

(2) 국가 주도 물류정보시스템 ★☆☆

① **지능형 교통체계**(ITS, Intelligent Transport Systems)

㉠ **개념** : 교통수단과 교통시설에 정보통신기술 기반으로 교통정보와 서비스를 제공하고 활용하도록 함으로써, 교통체계 운영과 관리를 과학화하고 교통의 효율성과 안정성을 높이는 교통체계를 말한다.

㉡ **목적**

ⓐ **안전, 편의, 효율** : 교통혼잡이 증가하는 상황에서 이용자의 안전과 편의를 개선하고, 운영 및 이용 효율을 극대화한다.

ⓑ **녹색물류** : 교통혼잡을 줄일 수 있는 각종 서비스 제공을 통해 도로에서의 이산화탄소 발생량을 줄이고 녹색물류 실천에 공헌한다.

② **첨단화물운송시스템**(CVO, Commercial Vehicle Operation) : 구차구화시스템

화물차 운행을 최적화하고 관리를 효율화하는 시스템이다.

㉠ **ITS의 서브시스템** : ITS가 교통관리, 전자지불, 교통정보 유통, 지능형 차량・도로 분야로 추진되는데, 그중 지능형 차량・도로 분야에서 화물운송에 해당하는 분야 중 화물추적 및 화물차량 관리와 위험물 운반 차량 관리가 CVO 분야에 속한다.

㉡ **종합화물정보시스템** : 화물차량의 위치, 적재화물의 종류, 운행상태, 경로상황, 화물 주선 정보 등을 파악하여 안전운행, 공차운행 최소화를 지원하고 화물차량 운행을 최적화한다.

③ **철도운영정보시스템**(KROIS, Korean Railroad Operating Information System)

㉠ **철도운영시스템** : 열차 편성, 화물운송, 승무원 관리, 운송정보 등 모든 철도 운영 상황을 볼 수 있게 만든 철도청 내부 시스템이다.

㉡ **역사** : 1996년 처음 오픈하여 2011년까지 사용되었으며, 2011년 차세대 철도운영정보시스템 XROIS(eXtended Railroad Operating Information System)로 대체되었다. 2022년 코레일은 XROIS와 고속철도통합정보시스템 IRIS(Integration Railroad Information System)를 클라우드 기반으로 통합하겠다고 발표하였다.

④ **해운항만물류정보시스템**(Port-MIS, Port Management Information System)

㉠ **항만운영시스템** : 전국 28개 무역항을 대상으로 선박 입출항 신고, 입출항 허가, 항만시설 사용, 화물 반・출입, 관세 납부 등을 처리하는 항만운영정보시스템이다.

㉡ **법적 근거에 따른 운영** : Port-MIS는 「항만법」 제26조, 「항만법」 시행령 제33조를 기반으로 구축되고 운영되는 시스템이다.

ⓐ **「항만법」 제26조 【항만물류통합정보체계의 구축・운영】 제1항** : 해양수산부장관은 항만이용 및 항만물류와 관련된 정보관리와 민원사무 처리 등을 위하여 필요한 경우에는 항만물류통합정보체계를 구축・운영할 수 있다.

ⓑ **「항만법」 시행령 제33조 【항만물류통합정보체계의 구축・운영 및 이용】 제1항** : 항만물류통합정보체계를 항만별로 구축한다.

⑤ **항공물류정보시스템**(AIRCIS, Air Cargo Information System) : 항공물류포털

항공화물 추적, 항공기 운항 스케줄 및 출・도착 정보, 해외 세관 대상 적하목록 사전 신고, 터미널 조업 정보, 각종 통계자료 제공 등을 위해 국토교통부에서 2007년 구축한 시스템으로, 인천국제공항공사에서 위탁운영하고 있다.

⑥ 케이엘넷(KL-Net, Korea Logistics Network)

㉠ 물류 EDI 전문기업 : 1994년 **물류정보화**를 통한 국가경쟁력 강화를 목적으로 물류 관련 기관과 기업들이 공동 출자하여 설립한 물류 IT 전문기업으로 시작하였으며, 2006년 현재의 KL-Net으로 변경하였다.

㉡ 사업 분야 : 물류 IT 종합 서비스를 제공한다.

ⓐ EDI : 선박 입출항 신고, 해상적하목록 제출, 항만시설 사용료 납부 등 다양한 수출입 인허가 업무를 EDI로 처리할 수 있도록 지원한다.

ⓑ IT 컨설팅과 정보시스템 구축 : Port-MIS, 국가물류통합정보센터, 컨테이너터미널출입관리 시스템, RFID 기반 물류거점정보시스템 등 물류 관련 국가 프로젝트를 수행하고 IT 컨설팅 서비스를 제공한다.

ⓒ IT 아웃소싱 : 기업의 IT 업무를 위임받아 운영한다.

⑦ 한국무역정보통신(KTNET, Korea Trade Network)

㉠ 무역 EDI 전문기업 : 1989년 정부의 종합무역자동화 기본계획 수립에 따라 1991년 한국무역협회가 100% 출자하여 설립한 무역정보화 서비스 기업이자 **무역정보화시스템**이다.

㉡ 사업 분야

ⓐ 무역 EDI : 내국신용장, 원산지증명, 수출보험, 부대비용 전자 납부 등

ⓑ 물류 EDI : 수출입통관, 적하목록 제출, 선하증권, 항공화물 Air Waybill, 화물인도지시 등

ⓒ 플랫폼 사업 : 무역 물류, 문서 유통, 전자상거래 플랫폼 서비스 제공

ⓓ 인증서 발행 및 보안

⑧ 케이씨넷(KCNET, Korea Customs Network)

㉠ 관세 EDI 전문기업 : 2010년 설립되었으며, 관세청 지정 전자문서중계사업자이자 **관세청 전자통관시스템** UNI-PASS 구축 및 유지보수를 담당한다.

㉡ 사업 분야

ⓐ 관세 EDI : 항공 적하목록 제출, 적하목록 정정 및 다운로드, 화물인도지시, 수출입 통관, 항공화물 Air Waybill 등

ⓑ IT 아웃소싱 : 관세청 UNI-PASS 시스템 유지보수를 맡고 있으며, 해당 역량을 바탕으로 IT 시스템 유지보수 사업을 한다.

ⓒ IT 컨설팅과 정보시스템 구축

ⓓ 빅데이터·블록체인 서비스

(3) 기업 물류정보시스템

① 판매시점관리 시스템(POS, Point of Sale) ★☆☆

㉠ 개념 : 판매시점에 실시간으로 수집한 판매 상품 정보, 구매 고객 정보, 대금 지급 정보를 발주, 생산, 재고 등에 활용하는 시스템이다.

- 대표적 소매점 관리시스템 중 하나로, 상품의 판매시점에 발생하는 정보를 저장 가능
- 실시간으로 매출을 등록하고, 매출 자료의 자동정산 및 집계가 가능
- 상품의 발주, 구매, 배송, 재고관리와 연계가 가능한 종합정보관리 시스템

㉡ 구성

ⓐ **바코드 스캐너** : 판매시점에 실시간으로 판매정보를 수집하려면 상품 바코드를 스캔하여 상품 관련 정보를 파악해야 한다.

ⓑ **신용카드 리더** : 고객 결제정보를 파악한다.

ⓒ **POS 단말기** : 상품정보와 결제정보를 합쳐 매출 이력을 관리한다.

㉢ POS시스템의 특징

ⓐ **단품관리** : 제조사별・상품별・규격별로 구분하여 진열되어 있는 개별상품의 판매동향을 바로 파악할 수 있도록 지원한다.

ⓑ 자동해독판독

ⓒ **판매시점 정보 입력** : 언제, 어디서, 누가, 무엇을, 어떤 상품과 함께 구매했는지에 대한 정보를 취득하며 고객에게 신속한 정산을 제공한다.

ⓓ **정보의 집중관리** : 단품정보, 고객정보, 매출정보 및 인기상품, 진부화재고 및 관련 상품의 파악 가능, 의사결정에 활용 가능한 축적된 정보를 제공한다.

㉣ POS시스템의 효과

직접효과(Hard Merit)	간접효과(Soft Merit)
• 계산원의 생산성 향상 • 사무작업의 간소화 • 입력에러(오타) 방지 • 가격표 부착작업의 경감 • 계산원 및 고객의 부정 방지 • Paperless	• 고수익 상품 파악 • 인기/진부화 상품 조기파악, 신속대응 • 레포팅 및 경고기능을 통한 품절 방지 • 신상품 판촉의 평가 • 적정 판매가 관리(가격실험) • 장바구니 분석을 통한 선반진열

㉤ POS 데이터의 수집과 분석

ⓐ **매출분석** : 인기상품, 비인기상품, 신제품 판매경향

ⓑ 고객정보분석

ⓒ **시계열분석** : 시간대별, 일별, 요일별, 주별, 월별 판매분석

ⓓ **상관관계분석** : 상품요인분석, 관리요인분석, ABC분석 등

✚ ABC분석

A그룹	• 전체 재고량의 10% 정도, 금액비중은 70% 정도 • 신중하고 집중적인 재고관리를 실시
B그룹	• 전체 재고량의 20% 정도, 금액비중은 20% 정도 • 보통 수준의 재고관리를 실시
C그룹	• 전체 재고량의 70% 정도, 금액비중은 10% 정도 • 단순한 재고관리를 실시

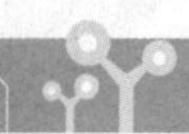

② 자동발주시스템(OMS와 EOS)

㉠ OMS(Order Management System)

ⓐ 개념 : 주문 입수, 처리, 관리, 배송, 대금 청구, 반품 등 주문부터 매출까지의 모든 주문 흐름을 관리하는 시스템을 말한다.

ⓑ 목적 : 주문 건수가 증가함에 따라 주문입력 시간 소모와 입력 과정의 오류를 해결하고, 주문의 진행 상태를 통합 관리하기 위해 사용된다.

㉡ EOS(Electronic Ordering System)

ⓐ 개념 : 유통에서 판매 현황에 따라 재고가 일정 수준에 도달하면 자동으로 필요한 만큼 발주하는 시스템을 말한다.

ⓑ 기대 효과 : 발주 시간 단축, 발주오류 감소, 오납과 결품 방지, 진열효율 극대화 등

③ TMS(Transportation Management System)

㉠ 개념 : 운송계획, 운송 실행 및 운송 최적화에 특화된 시스템이다.

㉡ 주요 기능

ⓐ 운임 및 운송사 비교 : 운송사별 운임 정보를 바탕으로 최적의 운임과 운송사를 찾는다.

ⓑ 운송계획 및 차량 수배 : 운송에 필요한 차량을 확보한다.

ⓒ 운송 실행 : 고객 납기에 맞춰 상차 및 운송 처리한다.

ⓓ 운송정보 및 물류비 관리 : 운송 완료 여부를 모니터링하고 물류비를 관리한다.

㉢ 도입 목적

ⓐ 운송효율 개선 : Full Truck 운송 기회를 확대함으로써 운송효율을 높일 수 있다.

ⓑ 운송비 절감 : 운송비를 최소화면서도 납기도 충족할 수 있는 최적의 운송사와 경로를 지정함으로써 운송비 절감에 공헌한다.

ⓒ 공급사슬 가시성 개선 : GPS 등 운송 상황을 모니터링할 수 있는 도구를 사용하여 공급사슬 가시성을 개선할 수 있다.

ⓓ 다양한 운송 니즈 대응 : 전통적인 Full Truck 운송뿐만 아니라, 전자상거래의 발달에 따른 소비자 직접 배송 등 다양한 운송 니즈에 대응한다.

④ 창고관리시스템(WMS, Warehouse Management System)

㉠ 개념 : 물자의 창고 입고부터 출고에 이르기까지 창고 운영을 관리하는 시스템으로, 물자 적치를 위해 나누어진 로케이션 관리를 통해 물자의 보관과 이동을 효율화하는 시스템이다.

㉡ 주요 기능

ⓐ 물자의 이동 처리 : 입고장에서 적치 구역으로의 이동(Put Away), 적치 구역에서의 피킹 후 출고장으로 이동, 파렛타이징, 차량 적재와 같은 이동을 비용·시간 효율을 고려해 처리한다.

ⓑ 물자의 위치 관리 : 상기 입고와 피킹, 출고 과정에서 물자가 어디에 있는지를 추적하고 모니터링한다.

ⓒ 재고 현황 관리 : WMS는 공급사슬 안에서 창고 내 재고와 이동 중 재고 등 재고 현황을 관리하는 역할을 한다. ERP가 WMS와 연결되어 있을 때는 ERP가 WMS에 주문 출하와 재고 이동을 요청하고 WMS가 ERP의 재고 현황을 업데이트한다. 사실상의 입·출고가 ERP보다 WMS에서 먼저 일어난다.

ⓓ **작업자 관리** : 작업자 단위로 피킹을 지시하고, 피킹 결과를 관리하며, 작업자의 생산성을 모니터링한다.

ⓔ **제품 특성별 특화 기능** : 제약이나 식품은 로트번호나 유통기한 단위로 재고를 관리할 수 있으며, 고객이 요구하는 라벨을 출력하여 부착할 수 있다.

⑤ Big Data

㉠ 개념 : 기존의 정형화된 데이터뿐만 아니라 비정형 데이터 또는 반정형 데이터 등 수치화할 수 없는 데이터 자체를 의미하기도 하고, 그 데이터로부터 의미 있는 통찰을 찾아내는 기술을 의미하기도 한다.

ⓐ **정형 데이터** : 데이터베이스에 칼럼을 정의하고 칼럼값으로 완벽하게 정의할 수 있는 데이터를 말한다. 주소나 우편번호 데이터가 대표적이다.

ⓑ **비정형 데이터** : 영상, 음성, 이미지, 메일 본문 등 형식이 지정되지 않은 문서를 말한다.

ⓒ **반정형 데이터** : 어느 정도 정형화된 형태는 가지고 있으나, 그렇다고 정형 데이터처럼 데이터베이스로 완벽하게 정의할 수는 없는 데이터를 말한다. 웹페이지를 구성하는 Html 문서가 대표적이다.

㉡ 물류 분야 활용 사례

ⓐ **수요예측** : 소비자의 과거 구매 이력을 보고 앞으로의 구매량을 예측할 수 있다.

ⓑ **물류 운영 효율화** : 장기간의 피킹 조합을 분석하여 같이 피킹된 품목을 서로 가까운 로케이션에 둠으로써 작업자의 동선을 줄이거나, 장기간의 입차 대수를 분석하여 입고 품목과 수량으로 입차 대수를 예측할 수 있다.

ⓒ **운송경로 최적화** : 전통적인 TMS가 제공하는 운송경로보다 더 최적화된 운송경로를 제공할 수 있다.

(4) 바코드(Bar Code) ★★☆

① 개념

㉠ 컴퓨터가 판독할 수 있도록 굵기가 다른 흑색의 선과 선들 사이의 공간으로 정보를 표시한 코드이다.

㉡ **광학 스캐너 사용** : 광학 스캐너를 사용하여 스캔하는 순간 바코드가 저장하고 있던 정보를 즉시 처리할 수 있다.

② 역사

㉠ **1973년 미국 표준 바코드 UPC 채택** : 미국 유통 분야를 중심으로 한 Uniform Product Code Council에서 IBM의 바코드 포맷 제안을 채택함으로써 현재 사용되는 UPC(Universal Product Code) 표준(12자리)이 만들어졌다.

㉡ **1977년 유럽 바코드 표준기구 EAN 설립** : European Article Numbering Association(EAN)이 벨기에 브뤼셀에서 설립되었으며, EAN이 EAN-13 바코드 규격을 제정하였다.

㉢ **1988년 우리나라 EAN 가입** : EAN에 가입하고 국가코드 880을 취득하였다. KAN Code라고 부르는 바코드를 사용하기 시작하였다.

㉣ **2005년 UCC – EAN 통합** : 북미 중심의 UPC를 관리하는 UCC와 유럽 중심의 EAN을 관리하는 EAN이 GS1(Global Standard 1)으로 통합되었다.

③ 장·단점

장점	• 저렴한 비용으로 제작이 용이 • 신속, 정확하고 데이터 입력이 간단함 • 데이터 입력작업이 줄어들고 비용이 절감됨
단점	• 정보량이 적고, 정보 추가 및 변경이 곤란 • 일괄 인식이 곤란하고 읽기만 가능함 • 오염 및 파손에 취약함

④ 표준바코드의 종류

코드 종류	활용 분야	예시	코드 자릿수
GTIN (Global Trade Item Number)	상품	공산품과 잡화류	8·12·13·14자리
GLN (Global Location Number)	위치	장소	13자리
SSCC (Serial Shipping Container Code)	물류 단위	컨테이너, 상자, 파렛트	18자리
GINC (Global Identification Number for Consignment)	컨테이너 화물	컨테이너	최대 30자리
GRAI (Global Returnable Asset Identifier)	재활용 자산	파렛트	최대 16자리

㉠ GTIN 바코드의 기본 형식

ⓐ **국가코드** : GS1 회원국에 부여하는 국가코드이다. 우리나라는 1988년 EAN 가입과 함께 880을 부여받았다. 북미 표준이었던 UPC를 대체하는 GTIN-12는 국가코드를 표시하지 않지만, 나머지 GTIN 규격은 국가코드를 표시한다.

ⓑ **업체코드** : 각국 GS1에서 부여하는 업체식별코드이다. 우리나라는 대한상공회의소 유통물류진흥원에서 부여한다.

ⓒ **상품코드** : 업체코드를 부여받은 기업이 자체적으로 부여하는 상품식별코드이다.

ⓓ **체크 디지트** : 표준코드 숫자 구성이 올바른지 검증하는 코드이다. 코드의 맨 끝에 있다.

ⓔ **물류식별코드** : GTIN 중에서는 GTIN-14에만 있다. 물류 포장단위를 구분하기 위해 1부터 8까지 부여한다.

예 골판지 상자를 1로 부여했다면 파렛트에는 2를 부여하는 방식이다.

《 GS1-13 표준형 바코드 》

ⓛ GTIN의 종류

ⓐ GTIN-8(단축형)

- 작은 상품용 : 바코드 표준 EAN-8로 표현한다. 아주 작은 상품의 식별에 사용한다.
- 자릿수 구성 : 국가코드 3자리 + 업체코드 3자리 + 상품코드 1자리 + 체크 디지트

ⓑ **GTIN-13(표준형)**

- 일반 사용 : 바코드 표준 EAN-13으로 표현한다. 유럽과 한국에서 상품 식별에 가장 일반적으로 사용하는 바코드이다.
- 자릿수 구성(B형)

> - KAN-13 표준형(A) : 13자리로 구성되고, 우리나라의 국가식별코드는 880이다. 제품 제조업체코드는 4자리, 상품품목코드는 5자리, 체크 디지트(검증코드) 1자리로 구성
> - KAN-13 표준형(B) : 제조업체 수 증가에 따라 제조업체 코드를 6자리로 확대

ⓒ GTIN-14(물류 단위 식별)

- 물류 단위 식별 : 바코드 표준 ITF-14로 표현한다. 기업 간 거래단위인 물류 단위, 주로 골판지 상자에 사용되는 국제표준 물류 바코드이다.
- 자릿수 구성 : 물류식별코드 1자리 + 국가코드 3자리 + 업체코드 6자리 + 제품코드 3자리 + 체크 디지트 1자리

바코드 스캐너가 인식하는 막대 부분 (ITF-14)

사람이 인식하는 숫자 부분 (GTIN-14)

물류식별코드	국가코드	업체코드	상품코드	체크디지트
1	880	123456	009	9
8개들이	대한민국	대한제과	꿀 시리얼	검증번호

㉢ SSCC(Serial Shipping Container Code)

ⓐ 개념 : 골판지 상자나 파렛트 같은 물류 단위를 식별하는 바코드로 주로 파렛트, 컨테이너 등의 물류 단위 식별에 사용되는 "18자리 식별코드"를 말한다.

ⓑ 주로 GS1-128 바코드 심벌을 활용하여 인쇄한다.

⑤ 2차원 바코드

㉠ 개념 : 2차원 코드는 데이터를 구성하는 방법에 따라 크게 매트릭스형 바코드(Matrix Bar Code)와 다층형 바코드(Stacked Bar Code)로 구분된다. 매트릭스 바코드에는 QR Code, Maxi Code, Data Matrix 등이 있고, 다층형 바코드에는 PDF-417, Code 49 등이 있다.

㉡ 2차원 바코드의 종류

Code Name	QR Code	Data Matrix	PDF-417	Maxi Code
Symbol				
개발회사	Denso Wave (일본)	International CI Data Matrix (미국)	Symbol Technologies (미국)	UPS (미국)
특징	• 정사각형 • 고밀도 기록 • 고속 해독 • 에러 정정기능	• 정사각형 • 고밀도 기록 • 소형화	• 직사각형 • 초기 많이 사용 • 에러 정정 우수	• 정사각형 • 인식률 우수 • 화물분류용

㉢ 특징

ⓐ 한국어뿐만 아니라 외국어도 코드화가 가능하다(QR, PDF-417은 "한글표기" 가능).

ⓑ QR은 "일본"에서 개발, 나머지는 전부 미국에서 개발되었다.

ⓒ 1차원 바코드에 비해 좁은 영역에 대량의 데이터를 표현할 수 있다(1차원 바코드 : 최대 30자, 2차원 바코드 : 최대 3,000자).

ⓓ 2차원 바코드는 오류정정 기능이 내장되어 있어 코드가 오염된 경우 데이터복원이 가능하다.

ⓔ 문자, 숫자 등의 텍스트는 물론 그래픽, 사진 등 다양한 데이터를 담을 수 있다.

(5) 무선주파수 인식기술(RFID) ★★★

① 개념 : 전자태그라고도 부른다. 판독기를 이용하여 태그(Tag)에 직접 접촉하지 않고도 태그에 기록된 정보를 판독하는 무선주파수 인식기술이다.

② 구성 : RFID 시스템은 태그, 안테나, 리더기, 호스트 컴퓨터로 구성된다.

㉠ 태그 : 리더기와 데이터를 주고받기 위한 안테나와 IC칩이 들어 있다.

㉡ 안테나 : 태그와 리더기 사이에 무선통신으로 데이터를 중계한다.

㉢ 리더기 : 안테나를 통해 태그와 데이터를 주고받는다.
㉣ 서버(호스트 컴퓨터) : 리더기가 태그로부터 받은 데이터를 받아 데이터를 처리한다.

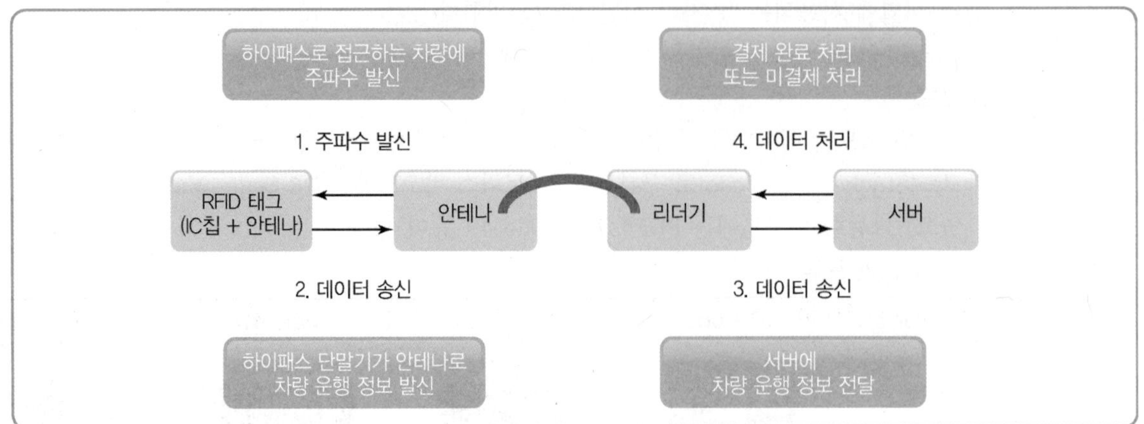

◖ RFID 개념도(하이패스 사례) ◗

③ RFID 주파수대역 : RFID는 주파수대역에 따라 다양한 분야에 응용될 수 있다.

구분	저주파	고주파	극초단파		마이크로파
	LF	HF	UHF		MW
주파수 대역	30~500kHz	13.56MHz	433MHz	860~960MHz	2.45GHz
인식거리	60cm 미만	60cm	50~100m	3.5~10m	1m
가격	저가	저가	고가	저가	고가
수동/자동	수동형	수동형	능동형	능동/수동	능동/수동
인식 속도	느림 ······ 빠름				
태그 소형화	어려움 ······ 쉬움				
장애물 영향	낮다 ······ 높다				
용도	출입증, 방문증, 자동차 열쇠	교통카드	컨테이너 봉인, 자동차 원격시동	상품 유통, 물류	통행료 징수(한국은 5.8GHz), 여권
표준	ISO 18000-2	ISO 18000-3	ISO 18000-7	ISO 18000-6	ISO 18000-4

④ 유형

수동형 태그	소형, 경량, 단가가 싼 대신 전원 공급 장치가 없어 근거리 통신만 가능 • 저렴하고 배터리가 내장되어 있지 않아 근거리 데이터 교환에 적합 • 전파의 수신만 가능하고 구조가 간단하며 저렴 • 태그의 수명이 긴 편

능동형 태그	스스로 배터리를 내장하고 있어 원거리 통신이 가능하지만 단가가 높음 • 배터리가 내장되어 있어 고가이며, 원거리 데이터 교환에 적합 • 전파의 송신과 수신 모두 가능 • 태그의 수명이 짧음
반수동형 태그	통신과 판독 모두 판독기의 동력을 사용하면 수동형, 통신은 판독기의 동력을 사용하고 판독은 자체 배터리를 사용하면 반수동형, 통신과 판독 모두 자체 배터리를 사용하면 능동형에 해당

⑤ 바코드와의 차이점

㉠ 다량의 데이터 저장 : RFID는 제품의 원산지 및 중간 이동 과정 등 다량의 데이터를 저장할 수 있다.

㉡ 원거리 인식 : 바코드는 근거리에서 판독할 수 있으나, RFID는 주파수에 따라 원거리에서도 판독할 수 있고, 여러 정보를 동시에 판독하거나 수정할 수 있다.

㉢ 다중 인식 : 바코드는 한 번 판독할 때 한 개의 바코드만 판독할 수 있으나, RFID는 여러 개의 태그를 동시에 판독할 수 있다.

㉣ 장애물 투과 : RFID는 주파수에 따라 장애물 투과가 가능해서 교통 분야에 적용할 수 있으며, 반영구적으로 사용할 수 있다.

㉤ 반복 저장 : RFID 태그에는 대용량의 데이터를 반복 저장할 수 있으며, 데이터 인식 속도도 타 매체에 비해 빠르다.

㉥ 비접촉 인식 : RFID는 접촉하지 않아도 판독할 수 있다.

㉦ Read & Write : 읽기(Read)만 가능한 바코드와 달리 RFID는 읽고 쓰기(Read and Write)가 가능하다.

4 물류보안

(1) 물류보안의 개념과 목적

① 「물류정책기본법」(제2조 제1항 제13호)의 정의 : '물류보안은 공항・항만과 물류시설에 폭발물, 무기류 등 위해물품을 은닉・반입하는 행위와 물류에 필요한 시설・장비・인력・조직・정보망 및 화물 등에 위해를 가할 목적으로 행하여지는 불법행위를 사전에 방지하기 위한 조치'라고 규정되어 있다.

② 목적 : 불법행위 사전 차단
물류보안의 목표는 공급사슬 전반에 시도되는 '의도적인' '불법행위'를 '사전에' 차단하는 것이다.

③ 역사

㉠ 2001년 9・11 테러 : 9・11 테러를 계기로 미국은 신속하게 C-TPAT, 24-Hour Rule, CSI 등 다양한 물류보안 조치를 시행하였다.

㉡ 국제 사회의 동참 : 미국의 보안 조치는 IMO(International Maritime Organization, 국제해사기구), WCO(World Customs Organization, 세계관세기구) 등 유관 국제기구에도 영향을 미쳐서, IMO의 ISPS, WCO의 SAFE Framework 등이 제정되어 전 세계에 전파되었고, AEO나 ISO 28000과 같은 물류보안 인증제도 탄생으로 이어졌다.

(2) 주요 물류보안제도 ★☆☆

① C-TPAT(Customs-Trade Partnership Against Terrorism)

㉠ **민관협력 프로그램** : USCBP(US Customs and Border Protection, 미국 관세국경보호청)와 DHS(Department of Homeland Security, 국토안보부)가 주도하는 정부와 기업 간 대테러민관협력 프로그램이다.

㉡ **미국을 대상으로 한 수출업체 대상 안전한 업체임을 인증** : 미국으로 화물을 수출하는 국제무역 공급사슬의 주체들, 즉 수입업자, 운송업자, 3자 물류업자, 통관업자, 제조업체 등 참여자들 모두가 대상이다. C-TPAT 참여업체는 통관절차 간소화, 검사 비율 축소 등의 혜택을 받는다.

② CSI(Container Security Initiative, 컨테이너안전협정)

㉠ **각국 세관 간 협력 프로그램** : 2002년 1월 미국 관세국경보호청이 테러 조직에 의한 대량살상무기의 밀반입이나 무역 공급사슬 파괴를 노린 컨테이너 폭발 등의 시나리오에 대비하여 적용한 각국 세관 간 협력 프로그램이다.

㉡ **미국 수입에 앞서 수출국 항만에서 보안 검색 진행** : 미국으로 수출되는 컨테이너 화물에 위험성이 있는지 주요 수출 항만에서 보안 검색을 진행하는 제도로, CSI 시행 항만을 이용하는 화물은 미국 항만에서 통관절차 간소화 등 각종 편의를 제공받을 수 있다.

③ 24-Hour Rule(선적 24시간 전 적하목록 제출 규칙)

㉠ **CSI 실행을 위한 적하목록 사전 제출 규정** : 미국 관세국경보호청이 2002년 10월 제정한 규정으로, 모든 운송인(Carrier 또는 NVOCC)은 미국으로 수출하는 화물에 대해 선적 24시간 전에 해당 화물의 적하목록을 미국 관세국경보호청에 신고해야 한다. 이때 신고한 적하목록을 근거로 미국이 지정한 컨테이너는 수출 항만에서 보안 검색을 받아야 한다. 따라서 이 규정은 CSI의 보완 규정에 해당한다.

㉡ **위험 의심 화물 사전 차단** : 위험도가 높은 화물을 사전에 선별하여 선적을 제한하거나, 미국 도착 화물의 재검사를 통해 위험 요소를 차단한다.

④ ISPS Code(International Ship & Port Facility Security Code, 국제 선박 및 항만시설 보안에 관한 규칙)

㉠ **선박과 항만시설 대상 보안 인증** : 해상화물 운송 선박과 항만시설에 대한 테러 가능성에 대비 하기 위해, 2001년 11월 IMO 22차 총회에서 제정하고 2004년 7월 1일부로 발효하였다.

㉡ **보안 증서 발급 또는 보안 계획 승인** : 국제항해에 종사하는 선박(여객선 및 500톤 이상의 화물선) 및 선박이 이용하는 항만시설이 적용 대상이다. 국제항해선박은 정부로부터 보안 계획 승인 및 선박 보안심사 후 보안 증서를 받아야 하고, 국제항만시설은 정부로부터 보안 계획 승인을 받아야 한다.

⑤ ISF(Importer Security Filing) : 운송사의 신고 의무

미국 관세국경보호청에서 보안과 수입자 책임 강화를 위해 AMS(Automated Manifest System) 기반으로 2010년 1월부터 시행한 제도로, 해상운송 Non-Bulk 화물을 대상으로 수출자, 수입자 혹은 미국의 통관주관사가 신고할 사항 10가지에 운송사가 신고할 사항 2가지를 추가하여 AMS에 전송해야 한다. 10+2(Ten plus two) Rule이라고도 한다.

⑥ SFI(Secure Freight Initiative)

㉠ **미국향 해상 컨테이너 전수 검사** : 2006년 9월 30일 미국 의회를 통과하여 2006년 10월 13일 발효된 Safe Port Act(항만보안법)에 기초한 제도로, 미국에 반입되는 모든 컨테이너를 대상으로 검사를 의무

화하는 제도이다.

ⓛ **부산항에서 1단계 조치 시행** : 부산항 감만부두, 싱가포르, 오만 살라라, 영국 사우샘프턴, 파키스탄 카심, 온두라스 푸에르토 코르테스 등 6개 항구에서 1단계 조치를 시행하였다.

⑦ SPA(SAFE Port Act) : CSI, SFI, C-TPAT 등의 법적인 근거를 부여하고 미국 관세국경보호청(CBP)이 미국 외부의 주요 항만에 세관원을 파견하여 위험도가 높은 컨테이너를 사전 검사하는 제도이다.

(3) 주요 물류보안 인증제도

① ISO 28000(공급사슬보안관리시스템) : 공급사슬 보안 인증제도

민간기구인 ISO(국제표준화기구) 주도의 물류 인증제도로, 공급사슬의 보안에 관한 신뢰성을 확보할 수 있는 공인된 제도 도입의 필요성에 따라 2007년 제정되었으며, 우리나라는 한국기술표준원을 통해 2008년 도입되었다.

② AEO(Authorized Economic Operator, 수출입안전관리우수업체)

㉠ **민관협력 안전관리 인증제도** : 2005년 세계관세기구(WCO)에서 채택된 민관협력제도로, 화물 이동과 관련된 업체 중 세관 당국이 신뢰성과 안정성을 공인한 업체를 말한다. 제조업자, 수입업자, 통관중개인, 운송업자, 운송주선업자, 중계무역업자, 항만·공항·터미널 운영인, 복합운송업자, 창고업자, 배송업자 등이 포함된다.

ⓛ **각국이 공인하고 상호인증 국가에서도 적용** : AEO 인증업체는 각국 세관에서 공인받고, 각국 세관 당국 간 MRA(Mutual Recognition Arrangement, 상호인증)를 체결함으로써, 자국은 물론 MRA 체결 상대국에서도 그 자격을 인정받으며, 통관 시 검사 비율 축소 등 신속 통관 편의를 제공받는다.

2 물류조직과 아웃소싱

1 배경의 이해

	1960~1970년대	1980~1990년대	1990년대 말~
제조기술	• 제조기술 부족, 공급 부족 • 제품 차별화의 시대	• 제조기술 발전, 경쟁 심화 • 제품 다양화의 시대	• 제조기술 평준화, 무한 경쟁 • 시장이 원하는 제품의 시대
생산전략	• 소품종 대량생산의 시대 • 국내생산의 시대	• 다품종 소량생산의 시대 • 생산지와 소비지의 분리	• 고객 맞춤형 대량생산의 시대 • 글로벌 소싱의 시대
시장	• 소비자가 기다리는 시대 • 판매자 시장(Seller's Market) • 긴 제품수명주기	• 소비자의 기호 다양화 • 구매자 시장으로 전환 진행 • 짧아지는 제품수명주기	• 소비자의 기호 극단적 다양화 • 구매자 시장으로 전환 • 짧아진 제품수명주기
물류의 역할과 지향	생산과 판매를 지원하는 기능	고객서비스를 위해 물류업무를 통합 관리하는 기능	• 외부와 협업하여 성과 극대화 • 글로벌 경영 대응
	생산과 판매의 하위기능	물류 운영, 물류관리를 총괄하는 전담 조직	공급사슬 참여자와 외주물류업체의 물류조직과 협업하는 조직

(1) 물적유통의 시대

① **생산 또는 영업의 하위기능** : 물적유통의 시대에 물류는 지원 업무였다. 공장의 물류 운영은 생산의 하위기능, 판매물류 운영은 영업 또는 마케팅의 하위기능이었으며, 물류관리 전담 부서는 없었다.

② **개별 기능 간 충돌** : 물류가 타 부서의 하위기능이므로 기능 간 충돌이 발생할 수 있었다. 예를 들어 생산을 효율화하고 원가를 절감하기 위해 한꺼번에 대량생산하면 운송비를 추가 지출할 뿐 아니라, 제한된 시간에 하역하는 과정에서 실수나 사고가 발생할 수 있었다.

③ **자가물류** : 물류가 기업의 주요 기능 아래 위치한 하위기능이므로, 기업이 자체적으로 수행하였으며, 일본에서는 종합상사나 대규모 제조업체의 물류가 자회사로 분리되어 2자물류기업으로 발전하였다.

(2) 로지스틱스의 시대

① **고객서비스로서의 물류** : 시장이 구매자 시장으로 전환하고 경쟁이 치열해지면서, 기업들은 전체적인 프로세스 개선에 초점을 맞추기 시작했다. 이 과정에서 기업들은 물류가 고객서비스 개선에서 차지하는 중요성을 인식하기 시작했다.

② **물류 기능 통합** : 고객서비스 개선과 통합적 물류관리를 위해 기업들은 물류 운영과 물류관리 업무를 총괄하는 물류 부서를 두기 시작했다.

③ **물류 아웃소싱** : 자가물류나 자회사물류 중심이었던 물적유통의 시대와 달리, 치열한 경쟁 속에서 핵심역량에 집중하고 고객서비스 역량을 높이기 위해 물류에 전문화된 3자물류기업에 물류를 위탁하는 물류 아웃소싱이 활발해졌다.

(3) 공급사슬관리의 시대

① **통합 물류 부서의 한계 노출** : 자가물류 운영이 물류자회사와 외주물류업체 운영으로 전환되고, 기업의 물류부서가 공급사슬 참여자인 공급업체나 고객의 물류 부서와 협업해야 하는 사례가 증가하면서, 통합된 물류부서로 대응하는 데 한계가 나타나기 시작했다.
② **글로벌 경영 대응 필요성 증가** : 글로벌 소싱과 글로벌 분업이 확산하고, 기업이 인수합병을 반복하여 거대화되고 다국적 기업이 되면서, 글로벌 경영에 대응할 수 있는 물류조직이 필요하게 되었다.
③ **외부와 협업하는 조직** : 공급사슬 참여자의 물류조직과 협업하고, 다국적 기업의 국가별 지사의 물류조직과 협업할 수 있는 물류조직 구조가 사업부 조직, 네트워크 조직 등으로 구체화하였다.
④ **분산된 조직, 행동은 통일** : 물류 기능을 통합하기 위해 물리적으로 부서를 통합하지 않는 대신, 정보기술을 활용하여 부서 간 정보를 공유하고 공통의 목표를 공유함으로써 물류 기능 통합 효과를 달성할 수 있게 되었다.

2 물류조직

(1) 물류조직의 개념 및 분류

① 개념
㉠ 물류조직이란 물류 운영과 물류관리에 특화된 조직을 말한다.
㉡ **발전 과정** : 물류의 역할이 물적유통에서 로지스틱스로, 로지스틱스에서 공급사슬관리로 변하고 기업의 규모가 성장함에 따라, **기능조직 → 라인 · 스태프조직 → 사업부 조직 → 그리드 조직**으로 발전해 왔다.
㉢ **수평적 조직으로 변화** : 생산과 판매의 하위기능이자 수직적 조직이었던 물류조직은 공급사슬관리의 시대를 맞아 더 유연한 관리를 위해 수평적 조직으로 변해 왔다.

② 분류
㉠ 일반적 형태 기준 : 사내 조직과 자회사로 분류
㉡ 관리 기준 : 분산형, 집중형, 집중 분산형으로 분류
㉢ 기능 기준 : 프로젝트형, 매트릭스형, 팀제, 네트워크형으로 분류

확인하기

▸ **다음 ( )에 들어갈 용어를 옳게 나열한 것은?**

(ㄱ)은 물류관리 업무를 각 공장 및 영업부서, 운송부서, 총무부서 등에서 개별적으로 운영하는 조직이다.
(ㄴ)은 물류관리 업무를 전문화하여 독립된 회사로 분사(分社)시킨 조직이다.

정답 ㄱ : 분산형 조직, ㄴ : 자(子)회사형 조직

(2) 일반적 물류조직의 형태 ★★★

① 기능조직

㉠ 업무의 유사성으로 조직 분리 : 구성원을 업무, 분야, 활동의 유사성에 따라 묶어서 별도 조직으로 분리한 형태로, 물류를 생산이나 영업의 하위기능으로 둔다.

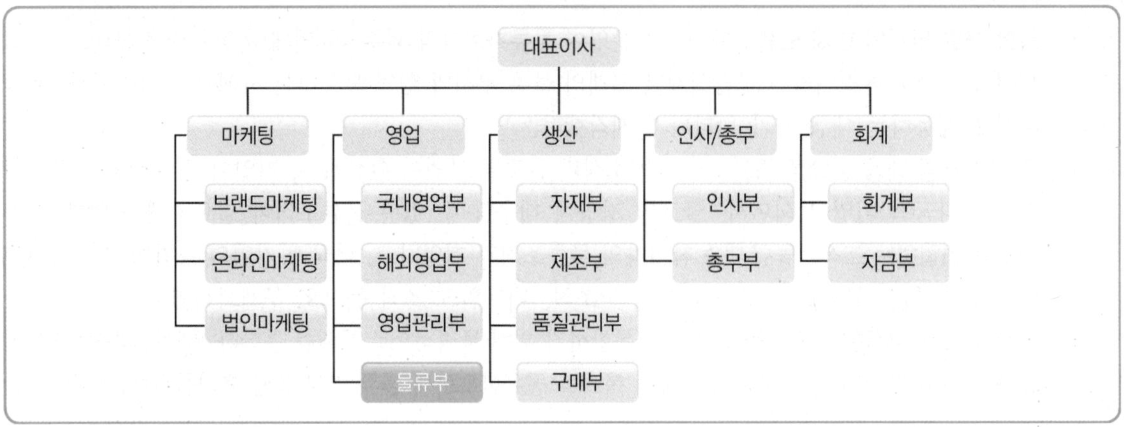

㉡ 장·단점

장점	• 업무 분야로 조직을 분리하였으므로 해당 업무 효율 높음 • 업무 만족도가 높고 업무 혁신의 유인 및 업무 개선 아이디어 제안 많음
단점	• 전사 차원의 물류전략이나 물류계획의 수립 곤란 • 다른 부서와의 의사소통/상호작용 및 정보공유 한계 • 기능 전문가 양성은 가능하나 총괄적인 전문가 양성 한계 • 물류비용 최적화 한계

② 라인조직

㉠ 한 명의 최고경영자 아래 수직적 조직 구조를 구성하고, 그 안에 물류 운영조직을 두는 형태로, 최고경영자 아래 소수의 인원으로 수직적으로 조직을 구성할 때 적합하다.

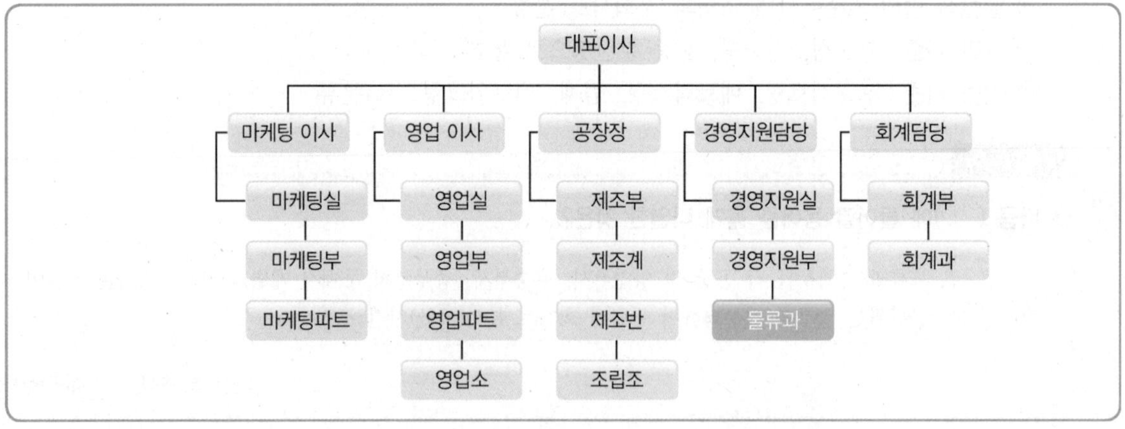

㉡ 장 · 단점

장점	• 수직적인 보고체계가 명확 • 조직의 사다리 구조가 명확, 진급과 승진의 유인 제공
단점	• 관료제 : 업무 지연이나 위험 회피 경향 • 소속 부서 업무에 최우선 순위를 두는 부서 이기주의의 문제 발생 • 구성원의 자유로운 의견 개진이 곤란

③ 라인 · 스태프조직

㉠ 운영 부서인 라인조직과 지원 부서인 스태프조직을 분리한 조직으로, 라인조직이 스태프조직에 의사결정 권한을 위임하여 라인조직은 물류 운영을 담당하고, 스태프조직은 의사결정을 지원하기 위한 분석과 조언을 담당한다.

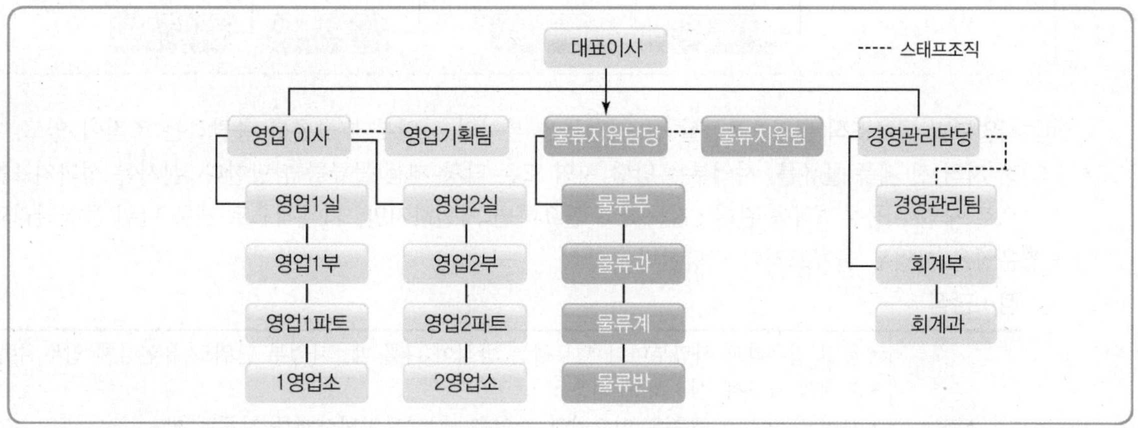

㉡ 물류업무 분화

ⓐ **스태프조직** : 물류전략, 사업계획, 비용관리 등을 담당하나, 실제 운영을 담당하지는 않는다.

ⓑ **라인조직** : 입출고, 보관, 피킹, 포장, 유통가공, 출하, 수 · 배송 등 실제 운영을 담당한다.

㉢ 장 · 단점

장점	• 최고경영자의 의사결정 부담 경감(조언 기능) • 스태프 부서의 지원 업무 전담으로 조직을 쉽게 관리하고 통제가 가능
단점	• 라인은 스태프의 조언을 듣지 않고 업무를 수행하고, 스태프는 라인의 상황을 고려하지 않고 계획을 수립할 위험 존재 • 스태프의 조언이 지시인지, 조언인지, 권고인지 혼동하기 쉽고 경영진의 의도, 정확한 의사소통 여부를 확인하는 데 노력이 필요함

④ 사업부제 조직

㉠ 제품이나 서비스, 고객, 지역에 따라 사업부를 분리하고 사업부별로 라인 · 스태프조직을 두는 구조를

말하며, 기업의 규모가 커지면서 최고경영자가 기업의 모든 업무를 관리하기 어려워짐에 따라, 각 사업 단위의 성과를 극대화하기 위해 만들어진 조직이다.

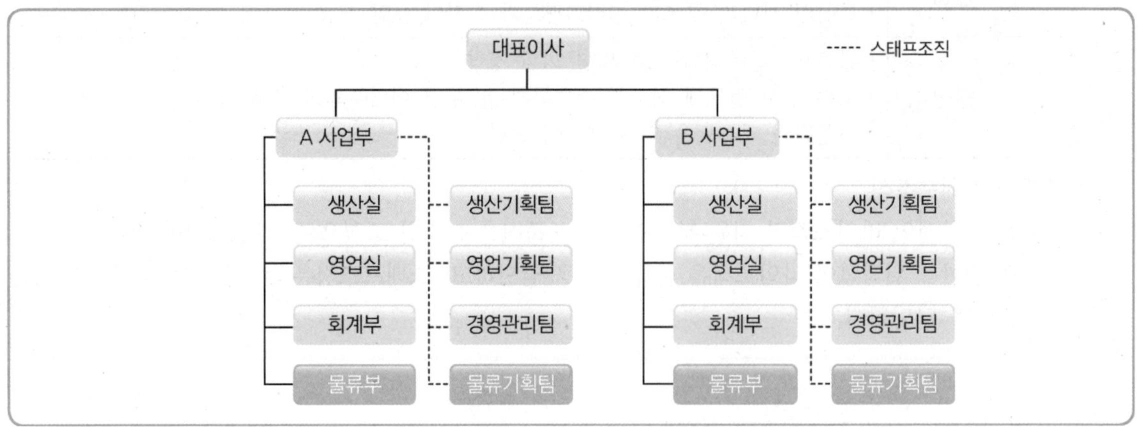

㉡ **사업부별 물류조직 분리** : 오늘날 큰 기업들은 본사와 사업부에 물류를 총괄하는 조직이 있고, 본사는 전 지역 전 제품 물류를, 사업부는 담당 지역 또는 담당 제품 물류를 담당한다. 본사는 성과지표를 바탕으로 사업부 물류조직을 관리·감독하고 필요하면 지원하지만, 기본적으로 제품 단위 물류관리와 물류 운영은 사업부 물류조직이 담당한다.

㉢ **장·단점**

장점	• 동일 업무라도 사업부마다 업무하는 방식이 다를 때, 사업부 단위로 유연하게 업무 수행 가능 • 고객의 요구에 신속하게 대응 • 사업부 스스로 매출을 일으키고 수익을 내는 독립채산제를 전제로 함 • 전문인력 육성 : 사업부별로 모든 물류활동을 책임지고 직접 관할하므로 물류관리의 효율화 및 물류 전문인력 육성이 가능함
단점	• 사업부마다 동일 업무를 하는 조직이 있으므로 자원이 중복으로 투자됨 • 타 사업부와 교류가 적어, 의사소통과 상호작용이 미약 • 경쟁사가 아닌 사내에서 불필요한 경쟁이 일어나기 쉬운 구조로, 전체 최적화가 어려움

⑤ **그리드 조직**

㉠ **본사와 지사 간 조직 분리** : 제품이나 서비스, 고객, 국가에 따라 지사를 분리하고 지사별로 라인조직 또는 스태프조직을 두는 구조를 말한다.

㉡ 다국적 기업에서 많이 볼 수 있는 조직의 형태로 모회사의 권한을 자회사에게 이양하는 형태를 지니며, 모회사의 스태프부문이 여러 자회사의 해당 물류부문을 관리·지원하는 조직을 말한다.

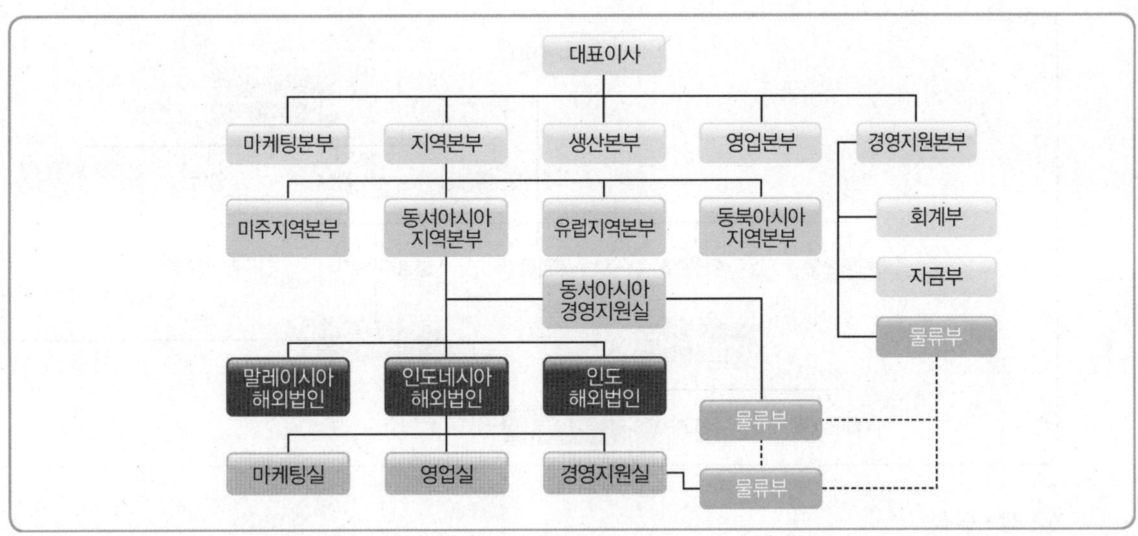

㉢ 본사와 지사 간 관계 : 다국적 기업들은 본사와 사업부에 전사는 물론 지사 물류를 총괄하는 조직이 있고, 지역본부에 담당 지역 물류를 총괄하는 조직이 있으며, 국가별 물류관리·운영하는 조직이 있다. 국가별 지사의 물류조직은 본사, 사업부, 지역본부 물류조직의 관리를 받으며, 대규모 투자가 필요할 때는 그에 맞는 인적 지원을 받는다.

㉣ 장·단점

구분	내용
장점	• 동일 업무라도 국가별로 미세하게 업무하는 방식이 다를 때, 국가 단위로 유연하게 업무를 수행할 수 있음 • 조직이 분리되어 있으므로 고객의 요구에 신속하게 대응하기 유리
단점	• 타 지사와 교류가 적어, 의사소통과 상호작용이 미약 • 경쟁사가 아닌 사내에서 경쟁이 일어나, 우수 인력의 이동이 어려운 구조 • 해외 자회사의 경우 이중지배구조로 직무 스트레스가 심한 형태에 해당

(3) 물류 기능에 따른 조직형태 ★☆☆

① 프로젝트 조직

㉠ 프로젝트 조직은 기업환경의 동태적 변화, 기술혁신의 급격한 진행에 따라 구체적인 특정 프로젝트별로 형성된 조직형태이다.

㉡ 특정 과업 수행을 위해 여러 부서에서 파견된 사람들로 구성되어 과업 해결 시까지만 존재하는 임시적·탄력적 조직으로 기동성과 환경 적응성이 높은 목표지향적 조직형태에 해당한다.

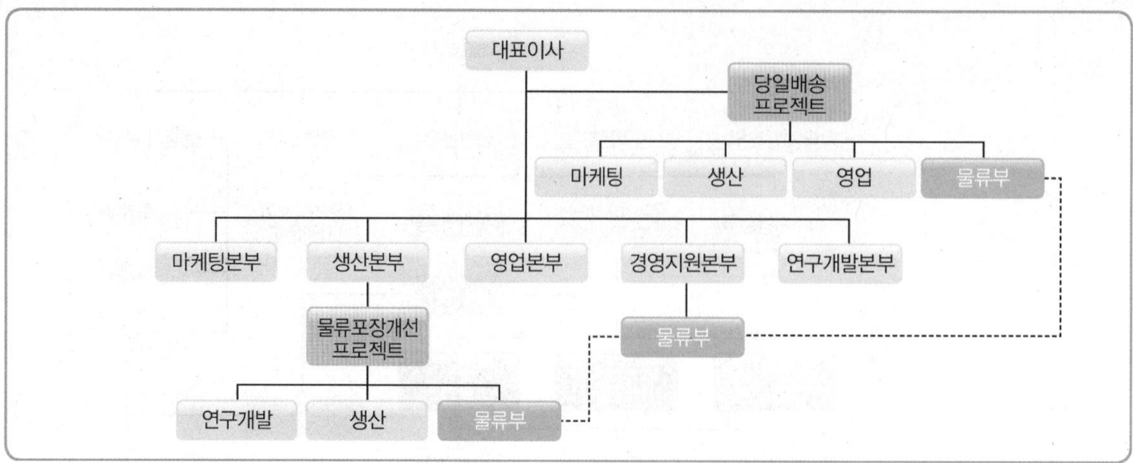

ⓒ 장·단점

장점	• 의사결정이 빠르고 효율적이며, 문제 해결을 위해 기존 조직에서 모은 구성원이므로 의사소통도 효율적임 • 목표 지향에 따른 경각심 및 구성원 간의 협업 • 구성원의 원소속 조직 이외의 조직을 이해할 수 있게 되므로, 구성원의 유연성과 융통성이 증가
단점	• 프로젝트 매니저에게 권한 집중 • 구성원의 원소속 조직에서는 프로젝트의 목적에 부합하는 인재를 내놓지 않는 유인이 될 수 있음

② 매트릭스 조직

㉠ 매트릭스 조직은 급변하는 새로운 환경변화에 적극적으로 대처하기 위해 시도된 조직이다. 전통적 기능식 조직(수직적)과 프로젝트 조직, 즉 전문성과 제품혁신과 같은 목표를 동시에 달성하고자 하는 의도에서 발생하였다.

㉡ 항공우주산업 등 첨단 산업이나, 물류정보시스템 구축 등 숙련된 인력이 많이 필요한 조직에서 활용한다.

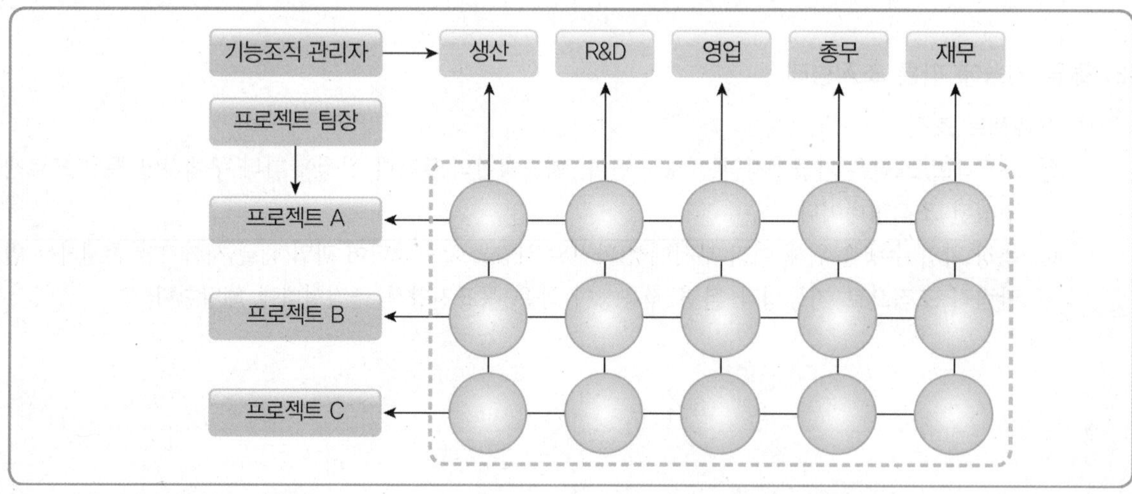

㉢ 장·단점

장점	• 프로젝트를 수행하는 데 가장 적합한 인재를 유연하게 선택할 수 있음 • 구성원에게 성장의 기회 부여함
단점	• 이중 명령계통 및 보고체계에 따른 갈등 발생 • 구성원의 이동이 잦으면 조직도가 자주 바뀌기 때문에 혼란 야기 • 명령계통과 보고체계 이중화로 명령, 지시계통인 라인의 흐름이 정체

③ 네트워크 조직

㉠ 기업 내외부 모두와 협업하는 분권형 조직으로, 특정 과업을 수행하는 기업 외 타 조직이나 인원과도 협업하는 조직이다.

㉡ 분권형 조직으로 물류기업이나 기술기업에서 많이 볼 수 있다.

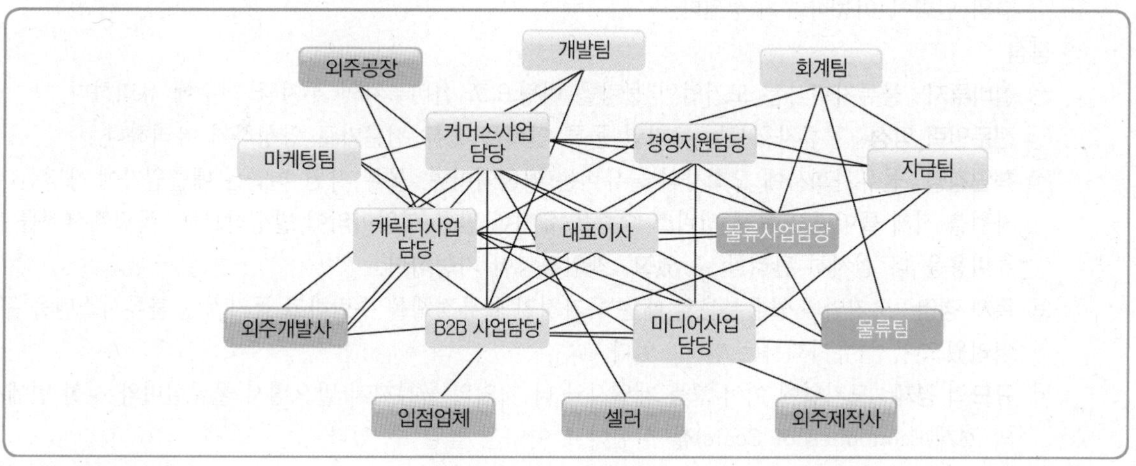

㉢ 장·단점

장점	• 경쟁력 강화를 촉진하는 유인이 됨 • 구성원 간 의사소통과 협업, 혁신의 유인이 다른 조직보다 높음
단점	• 기업의 내외부 모두와 협업하는 조직이므로 조직 자체가 복잡함 • 기업 외부와 협업하던 상대가 잠재적 경쟁자가 될 수 있음

(4) 물류조직의 변천 과정

① 분산형 : 물류 전담 조직 없음

물류조직이 별도로 있지 않고, 영업이나 생산 등 다른 부서의 하위기능으로 존재했다.

② 집중형 : 물류 전담 조직 탄생

물류 통합 관리를 위해 물류관리와 운영을 총괄하는 하나의 물류조직을 두었다.

③ 독립채산형 : 물류 전담 조직의 기능을 사업부별로 분할

기업에서 통합된 물류 부서로 존재하던 물류관리와 운영 업무는 사업부별로 흩어지게 되었다. 특히 사업부

는 독립적으로 연구개발, 생산, 판매를 수행하는 조직이므로, 사업부별 물류는 물류비용을 예산 삼아 지출하고 예산 절감을 위해 노력하는 독립채산형 조직이 되었다.

④ 물류자회사 : 물류관리 전문화 지향
물류 아웃소싱 효과와 함께 전문화된 물류관리를 위해 모기업이 출자하고 모기업의 물류업무를 수행하는 물류자회사가 생겼다.

(5) 물류자회사

① 개념

㉠ **자가물류 조직의 독립** : 자가물류, 즉 1자물류 조직이 독립하면서 자회사물류, 즉 2자물류기업이 생겼다.

㉡ **모기업 출자와 인력 이동** : 모기업이 물류활동 전부 또는 일부를 위탁하기 위해 모기업이 출자하고 모기업의 인력이 이동하여 구성된다.

② 장점

㉠ **설비투자** : 물류자회사는 모기업의 물량을 바탕으로 설비투자와 투자금 회수에 유리하다.

㉡ **전문인력 양성** : 물류자회사는 모기업 물류 인력을 물류 전문가로 양성하기 유리하다.

㉢ **책임경영** : 물류자회사에 모회사의 물류비는 매출액이며, 물류 자원 투입은 매출원가에 해당한다. 물류 자원을 적게 들이면서 목표 서비스 수준을 유지한 만큼 영업이익이 발생하므로, 독립채산제를 통해 물류비용을 더 철저히 관리할 수 있고, 책임경영이 가능하다.

㉣ **독자 경영** : 모기업의 물류부문일 때는 독자적인 물류정책을 수립하고 독자적인 물류시스템을 구축하기 어려웠으나, 물류자회사는 할 수 있다.

㉤ **규모의 경제** : 모기업에 이어 그룹 계열사와 타 기업의 물류까지 맡으면서 물류설비와 시설 면에서 규모의 경제(Economies of Scale)를 실현하고 이익을 높일 수 있다.

③ 단점

㉠ **전략과 정책의 충돌** : 물류자회사의 모기업 비중이 줄어들면 물류전략과 정책 면에서 모기업과 충돌할 수 있다.

㉡ **모기업의 경영 간섭** : 모기업이 자회사의 급여 인상을 통제하거나, 영업이익 발생 시 물류비 삭감으로 영업이익을 환수하는 등 간섭하면 물류자회사는 서비스 수준 개선 의욕, 근로의욕, 물류합리화 의욕이 저하될 수 있다.

㉢ **모기업의 스태프 증가** : 모기업은 물류자회사 설립 후에도 물류자회사 성과관리와 모니터링을 이유로 스태프조직을 줄이기 어려울 수 있다.

3 물류 아웃소싱(Out-sourcing)

(1) 물류 아웃소싱의 개념

① 개념

㉠ 물류 아웃소싱은 물류활동을 효율화하기 위해 물류 기능을 외부의 전문 물류업체에 위탁하여 물류를 운영하는 형태를 말한다.

ⓛ 아웃소싱은 화주와 물류기업 간의 효과적인 관계를 구축함으로써 조직 간소화, 조직적응력 및 유연성 강화를 도모하는 혁신기법이다.

ⓒ 2021년 발표된 제5차 국가물류기본계획에서도 3자물류 이용률 목표를 2018년 52%에서 2025년 56%로 잡고 있다. 국가 정책도 화주기업이 중·장기적으로 1자물류를 거쳐 3자물류로 전환하도록 유도하고 있다고 볼 수 있다.

전략 5. 새로운 수요 대응 위한 물류산업 경쟁력 강화 체질 개선							
세부목표		성과지표	단위	기준 연도	현황	'25년 목표	'30년 목표
5.1	국가 물류비 절감	GDP 대비 국가 물류비 비중	%	'18	9.4	8.6	8.1
5.2	글로벌 물류기업 육성	매출 3조 원 이상 전문물류기업	사	'18	4	5	6
5.3	물류기업의 수익성 제고	물류기업 영업이익률	%	'19	8.7	9.6	10.4
5.4	물류시장의 확대	**3자물류 이용률**	%	'18	52.0	56.0	59.1
		물류산업 매출액	조 원	'19	91.9	115.6	140.7

② 장·단점 ★★★

㉠ 장점

전반적 장점	• 물류비용 절감 및 리드타임의 단축으로 고객서비스 향상 가능 • 유연성이 있는 고용형태와 급여체계 실현이 가능
화주 측 장점	• 물류설비 등 막대한 자본투자비용 절감 • 핵심역량에 집중할 수 있어 기업경쟁력 제고 가능 • 물류비용이 명확하여 경영전략 수립에 도움
물류기업 측 장점	• 규모의 경제(Economies of Scale)를 통한 물류 효율의 증대 • 전문성 및 유연성에 의한 고객서비스의 향상

ⓛ 단점

ⓐ 계약에 명시된 내용 말고는 통제력 상실

ⓑ 물류기업의 운영 안정화 지연으로 서비스 품질이 불확실해질 가능성

ⓒ 고객정보, 고객별 출하량, 단가 등 기업 핵심 정보의 유출 가능성

ⓓ 사내에 물류 전문지식 축적이 어려움

ⓔ 물류 운영에 직접 대처할 수 없으므로 신속한 고객서비스 대응이 어려움

(2) 물류 아웃소싱의 형태

① 1PL(자가물류) : 화주가 고객에게 직접 재화를 전달하는 형태로, 매출이 크지 않고 배송지역이 한정된 기업이 주로 이용하는 형태를 말한다.

② 2PL(자회사물류) : 모기업이 출자한 자회사가 모기업의 물류업무를 수행하다가 이후 다른 기업의 물류업무를 수행하면서 종합물류기업으로 발전하는 형태를 말한다.

③ 3PL(3자물류) ★☆☆

㉠ 화주기업의 전체 또는 대부분의 물류 프로세스를 3자물류업체라 부르는 외부 물류서비스 제공업체에 위탁하는 형태를 말한다. 3자물류업체는 화주의 고객사와 화주 사이에서 운송과 보관을 수행할 뿐만 아니라 주문처리, 직배송, 재고관리, 역물류 등 화주의 물류 프로세스 대부분을 수행한다.

㉡ **단순 물류 아웃소싱과의 차별화** : 물류비용 절감을 넘어 전략적인 서비스 개선과 경쟁우위 확보를 위해 3PL을 이용한다.

㉢ **풀필먼트(Fulfillment)** : 최근 3PL의 수익모델로, 화주의 재고 입고 이후부터 고객 배송까지를 전담하는 서비스로 최근 전자상거래의 발달로 새로운 비즈니스 기회가 되고 있다.

㉣ 아웃소싱과 3PL의 비교

비교항목	물류 아웃소싱(외주물류)	3자물류
기간 및 관계	단기・일시적 관계	중・장기 위주의 협력관계
전략 수준	주로 운영 수준	운영, 관리, 전략
계약방식	수의계약	경쟁계약
의사결정점	중간관리층	최고경영층
관리형태	분산관리형	통합관리형
화주와 관계	수직적 계약	협력관계, 전략적 제휴
서비스 범위	기능별 서비스(운송, 보관, 하역 등)	종합물류서비스

④ 4PL(4자물류) ★★☆

㉠ 4자물류는 물류의 기본기능과 함께 전자상거래 발전으로 3자물류기업이 공급체인의 해결책을 제시하고 관리능력 및 전략적 컨설팅을 포함하는 통합적 물류서비스를 말한다.

㉡ 4자물류 서비스 제공자는 공급사슬 전체를 관리하고 운영하며, 다양한 기업을 파트너(글로벌컨설팅 + IT솔루션)로 참여시키는 수평적 계약관계이다.

㉢ 4자물류는 전자상거래의 확산과 SCM 체제 구축으로 그 필요성이 점점 커지고 있다.

㉣ 3PL과 4PL의 차이

구분	3PL	4PL
물리적인 물류 운영 능력	있다.	없다. 단 3PL 업체가 4PL을 할 수도 있으므로 원칙적으로 없다는 뜻으로 봐야 한다.
목표	운송과 보관 능력 최적화를 지향한다.	공급사슬 최적화 관리를 지향한다.
계약 기간	단기 또는 중기 계약 중심	장기 계약 중심
서비스	물류서비스 제공	3PL 네트워크 관리 제공
화주와의 관계	물류서비스 제공자	물류전략 파트너

Tip

+ 4PL의 등장 배경

물류 아웃소싱의 증가와 함께 글로벌 경영, 공급사슬관리, 전자상거래의 발달과도 관련이 있다. 하나의 3PL이 여러 화주를 동시에 서비스하는 과정에서 효율성 극대화에 한계가 나타나기 시작했고, 과거 내륙운송, 창고관리, 배송 등 3PL로 대응할 수 있었던 물류의 영역이 국제운송, 원재료와 반제품 조달, 라스트마일 배송 등으로 확대되자, 그 확대된 영역을 일일이 자가물류와 외주업체, 3PL의 조합으로 대응하여 효율화하는 데 한계가 나타났기 때문에 공급사슬 전체를 묶어서 통합적 서비스를 제공하는 4PL이 등장했다.

(3) 성공적인 물류 아웃소싱의 조건 ★☆☆

① 화주와 물류기업 간 수평적 협력관계로서 지휘, 통제의 종속적 관계를 탈피한 공동사업이라는 인식
② 세부적인 물류 목표의 설정
③ 지속적인 의사소통을 위해 표준화된 채널 이용
④ 충분한 시간적 여유를 가지고 아웃소싱업체를 선정해야 함.
⑤ 아웃소싱업체를 단순한 공급업체로만 인식하지 않고 파트너로 인정하는 인식

CHAPTER 03

SCM과 녹색물류

1 공급사슬관리

1 공급사슬의 개념

(1) 공급사슬 개념

① **원재료부터 소비자까지 최적화** : 공급사슬관리는 원자재를 조달해서 생산하여 고객에게 제품과 서비스를 제공하기까지 전체 프로세스를 최적화하는 경영기법이다.

② **최적화 목표** : 비용과 시간은 최소화하고 이익은 최대화한다.

③ **부가가치 향상** : 정보통신기술을 활용하여 공급자, 제조업자, 소매업자, 소비자와 관련된 상품, 정보, 자금 흐름을 신속하고 효율적으로 관리하여 부가가치를 높인다.

체크 Point

마이클 포터의 가치사슬(Value chain 모형)

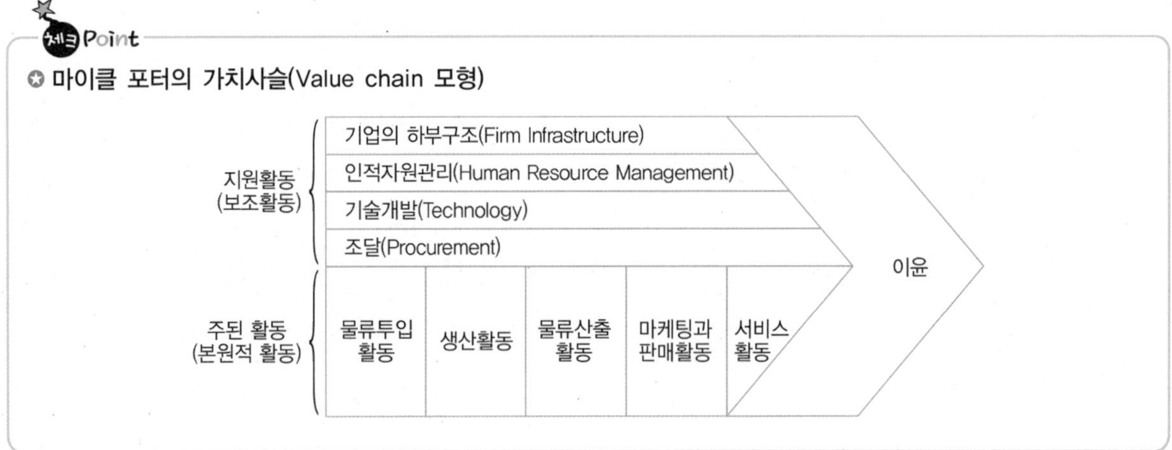

(2) 도입의 필요성 ★★★

① **부가가치의 발생** : 부가가치의 60% 이상이 제조과정 외부의 공급사슬상에서 발생하고, 리드타임 중에서 제조에 소요되는 기간보다 공급사슬상에서 소요되는 시간이 길기 때문에 공급사슬 전체에 대한 관리가 중요하다.

② **불확실성의 증가** : 원・부자재 공급의 납기 및 품질의 불확실성과 고객수요의 불확실성을 제조업체 내에서 수동적으로 흡수하여, 생산계획을 편성하고 재고를 관리하여 Lead Time을 단축하고 재고를 감축하기 위해 SCM이 필수적이다.

③ **채찍효과의 발생** : 채찍효과(Bullwhip Effect)라고 알려져 있는 정보전달의 지연 및 왜곡현상이 전통적인 공급사슬상에 나타나기 때문이다.

④ **리드타임의 증가** : 생산, 조달 및 구매, 보관 및 물류, 운송, 판매 및 유통 등의 기업활동이 글로벌화됨에 따라 공급사슬상의 Lead Time이 길어지고 불확실해졌기 때문이다.

⑤ **대량고객화에 대응** : 고객의 다양한 요구에 부응하여 다품종 소량생산해야 하는 대량고객화(Mass Customization)가 보편화되고 있기에 긴밀한 협력을 위한 SCM이 중요하다.

⑥ **통합적 관리의 필요성** : 기업 내부의 조직·기능별 관리만으로는 경쟁력 확보 및 부가가치 창출, 고객만족도 개선이 어렵기 때문에 통합적인 공급사슬관리가 필요하다.

(3) 기대 효과

① **고객서비스 개선** : 공급사슬 참여기업 간 파트너십을 통하여 재고품절 위험을 줄일 수 있으므로, 주문충족 수준은 높아지고, 납기충족 수준도 개선된다.

② **재고 감소** : 품절 위험이 줄어들면서도 과다 발주와 재고 축적 관행이 줄어든다. 수요예측대로 공급하는 관행이 정착되므로 재고자산도 감소한다.

③ **주문 리드타임 감소** : 생산 리드타임 감소, 주문처리 자동화

④ **업무 표준화** : 업무 표준화로 업무 오류 감소와 업무시간 단축

⑤ **계획 업무 정착** : 사업계획을 근간으로 매주 계획을 업데이트하고, 계획 대비 실적을 지속 관리함으로써 사업계획은 형식이 아닌 수시로 달성 여부를 점검해야 하는 대상으로 정착

⑥ **이익 극대화** : 계획대로 실행하는 문화 정착으로 공급사슬 전체적으로 무리한 비용 투입을 최소화함으로써 이익 극대화 효과 달성

⑦ **물류비 절감** : 필요한 만큼 생산해서 필요한 만큼 공급하는 과정에서 재고가 줄고 미판매로 인한 반품 회수도 줄며, 계획한 대로 혼적 운송할 수 있게 되므로, 물류비 절감 효과가 있다.

(4) 공급사슬의 특징 및 최근 환경변화

구분	내용
특징	• 기업 간 협력은 수평적 협력을 추구 • 단절 없는 흐름(Seamless Flow) • 공급사슬 간 협업(Collaboration) • 실시간 정보의 공유 • 동기화(Synchronization)
환경변화	• 공급사슬상에 위치한 조직 간의 상호 의존성이 증대 • 정보통신기술의 발전은 새로운 시장의 등장과 경영방식의 변화를 초래 • 기업 간의 경쟁 심화에 따라 비용절감과 납기개선의 중요성이 증대 • 거래범위가 전 세계로 확대됨에 따라 글로벌 공급사슬관리(G-SCM)가 중요 • 고객의 다양한 니즈에 맞추기 위해 생산, 납품 등의 활동의 필요성 증대

(5) SCM의 영역

① SCP(Supply Chain Planning) : 고객의 구매(기업의 판매), 판매, 재고정보와 고객 수요예측 정보, 기업 내부의 구매, 판매, 재고정보와 수요예측 정보에 기반한 생산계획, 판매계획, 조달계획을 다룬다. 기업의

판매계획과 공급계획의 균형을 맞추고 사업계획과의 차이를 점검하는 S&OP(Sales and Operations Planning) 정보도 관리한다.

② SCE(Supply Chain Execution) : 주문관리, 출하, 배송 약속, 배송, 창고관리, 운송경로관리, 물류비 관리, 재고관리 등 주문과 물류관리를 담당한다.

③ SCEM(Supply Chain Event Management) : SCM의 영역은 SCP와 SCE가 중심이지만, 공급사슬에서 발생하는 각종 이벤트를 관리하기 위해 계획 대비 실행 여부를 모니터링하고 성과지표로 관리할 수 있는 영역을 별도로 구분하기도 한다.

SCP(Supply Chain Planning)	SCE(Supply Chain Execution)
• 수요계획(Demand Planning) • 생산계획(Manufacturing) • 재고계획(Inventory Planning) • 재고보충계획(Replenishment Planning) • 스케줄링(Scheduling)	• 주문관리(OMS) • 창고관리(WMS) • 운송관리(TMS) • 공급자 선정 및 배송업체 선정 • 재고 수준 및 채널 간 정보공유 수준

2 채찍효과(Bullwhip Effect) ★★★

(1) 개념

채찍효과는 공급사슬에서 최종소비자로부터 멀어질수록 정보가 지연되거나 왜곡되어 수요와 재고의 불안정(변동성)이 크게 확대되는 현상을 의미한다. 이러한 정보의 왜곡현상으로 공급사슬 전체에서 재고가 증가하고, 고객서비스 수준은 떨어지며, 생산능력 계획의 오류, 수송상의 비효율, 생산계획의 난맥 등과 같은 극단적인 불균형 문제가 발생한다.

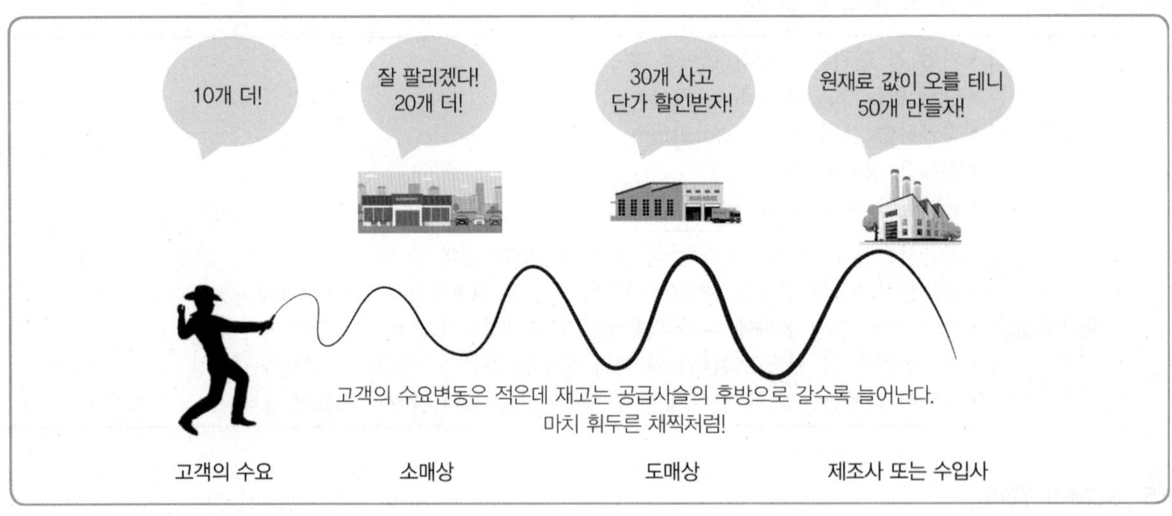

(2) 채찍효과의 원인과 경감방안

① 원인

㉠ **중복적인 수요예측** : 기업의 제품생산량이 소비자들의 실제 수요가 아닌 각 개별 주체(소매상, 도매상, 제조업체 등)에게서 받은 발주량에 근거하여 수요를 예측함에 따라 시장의 수요정보가 왜곡된다.

㉡ **과잉주문** : 결품 위험이 감지되었을 때 필요보다 더 많은 수량을 발주하는 행위로, 공급사슬 참여자 간 정보가 투명하게 공유되지 않으면 공급사슬 상류로 갈수록 더 많은 수량을 발주하는 유인을 제공하여 채찍효과를 부채질한다.

㉢ **일괄 주문(Batch Order)** : 소매상의 경우 주문비용 등의 증가로 다빈도 소량 주문이 들어오면 전체 주문량이 어느 정도 모였을 때 한꺼번에 일괄 주문하기 때문에 특정 시점에 수요가 급격히 증가된다.

㉣ **리드타임 변동성** : 주문 후 도착까지 리드타임이 안정화되지 않으면, 공급사슬 참여자는 안전재고를 고려하여 발주를 늘려야 한다.

㉤ **수량할인, 선구매 할인 등 가격의 변동** : 더 많이 구매하고 구매 가격할인을 받을 수 있다면, 공급사슬 참여자는 필요 이상으로 발주량을 증가시킬 수 있다.

② 경감방안

㉠ **정보통합과 실시간 정보공유** : 실제 판매 시 POS(Point of Sale) 데이터를 기반으로 물류센터에 발주하고, 물류센터는 해당 정보를 기반으로 공급업체에 발주하며, 사전에 합의된 수요예측 정보를 고려하여 발주하는 방식으로 과다 발주를 예방할 수 있다.

㉡ **불확실성, 변동성 감소** : 미래 판매예정 수량 및 발주예정 수량을 상호 합의함으로써 과다 발주를 예방할 수 있다.

㉢ **전략적 파트너십** : 고객과 공급업체 간 전략적 파트너십을 통해 고객의 재고 현황을 확인하고 공급 할당 우선순위를 부여함으로써 과다 발주를 줄일 수 있다.

㉣ **실시간 주문시스템 구축** : 채찍효과가 발생하는 이유 중 하나는 일정 주문량이 모였을 때 일괄 주문하기 때문이다. 이 경우 실시간 주문과 배송을 통해 꾸준히 재고를 보충함으로써 과다 발주를 줄일 수 있다.

㉤ **Every Day Low Price 가격정책** : 고객이 할인을 위해 과다 발주하지 않도록 지속적으로 저가에 공급하는 정책으로 대응한다.

㉥ **반품 및 주문 취소 제한** : 반품과 주문 취소를 쉽게 할 수 있으면 과다 발주의 유인이 되므로 제한을 둬야 한다.

㉦ **재고 할당** : 수요 대비 재고가 부족하면 할당 우선순위를 정하고 할당을 실시한다.

3 SCM 도입전략

(1) SCM의 전략적 접근방법

① 정보공유

㉠ **PSI 정보** : 공급사슬 참여자의 생산 또는 구매(P, Production 또는 Purchase), 판매(S, Sales), 재고(I, Inventory), 즉 PSI 정보는 서로 공유되어야 한다.

㉡ PSI 정보공유의 의미 : 모든 공급사슬관리의 시작이며, 공급사슬 참여자가 서로 파트너십에 의해 움직이고 있음을 의미한다.

② 정보시스템과 공급업체 통합

㉠ **정보시스템 통합** : 공급사슬 참여자 간 생산 또는 구매, 판매, 재고 정보를 원활하게 공유하기 위해서는 정보시스템 통합이 필수적이다.

㉡ **공급업체 통합** : 정보시스템 통합을 통해 원활한 정보공유를 위해서는 능력 있는 소수의 공급업체와 파트너십을 맺고 장기적인 관계를 구축하는 것이 중요하다(예 JIT시스템).

③ 의사소통과 성과관리

㉠ 공급업체와 파트너십을 구축하고 공유된 정보를 바탕으로 공급 부족이나 판매 부진 등 당면한 문제를 협의하고 해결하기 위해서는 정보공유 기반의 의사소통이 필요하다.

㉡ **성과관리** : SCM을 성공적으로 정착하려면 사전에 성과지표를 정하고 상기와 같은 정보공유와 의사소통의 결과 성과지표가 달성되고 있는지 모니터링해야 한다.

(2) 수요의 불확실성에 따른 공급사슬전략

① 효율적 공급사슬(Efficient Supply Chain)

㉠ 효율적 공급사슬은 제조기업 중 제품수명주기가 길어 수요가 안정적이고 예측 가능한 경우 비용절감 및 효율적 운영을 위해 취하는 공급사슬기법을 말한다.

㉡ 효율적 공급사슬(Efficient Supply Chain)의 특징은 저비용을 위한 재고 최소화, 높은 가동률을 통한 낮은 비용 등이다.

② 대응적(반응적) 공급사슬(Responsive Supply Chain)

㉠ 공급사슬 유형 중 의류와 같이 제품의 수명주기가 짧고 고객의 수요변동성이 큰 경우와 같이 시장수요 변화에 대해 **민감하고 유연하게 반응**하도록 설계된 공급사슬로 혁신적 공급사슬이라고도 한다.

㉡ 대응적 공급사슬의 주요 목표는 재고품절, 시즌 말 가격할인 등을 최소화하기 위해 예측 불가능한 수요에 신속하게 대응하는 것이다.

③ 양자의 비교

구분	효율적 공급사슬	대응적 공급사슬
주요 목표	최저 가격으로 예측 가능한 수요에 효율적으로 공급	예측 불가능한 수요에 신속하게 대응
제품디자인	**비용 최소화**를 달성할 수 있는 제품디자인 성과극대화	제품 차별화를 달성하기 위해 모듈(Module) 디자인 활용
가격전략	저가격, 저마진	고가격, 고마진
재고전략	높은 재고회전율과 **재고 최소화**	부품 및 완제품 **안전재고 유지**
생산전략	높은 가동률	**유연**한 생산능력
공급자전략	비용과 품질	**속도**, **유연성**, 신뢰성, 품질
리드타임초점	비용 증가 없이 리드타임 단축	비용이 증가되더라도 리드타임 단축

④ 리스크 풀링 전략

㉠ 개념 : 리스크 풀링(Risk Pooling)이란 여러 지역의 수요를 한 곳에서 통합 관리하게 되면 수요의 불확실성이 상대적으로 감소하게 된다는 것을 말한다. 즉, 기업은 분산 운영되던 물류거점을 통합 관리함으로써 적은 양의 재고로도 수요불확실성에 효과적으로 대응할 수 있게 된다.

㉡ 효과 : 리스크 풀링 효과로 인해 기업은 수요를 통합 관리함에 따라 분산 관리했을 때와 비교할 때 안전재고 감소효과가 발생한다.

(3) 지연전략(유예전략, Postponement Strategy)

① 개념

㉠ 지연전략은 생산 프로세스에서 제품들이 서로 차별화되는 시점을 가능한 한 판매시점에 가깝게 지연시키는 전략으로, 연기 또는 유예전략이라도 한다.

㉡ 제품에 대한 변동성이 큰 경우, 공장에서 제품을 완성하는 대신 시장 가까이로 제품의 완성을 최대한 지연시켜 소비자가 원하는 다양한 수요를 만족시키기 위한 전략에 해당한다.

② 전략적 지연의 형태(Zhang & Tan 모형)

㉠ 형태지연 : 제품차별화를 지연하기 위해 표준품에 고객이 요구하는 기능을 부가시킴.

㉡ 시간지연 : 제품차별화를 지연하기 위해 프로세스와 제조시점을 재구축

㉢ 장소지연 : 제품차별화를 지연하기 위해 제조공정의 지리적 위치를 재설계

4 SCM 도입기법

(1) SCM의 구성체계

SCM의 계층별 구성체계는 SCM을 기초로 산업별로 응용된 기법들과 이를 실제 구현하기 위한 수단들로 구축된다. 특히, 적용되는 산업별로 그 표현을 달리하는데 섬유·의류부문에서는 QR, 식품·잡화부문에서는 ECR, 신선식품부문에서는 EFR, 의약품부문에서는 EHCR로 표현한다.

1LV	SCM(Supply Chain Management)
2LV	산업별 적용 : QR, ECR, EFR, EHCR, CRP, CPFR, VMI, CMI, C/D, CALS 등
3LV	구현수단 : Bar Code, POS, RFID, EDI/VAN, XEDI, LAN, WAN, TMS, WMS, OMS(CAO, EOS), ERP 등

(2) 신속대응(QR, Quick Response) ★★☆

① 개념 : SCM 개념 도입 이전에 섬유·의류 분야에서 구축된 시스템

㉠ 정보공유를 통한 재고 감소 : 정보공유를 통해 정확한 수량의 다양한 상품을 적절한 시점에, 적절한 가격으로, 적절한 장소에 공급할 수 있는 상태를 말한다.

㉡ 도입 효과

ⓐ 빠른 공급과 재고 회전

ⓑ 결품 방지 및 리드타임 단축으로 재고 감소
ⓒ 신속한 물류서비스 실현
ⓓ 고객서비스 제공 및 비용절감

② 배경

㉠ **예측 실패** : QR은 본격적으로 SCM 개념이 도입되기 전인 1980년대 미국 의류업계 주도로 도입되었다. 당시 의류업계는 시즌에 앞서 유행을 예측하고 원재료를 발주해서 의류를 생산했는데, 이렇게 하면 예측 실패 가능성이 높아질 뿐만 아니라, 재고가 쌓이게 되어 가격 인하 유인이 생겼다.

㉡ **긴 리드타임** : 시즌에 앞서 다음 시즌 제품을 준비하다 보니 예측 실패 가능성이 높았다.

③ 주요 개념

㉠ **QR은 업무 속도를 높이는 전체 프로세스** : QR은 하나의 시스템이 아니라 바코드, EDI, POS, 유연한 생산시스템 등을 합친 프로세스이다.

㉡ **바코드와 POS** : 유통업체에서 판매시점 바코드 스캔으로 판매실적 업데이트, 재고수준 업데이트, 제조업체와의 빠른 공유가 가능해졌다.

㉢ **EDI** : 빠른 재고정보 공유를 바탕으로 EDI를 통해 구매발주와 판매정보를 공유할 수 있게 되었으며, 주문처리시간 단축은 물론, 오류 감소와 파트너십 강화 효과가 발생하였다.

㉣ **유연한 생산시스템** : 제조업체는 원재료부터 소비자에 이르는 전체 리드타임을 단축하기 위하여 연구개발과 생산을 동시에 검토하는 동시공학 등 유연한 생산시스템을 적용하였다.

㉤ **유연한 공급 프로세스** : 공급자 재고관리(VMI) 등 더 빠르게 유통업체의 요구에 대응할 수 있는 공급 프로세스를 적용하였다.

(3) 효율적 소비자 대응(ECR, Efficient Consumer Response)

① 개념

㉠ **소비재 분야의 QR** : 유통업체와 제조업체가 고객이 원하는 제품을 적시에 공급하여 고객만족도를 높이기 위해 공급사슬을 Pull 방식으로 변화시키고 제품을 보충하는 기법으로, QR이 의류업계의 업무 속도 개선이었다면, **ECR은 소비재 업계**의 업무 속도 개선이다.

㉡ **공급사슬 참여자 간 협업 강화** : 공급업체, 제조업체, 도매상, 소매상 등 공급사슬 참여자들의 협업을 강화하는 프로세스이다.

② 기대 효과

㉠ 매출 증대
㉡ 재고회전율 개선
㉢ 유통업체의 자동발주 비중 증가
㉣ 제조업체와 유통업체의 재고 감소
㉤ 물류관리 효율 개선

③ ECR의 영역 확대

㉠ EHCR(Efficient Healthcare Consumer Response) : ECR을 의약품 분야로 확대한 기법

ⓛ EFR(Efficient Foodservice Response) : ECR을 신선식품 분야로 확대한 기법

(4) 크로스도킹(Cross Docking) ★★☆

① 개념

㉠ 물류와 Just-In-Time 스케줄링의 만남 : 1980년대 Wal-Mart가 최초로 도입하였다. 제조업체에서 고객에게 또는 하나의 운송수단에서 다른 운송수단으로 창고 보관 과정 없이 바로 배송하는 개념이다.

㉡ 운송수단끼리의 환적 : 동일 목적지 또는 유사 목적지로 향하는 운송수단에 차량 대 차량으로 옮겨 싣는다.

㉢ 보관이 아닌 Docking 특화 터미널 : 보관공간보다는 동일 운송수단에 적재할 실물을 합쳐서 옮겨 실을 수 있을 정도의 작업공간이 있는 Docking 전용 시설이 필요하다.

㉣ 매우 짧은 보관기간 : 실제 유통에서는 입고 화물 중 출고 화물과 같이 적재할 대상을 분리해 둔 다음, 출고 화물과 차량이 준비되면 같이 적재한다.

② 장·단점

구분	내용
장점	• 재고 취급 감소로 하역 위험 감소 및 하역 인건비 절감 • 재고 보관기간 단축으로 창고비용 및 재고유지비용 감소 • 안전재고 필요성 감소 • 보관기간을 단축하므로 빠른 배송 지원 • 점포의 보관공간 감소로 매장 공간 극대화
단점	• 적시 공급 능력이 있는 소수의 공급업체만 대응 가능 • 공급사슬 혼란 발생 시 취약성 증대 • 적정 수준의 차량 필요 • 고도화된 창고관리 시스템 필요

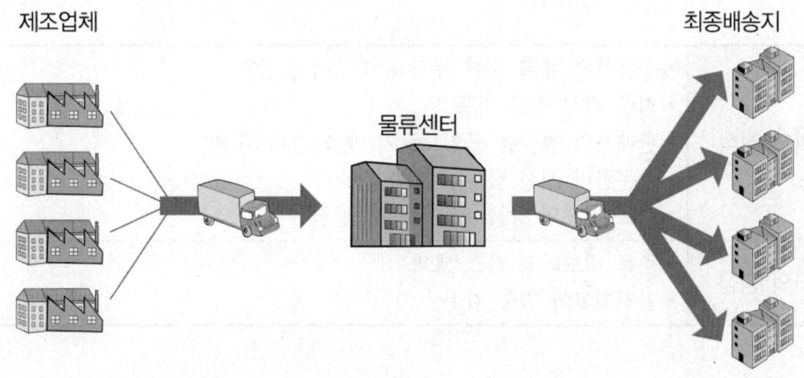

(5) 지속적 재고 보충(CRP, Continuous Replenishment Program)

① 정의 및 개념

㉠ 공급업자와 소매업자 간에 POS 정보를 공유하여 별도의 주문 없이 공급업자가 제품을 보충할 수 있는 시스템을 말한다.

㉡ CRP는 팔린 만큼 실시간으로 재고를 보충하는 개념이므로, 주문 크기를 정해 놓고 보충할 수량이 일정 주문 크기만큼 되었을 때 재주문하는 개념이 없다. 물을 내린 만큼만 보충하고 멈추는 물탱크와 같은 개념이다.

② 전제조건

㉠ **QR의 기본 요소 전제** : EDI, POS 등 QR의 기본 요소가 다 필요하다.

㉡ **필요시 Cross Docking** : 빠른 보충을 위해 창고 보관 후 출하보다는 Cross Docking으로 대응해야 할 수도 있다.

㉢ **소량 배송 대응 필요** : 물류 효율을 높일 수 있는 주문 크기 이하로 배송해야 할 수도 있다.

㉣ **정보공유** : 유통업체와 제조업체 간 POS를 통한 실시간 판매 상황과 재고 상황을 공유해야 한다.

(6) 공급자 재고관리(VMI, Vendor Managed Inventory) ★★☆

① 정의 및 개념

㉠ **공급자의 재고관리** : 판매자의 재고 최적화를 공급자가 담당하는 재고관리 형태를 말한다. 경로구성원 중 판매자가 공급자(제조업체)에게 재고주문권을 부여하고, 공급자는 자율적으로 공급 스케줄을 관리한다. 벤더는 부품공급자와 생산계획을 공유하고, 구매자인 유통업자로부터 판매정보를 제공받는다.

㉡ **공급자와 판매자의 정보공유 중요** : 공급자가 재고를 관리하고 있지만 고객의 주문이 들어오고, 판매자가 재고를 가졌음에도 공급자가 재고를 관리하기 때문에 공급자는 재고 현황을 판매자와, 판매자는 주문정보를 공급자와 공유해야 한다.

㉢ **재고관리와 주문충족에서 공동의 목표 달성** : 판매자의 재고를 공급자가 관리하므로 주문을 충족하지 못하면 판매자뿐만 아니라 공급자의 판매 기회 상실로 이어진다. 판매자와 공급자가 주문충족과 판매 극대화를 달성한다는 공동의 목표를 공유하는 방법이다.

② 장점

구분	내용
공급자의 장점	• 공급사슬 계획 능력 개선과 파트너십 강화 • 적량 적시 공급 가능 • 판매자의 결품을 줄임으로써 매출 증대 효과 • 주문관리 개선 및 채찍효과 감소 • 수요 주도의 공급사슬 구축에 공헌
판매자의 장점	• 주문 리드타임 감소 효과 • 안전재고와 결품 감소

(7) 협력적 재고관리(CMI, Co-Managed Inventory)

① 정의 및 개념

㉠ **판매자와 공급자의 합의 기반으로 재고 보충** : 고객, 즉 판매자가 보유한 재고가 소진되는 시점에 공급자가 재고 소진 가능성을 사전에 파악하고 판매자와의 합의를 거쳐 재고를 보충해 주는 비즈니스 기법이다.

㉡ **공급자가 판매자 시스템에서 재고 보충** : 공급자가 판매자 시스템에 접근하여 재고 보충 업무를 수행한다.

② VMI와의 차이

㉠ **VMI** : 판매자가 공급자에게 재고관리에 필요한 정보를 제공하며, 공급자는 판매자의 재고를 관리할 책임을 갖는다.

㉡ **CMI** : 재고 보충과 판매자 수요예측의 책임이 공급자에게 있지만, 판매자가 **합의**해야만 공급자가 재고를 공급할 수 있다. 공급자가 판매자의 재고를 관리하는 게 아니라 공급자와 판매자가 공동으로 재고를 관리하는 개념이다.

㉢ **단기 공급 집중** : VMI와 CMI 모두 판매자의 단기 결품 대응에는 효과가 있지만, 공급자에게 필요한 중장기 공급계획에 주는 영향은 제한적이다.

(8) 자동발주(CAO, Computer Assisted Ordering 또는 EOS, Electronic Ordering System)

① 개념

㉠ **유통업체의 자동 보충 주문 시스템** : 매장의 실시간 판매 및 현재고 상황과 수요예측 기반으로 자동으로 보충 주문을 발행하는 시스템이다.

㉡ **구성요소** : 아래 데이터를 근거로 주문 수량을 제안하고, 보충 발주를 관리한다.

ⓐ 과거 판매 흐름

ⓑ 미래 수요예측

ⓒ 현재고 수준

ⓓ 안전재고 수준

㉢ **결품에 취약한 유통업계** : 유통에서는 주말, 오후, 판촉 행사 등 여러 가지 이유로 결품이 생긴다. 결품은 판매 실기로 이어진다.

㉣ **결품 발생의 원인** : 결품 발생의 원인을 추적하면 보충 주문관리 부족에서 발생한다.

ⓐ 유통업체 담당자의 결품 예측 미흡

ⓑ 판촉 행사 대비 수요예측과 주문관리 미흡

ⓒ 적시 보충 주문 부재

② 기대 효과

㉠ **주문 업무 단순화** : 현재와 미래의 재고수준, 판촉 행사, 계절 변동, 공급업체 변경, 제품 간 매출 잠식 등을 고려하여 주문 업무를 단순화함으로써 주문 업무에 드는 시간과 노력을 절감할 수 있다.

㉡ **수요 가시성 개선** : 수요예측과 재고 기반으로 자동발주를 지원하므로 수요에 대한 가시성이 높아진다.

㉢ **단순 반복 업무 제거** : 재고 확인과 수작업 주문 등 단순 반복 업무를 제거하고, 유통업체 종사자들이 고객서비스 등 부가가치를 창출하는 업무에 집중할 수 있다.

㉣ **인력 확보 및 유지** : 숙련된 인력이 부가가치를 창출하는 업무를 하도록 지원함으로써 숙련된 인력을 유지하는 데 도움을 준다.

③ EOS(Electronic Ordering System)

㉠ **판매된 만큼 자동발주하는 개념** : 일본에서 발달한 자동발주시스템으로, 판매시점 정보에 근거하여 판매된 만큼 자동으로 공급업체에 발주하는 개념이다.

㉡ CAO와의 차이 : CAO는 수요예측이나 재고 등을 고려한 발주량을 제안하는 시스템 성격이 강하고, EOS는 전자적 수단으로 주문정보를 자동으로 생성하고 공급업체에 전달하는 정보전달 시스템 성격이 강하다. 그래서 EOS는 공급업체 관점에서는 유통업체마다 다른 EOS로부터 오는 발주정보를 처리해야 하는 어려움 때문에 EDI로 전환되었다.

Tip

+ CRP, VMI, CMI, CAO, EOS
모두 재고가 사용된 만큼 보충 발주하는 개념이라는 측면에서 유사함
- CRP : 보충 발주의 총칭에 해당함
- VMI : 판매자의 재고를 공급자가 관리하는 시스템
- CMI : 공급자와 판매자가 합의하고 보충 발주를 관리함
- CAO : 수요예측과 재고에 근거한 발주 수량 제안을 관리
- EOS : 판매된 만큼 자동으로 공급업체에 발주정보를 전달함

(9) CPFR(Collaborative Planning, Forecasting and Replenishment) ★☆☆

① 개념

㉠ **제조업체와 유통업체 공동 계획, 예측, 보충** : 제조업체와 유통업체가 공동으로 판매계획, 수요예측, 재고보충을 협업하고 실행함으로써 공급사슬 통합을 강화하는 기법이다.

㉡ **PSI 정보공유** : 제조업체와 유통업체 간 상호 협력을 기반으로 공동으로 재고를 관리하는 데 초점을 두며, 이를 위해 소비자에 대한 생산계획(P, Production), 판매정보(S, Sales), 재고정보(I, Inventory)를 공유한다.

② 역사 : 1995년 월마트와 전략컨설팅 회사 Benchmarking Partners가 처음 만들었으며, 1996년 월마트와 제약회사 Warner Lambert가 최초로 파일럿 프로젝트를 실행하였다.

③ 4단계 진행

㉠ Strategy & Planning : 공급사슬 모든 참여자 간 업무와 협의할 사항 정의
Collaboration Arrangement(협력 준비 : 목표설정 및 추진범위 설정), Joint Business Plan(사업별 일정계획 수립)

㉡ Demand and Supply Management : 판매량 예측 및 목표를 달성하기 위한 발주량 예측
Sales Forecasting(판매수요예측), Order Planning/Forecasting(수・발주계획)

㉢ Execution : 생산, 재고 축적, 배송 등 실제 업무 수행
Order Generation(수・발주의 처리), Order Fulfillment(수・발주 충족 활동 실행)

㉣ Analysis : 비상 상황 대응, 성과 측정 및 분석
Exception Management(변동성 관리), Performance Assessment(성과 평가 및 피드백)

④ 장점

㉠ 결품으로 인한 고객만족도 저하에 대응

㉡ 협업에 의한 안정적인 재고관리

㉢ 유통비용 절감 및 고객서비스 향상
㉣ 제조업체와 유통업체의 공동 책임 기반 공급사슬 운영

(10) 대량고객화(Mass Customization)

① 개념

㉠ **낮은 원가, 대량생산, 고객의 요구 반영 :** 고객의 특별한 요구를 반영한 재화와 서비스를 낮은 원가에 대량으로 생산하여 고객에게 인도하는 프로세스이다.

㉡ **Make-to-Order/Build-to-Order :** 고객의 주문을 받고 나서 완제품에 반영하는 공정이 있으므로 Make-to-Order, Build-to-Order라고도 부른다.

② 장점

㉠ **경쟁우위 :** 고객에게 맞춤형 제품을 제공하는 기업이 그렇지 못한 기업보다 경쟁우위를 확보할 수 있다.

㉡ **업그레이드 기회 :** 구매 고객에게 제품 업그레이드의 기회를 제공한다.

㉢ **브랜드 충성도 강화 :** 맞춤형 제품에 대한 충성도가 높은 고객을 확보함으로써 브랜드 충성도를 높일 수 있다.

㉣ **재고 감소 :** 다양한 사양의 완제품을 재고로 확보할 때보다 재고수준을 줄일 수 있다.

㉤ **유연성과 신속성 :** 제품의 완성단계를 주문에 따라 처리함으로써 유연하게 생산하고 고객요구에 신속하게 대응할 수 있다.

(11) e-SCM

① 개념

㉠ 인터넷을 기반으로 원자재 공급, 생산, 수·배송, 유통·판매, 고객관리 프로세스 등의 물류활동 전체를 e-비즈니스 환경에서 통합적으로 관리하는 것을 말한다.

㉡ e-SCM의 효과적 운영을 위해서 ERP, CRM 등의 지원이 필요하다.

② 도입 효과

㉠ 공급자와 구매자 간 신속한 의사소통이 가능하여 제품공급 리드타임이 단축된다.
㉡ 기업 간 가상적 통합, 전략적 제휴, 장기적 거래 등이 늘어나면서 거래비용이 감소한다.
㉢ 가상네트워크를 통해 수평적 사업기회의 확대가 가능하다.
㉣ 실시간 재고관리가 가능함에 따라 안전재고를 적정 수준에서 유지할 수 있다.
㉤ 원자재 공급업체, 생산업체, 물류업체 간에 핵심정보의 피드백이 원활하게 된다.
㉥ 인터넷을 통해 고객들이 원하는 맞춤서비스를 제공할 수 있다.
㉦ 공급사슬에서 참여기업들의 관계가 수직적 상하관계에서 수평적 협력관계로 변하고 있다.

Tip

+ 전자구매조달(e-Procurement)

인터넷을 기반으로 구매 요청·승인·주문·운반·결재 및 인도에 이르는 일련의 프로세스를 전략적으로 관리하는 것으로 다음의 특징을 갖는다.

- 운영비용이 절감된다.
- 조달효율성이 개선된다.
- 조달가격이 절감된다.
- 문서처리 비용이 감소된다.
- 구매자와 판매자 간에 공식적인 관계가 구축된다.

5 SRM/CRM과 SCM의 성과 측정

(1) SRM(공급자관계관리)과 CRM(고객관계관리)

① 공급자관계관리(SRM)

㉠ SRM(Supplier Relationship Management)은 솔루션의 운영을 통하여 공급자와 구매기업의 비즈니스 프로세스가 통합(Integration)되어 모든 공급자들과 장기적인 협업관계 형성을 목표로 한다.

㉡ SRM 소프트웨어 도입을 통하여 공급자와 사용기업의 정보 및 프로세스 흐름의 가시화(Visibility) 수준을 높일 수 있다.

㉢ SRM 솔루션은 내부 사용자와 외부 파트너를 위해서 다수의 부서와 프로세스 등을 포괄할 수 있도록 설계된다.

㉣ SRM 솔루션의 운영을 통하여 공급자와 사용기업의 비즈니스 프로세스가 통합되어 당사자 간 장기적인 협업관계 형성을 가능하게 한다.

㉤ SRM 전략실행을 통하여 고객 중심의 대안을 신속히 제공하게 되어 시장변화에 대한 대응력을 향상시킬 수 있다.

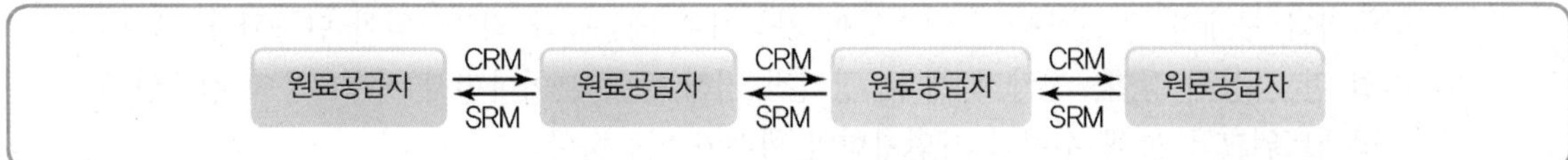

② 고객관계관리(CRM)

㉠ CRM(Customer Relationship Management)은 기존 우수고객의 유지 및 이탈 방지를 통해 장기적인 관계구축을 목적으로 한다.

㉡ CRM은 단계별로 고객관계 형성, 고객관계 유지, 고객관계 강화로 구성된다.

㉢ 우수고객을 어떻게 파악하고, 획득하며, 유지시켜 고객의 평생가치를 높일 수 있는가에 대한 분석이 필요하다.

㉣ 고객 관련 데이터를 어떻게 획득하고, 축적하며, 분석하고 서비스할 것인가에 관한 고객전략 수립과 인프라 구축에 대한 이해가 필요하다.

㉤ 동일하지 않은 고객을 분류하여 각기 다른 부분에 속한 고객에게 차별화된 제품과 서비스를 제공하여야 한다.

(2) SCM의 성과 측정 ★★☆

① BSC

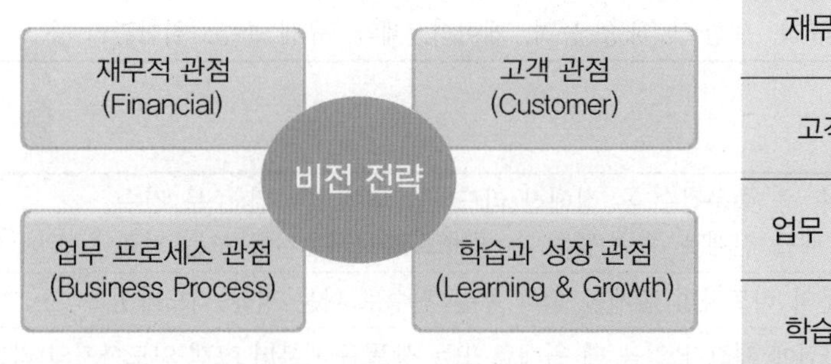

재무적 관점	• 총자산수익률 • 기업의 CF
고객 관점	• 고객만족도 • 시장점유율(M/S)
업무 프로세스	• 성과 달성 프로세스 • Value Chain 점검
학습과 성장	• 비재무적 성과 측정 • 종업원 만족도

㉠ 개념

ⓐ 카플런(R. Kaplan)과 노턴(D. Norton)의 균형성과표(BSC, Balanced Score Card)는 재무 성과와 운영 성과의 균형을 위해 고객만족, 내부 프로세스, 학습과 성장, 재무적 성과 등 4가지 성과 측정 관점을 연계한 프로세스 평가 도구를 개발하였다.

ⓑ 과거지향적 · 재무적 관점에 국한되었던 기존 측정 기준에서 고객 관점, 내부 프로세스 관점, 학습과 성장 관점으로 확대하여 전체 성과를 측정하는 기법이다.

㉡ 내용

ⓐ 균형성과표는 조직의 전략을 성과 측정이라는 틀로 바꾸어서 전략을 실행할 수 있도록 도와준다.

ⓑ 균형성과표의 측정지표는 구성원들에게 목표 달성을 위한 올바른 방향을 제시해 준다.

ⓒ 균형성과표는 재무 관점, 고객 관점, 내부 프로세스 관점, 학습과 성장 관점에서 성과지표를 설정한다.

ⓓ 균형성과표는 성과 측정, 전략적 경영관리, 의사소통의 도구로 사용된다.

② 공급사슬운영참조(SCOR)

㉠ 개념 : 고객의 요구를 충족하기 위한 기업활동을 계획(Plan), 조달(Source), 생산(Make), 배송(Deliver), 반품(Return)으로 정의하고, 각 프로세스 분야별로 성과지표를 측정한 다음, 산업 분야별 벤치마킹 수치와 비교하여 공급사슬의 수준을 진단하는 도구이다.

㉡ 구성요소

계획(Plan)	• 자원 및 요구사항 파악과 경영 목표와의 연동이다. • 규제 준수, 자산, 운송, 재고, 그 밖에 공급사슬 관리 요소
조달(Source)	• 계획 또는 실제 수요를 맞추기 위한 재화와 서비스 확보를 말한다. • 구매, 입고, 검사, 공급계약
제조(Make)	• 계획 또는 실제 수요를 맞추기 위한 완제품 제조와 시장 진입 준비를 말한다. • 주문, 생산관리, BOM, 생산 장비와 시설

배송(Deliver)	• 계획 또는 실제 수요를 전달하기 위한 모든 과정을 말한다. • 주문, 수송 및 배송 관리
반품(Return)	• 고객 또는 공급업체로부터의 반품과 입고 과정이다. • 배송 후 고객 지원과 서비스
능력(Enable)	• 공급사슬 관리 능력 관련 프로세스를 말한다. • 비즈니스 규칙, 생산 및 배송 능력, 데이터, 계약, 규제 준수, 위험관리 등

(3) 기타의 SCM 성과지표

주문충족률	• 전체 주문건수 중 주문접수 후 정해진 리드타임 내에 출하된 주문 건수 • 재고가 있을 때를 전제로 주문 접수 후 곧바로 출하하는지를 보는 지표
주문충족 리드타임	모든 출하 주문의 리드타임 합계를 출하 주문 건수로 나눈 평균 리드타임
공급사슬 사이클타임	고객의 주문 시점에 재고가 없을 때 원재료 또는 상품 구매부터 고객 인도까지의 리드타임
재고일수	• 보유재고가 판매될 때까지의 기간 • 365 ÷ 재고회전율
현금전환주기 (CCC, Cash-to-Cash Cycle)	• 원자재 구매대금을 지급한 시점부터 원자재로 제품을 생산해서 매출하고 판매대금을 회수하는 시점까지의 기간 • CCC = 매출채권 회수기간 + 재고회전기간 − 매입채무 지급기간
완전주문충족률	고객에게 정시에, 완전한 수량으로, 손상 없이, 정확한 문서와 함께 인도되었는지를 평가하는 지표

6 SCM을 통한 구매관리

(1) 경제적 주문량(EOQ, Economic Order Quantity) ★★★

① 개념 : 재고모형의 확정적 모형 중 고정주문량 모형에 해당하며, 재고유지비용과 재고주문비용의 합이 최소가 되는 지점의 주문량이 최소가 되는 지점의 주문량이 경제적 주문량이다.

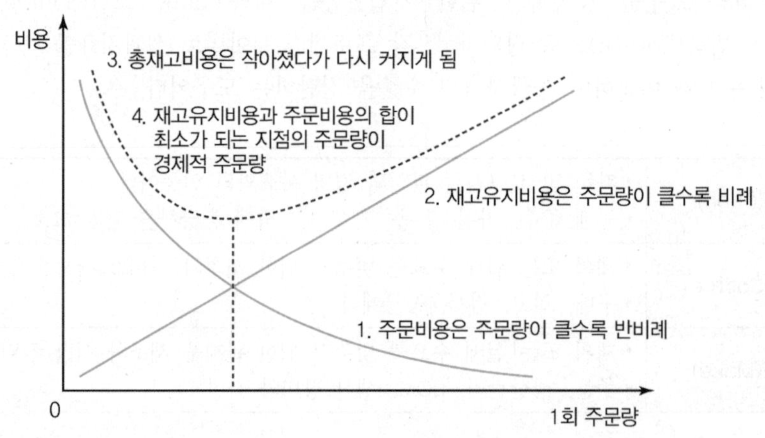

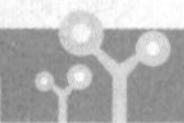

② **내용** : EOQ(경제적 주문량)은 연간총비용(ATC)를 최소화하는 1회 최적주문량(Q)의 도출

$$ATC = C_h \times \frac{Q}{2} + O \times \frac{D}{Q}$$

(C_h : 연간 단위당 재고유지비용, O : 1회당 주문비용, D : 연간 수요량, Q : 1회 주문량(EOQ),

$C_h \times \frac{Q}{2}$: 연간 재고유지비용, $O \times \frac{D}{Q}$: 연간 주문비용)

여기서 ATC를 최소화하는 1회 주문량(Q), 즉 EOQ를 도출하면 아래와 같다.

$$EOQ = \sqrt{\frac{2 \times D \times O}{C_h}} = \sqrt{\frac{2 \times \text{연간 수요량} \times \text{회당 주문비용(주문비용)}}{\text{연간 단위당 재고유지비용}}}$$

최적 주문 횟수와 주문주기

- 최적 주문 횟수 $= \frac{\text{연간 수요량}(D)}{EOQ}$
- 최적 주문주기 $= \frac{EOQ}{\text{연간 수요량}(D)}$
- 평균재고량 $= \frac{EOQ}{2}$

확인하기

▶ **다음은 경제적 주문량(Economic Order Quantity) 모형을 이용한 상품 A의 재고관리에 관한 내용이다. 상품 A의 연간 재고부담이자는 얼마인가? (단, $\sqrt{36}$ = 6)**

- 매입가격 : 50,000원/개
- 연간 수요 : 6,000개/년
- 주문비용 : 75,000원/회
- 창고보관비용 : 500원/개/년
- 연간 재고유지비용 : 창고보관비용 + 재고의 매입가격에 대한 이자
- 연간 이자율 : 4%

해설 1. 연간 재고부담이자 = 연평균재고 × 매입가격 × 이자율, 제시된 자료에는 연평균재고가 없다.

2. 연평균재고량 $= \frac{EOQ}{2}$이므로, 먼저 EOQ를 구한다.

3. $EOQ = \sqrt{\frac{2 \times 6{,}000\text{개} \times 75{,}000\text{원/회}}{500\text{원/개} + (50{,}000\text{원} \times 0.04)}} = \sqrt{\frac{900{,}000{,}000}{2{,}500}} = \sqrt{360{,}000}$

$= 600$개

$\therefore$ 연평균재고 $= \frac{EOQ}{2} = \frac{600}{2} = 300$

4. 연간 재고부담이자 = 300개 × 50,000원/개 × 4% = 600,000원

(2) 재주문점(ROP)과 안전재고 ★★☆

① 재주문점(ROP, Re-Order Point)

㉠ 개념 : 재주문점은 재고수준이 어느 일정 수준으로 내려갔을 때 발주하는 지점으로, 발주점을 통계학적으로 정할 경우 수요분포는 정규분포에 따른다.

㉡ 정량발주법에서는 재주문점(Re-Order Point)과 발주량을 결정하여야 한다.

> 재주문점(ROP) = 조달기간 중의 판매량 + 안전재고
> = 일일 수요량 × 리드타임(조달기간) + 안전재고

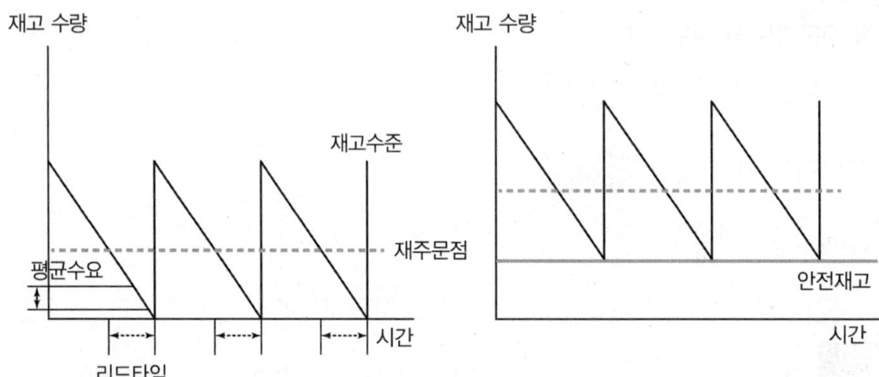

② 안전재고

㉠ 개념 : 리드타임의 단위당 평균수요 변동이 큰 경우 일정 수준의 충분한 재고를 확보하고 있어야 결품을 피할 수 있는바 이를 안전재고(Safety Stock)라 한다.

㉡ 공식 : 안전재고 = 안전계수 × 수요의 표준편차 × $\sqrt{\text{조달기간}}$

※ 안전계수 : '서비스 수준'이라고도 부른다. 안전재고는 결품을 방지하므로 시장의 수요를 결품 없이 충족하는 확률에 해당하는 정규분포 Z 값이다.

▶ C도매상의 제품판매정보가 아래와 같을 때 최적의 재주문점은?

- 연간 수요 : 14,000박스
- 제품 판매량의 표준편차 : 20
- 연간 판매일 : 350일
- 서비스 수준 : 90%, Z(0.90) = 1.282
- 제품 조달기간 : 9일

- 재주문점(ROP) = 일일 평균수요 × 조달기간 + 안전재고
- 안전재고 = 안전계수 × 수요의 표준편차 × $\sqrt{\text{조달기간}}$

1. 일일 평균수요 = $\frac{\text{연간 수요}}{\text{연간 판매일}} = \frac{\text{14,000박스}}{\text{350일}}$ = 40박스
2. 안전재고 = 1.282 × 20 × $\sqrt{9}$ = 76.92 ≒ 77박스
3. 재주문점 = 40박스 × 9일 + 77박스 = 437박스

(3) 구매방법의 유형

① **집중구매** : 본사에서 대량으로 통합 구매한다.

㉠ **비용절감** : 한곳으로 집중구매함으로써, 수량할인과 배송비용 절감을 달성할 수 있다.

㉡ **업무 중복 감소** : 구매기능이 하나의 부서에 집중되기 때문에, 업무 중복을 줄일 수 있고, 부서 내 구매 경쟁 문제를 방지할 수 있다.

㉢ **관료주의** : 긴급 구매나 신속한 대응이 어려워지고, 구매자와 사용자 간 원활한 의사소통에 방해가 된다.

㉣ **협상력 확보** : 다수의 공급업자를 일원화 관리할 수 있게 되어, 개별 공급업자에 대한 협상력이 높아진다.

② **분산구매** : 독립적으로 각자 필요에 따라 구매하는 방식이다.

㉠ **비용 증가** : 구매량이 적어서, 단가나 조건 협상력이 약해진다. 따라서 구매량이 많아도 가격할인을 받을 수 없는 품목은 분산구매가 적합하다.

㉡ **유연한 조달** : 긴급조달 또는 신속한 구매가 가능해진다.

㉢ **간편한 절차** : 집중구매는 가능한 모든 구매절차를 다 반영해야 하므로 구매절차가 길고 복잡해질 수 있지만, 분산구매는 부서별로 필요한 품목만 구매하므로 상대적으로 구매절차가 간편하다.

2 물류포장과 녹색물류

1 물류포장

(1) 포장(Packaging)

① 포장의 개념

㉠ **한국산업표준**(KS T 1001) : '포장이란 물품의 유통과정에 있어서, 그 물품의 가치 및 상태를 보호하기 위하여 적합한 재료 또는 용기 등으로 물품을 포장하는 방법 및 포장한 상태'라고 정의하고 있다.

㉡ **생산의 마지막 단계이자 물류의 시작단계** : 조달물류가 영역별 물류의 시작이라면, 포장은 기능별 물류의 시작에 해당한다.

㉢ **물류비 절감 수단** : 포장 설계는 포장표준화와 물류모듈화를 위한 과정이며, 물류비 절감에 영향을 준다.

② 포장의 분류 ★★☆

㉠ **한국산업표준 KS T 1001의 구분** : 낱포장, 속포장, 겉포장으로 구분하고 있다.

ⓐ **낱포장**(낱개 포장 또는 단위 포장, Individual Packaging / Unit Packaging) : 물품 하나하나를 보호하기 위하여 적절한 재료나 용기 등으로 물품을 포장하는 기술 또는 포장한 상태를 말한다.

ⓑ **속포장**(내부 포장, Inner Packaging) : 포장 화물 내부 포장을 말한다. 물품을 수분, 습기, 광열, 충격으로부터 보호하기 위해 적절한 재료나 용기 등으로 물품을 포장하는 기술 또는 포장한 상태를 말한다.

ⓒ **겉포장**(외부 포장, Outer Packaging) : 포장 화물 외부 포장을 말한다. 물품을 상자, 포대, 나무통, 금속 캔 등에 넣거나 용기가 없는 상태로 묶고 취급 주의 표시 등 각종 기호나 화물명 등을 표시하는 기술 또는 포장한 상태를 말한다.

㉡ **공업포장**

ⓐ **수송포장 또는 산업포장**(Shipping Packaging / Industrial Packaging) : 물품의 수송과 보관을 주요 목적으로 하는 모든 포장을 말한다.

ⓑ **파손 방지** : 유통의 시작점부터 끝점에 이르기까지 물품의 파손을 방지하고 안전을 확보할 수 있어야 한다. 물류에서 파손을 방지하면 재작업, 재포장, 폐기비용을 줄임으로써 물류비를 절감할 수 있다.

㉢ **상업포장**(Commercial Packaging)

ⓐ **소비자 포장** : 상거래에서 상품의 일부 역할을 하거나 상품을 정리하고 진열하고 취급하는 데 편의를 주기 위한 포장을 말한다.

ⓑ **마케팅 도구의 역할** : 물류의 시작을 차지하는 공업포장과 달리 상업포장은 소매점에서 팔리는 유통의 마지막 단계를 담당한다. 상업포장은 마케팅 도구 역할을 한다.

③ 포장의 기능

㉠ **내용물 보호** : 물품이 생산자에서 소비자에 이르기까지 운송, 보관, 하역 등 모든 물류 단계에서 온전한 상태를 유지해야 한다.

㉡ **취급 편리성** : 물품이 생산자에서 소비자에 이르기까지 운송, 보관, 하역 등 모든 물류 단계에서 편리하게 취급될 수 있는지를 고려해야 한다.

㉢ **정보 제공** : 소비자에게 품명, 제조사, 판매사, 원재료, 원산지, 용량, 주의사항 등 생산자와 내용물에 대한 정보를 전달할 수 있어야 한다.

㉣ **판매 촉진** : 포장을 통해 소비자의 구매 충동을 높일 수 있다.

㉤ **환경 친화성**

ⓐ **적정 포장**(Reduce) : UN 환경계획(UNEP, UN Environment Programme)에 따르면 전 세계 플라스틱 사용량의 36%가 포장에 사용된다. 과대포장과 과잉포장을 지양해야 한다.

ⓑ **폐기 용이성** : 폐기하기 쉽고, 폐기할 때 환경에 미치는 영향이 적어야 한다.

ⓒ **재활용**(Recycle) : 재활용이 어려운 소재를 지양하며, 재활용하기 쉬워야 한다.

ⓓ **에너지 절약** : 포장 생산에 드는 에너지를 최소화해야 한다.

ⓔ **재사용**(Reuse) : 필요하다면 수거 후 재사용이 가능해야 한다.

㉥ **비용절감** : 파손과 재작업을 최소화하고, 적재와 보관 효율을 높일 수 있는 포장은 물류 비용을 절감하는 데 공헌한다.

(2) 화물 취급 주의 표시

① 한국산업표준

㉠ **한국산업표준 KS T ISO 780(일반화물)** : 일반화물 유통과정에서 화물을 보호하고 취급자의 안전을 보장하기 위해 적절한 화물 취급 지시에 사용하는 표지를 규정하고 있다.

㉡ **한국산업표준 KS T 0008(위험물)** : 위험물 운송 과정에서 취급자의 안전을 지향하고, 선박, 항공기, 차량, 기타 운송기기 및 다른 화물에 대한 손상을 방지하기 위해 포장에 표시해야 할 취급 주의 표지를 규정하고 있다.

㉢ **한국산업표준 KS T 1011** : 물류합리화와 단위화물 체계를 합리적으로 추진하는 데 필요한 수송포장 표시 기준을 규정하고 있다.

② 일반화물 취급 주의 표시

표시	설명	표시	설명
무게 중심 위치	취급되는 최소 단위 유통용 포장의 무게 중심을 표시	비 젖음 방지	유통용 포장 용기가 비에 젖지 않게 하며 건조한 환경을 유지
거는 위치	유통용 포장 용기를 들어올리기 위한 슬링의 위치	직사광선 금지	태양의 직사광선에 유통용 포장 용기가 노출되면 안 됨.

표시	내용	표시	내용
깨지기 쉬움, 취급 주의	유통용 포장 용기의 내용물이 깨지기 쉬운 것이기에 취급에 주의해야 함.	방사선 보호	전리방사선 투과에 의해 내용물이 변질되거나 사용이 불가능하게 됨.
갈고리 금지	유통용 포장 용기를 취급 시 갈고리 금지	위 쌓기	운반 및/또는 적재 시 유통용 포장 용기의 올바르게 세울 방향
손수레 사용 금지	유통용 포장 용기 처리 시 손수레를 끼워서는 안 됨.	온도 제한	유통용 포장 용기는 표시된 온도 범위에서 저장, 운송 또는 취급되어야 함.
지게차 취급 금지	지게 형의 리프팅 장치를 유통용 포장 용기에 사용 금지	< XX kg 적재 제한	유통용 포장 용기를 적재 시 최대 적재 질량
조임쇠 취급 제한	조임쇠 형태의 리프팅 장치를 유통용 포장 용기에 사용 금지	적재 단수 제한	하부 포장 용기를 적재할 시 운반 포장 용기/물품 중 동일한 것의 최대 수량("n"은 한계 수치)
조임쇠 취급 표시	조임쇠 형태의 리프팅 장치를 이용하여 유통용 포장 용기의 양쪽면에 조임쇠가 위치되도록 취급	적재 금지	유통용 포장 용기의 적재가 허용되지 않으며 유통용 포장 용기 위로 적재해서는 안 됨.
굴림 방지	유통용 포장 용기를 굴리거나 유통용 포장 용기가 뒤집어지면 안 됨.		

(3) 포장의 합리화

① 포장표준화의 원칙

㉠ **포장표준화의 원칙** : 치수의 표준화, 강도의 표준화, 기법의 표준화, 재료의 표준화, 관리의 표준화를 의미한다.

㉡ **물류합리화의 출발점** : 물류합리화는 포장표준화와 모듈화의 추진에서 시작되는데 포장의 치수에 따라 운송의 적재효율과 보관하역의 효율 및 물류비에 영향을 미친다.

② 포장합리화의 원칙 ★☆☆

㉠ **대량화·대형화의 원칙** : 포장화물 단위의 크기를 대량화·대형화함으로써 대량수송이 가능하고, 하역의 기계화를 통해 하역의 효율성이 높아지며, 이를 통해 물류비용을 절감할 수 있다.

㉡ **집중화·집약화의 원칙** : 다수의 업체들의 물량을 집중화·집약화함으로써 관리수준을 향상시키고, 대량화의 추진도 가능해진다.

㉢ **규격화·표준화의 원칙** : 규격화·표준화함으로써 포장설계를 간소화하고 과잉포장을 배제하여 포장비의 절감을 가져오고, 포장재료비의 절감, 보관효율의 향상 및 보관비 절감, 운송효율의 향상 및 운송비 절감, 하역효율 향상의 효과를 가져온다.

㉣ **사양변경의 원칙** : 완충재의 변경이나 입수 수의 변경 등 사양의 변경을 통해 비용절감을 추구하여야 한다.

㉤ **재질변경의 원칙** : 내용품의 보호에 지장이 없는 범위 내에서 재질의 변경을 통하여 비용절감이 가능하다.

㉥ **시스템화의 원칙** : 물류활동에 필요한 크레인, 컨테이너, 파렛트, 보관창고 등이 운송, 보관, 하역 등 물류활동에서 유기적으로 연결되도록 시스템화하여야 한다.

㉦ **단위화의 원칙** : 포장화물의 단위화(Unit)를 통해 포장의 합리화를 추구해야 한다.

③ 포장합리화 절차

㉠ **포장의 모듈화** : 포장의 모듈화는 제품의 규격에 맞추어 포장 규격, 파렛트 규격 등을 선택함으로써 ULS(Unit Load System)의 파렛트화와 컨테이너화를 가능하게 하고, 하역의 기계화 및 자동화, 화물파손 방지, 적재의 신속화 등의 물류합리화에 기여할 수 있다.

㉡ **유닛로드 시스템의 전제조건** : 포장표준화는 파렛트화, 컨테이너화를 통해 유닛로드 시스템(ULS)의 활성화를 위한 선결조건이다. 유닛로드 시스템이란 일관운송용 평파렛트에 의하여 일관 파렛트화가 구축되는 것을 말하며, 표준파렛트의 사용은 일관운송용 파렛트에 의한 물류표준화를 의미한다.

㉢ 포장합리화 순서

ⓐ **포장모듈화** : 단위화물 체계를 구축하기 위한 포장치수 모듈화 활동으로, 포장표준화의 한 축으로 추진된다.

ⓑ **포장표준화** : 포장의 치수, 강도, 재료, 기법 등 각종 포장의 규격을 제정하고 적용하는 활동이다. 포장의 치수를 모듈화하는 포장모듈화는 포장표준화 활동 중 하나이다.

ⓒ **포장합리화** : 제품을 보호하면서도 비용을 절감하고 물류합리화를 지원할 수 있도록 포장의 치수, 강도, 재료 등을 전방위적으로 합리화하는 활동이다.

(4) 친환경 포장

① **환경부의 정의** : 환경에 위해를 주는 요소를 최소화하여 환경영향이 저감되도록 개발한 포장을 말한다.

② **3R 지침** : Reduce(저감), Reuse(재사용), Recycle(재활용)

③ 기대 효과

㉠ **폐기물 감축** : 분해되지 않는 플라스틱 등의 포장재료를 대체하거나 재활용함으로써 폐기물 발생량을 줄인다.

㉡ **온실가스 감축** : 플라스틱 생산과정에서 나오는 이산화탄소를 감축할 수 있다.

㉢ **자원 및 에너지 절약** : 플라스틱 사용량을 줄여서 자원과 에너지 절감효과를 거둘 수 있다.

2 녹색물류

(1) 녹색물류의 개관

① 개념 : 녹색물류(Green Logistics)란 환경친화적 물류활동으로 운송, 보관, 포장 등에서 환경오염과 온실가스 발생 총량을 최소화하는 환경친화적 물류활동을 말한다.

② 배경

㉠ 지구온난화로 인한 재해 증가 : 지구온난화는 홍수와 폭우 등 이상기후를 낳고 이상기후가 식량 수급 불안을 낳는다. 플라스틱 쓰레기는 해양생물의 오염 또는 감소를 낳아 생태계를 위협한다. 온실가스를 줄이고 쓰레기를 줄이는 활동은 기업 이미지를 개선하기 위해서가 아니라 인류의 생존을 위해 필요하다.

㉡ 2015년 파리 기후변화협약 : 2015년 파리 제21차 기후변화협약 당사국 총회는 산업화 이전과 비교하여 지구 평균온도가 2도 이상 상승하지 않도록 온실가스 배출량을 단계적으로 감축하는 내용을 담은 협정을 발표했다.

ⓐ 교토의정서 대체 : 파리협약은 2005년 2월 16일 발효되어 2020년 만료된 교토의정서를 대체하는 국제협약이다. 2015년 12월 12일 채택되고 2016년 11월 4일 발효되었으며, 우리나라에는 2016년 12월 3일 발효되었다. 온실가스를 다량 배출하는 국가들이 제외되었던 교토의정서와 달리, 유엔기후변화협약 당사국 195개국의 합의로 채택되었다.

ⓑ 온실가스 배출만큼 벌충이 아닌 저감이 중요 : 이제는 온실가스 배출량 저감목표가 생겼으므로, 나무를 심는 등 온실가스를 배출한 만큼 벌충하는 활동도 중요하지만, 온실가스 자체를 줄이는 활동이 중요하다.

③ 현황

㉠ 우리나라의 현황 : 2020년 국가온실가스감축목표를 온실가스배출전망치(BAU, Business As Usual) 대비 30% 감축하기로 하였고, '제1차 기후변화대응 기본계획 및 국가온실가스감축 기본로드맵'에서는 2030년 목표로 BAU 대비 37% 감축을 목표로 하고 있다.

㉡ ISO 14000(환경경영시스템 인증) : 환경경영시스템을 구축 및 운영을 통하여 인증을 받지 않은 기업과의 경쟁 시 환경친화적 이미지 제시를 통한 경쟁력 확대가 예상된다.

㉢ 온실가스 종류 : 이산화탄소(CO_2), 메탄(CH_4), 아산화질소(N_2O), 수소불화탄소(HFCs), 과불화탄소(PFCs), 육불화황(SF_6)의 6가지 가스로 구성된다.

> **✪ 화물운송 이산화탄소 추정 배출량**
> 이산화탄소 배출량(kg) 산정공식
> [공식 1] 이산화탄소 배출량 = 연료사용량 × 이산화탄소 배출계수($kg-CO_2/L$)
>
> [공식 2] $\text{이산화탄소 배출량} = \dfrac{\text{주행거리(km)}}{\text{연비(km/L)}} \times \text{이산화탄소 배출계수(kg/L)}$

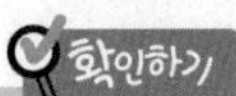

▸ 다음 화주기업의 수송부문 이산화탄소 추정 배출량(kg)은 얼마인가?

- 총 주행거리 = 30,000(km)
- 평균연비 = 5(km/L)
- 이산화탄소 배출계수 = 0.002(kg−CO_2/L)

 [주행거리(km) / 연비(km/L)] × 이산화탄소 배출계수(kg/L)를 활용한다.

$$\text{이산화탄소 추정 배출량} = \frac{30{,}000\text{km}}{5\text{km/L}} \times 0.002 = 12\text{kg}$$

(2) 환경친화적 녹색물류시스템

① 개념

㉠ 모든 물류활동에서 환경오염 감소 전개 : 조달물류, 생산물류, 사내물류, 판매물류, 역물류에 이르기까지 모든 활동에서 환경오염을 줄이는 물류시스템을 말한다.

㉡ ISO 14000 : 친환경경영시스템과 관련된 국제표준은 ISO 14000 시리즈에 해당된다.

② 내용

㉠ 재활용, 재사용, 탄소저감 실천

㉡ 물류활동 과정에서 온실가스 배출 억제

㉢ 포장재 감소 및 폐기물 최소화 활동 지속 전개

㉣ 공동물류 활용 및 과다 서비스 조정

㉤ 트럭 대신 철도와 선박을 이용하는 Modal Shift

㉥ 물류종합정보망으로 공차운행 감소와 교통체증 회피

㉦ 트럭 공기저항 감소, 냉장·냉동 차량 친환경 냉매 사용

③ 현황

㉠ 우리나라는 2050년 탄소중립을 선언하였고 2030년까지 국가온실가스 감축목표를 2018년 대비 40%로 감축하도록 노력하고 있다.

㉡ 국내 육상운송부문에서 이산화탄소의 절감 대책으로 친환경 운송수단으로 전환되고 있다.

㉢ 「자원의 절약과 재활용촉진에 관한 법률」에 따라 생산자책임재활용(EPR, Extended Producer Responsibility) 제도를 시행하고 있다.

+ EPR제도

포장재를 이용한 제품의 생산자에게 그 제품이나 포장재의 폐기물에 대하여 일정량의 재활용의무를 부여하여 재활용하게 하고, 이를 이행하지 않을 경우 재활용에 소요되는 비용 이상의 재활용 부과금을 생산자에게 부과하는 제도이다.

(3) 국제환경규제

① 국제환경협약 및 제품환경규제

㉠ **환경규제의 무역장벽화** : 유럽 등 각국의 제품환경규제 강화가 무역장벽으로 작용하면서, 국내산업 및 수출에 직접적인 영향을 가져올 수 있다.

㉡ **비용 부담 증가** : 유해 물질 대체, 폐기물 처리, 수리용 부품 확보 및 수리 용이성 개선 등에 따른 추가 부담이 발생할 수 있다.

② **RE100과 재생에너지** : 최근 RE100 준수 여부가 화두가 되고 있다. RE100은 Renewable Electricity 100의 약자로 기업에서 사용하는 전력을 2050년까지 100% 재생에너지로 대체하자는 기업 간 자율적인 협약이다. 이를 달성하기 위해서는 재생에너지로 생산된 전력만을 이용하거나, 사용한 전력만큼 REC(Renewable Energy Certificates, 신재생에너지공급인증서)를 구매해야 한다.

(4) 각종 국제환경협약 ★☆☆

① EU의 REACH(신화학물질 관리 제도)

㉠ **REACH**(Registration, Evaluation, Authorization and Restriction of Chemicals) : 기존 EU 내 화학물질 관련 법령을 통합한 제도이다.

㉡ **화학물질과 완제품 위해성 정보 등록** : 국내 기업이 EU로 수출할 때 연간 1톤 이상 제조·수입되는 기존 화학물질과 완제품 내의 위해성 정보를 등록해야 한다. 국내법으로 「화학물질의 등록 및 평가 등에 관한 법률」로 제정되어 2015년 1월 1일부터 시행하고 있다.

② EU 에코디자인 규제

㉠ **2022년 3월 31일 발표** : 2009년 EU가 공인한 친환경제품에 표시할 수 있는 에코라벨 제도 채택을 시작으로, 2022년 3월 31일 EU 집행위원회가 발표한 규정이다.

㉡ **제품의 환경 및 에너지 효율 요구사항 명시** : 생산·유통·판매자가 제품의 설계단계부터 준수해야 하는 환경 및 에너지 효율에 관련된 요구사항을 명시하였다.

③ **몬트리올의정서**(Montreal Protocol) : 오존층을 파괴하는 물질 규제

1989년 1월 발효된 국제협약으로 염화불화탄소(CFC) 등 오존층 파괴 물질의 생산과 사용을 규제하기 위해 제정되었다.

④ **바젤협약**(Basel Convention)

㉠ **유해 폐기물의 국가 간 이동 제한** : 1989년 3월 22일 바젤에서 채택되었고, 1992년 5월 5일 정식 발표된 유해 폐기물의 국가 간 이동 및 교역을 제한하는 협약이다.

㉡ **배경** : 선진국에서 유해 폐기물을 중남미 및 아프리카 등 후진국에 밀수출하거나 매각하는 등 부정한 처리에 의한 환경오염이 국제문제가 되면서, 후진국의 환경보호 및 지구 환경보호를 위해 제정되었다. 우리나라는 1994년 3월에 가입하였다.

⑤ **교토의정서**(Kyoto Protocol)

㉠ **온실가스 배출 감축** : 이산화탄소를 포함한 6가지 온실가스의 배출을 감축해야 하며, 배출량을 줄이지 않는 국가에 대해서는 비관세 장벽을 적용하자는 협약이다.

ⓛ 1997년 12월 11일 일본 교토에서 개최된 지구온난화 방지 교토 회의(COP3) 제3차 당사국 총회에서 채택되었으며, 2005년 2월 16일 발효되었다.

ⓒ 1997년 교토의정서에서 6대 온실가스를 이산화탄소(CO_2), 메테인(메탄 : CH_4), 아산화질소(N_2O), 수소불화탄소(HFCs), 과불화탄소(PFCs), 육불화황(SF_6)으로 정의하였다.

⑥ WEEE(Waste Electrical and Electronic Equipment, 폐기전기·전자제품 처리지침) : 폐전자제품이 폐기되었을 때의 처리지침으로, 환경에 영향을 주지 않도록 일정 수준의 재활용 및 재생 수준을 충족해야 하며, 2005년 8월 13일 발효되었다.

⑦ RoHS(Restriction of Hazardous Substances, 유해물질제한지침) : 6가지의 유해 물질을 기준치 이상 함유하지 않도록 하는 규제로, 특정 유해 물질[Pb(납), Cd(카드뮴), Cr6+(크롬), Hg(수은), PBB, PBDE] 사용제한 지침이다. 2006년 7월 발효되었다.

⑧ EuP(에너지사용 제품 친환경설계 규정) : 에너지를 사용하는 제품을 대상으로 에너지 사용을 규제하고 친환경설계를 유도하는 지침으로, CE 마크 인증을 통해 EU 시장 진입장벽의 역할을 한다. 2007년 8월 11일 발효되었다.

⑨ REACH(신화학물질관리제도) : 우리나라에서는 2015년부터 「화학물질의 등록 및 평가 등에 관한 법률」, 「화학물질 관리법」이 제정되어 시행되고 있다.

⑩ 파리협정(Paris Agreement, 신기후변화협약, 2021~2030) : 2016년 11월 공식 발효된 파리협정은 2021년부터 교토의정서를 대체해 온실가스 배출 등에 관한 국제 약속으로 진행된다. 교토의정서는 1997년 일본 교토에서 열린 기후변화협약 제3차 총회에서 채택됐으며, 중국·인도·한국 등 개발도상국은 의무 대상에서 제외했었다. 파리협정은 교토의정서와 달리 지구 평균기온 목표치를 처음으로 명문화했고, 선진국(37개국) 위주로 부과하던 온실가스 감축의무를 모든 당사국으로 넓혔다. 또한 당사국들이 정한 목표의 이행정도 점검 및 종료시점 없이 지속적인 기후변화 대응 체제를 구축하였다.

물류 관리사

2과목 화물운송론

출제영역 및 학습방법

기출 분석

화물운송론 주요 영역별 출제문항 수

(단위 : 문항수)

주요 영역 \ 연도	2020	2021	2022	2023	2024	합계	비율(%)
화물운송의 기초	8	5	7	9	5	34	17
화물자동차운송	13	12	12	11	13	61	30.5
수 · 배송시스템의 합리화	5	7	7	8	6	32	16
철도운송	3	4	4	3	3	17	8.5
항공운송	5	4	4	2	5	19	9.5
해상운송	4	4	4	5	3	20	10
국제복합운송	1	2	2	3	5	12	6
단위적재운송시스템	1	2	2	5	–	5	2.5
총계(문항수)	40	40	40	40	40	200(문항)	100(%)

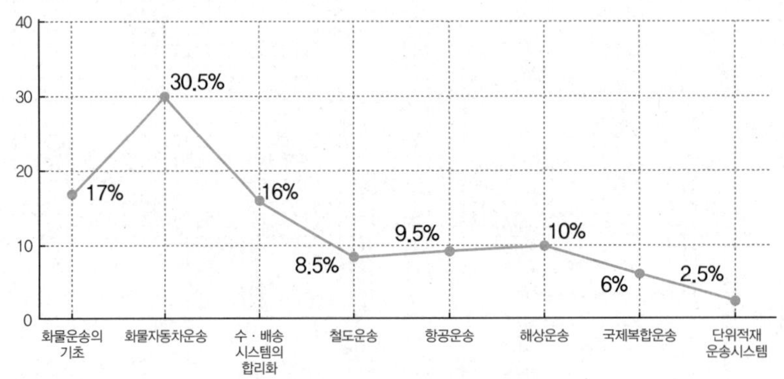

학습방법

화물운송론은 물류관리론, 국제물류론, 보관하역론, 물류관련법규 등 나머지 4과목과 밀접하게 관련된 고득점 과목입니다. 즉, 타 과목들을 충실히 학습한 경우, 큰 어려움 없이 80점 이상의 고득점을 기대할 수 있습니다. 이 과목은 국제물류론의 항공물류, 해상물류, 국제복합운송물류와 직접적으로 연관되며, 물류관리론의 수 · 배송 합리화와 관련된 공동 수 · 배송, 유닛로드 시스템 등과도 중복되는 부분이 있습니다. 또한, 물류관련법규와 관련해서는 화물자동차 운수사업법, 철도사업법, 항만운송사업법 등에서도 출제되므로 이들 과목을 충실히 학습하는 것이 화물운송론에서 고득점을 보장할 것입니다.

물론, 화물자동차운송 부분이나 수 · 배송 합리화와 관련된 네트워크 모형 및 최적해 구하는 부분은 화물운송론만의 특징이라 할 수 있습니다.

결론적으로 화물운송론은 물류관리사 자격시험에서 합격으로 가는 지름길이라 할 수 있으며, 빈출되는 부분을 확실히 정복한다면 여러분이 목표한 바를 단기간 내에 이룰 수 있을 것입니다.

여러분의 건승을 기원합니다. 파이팅!

저자 전표훈

차례

화물운송론

CHAPTER 01 화물운송의 기초이론

CHAPTER 02 화물자동차운송

CHAPTER 03 수 · 배송시스템의 합리화

CHAPTER 04 철도운송

차례

제2과목

화물운송론

CHAPTER 01

화물운송의 기초이론

1 화물운송의 개념 및 기능

우리나라 「물류정책기본법」 제2조 제1항 제1호에서는 "물류란 재화가 공급자로부터 조달・생산되어 수요자에게 전달되거나 소비자로부터 회수되어 폐기될 때까지 이루어지는 운송・보관・하역 등과 이에 부가되어 가치를 창출하는 가공・조립・분류・수리・포장・상표부착・판매・정보통신 등을 말한다."라고 규정하고 있다. 즉, 물류란 물류의 3대 기능인 운송・보관・하역을 기준하여 설명되며 이 중에서도 운송은 상기의 물류기능 중에서도 비용이 가장 많이 발생하는 영역으로서 물류의 효율화 측면, 즉 비용절감(Cost Down)과 관련해서 가장 중요한 요인(Factor)이 된다.

1 운송의 개념 ★☆☆

(1) 개념

일반적으로 제품(Product)이 생산되는 장소(Place)와 생산된 제품이 소비되는 장소 간에는 지리적인 차이 또는 거리의 장애가 발생되는데, 운송(Transportation)은 이러한 거리적인 부분의 문제를 원활히 연결시켜 주는 재화의 이동행위를 의미한다. 즉, 재화의 **장소적 효용**(Place Utility)을 창출하기 위하여 도로, 철도, 선박, 항공기 등의 운송수단을 통해 이루어지는 경제행위라 할 수 있다. 또한 운송은 수송과 배송을 합한 개념인 수・배송과도 같은 뜻으로 쓰인다.

① 운송에 대한 수요는 재화와 서비스에 대한 '파생적 수요'의 성격을 지닌다.
② 운송의 목표는 신속, 정확성과 더불어 비용절감 및 서비스의 질적 향상에 있다.
③ 최근 운송은 '소량, 다품종 생산에 따른 다빈도 배송'의 성격을 지닌다.
④ **효용의 창출** : 운송은 장소적 효용을, 보관은 시간적 효용을 창출시킨다.
⑤ 운송비는 전체 물류비의 60%에 해당하는 큰 비중을 차지하므로 이에 대한 절감이 기업의 이익 증가에 미치는 영향이 크다.
⑥ 운송은 재화의 상품가격 조정 및 안정화에 기여한다.
⑦ 운송 중 재고는 '일시적으로 시간적 효용'을 창출할 수도 있다.
⑧ 운송은 재화의 효용가치를 낮은 곳에서 높은 곳으로 이동시키는 속성을 갖는다.
⑨ 운송 효율화는 생산지와 소비지를 확대시켜 시장을 활성화한다.

(2) 운송 관련 용어의 정리(한국산업표준 KS T 0001 기준)

① **배송** : 화물을 물류거점에서 화물수취인에게 보내는 행위(근거리 운송)를 말한다.
② **수송** : 화물을 자동차, 선박, 항공기, 철도 등 기타의 기관에 의해 어떤 지점에서 다른 지점으로 이동시키는 행위(장거리 운송)를 말한다.
③ **운수** : 법률상 용어로 「화물자동차 운수사업법」에서 '운수사업=운송사업+운송주선사업+운송가맹사업'으로 표현되고 있으며, 운송보다 광의의 개념에 해당한다.
④ **집화** : 화물을 발송지에 있는 물류거점에 모으는 것을 말한다.
⑤ **일관수송** : 물류의 효율화 목적으로 화물을 발송지에서 도착지까지 해체하지 않고 연계하여 수송하는 것으로 파렛트와 컨테이너를 이용하는 것을 의미한다.
⑥ **복합일관수송** : 수송단위 물품을 재포장하지 않고 철도차량, 트럭, 선박, 항공기 등 2종류 이상의 다른 수송기관을 조합하여 수송하는 것을 말한다.
⑦ **영차와 공차** : 영차(盈車)란 화차에 화물을 적재한 상태(적재차량)를 의미하며, 공차(空車)란 화차에 화물을 적재하지 않은 비어 있는 상태를 의미한다.
⑧ **복화운송** : 복화운송이란 편도운송을 한 후 귀로하는 경우에도 트럭의 적재함에 화물을 영차하여 돌아오는 운송을 의미한다.
⑨ **혼재운송** : 하나의 화물자동차에 다양한 화주의 화물을 함께 적재하여 행하는 운송을 의미한다.
⑩ **특송** : 특별운송의 줄임말로, 택배, 특송, 쿠리어, 소화물 일관운송 등으로 혼용하며, Courier Service는 국제특송으로 무역서류와 30kg 미만 화물의 Door to Door 서비스를 의미한다.

2 운송체계의 3대 요소 ★☆☆

운송체계(System)란 화물의 출발지에서 상차하는 과정에서부터 물류거점을 통해 최종 목적지에 도달하기까지의 일련의 절차로서 운송을 위해서는 다음의 3가지 요소가 필요하다.

(1) 운송수단(Mode)

운송수단이란 화물운송을 직접 담당하는 운송수단을 말한다. 이에는 화물트럭, 선박, 항공기, 철도, 파이프라인 등이 있다.

✪ Modal Shift

운송수단(Mode)과 관련한 개념으로 운송수단의 전환을 의미하는 Modal Shift라는 용어를 기억하자.
저탄소 녹색경제 실현을 위해 추진 중인 도로 중심의 운송체계에서 철도 및 연안운송으로의 수송수단 전환을 의미한다.

(2) 운송연결점(Node)

운송연결점은 결절이라고도 하며, 화물운송을 효율적으로 처리하기 위해 필요한 장소 또는 시설을 의미한다. 여기에는 물류터미널, 항만, 공항, 철도역, 유통센터 등이 있다.

(3) 운송경로(통로, Link)

운송경로는 ① 운송수단에 의해서 형성되는 경로이며, 운송연결점을 연결한다. ② 또한 운송수단(Mode)이 화물의 운송을 위해 이용하는 경로를 의미한다. 운송경로에는 공공도로, 철도, 해상항로, 항공로 등이 있다.

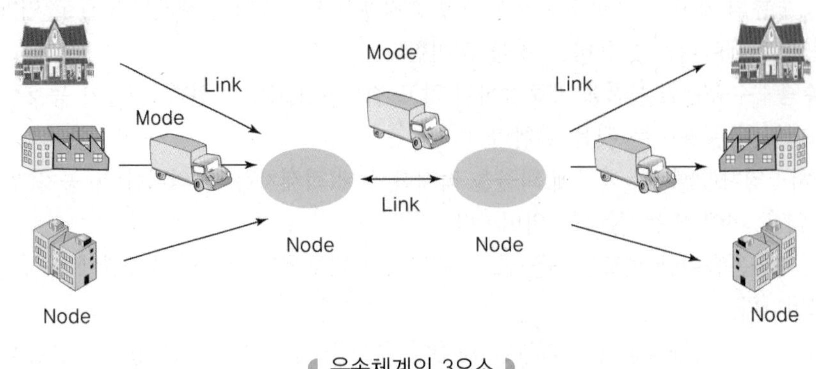

◖ 운송체계의 3요소 ◗

3 운송의 기능 및 경제적 효과

(1) 운송의 기능

운송의 기능은 ① 화물을 한 장소에서 다른 장소로 이동시키는 제품의 이동 기능과 ② 운송 중에 있는 화물을 일시적으로 보관하는 기능, ③ 운송되고 있는 재화가 운송수단을 통해서 운송거점과 통로를 거쳐 소비지에 전달되는 동안의 시간조절 기능, ④ 원재료 이동을 통한 물류비 절감 기능 등이 있다.

확인하기

▸ **운송의 장소적 효용에 관한 설명으로 옳지 않은 것은?**

① 운송은 생산과 소비의 기능을 유기적으로 분담하는 것을 촉진한다.
② 운송은 원격지 간 생산과 판매를 촉진하여 유통의 범위와 기능을 확대한다.
③ 운송은 지역 간 유통을 활성화시켜 재화의 가격조정과 안정을 도모한다.
④ 운송은 자원과 자본을 효율적으로 배분하고 회전율을 제고한다.
⑤ 운송은 재화의 일시적 보관기능을 수행한다.

정답 ⑤

(2) 운송의 경제적 효과

운송은 우리나라 GDP(국내총생산)의 15%, 전체 물류비용의 75% 이상을 차지하는 중요한 부문으로서 협의로는 재화의 장소적인 효용(Utility)을 창출하고 물품의 교환을 촉진시키는 역할을 한다. 한편 광의로는 재화의 가격을 안정화시키고, 지역적 분업화를 촉진하며, 규모의 경제를 이용한 비용절감(Cost Down)을 통해서 가격을 하향 안정화시켜서 대량소비를 가능하게 하는 효과가 있다.

4 운송의 기본원칙 ★☆☆

(1) 규모의 경제 원칙(Economies of Scale)

물류의 효율화 측면에서 경제적 운송, 즉 운송비용을 절감하기 위해서는 운송되는 화물의 단위를 크게 해야 한다는 원칙이다. 일반적으로 운송대상 화물이 대형화될수록 단위당 운송비용이 적게 소요되기 때문에 화물의 운송단위를 크게 하거나 운송수단(Mode)을 대형화해야 한다는 기본원칙에 해당한다.

(2) 거리의 경제 원칙(Economies of Distance)

물류의 경제성 측면에서 화물의 ton・km당 운송비는 운송거리가 길어질수록 감소하므로 한 번에 장거리로 운행하는 것이 비용이 적게 든다는 원칙이다.

(3) 영차율 극대화의 원칙

영차(盈車)란 화차에 화물을 적재한 상태(적재차량)를 의미하며, 운송의 효율성 측면에서 수송계획에 따른 순차적인 운송, 복화운송 등을 통해 영차율을 높여야 한다는 원칙이다. 복화운송, CVO 등 화물운송정보시스템 이용, 마거릿운송, 차량의 범용화 등을 통한 경우 영차율을 극대화할 수 있다.

영차율 = 영차운행거리 ÷ 총운행거리

Tip

+ 영차율 향상을 위한 방법

- 기업 간 운송시스템의 전략적 제휴
- 화물운송정보시스템(TMS, CVO, VMS)의 활용
- 화물자동차 운송가맹업자의 활용
- 복화화물 물량의 확보

(4) 회전율 극대화의 원칙

회전율이란 일정 시간 내에 최대의 운송 횟수를 달성하는 비율로서 운송의 효율성을 높이기 위해서는 최단거리 선택, 효율적인 배차간격, 유휴 대기시간 최소화, 하역시간 단축, 중간환승, 릴레이운송, 디마운터블 시스템 등을 통해 회전율을 상향해야 한다.

회전율 = 총운송량 ÷ 평균 적재량

(5) 가동률 및 적재율 극대화의 원칙

가동률은 일정 시간 동안 화물을 실제 운행해 온 시간과 목표 운행시간과의 비율을 의미한다. 한편 적재율은 화물자동차의 적재적량 대비 실제 적재화물운송량을 나타내는 지표로서 양 비율은 화물운송의 합리화 및 효율성 향상을 위해서 반드시 필요한 운송 원칙에 해당한다.

- 가동률 = 실제 가동일수 ÷ 목표 가동일수
- 적재율 = 실제 적재량 ÷ 차량의 적재적량

2 운송수단의 종류 및 장단점

1 운송수단의 종류

(1) 육상운송

육상운송은 지상에 설치된 이동경로를 통하여 화물을 운송하는 것으로서 화물자동차운송(공로운송, Public load), 철도운송, 케이블카운송(삭도운송), Pipe-line운송 등이 있다.

(2) 해상운송

해상운송은 해수면 또는 내수면을 통해 선박을 이용하여 화물을 이동하는 것으로서 국가 간 운항하는 원양해운과 국내 항만을 오가는 연안해운, 운하·강 등을 운항하는 내수면운송이 있다.
이러한 해상운송시장은 정해진 항로를 정기적으로 운항하는 정기선과 선주 및 화주 간 특정 용선계약에 따른 운항을 하는 부정기선으로 구분할 수 있다.

구분	정기선	부정기선
수요특성	• 비교적 고운임 • 신속, 정확, 규칙성, 정시성 • 수요가 일정하고 안정적	• 비교적 저운임 • 신속성과 규칙성이 낮음 • 수요가 불규칙적·불안정적
대상화물	전체 취득가격에서 운임비중이 작고 운임부담력이 큰 고가품, 공산품	전체 취득가격에서 운임비중이 큰 벌크(Bulk)화물 : 연료, 광물 등
선박의 종류	정기선(Liner)	부정기선(Tramper)

(3) 항공운송

항공기를 이용하여 하늘 공간을 통해 화물을 운송하는 것으로 장거리 운송 및 긴급운송, 위험물 운송 등에 이용된다.

(4) 복합운송

① 복합운송의 의의 및 종류 : 복합운송은 불가피한 지리적인 상황 또는 운송의 효율성 측면에서 두 가지 이상의 운송수단(Mode)을 연결하여 화물을 운송하는 것을 의미한다.
  ㉠ 피기백(Piggy Back) : 기차 + 트럭 – 화물차를 철도화차에 적재하고 운행하는 시스템
  ㉡ 피시백(Fishy Back) : 선박 + 트럭 – 선박운송과 화물자동차운송을 연계한 일관운송시스템
  ㉢ 버디백(Birdy Back) : 비행기 + 트럭 – 항공기에 화물차를 연계한 일관운송시스템
  ㉣ Sky-ship : 비행기 + 선박 – 항공기운송과 선박운송을 연계한 일관운송시스템
    ※ Wig선(Wing in ground ship) : 날개가 달린 부양선박
  ㉤ Tran-ship : 기차 + 선박 – 선박운송과 철도운송을 결합한 일관운송시스템
  ㉥ Truck-air Service : 트럭을 이용한 도로운송과 항공기를 활용한 항공운송의 일관운송시스템

② 국제복합운송(Multimodal Transport)의 요건
  ㉠ 단일책임의 원칙
  ㉡ 단일운임의 적용
  ㉢ 단일계약의 체결
  ㉣ 단일증권의 발행

(5) 국내 화물운송의 특징

① 공로운송이 전체 국내 운송에서 차지하는 비중이 가장 높다.
② 화물운송의 출발·도착 관련 경로의 편중도가 높다.
③ 수출입 화물은 항만을 이용한 물동량이 가장 큰 비중을 차지하며, 특정 수출입항만의 편중도가 높다.
④ 화물자동차운송업은 영세업체가 많고 전문화, 대형화가 미흡하여 운송서비스의 질이 위협받고 있다.
⑤ 화주와 운송인 간 협업관계가 미흡하여 3PL 또는 4PL로 발전하기 위한 정부지원 확대가 필요하다.

Tip

+ 운송수요의 특징
- 이질적, 개별적 수요의 성격
- 제품별로 계절적 변동성
- 운송수요는 운임의 변동에 대해 비탄력적
- 파생적 수요의 특성
- 대체가능성 여부에 따라 달라짐

2 운송수단별 장단점 ★★★

(1) 운송수단별 기능성

항목	화물자동차	철도	해상	항공
화물량	소중량화물	대량화물	대량화물	소중량화물
운송거리	단·중거리	중·장거리	장거리	장거리
운송비용	비교적 고가	저렴	저렴	고가
운송속도	빠름	느림	매우 느림	매우 빠름
일관운송	용이함	다소 어려움	어려움	어려움
탄력성*	높음	낮음	낮음	다소 높음

+ 탄력성은 운임, 수송량, 기종점 변동 등의 변화에 대한 대응의 정도를 의미함
+ **운송수단별 분담률(국내)**
  도로(90% 이상) > 해운 > 철도 > 항공

(2) 운송수단별 장단점

운송수단	장점	단점
화물자동차	• 단·중거리 운송에 적합, 운임 적용이 탄력적 • 신속한 이용 가능(즉시성) • 화물특성에 맞는 차량 이용이 가능, 하역작업이 비교적 용이함 • 화물직송이 가능, 일관운송 가능 • 문전운송(Door to Door) 가능	• 대량운송이 어려움 • 환경오염의 문제 • 교통체증에 취약 • 적재중량의 한계 • 장거리 운송에 부적합
철도	• 대량운송 및 장거리 운송에 적합 • 운임 저렴 및 환경성이 우수 • 정시성 확보로 계획수송 가능 • 안전성 측면 우수 • 비교적 전천후 운송수단	• 문전운송(완결성)이 낮음 • 타 운송수단과의 연계가 필요 • 운임이 비탄력적 • 하역작업이 곤란 • 화차확보 시 사전 스케줄이 필요(배차의 탄력성이 낮음)
선박	• 대량화물의 장거리 운송에 적합 • 화물의 용적 및 중량에 제한 적음 • 운임이 저렴 • 환경성 측면에서 우수 • ULS 적용이 용이	• 운송의 완결성이 낮음 • 운송속도가 느림 • 육상운송수단과 연계 필요 • 항만에서의 처리기간 소요 • 기후에 영향을 받음 • 하역비용이 큼

항공기	• 소・경량의 고가화물 운송 • 장거리 운송 및 위험물 운송 가능 • 화물의 파손율 낮음 • 운송의 속도가 빠름	• 비교적 운임이 고가 • 중량과 용적에 제한이 큼 • 기후에 영향을 받음 • 육상연계운송(Door to Door) 필요
파이프라인	• 상대적인 유지비 저렴(24시간 가동) • 연속으로 대량운송 가능 • 컴퓨터에 의한 자동화 및 제어 가능 • 친환경 운송수단 • 운송속도가 정확, 사고위험이 낮음	• 초기 시설투자비용이 큼 • 한 종류의 화물만 운송 가능 • 운송대상과 운송경로에 대한 제약이 심함 • 이용 가능 대상화물이 제한적

(3) 운송수단별 비용 비교 그래프

① 속도가 높은 운송수단일수록 운송빈도수가 더욱 높아져 수송비가 증가한다.

② 속도가 낮은 운송수단일수록 운송빈도수가 더욱 낮아져 보관비가 증가한다.

③ 수송비와 보관비는 상충관계(Trade-off) → 총비용 관점에서 운송수단을 선택한다.

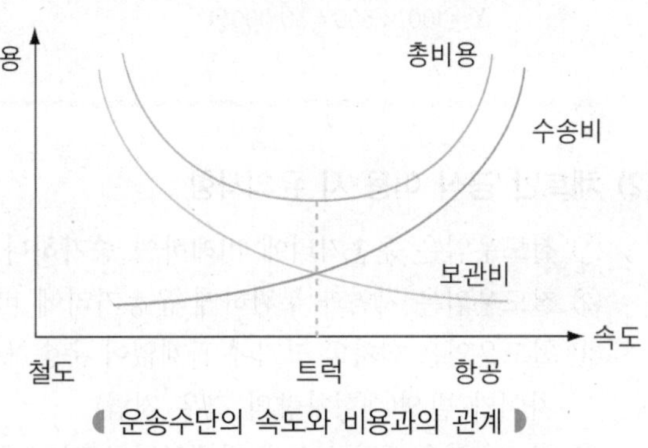

◖ 운송수단의 속도와 비용과의 관계 ◗

3 화물자동차와 철도 수송의 선택 기준(Chatban 공식) ★★★

(1) Chatban 공식의 개념 ★☆☆

일반적으로 단・중거리 운송에는 화물자동차운송이 유리하고, 중・장거리 운송에는 철도운송이 경제성 측면에서 효율적이라 할 수 있다. 그러나 두 운송수단의 이용에 있어 효율성의 분기점이 어느 지점이 되는가는 운송비, 하역비, 발착비 등의 수준에 따라 달라지는바, 이러한 운송수단 간 효율성이 나눠지는 거리분기점을 계산하는 데 이용되는 공식이 Chatban 공식이다.

전제조건 화물자동차 운송비용 > 철도운송비용

화물자동차운송과 철도운송의 경제적 분기점 산정공식

$$L = \frac{D}{T - R}$$

L : 자동차의 경제효용거리의 한계(분기점)

D : 톤당 추가되는 비용(철도역 상하차비용 + 포장비 + 소운송비용 + 기타 추가비용)

T : 자동차운송의 ton・km당 운송비

R : 철도운송의 ton・km당 운송비

확인하기

▶ 다음 조건하에서 100km 지점에서 트럭운송과 철도운송의 운송비가 동일해지는 톤당 철도운송의 추가비용은? [단, 채트반(Chatban) 공식을 이용함]

- 트럭의 톤 · km당 운송비 : 1,000원
- 철도의 톤 · km당 운송비 : 500원
- 톤당 철도운송 추가비용 : 발착비 + 배송비 + 화차 하역비 등

해설 $100\text{km} = \frac{X}{1{,}000 - 500}$

$X = 100 \times 500 = 50{,}000$원

정답 50,000원

(2) 채트반 공식 이용 시 유의사항

① 철도운임은 운송거리에 비례하여 증가하나, 화물자동차운임은 운송거리에 체감하여 증가
② 철도운임은 지역과 무관하게 운송거리에 비례하나, 화물자동차운임은 지역에 따라 운임이 상이하게 형성
③ 철도운임은 화차의 크기에 관계없이 운송거리에 비례하나, 화물자동차운임은 차량의 크기에 따라 운임단가 차이가 발생(대형차량의 경우 저렴)
④ 철도운임은 운송수요에 관계없이 일정 수준을 유지하나, 화물자동차운임은 운송수요에 따라 크게 변동

4 운송수단(Mode)의 선택 기준

(1) 선택 기준

① **화물의 특성** : 화물의 종류, 중량, 용적, 성질, 가치, 운송의 거리, 소요시간, 납기 등
② **운송수단의 특성** : 운송수단의 이용가능성, 편리성, 신속성, 신뢰성, 안전성, 경제성 등
③ 운송의 빈도수 및 물동량
④ 물류의 합리화 측면(Cost Down & Service Quality)
⑤ 운임부담력 및 Lot Size
⑥ 운송수단의 특성에 따라 최적경로, 수 · 배송빈도를 고려해 선택
⑦ 운송대상 화물의 유통 여건에 적합한 운송수단 선택
⑧ 물류 네트워크 거점 간 연계의 편리성(Convenience) 고려

(2) 운송수단 결정 시 운송항목별 고려사항

구분	내용
이용가능성 (확실성)	• 지정기일 내 인도가 가능한가? • 정시 운행이 가능한가?
편리성	• 결절점에서의 연결이 용이한가? • 송장 등 운송서류가 간단한가? • 필요시 이용이 간단한가?
신속성	• 발송에서 도착까지 운송시간이 단기간인가? • 주행속도가 신속한가?
신뢰성	• 운송주체가 건실하고 안정성이 높은가? • 장기거래 유지가 가능한가?
안정성	• 클레임 발생빈도가 많은가? • 사고에 의한 화물손상의 정도가 적은가? • 멸실, 손상 등에 대한 보상이 정확히 이행되는가?
경제성	• 절대평가에 의한 비용이 저렴한가? • 상대평가에 의해 신속하고 저렴한가? • 자사의 운송수단 이용보다 저렴한가?

3 운송시장의 환경변화 및 대응방향

1 운송시장의 환경변화 ★☆☆

① 운송화물의 **다품종, 소량화, 다빈도** 수・배송 증가
② 특수화물에 대한 운송수요 증대와 제3자 물류의 신장 등을 통한 운송의 전문화, 대형화 가속
③ 국내 운송시장 개방과 각종 규제 완화 등으로 인한 운송사업자 상호 간 경쟁 심화
④ 운송에 대한 고객의 심리변화와 정보통신기술의 발달 등을 통하여 운송의 안전성(Safety)과 가시성(Visibility) 확보 등에 대한 수요 증대
⑤ 화주의 개성화 등에 기인한 영업시간대 외의 운송수요가 증대
⑥ 운송시장의 글로벌화 및 전자상거래 증가
⑦ 9・11 테러 이후 물류보안 및 친환경 규제 강화
⑧ JIT(Just in Time) 배송으로의 전환
⑨ 구매고객에 대한 서비스 수준 향상

Tip

+ 물류보안시스템

- CSI : 미국으로 운송되는 모든 수출입화물에 대해 선적지에서 선적 24시간 전까지 미국세관에 적하목록 제출을 의무화하는 규정이다.
- C-TPAT : 미국 CBP가 도입한 반테러 민관 파트너십 제도이다.
- 항만보안법은 컨테이너를 통해 이동하는 WMD 등 위험화물을 사전에 통제하는 데 필요한 거의 모든 조치가 포함되고 있다.
- 위험물컨테이너점검제도 : 위험물의 적재, 수납, 표찰 등에 관한 국제규정인 국제해상위험물규칙(IMDG Code)의 준수 여부를 점검하고, 위험물 운송 중 사고를 예방하기 위한 제도이다.
- AEO(Authorized Economic Operator) : 9·11 테러 이후에 테러 방지를 위해 강화된 미국의 무역안전에 대한 조치로서 세관이 정한 물류보안기준을 충족하는 경우 통관 시 특혜를 주는 제도를 말한다.

2 우리나라 운송시장의 현황

① 화물자동차운송의 지입제 운영으로 인한 운송질서의 문제
② 제3자 물류를 저해하는 자가물류 또는 제2자 물류의 증가
③ 영세 물류운송업체의 난립으로 인한 시장의 효율성 악화
④ 국내 운수사업의 다단계화 문제
⑤ 운송수단의 효율성 부족 및 운송수단 전환의 어려움

3 운송시스템의 합리화 방안 ★☆☆

① 동일지역의 동종업종을 대상으로 화주들의 공동수·배송 유도
② 도로 중심으로 이루어지는 운송을 철도와 연안운송으로 전환(Modal Shift) 및 거점 간 복합운송으로 전환
③ 운송업체 간 제휴나 M&A를 통하여 운송업체의 대형화·전문화 유도
④ 최단 운송루트 개발 및 최적 운송수단의 선택
⑤ 물류기기의 개선과 정보시스템의 정비(CVO시스템 활용)
⑥ 화물자동차의 회전율을 높일 수 있도록 상·하차 소요시간 감소
⑦ 수송과 배송을 연계하여 물류센터의 재고 감소 유도
⑧ 합리화된 운송시스템은 재고관리비와 운송비의 Trade-off 측면을 고려하여 설계
⑨ 출하물량단위의 대형화 및 표준화
⑩ 공차율의 극소화(영차율 극대화)로 적재율의 향상

CHAPTER 02

화물자동차운송

1 화물자동차운송의 이해

1 화물자동차운송(공로운송)의 개념

화물자동차운송은 육상의 도로를 이용해서 화물을 문전운송(Door to Door)하는 것으로서 화물의 운송부문에 있어 가장 많이 이용되는 중요한 운송수단에 해당한다. 이는 타 운송수단보다 그 이용범위가 광범위하고 연계운송의 가능성이 높은 운송수단(Mode)으로 우리나라의 거의 모든 지역에 화물운송서비스를 제공하고 있을 뿐만 아니라, 철도운송이나 국제복합운송에 있어 마감운송인 문전까지의 문전운송(Door to Door)을 담당하는 중요한 운송수단이라 할 수 있다.

2 화물자동차운송의 특징 및 장단점 ★★☆

(1) 화물자동차운송의 특징

① Door to Door 서비스와 일관수송이 가능하기 때문에 화물의 수취가 편리하다.
② 필요시 즉시 배차가 용이하다.
③ 단·중거리 화물운송에 적합하다.
④ 화물의 적재중량의 제한을 받는다.
⑤ 다른 운송수단의 운송을 완결시킨다.
⑥ 국내 운송에서 차지하는 분담률이 가장 크다.

(2) 화물자동차운송의 장단점 ★☆☆

장점	단점
• 단·중거리 운송에 적합, 운임 적용이 탄력적(고객서비스율 높음) • 신속한 이용 가능(즉시성) • 화물특성에 맞는 차량 이용이 가능, 하역작업이 비교적 용이함 • 화물직송이 가능, 일관운송 가능 • 문전운송(Door to Door) 가능	• 대량운송이 어려움 • 환경오염의 문제 • 교통체증에 취약 • 적재중량의 한계 • 장거리 운송에 부적합 • 타 운송수단에 비해 에너지 효율성 및 생산성이 상대적으로 낮음

(3) 화물자동차운송(공로운송)이 증가하는 이유

화물자동차운송은 다른 운송수단에 비해 상대적으로 운송비용이 비싸고 교통환경에 취약한 점이 있으나 다음과 같은 이유로 그 운송이 증가하고 있다.

① 고정자본의 투입규모가 비교적 작다(투자의 용이성).
② 다양한 고객의 운송요구에 대응할 수 있다.
③ 대형화물차 이용 시 단거리보다 장거리 운송이 경제적이다(거리의 경제 원칙).
④ 문전에서 문전까지의 운송이 가능하다.
⑤ 도로망의 지속적 발달과 운송의 신속성, 안전성이 향상되고 있다.
⑥ 다품종, 소량, 다빈도 운송이 증가하고 있다.
⑦ 철도운송과 비교한 경제성 분기점이 확대되었다.

3 화물자동차의 종류 및 분류

(1) 「자동차관리법 시행규칙」 제2조에 의한 화물자동차의 분류

◖ 자동차의 종류(제2조 관련) ◗

구분	내용
일반형	보통의 화물운송용인 것
덤프형	적재함을 원동기의 힘으로 기울여 적재물을 중력에 의하여 쉽게 미끄러뜨리는 구조의 화물운송용인 것
밴형	지붕구조의 덮개가 있는 화물운송용인 것
특수용도형	특정한 용도를 위하여 특수한 구조로 하거나, 기구를 장치한 것으로서 위 어느 형에도 속하지 아니하는 화물운송용인 것
견인형	피견인차의 견인을 전용으로 하는 구조인 것
구난형	고장·사고 등으로 운행이 곤란한 자동차를 구난·견인할 수 있는 구조인 것
특수용도형	위 어느 형에도 속하지 아니하는 특수용도용인 것

(2) 화물자동차의 제원

① **치수제원** : 치수제원은 차량의 안전 및 화물의 적재능력 등을 결정하는 것으로 화물자동차의 외관상 크기와 관련된 제원이다.

ⓐ **전장** : 자동차의 맨 앞부분부터 맨 뒷부분까지의 거리. 길수록 화물의 적재부피 증가
ⓑ **전고** : 지하도 및 교량의 통과 높이에 영향
ⓒ **전폭** : 자동차의 가장자리 간 거리. 넓을수록 주행의 안전성이 향상
ⓓ, ⓔ, ⓕ, ⓖ **축간거리** : 제1축간거리가 길수록 적재량이 증가하여 하중이 앞쪽으로 이동함
ⓗ, ⓘ **오버행** : 자동차 바퀴의 중심축에서 앞뒤 범퍼까지의 거리로 바퀴에 분산되는 하중의 비율에 영향을 미침

ⓙ **상면지상고** : 적재함 바닥으로부터 타이어의 접지면까지의 수직거리로 물류센터 도크높이와 상·하역작업의 용이성과 관련됨

ⓚ, ⓝ, ⓟ **하대치수** : 화물을 적재할 수 있는 적재공간의 크기로 파렛트 적재수, 컨테이너 적재 여부에 영향을 미침

ⓜ **차륜거리** : 쌍을 이루고 있는 좌우측 바퀴의 중심선 간의 거리로 차량의 커브길 주행 시 안전과 관련됨

ⓝ **하대폭** : 파렛트의 적재수, 컨테이너 적재 여부에 영향

ⓟ **하대높이** : 화물적재 안전성에 영향

ⓠ **오프셋(Off-set)** : 적재실 중심으로부터 후축 중심선까지의 거리로 후축이 차량 및 화물중량을 담당하는 정도와 관계되며, 오프셋 값이 클수록 하중이 앞으로 이동함

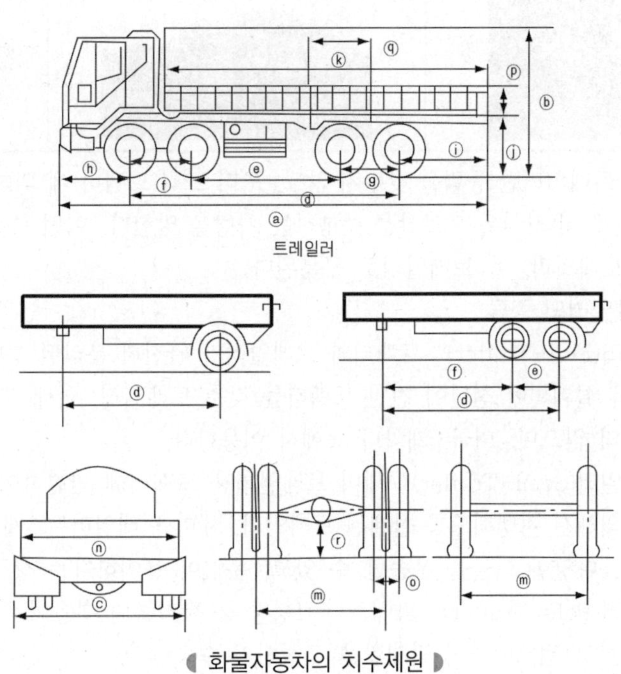

◀ 화물자동차의 치수제원 ▶

② **질량 및 하중제원** : 화물자동차 자체의 무게 및 적정운송중량, 인원수 등에 대한 자동차의 감당능력에 대한 제원으로 최대적재량, 공차중량, 차량총중량, 축하중, 승차정원 등이 이에 해당한다.

- **자동차연결 총중량** : 트랙터에 트레일러를 연결한 경우의 차량총중량(승차정원과 최대적재량 적재 시 그 자동차의 전체 중량)
- **화물자동차의 운송능력** : 최대 적재중량 × 평균 속도
- **최대접지압력** : 화물 적재상태에서 접지부에 미치는 단위면적당 중량
- **공차중량** : 화물을 적재하기 않고 연료, 냉각수, 윤활유 등을 가득 채운 상태의 중량
- **최대 적재중량** : 화물을 최대로 적재할 수 있도록 허용된 중량(차량총중량 – 공차중량)
- **총중량** : 차량중량, 화물적재량, 승차중량을 모두 합한 중량

(3) 화물자동차 종류에 따른 분류

① 일반화물자동차와 밴형화물자동차

㉠ 일반화물자동차(General Cargo Truck) : 일상적으로 볼 수 있는 일반화물자동차로서 적재함의 윗부분(Top)이 개방되어 있고, 측면과 후면은 적재대 바닥과 Hinge로 연결하여 개방을 할 수 있는 구조의 차량

㉡ 밴형화물자동차(Van Truck) : 일반적으로 탑차라고 불리는 차량으로 지붕구조의 덮개가 있는 화물운송 전용차로, 택배화물 및 냉동화물 운송에 이용

밴형화물차의 요건 1. 적재면적 > 승차면적, 2. 승차인원 : 3인 이하

㉢ 모터 트럭 : 일반용 트럭으로 화물적재함과 동력부분(엔진)이 일체화되어 있는 화물자동차

일반화물자동차	밴형화물자동차	모터 트럭

② 트레일러 : 트레일러란 동력을 갖추지 않고, 모터 트럭(트랙터)에 의하여 견인되고, 물품을 수송하는 목적을 위하여 설계 및 장치된 도로상을 주행하는 차량을 말한다. 어떤 종류의 트랙터와 연결되느냐에 풀 트레일러, 세미 트레일러, 폴 트레일러로 구분된다.

㉠ 일반적인 트레일러의 종류

ⓐ 풀 트레일러(Full-Trailer) : 트랙터와 트레일러가 완전히 분리된 형태로, 총하중을 트레일러만으로 지탱되도록 설계되어 선단에 견인 트랙터를 갖춘 트레일러. 국내 도로는 곡선 구간이 많기 때문에 잘 이용하지 않으며, 미국, 캐나다 등에서 이용한다.

ⓑ 세미 트레일러(Semi-Trailer) : 세미 트레일러용 트랙터에 연결하여, 총하중의 일부분이 견인하는 자동차에 의해서 지탱되도록 설계된 트레일러. 세미 트레일러는 1개 혹은 그 이상의 후륜축을 가지고 있으며, 다양한 화물을 운송할 수 있고, 운전이 용이하다는 장점이 있다.

ⓒ 폴 트레일러(Pole-Trailer) : 파이프나 H형강 등 장척물의 수송이 주목적이며, 풀 트레일러를 연결하여 적재함과 턴테이블이 적재함을 고정시켜 수송한다.

㉡ 트레일러 자체의 구조 형상에 따른 종류

ⓐ 평상식 : 하대의 상면이 평면으로 된 트레일러로 일반화물 및 강재 등의 운송에 적합

ⓑ 중저상식 : 하대의 중앙부위가 낮게 설계된 트레일러로 중량화물 등의 운송에 주로 이용

ⓒ 저상식 : 적재 시 전고가 낮은 화대를 가진 트레일러로 불도저나 기중기 등 건설기계의 운반에 적합

ⓓ 스케레탈(Skeletal) : 컨테이너운송을 위해 제작된 트레일러로서 전후단에 콘테이너 고정장치가 부착되어 있으며, 20피트용, 40피트용 등 여러 종류가 있음

ⓔ 밴형 트레일러(Van Trailer) : 하대 부분에 밴형의 보디가 장치된 트레일러로서 일반잡화 및 냉동화물 등의 운반용으로 사용

ⓕ 오픈탑 트레일러(Open Top Trailer) : 밴형 트레일러의 일종으로 천장이 개구된 형태이며, 주로 석탄 및 철광석 등과 같은 화물에 포장을 덮어 운송하는 경우에 이용

③ 전용특장차 ★☆☆

㉠ 전용특장차의 개념 : 전용특장차는 차량의 적재함을 특수한 화물의 운송에 적합하도록 구조를 갖추거나 특수한 작업이 가능하도록 기계장치를 부착한 차량을 말한다.

㉡ 전용특장차의 특징

ⓐ 귀로 시 화물의 확보가 어렵다(복화운송 곤란). → 특수한 화물만의 운송을 위한 전용차량으로 귀로 시 일반화물의 공동수·배송이 어렵다.

ⓑ 차량의 가격이 높은 편이다.

ⓒ 화물의 포장비를 절감할 수 있다.

ⓓ 화물운송의 안전도를 향상시킨다.

ⓔ 소량화물의 운송에는 비효율적이다.

㉢ 전용특장차의 종류

덤프트럭	화물하역 시 중력을 이용하여 적재함을 후방으로 들어 올려 하역하는 트럭	
믹서트럭	레미콘 트럭이라 하며 콘크리트 모르타르 운송 전용차량	
벌크트럭	화물 적재함이 탱크형으로 제작된 트럭으로 분말상태의 시멘트, 곡물 등을 분립체(Solid Bulk) 상태로 운반하는 트럭	
냉동차	차량에 냉동장치를 장착하여 온도조절이 필요한 냉장·냉동화물을 운송	
액체 운송차	탱크로리라고 하며 유류, 액체화학물질 등을 안전한 탱크에 적재하도록 고안된 트럭	
모듈트럭	다량의 중량물을 운송하기 위한 차량으로 여러 대의 차량을 연결하여 한 대처럼 이용	
무진동트럭	지표면의 굴곡에 의한 진동을 완화시키는 충격흡수장치를 장착한 트럭으로 고가의 정밀반도체장비, 미술품 등의 이동에 이용	

확인하기

▸ **전용특장차 중 분립체(Solid Bulk) 운송차량에 관한 설명으로 옳은 것은?**

① 기계 및 자동차 부품을 운송하는 차량이다.
② 냉동식품이나 야채 등 온도관리가 필요한 화물운송에 사용된다.
③ 시멘트, 곡물 등을 자루에 담지 않고 산물(散物) 상태로 운반하는 차량이다.
④ 각종 액체를 운송하기 위한 차량으로서 일반적으로 탱크로리라고 부른다.
⑤ 콘크리트를 뒤섞으면서 토목건설현장 등으로 운송하는 차량이다.

정답 ③

④ **합리화차량** : 운송하는 화물의 범용성 유지와 적재함구조를 개선하기 위하여 별도의 상・하역 조력장치 등을 탈부착함으로써 화물자동차의 하역성(Material Handling)을 보다 효율적으로 수행하고 운송화물의 안전성을 높이며 적재함 자체를 보다 효율적으로 활용하기 위한 개선작업을 가한 차량을 말하며, 다음의 4가지로 분류한다.

㉠ **상하역합리화차량** : 화물의 상・하차를 보다 효율적으로 하기 위하여 차체 구조를 개선하거나 상・하역 조력장치를 부착한 차량

덤프트럭	화물하역 시 중력을 이용하여 적재함을 후방으로 들어 올려 하역하는 트럭	
리프트 게이트트럭	적재함 후문에 화물을 싣고 내릴 수 있는 리프트를 장착한 차량	
크레인장착 트럭	트럭 적재함의 앞쪽 또는 뒷부분에 크레인을 장착하거나 크레인에 너클장치를 부착하거나 후크를 부착하여 다양한 형태로 작업	
세이프로더 트럭	적재함의 앞부분을 들어 올려 뒷부분이 지면에 닿도록 함으로써 차량 등이 직접 적재함에 올라갈 수 있게 하여 중량물을 용이하게 상・하역할 수 있음	

㉡ **적재함구조합리화차량** : 적재함의 형태를 개선하여 화물을 보다 안전하고 효율적으로 적재하거나 적재함에 올려진 화물을 적재대 내에서 효율적으로 이동시키기 위한 장치를 한 차량

ⓐ 리프트플로어차량
ⓑ 롤러컨베이어장치차량

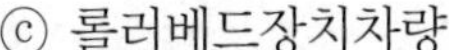

ⓒ 롤러베드장치차량
ⓓ 파렛트슬라이더장치차량
ⓔ 행거적재함차량
ⓕ 이동식칸막이차량(컨버터블)
ⓖ 리프트게이트부착차량
ⓗ 스태빌라이저차량
ⓘ 워크스루밴 등

㉢ **적재함개폐합리화차량** : 밴형차량의 단점인 상·하차작업 시 후문을 이용함에 따라 작업시간이 많이 소요되는 문제와 하역장비의 사용, 물류센터의 도크 및 설비구조 등의 제약을 받는 문제점 등을 해결하기 위하여 적재함의 개폐방법을 합리화한 차량

ⓐ **윙보디차량** : 적재함의 좌우 상부를 새의 날개처럼 들어 올릴 수 있도록 개선한 차량으로 측면에서 상·하차작업이 가능하도록 한 합리화차량

ⓑ **셔터도어차량** : 밴형차량의 적재함 도어를 상하 개폐할 수 있게 합리화시킨 셔터형차량으로 적재함 개폐의 신속성, 도어의 경량화, 작업공간 확보 등의 문제를 해결

ⓒ **컨버터블적재함차량** : 밴형차량 적재함의 덮개부분 전체 또는 측면이 적재함에 설치된 레일을 따라 앞뒤로 개폐될 수 있도록 제작된 차량

ⓓ **슬라이딩도어차량** : 측면의 문을 미닫이식으로 설치하여 측면 전체가 개방이 가능하도록 제작된 차량으로 주로 무거운 화물들을 배송하는 중소형차량에 적용

㉣ **시스템차량** : 적재한 화물을 이적하지 않은 상태에서 다른 차량을 이용하여 계속적인 연결운송이 가능하도록 하거나 차량과 적재함을 분리하여 상·하차시간 및 대기시간 등을 단축할 수 있도록 제작된 차량으로 스왑보디차량과 암롤트럭을 말한다.

ⓐ **스왑보디차량** : 적재함을 서로 교체해 이용할 수 있도록 제작된 차량으로 컨테이너형 적재함이 차체와 탈부착이 가능하도록 만들어 화물을 상·하차할 때 대기시간이 발생하지 않도록 고안된 차량

ⓑ **암롤트럭** : 적재함 자체를 지면에 내려놓은 후 차체에 설치된 적재함 견인용 암(Arm)과 차체에 설치된 가이드장치에 의하여 끌어 올린다는 점에서 스왑보디차량과 다르며, 쓰레기 수거차량, 항만에서의 고철 또는 무연탄과 같이 벌크화물 운송에 주로 이용

스왑보디차량	암롤트럭

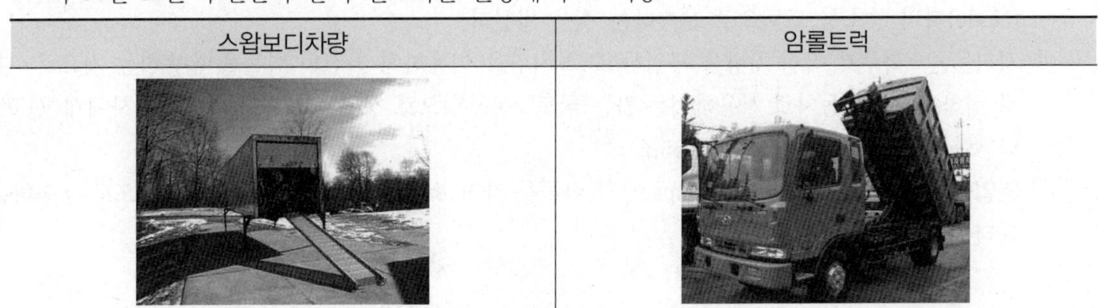

4 화물자동차운송의 형태

(1) 화물자동차 운송사업

① 화물자동차 운송사업의 의의

㉠ "화물자동차 운송사업"이란 다른 사람의 요구에 응하여 화물자동차를 사용하여 화물을 유상으로 운송하는 사업이다(「화물자동차 운수사업법」 제2조 제3호).

㉡ 화물자동차 운송사업을 경영하려는 자는 국토교통부장관의 **허가**를 받아야 한다. 그러나 화물자동차 운송가맹사업의 허가를 받은 자는 허가를 받지 아니한다(화물자동차 운수사업법 제3조).

② 화물자동차 운송사업의 종류

구분 \ 업종	일반화물자동차 운송사업	개인화물자동차 운송사업
허가기준 대수	20대 이상	1대
사무실 및 영업소	영업에 필요한 면적	없음
화물자동차의 종류	「자동차관리법」에 따른 화물자동차 또는 특수자동차	「자동차관리법」에 따른 화물자동차 또는 특수자동차

(2) 화물자동차의 운송형태

① **간선운송**(Haul Line) : 화물터미널, 철도역, 항만, 공항 등 비교적 부지도 넓고, 다수의 물류시설이 위치하며, 복수의 물류업체들이 대량의 화물을 취급하는 물류거점(Node)과 거점 간 운송을 뜻한다.

② **지선운송** : 물류거점 간 간선운송이 아닌 물류거점과 소도시 또는 물류센터, 공장 등 화물을 집화하고 배송(Delivery)하는 운송을 의미한다. 최근에는 라스트마일[1] 배송이라고도 한다.

③ **노선운송** : 정기화물 등과 같이 이미 정해진 노선과 수·배송계획에 따라 운송하는 것을 말한다.

④ **집배운송** : 철도역, 공항, 물류센터 등 물류거점에서 화주의 문전까지 배송(Door to Door)하는 것으로서 단거리 운송에 해당하며 소형 트럭을 이용한다.

⑤ **집화운송** : 화주의 생산공장 또는 물류센터 등에서 화물을 집화하여 항만, 공항, 물류터미널 등의 물류거점(Node)까지 중소형 트럭으로 운송하는 것을 말한다.

⑥ **자가운송** : 화주가 직접 차량을 구입하고 그 차량을 이용하여 자신의 화물을 운송하는 것으로, 대통령령으로 정하는 화물자동차로 사용하려는 자는 국토교통부령으로 정하는 사항을 시·도지사에게 '신고'하여야 한다(「화물자동차 운수사업법」 제55조).

⑦ **영업용 운송** : 불특정 다수인(Suspect)의 화물을 자기 소유의 차량을 이용하여 유상으로 운송하는 것을 말한다.

---

1) 라스트마일(Last Mile) : 이동, 물류 등의 분야에서 목적지에 도착하기까지의 마지막 거리나 서비스가 소비자와 만나는 최종 단계를 일컫는다.

5 화물자동차운송의 효율화 방안

① 합리화된 운송시스템은 재고관리비와 운송비의 Trade-off 측면을 주로 고려하여 설계한다.
② 화물트럭의 회전율을 높일 수 있도록 상·하차 소요시간을 감소시킨다.
③ 수송과 배송을 연계하여 물류센터의 재고를 줄인다.
④ 물류 특성에 맞게 배송차량을 선택하여 효율성을 높인다.
⑤ 동일지역의 동종업종을 대상으로 화주들의 공동수·배송을 유도한다.
⑥ 운송업체 간 제휴나 M&A를 통하여 운송업체의 대형화 및 물류아웃소싱을 유도한다.
⑦ 화물적재율을 높여 영차율을 최대화하고, 거점 간 물류 네트워크를 구축한다.
⑧ 운송정보시스템의 구축 및 도로·기간시설 등의 확충

2 화물자동차의 운영 및 운영관리

1 화물자동차 운영의 방법

(1) 사업용 화물자동차

사업용 화물자동차는 국토교통부로부터 면허를 부여받고 사업용 차량을 등록한 후에 타인의 화물을 유상으로 운송해 주는 차량을 의미한다.

① 사업용 화물자동차 이용의 장단점

장점	단점
• 직접운송보다 운송비용이 저렴 • 운송수요 급증에 탄력적 대응 가능 • 필요한 시간에 다양한 차량 이용 가능 • 차량의 관리필요성 없음 • 복화운송이 가능하여 운송임이 저렴	• 운임 인상 시 대응이 곤란, 파손 등에 대한 컴플레인 발생 시 대처의 문제 있음 • 자차운영 대비 기동성이 낮음 • 화물관리시스템 구축이 곤란 • 물류시스템의 표준화, ULS 적용이 곤란 • 수화인에 대한 서비스 수준의 문제

② 경영의 위탁 : 사업용 화물자동차의 단점인 관리시스템의 문제와 운영의 효율성 제고를 위해서 일반적인 방법으로 대부분은 지입제를 이용하고 일부 위탁경영제(경영의 위탁, 「화물자동차 운수사업법」 제40조)가 이용되고 있다.

(2) 자가용 화물자동차

자가용 화물자동차란 자기의 화물을 직접 운송하기 위해 자신의 명의로 구입 및 등록한 화물자동차를 의미하며, 자신의 화물 이외에 유상으로 영업행위에 이용할 수 없는 차량을 의미한다.

장점	단점
• 직접운송하므로 필요시 언제든 이용 가능 • 화물관리 및 추적시스템 구축으로 화물운송의 효율성 높음 • 수화인에 대한 서비스 수준이 높음(벽지, 오지로 배송 가능) • 사업용 차량 이용 대비 기동성이 높음 • 차량 및 기사의 다목적 이용가능성	• 초기 투자비용(고정비 지출)이 큼 • 차량 및 운전자의 관리필요성 • 초과물량의 경우 외부차량 이용으로 비용 발생 • 비용 측면에 기인한 다양한 차량 보유 곤란 • 귀로 시 복화운송이 곤란(공차가능성)

2 화물자동차 운송정보시스템

(1) 운송정보시스템 구축의 목적

운송(Transportation)이란 재화의 장소적 효용(Place Utility)을 창출하기 위하여 도로, 철도, 선박, 항공기 등의 운송수단을 통해 이루어지는 경제행위를 의미한다. 이러한 운송을 경제적·효율적으로 운영하기 위한 체계로서 운영관리시스템(Transportation Management System)이 있으며 이의 구축 목적은 일반적으로 다음과 같은 내부적인 운송관리시스템의 구축을 통한 효율성 추구 또는 다양한 고객을 대상으로 한 인터페이스(Interface) 기반 구축을 목표로 한다.

① 내부 운송관리시스템의 기반 구축
② 고객에 대한 차량소요계획, 배차의뢰 및 배차, 출고작업, 수·배송의 연계로 고객서비스 향상
③ 화물의 운송관리와 운송서비스의 향상 도모
④ 운송 프로세스에 있어서 고객과 파트너 간 협력체계 구축을 통한 업무효율 향상
⑤ 다양한 고객을 위한 인터페이스 기반 구축

(2) 운송관리정보시스템의 이해

① 운송관리시스템(TMS)의 개념
㉠ 운송관리시스템(TMS, Transportation Management System)은 화물자동차의 화물운송을 효율적으로 관리하기 위한 정보체계로서 배송주문의 지리적 분포, 교통정보, 차량의 움직임 정보, 가용차량 대수 등에 대한 정보를 기반으로 최적차량 운용과 배송루트 선정을 실현하여 배송리드타임과 운송비를 절감시키는 역할을 한다.
㉡ 최적의 운송계획 및 차량의 일정관리를 하며, 화물추적, 운임계산 자동화 기능을 수행한다.

② 운송관리시스템(TMS)의 구성 ★★☆
㉠ ITS(Intelligent Transportation Systems) : 지능형 교통시스템
ⓐ 도로, 차량, 신호시스템 등 기본 교통체계의 구성요소에 전자, 제어, 통신 등 첨단기술을 접목시켜 구성요소들이 상호 유기적으로 작동하도록 하는 차세대 교통체계
ⓑ ITS는 도로와 차량, 사람과 화물을 정보네트워크로 연결하여 교통체증의 완화와 교통사고의 감소

그리고 환경문제의 개선 등을 실현하는 화물운송시스템 중 하나로 물류업체도 ITS 기술을 이용하여 업무의 효율화를 도모할 수 있어 정시성 확보, 신속한 수송, 실시간 화물추적 등이 가능하게 된다.

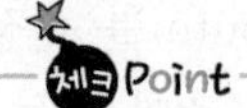

✪ CVO와 VMS

1. CVO(Commercial Vehicle Operation) : 구차구화시스템(화물정보망)
   차주와 화주를 연결하는 구차구화시스템은 화물차량의 위치, 적재화물의 종류, 운행상태, 노선상황, 화물알선정보 등을 자동적으로 파악하여 화물차량의 운행을 최적화하고 관리를 효율화하기 위한 지능형 교통시스템(ITS, Intelligent Transport Systems) 중의 하나로 다음의 시스템을 지닌다.
   - FFMS(Freight and Fleet Management System) : 화물 및 화물차량관리
   - HMMS(Hazardous Material Monitoring System) : 위험물차량관리
2. VMS(Vanning Management System) : 적재관리시스템
   화물의 물동량 및 중량, 부피, 크기 등 특징에 따라 적정한 화물차에 화물이 효율적으로 적재될 수 있도록 차량의 선택, 배차, 적재위치 등을 지정해 주는 적재관리시스템으로 OMS(주문관리시스템)와 연계하는 경우 좀 더 효율적이며, 편하중에 유의해야 한다.

ⓛ GPS(Global Positioning System) : 최소 3개의 위성으로 위치파악, 4개 이상이면 대상의 위치 고도까지 측정 가능하며, GIS-T(GIS for Transportation)는 디지털 지도에 각종 정보를 연결하여 관리하고 이를 분석, 응용하는 시스템의 통칭. 이 중 각종 교통정보를 관리, 이용하여 교통정책수립 시 의사결정을 지원하는 시스템에 해당한다.

ⓒ AVLS(Automatic Vehicle Location System) : 이동체 위치파악시스템
위성으로부터 받은 신호를 차량, 선박, 항공에 장착된 GPS 수신기와 그 밖의 위치센서의 정보로부터 이동체의 현 위치를 실시간에 계산하여 운항자와 중앙관제소에 알려 주어 이동체의 위치 및 이동상태를 파악하고, 차량의 최적배치 및 파견, 실태파악 및 분석, 안내, 통제, 운영할 수 있는 일련의 작업들을 자동화한 시스템

ⓡ TRS(Trunked Radio System) : 주파수공용통신

ⓐ 의의 : 주파수공용통신은 중계국에 할당된 다수의 주파수채널을 여러 사용자들이 공유하며 사용하는 무선통신서비스로서 유선통신고정망의 활용회선을 무선통신에 적용하여 가입자 음성통화량이 있을 때는 임의로 무선채널을 지정 전송하고 음성통화가 없을 때는 회수하는 방식으로 무선채널의 공동이용을 통하여 주파수채널 이용률을 증가시키는 방식

예 택시 무전기 시스템

ⓑ 주파수공용통신(TRS)에서 제공하는 서비스

㉮ 전 세계 위치측정시스템(GPS)과 연계된 화물추적시스템

㉯ 음성 통화

㉰ 공중망 접속 통화

㉱ 데이터 통신

㉤ LBS(Location Based Service) : GPS칩을 내장한 휴대폰이나 PDA단말기 이동체의 위치를 무선통신으로 위치확인서버에 제공하면 모든 이동체의 현황을 실시간으로 검색

㉥ Routing System(라우팅시스템) : 화물자동차의 최종 배송지에 대한 최적 운송경로(Route)를 설정하여 주는 운송경로시스템. 차량추적시스템과 연계를 통해 배송시간, 배송처 등의 정보 구축이 가능

GIS-T(교통지리정보시스템)

디지털 지도에 각종 정보를 연결하여 관리하고 이를 분석, 응용하는 시스템의 통칭으로 각종 교통정보를 관리, 이용하여 교통정책 수립 시 의사결정을 지원하는 시스템

3 화물자동차 운영관리 ★★☆

(1) 운영효율성지표

① 생산성지표(Index of Productivity)

㉠ **운송서비스 생산성** : 화물자동차의 운송생산성(Productivity)이란 몇 ton의 화물을 몇 km 운송하였는가를 의미하며, 일반적으로 ton · km 단위로 나타내고 화물의 중량산정이 곤란한 경우에는 다음의 보조적인 지표(Index)로 나타낼 수 있다.

지표 구분	내용
ton · km	운송거리와 적재한 화물의 양(ton으로 환산)을 곱하여 산출한 지표를 말한다. • 운송 ton · km = $\sum$(적재량 × 영차운송거리)
운행 km	일정 기간(1일 또는 1개월) 동안 몇 km를 운행했는가에 대한 실적치를 말한다.
영차 km	화물자동차가 일정 기간(1일 또는 1개월) 동안 화물을 적재하고 운행한 거리가 몇 km인지 나타내는 지표로서 적재중량을 정확히 산출하기 어려운 경우에 적용한다.
운송량	실제로 화물차에 적재하고 운송한 양을 의미한다. 주로 ton, CBM, 파렛트 등의 단위로 계산한다.

㉡ **매출생산성** : 매출생산성은 투입 대비 산출물인 화물자동차 운송결과에 따른 매출액을 나타내는 지표로서 운송화물의 단위당 원가, 운송거리, 전체 운송량 등에 따라 결정되며, 그 지표들은 다음과 같다.

지표 구분	내용
매출총액	일정 기간 동안 화물자동차가 운송을 한 결과로 운송업자가 운송으로 실현한 총금액을 말한다.
ton · km당 매출액	매출액을 총운송 ton · km로 나누어 산출한 지표를 말한다.
운송단위당 매출액	매출액을 운송한 양(ton)으로 나누어 산출한 지표를 말한다.
영차거리당 매출액	차량이 화물을 적재하고 1km 운행하여 얼마의 매출을 올리는가를 말한다.
운행거리당 매출액	매출액을 영차운행거리로 산출한 지표를 말한다.

▶ **화물자동차의 운영관리지표에 대한 설명 중 틀린 것은?**

① ton・km : 운송거리와 적재한 화물의 양(ton으로 환산)을 곱하여 산출한 지표를 말한다.
② 운행 km : 일정 기간(1일 또는 1개월) 동안 몇 km를 운행했는가에 대한 실적치를 말한다.
③ 영차거리당 매출액 : 차량이 화물을 적재하고 1km 운행하여 얼마의 매출을 올리는가를 말한다.
④ 톤당 매출액 : 매출액을 운송한 양(ton)으로 나누어 산출한 지표를 말한다.
⑤ 회전율 : 편도운송을 한 후 귀로에 복화운송을 어느 정도 수행했느냐를 나타내는 지표이다.

 해설 ⑤는 복화율에 대한 설명이다.

정답 ⑤

② 효율성지표(Index of Efficiency)

㉠ 운영효율성 ★★★

지표 구분	내용
가동률	일정 기간(1일 또는 1개월) 동안 화물을 실제 운행해 온 시간과 목표 운행시간과의 비율을 의미하는 지표이다. • 가동률 $= \frac{\text{실제 운행시간(일수)}}{\text{목표 운행시간(일수)}} \times 100 = \frac{\text{실제 가동일수}}{\text{목표 가동일수}} \times 100$ $= \frac{\text{실제 가동 차량 수}}{\text{누적 실제 차량 수}} \times 100$
회전율	화물차량이 일정 시간 내에 화물을 운송한 횟수를 말하는 지표로서 운송의 효율성을 측정하는 대표적인 지수이다. • 회전율 $= \frac{\text{총운송량}}{\text{평균 적재량}}$ 체크 Point **회전율 향상방법** 회전율을 향상시키기 위해서는 상하차 시간을 최대한 단축해야 한다. 단거리 운송에서는 상하차시간이 운행시간보다 많이 소요되는 경우도 있다. • 상하차의 기계화 • 운송장비의 전용화 • 차량의 합리화 • 충분한 상하차장
실차율	전체 화물운송거리 중에서 실제로 얼마나 화물을 적재하고 운행했는지 나타내는 지표이다. • 실차율 $= \frac{\text{영차운행거리}}{\text{총운행거리}} = \frac{\text{적재거리}}{\text{총운행거리}} \times 100$

복화율	편도운송을 한 후 귀로에 복화운송을 어느 정도 수행했느냐를 나타내는 지표이다. • 복화율 = $\frac{\text{귀로 시 영차운행 횟수}}{\text{편도 운행 횟수}} \times 100$
적재율	화물자동차의 적재적량 대비 실제 화물을 얼마나 싣고 운행했는지 나타내는 지표 • 총운행적재율 = $\frac{(\text{총운송량} \div \text{운행 횟수})}{\text{차량 적재적량}} \times 100 = \frac{\text{평균 적재적량}}{\text{차량 적재적량}} \times 100$

㉡ 비용효율성

지표 구분	내용
ton당 운송비	운송화물 ton당(또는 1단위당) 운송에 비용이 어느 정도 사용되는지 나타내는 지표이다.
ton·km당 운송비	운송서비스 1단위당 어느 정도의 비용이 사용되는지 알아보는 지표이다.
운행거리당 운송비	일정 기간(1일 또는 1개월) 동안 화물자동차를 운영하는 데 관련된 비용을 총운송거리로 나누어 산출한 지표이다.
운행거리당 고정비	고정비(Fixed Cost)는 생산량의 증감과 무관하게 발생하는 비용으로 운행거리가 증가할수록 거리당 고정비는 감소한다. • 고정률 = $\frac{\text{고정비}}{\text{운행거리}}$
운행거리당 변동비	변동비(Variable Cost)는 생산량의 증감에 따라 증감발생하는 비용으로 운행거리에 비례하여 증가한다. 변동비에는 타이어비, 연료비, 수리비 등이 해당한다. • 변동률 = $\frac{\text{변동비}}{\text{운행거리}}$

(2) 운송의 효율성 향상방법

① **수·배송의 대형화** : 회당 운송단위물량을 대형화하여 대형 화물자동차에 운송하게 되는 경우 규모의 경제(Economies of Scale)가 발생되어 운송원가가 낮아지게 되어 효율성이 증가한다.

② **영차율 극대화** : 영차율은 전체 화물운송거리 중에서 실제로 얼마나 화물을 적재하고 운행했는지 나타내는 지표로 스케줄링(Scheduling)에 따른 계획운송, 업체 간 네트워크에 의한 운송의 제휴, 화물운송정보시스템에 의한 공차정보 공유 및 복화화물의 확보, 다른 운송수단과의 연계를 통해서 영차율을 높일 수 있다.

체크 Point

영차율의 향상방법

- 릴레이운송
- 차량의 범용화
- 지역별 영업소의 운영과 물량 확보
- 기업 간 운송제휴(수·배송공동화 및 복화운송)
- 마거릿형 배송루트 운영 및 밀크런(Milk Run) 운송
- 화물운송 정보시스템의 활용
- 철도와 연계한 복합운송 추진

밀크런(Milk Run) 운송시스템

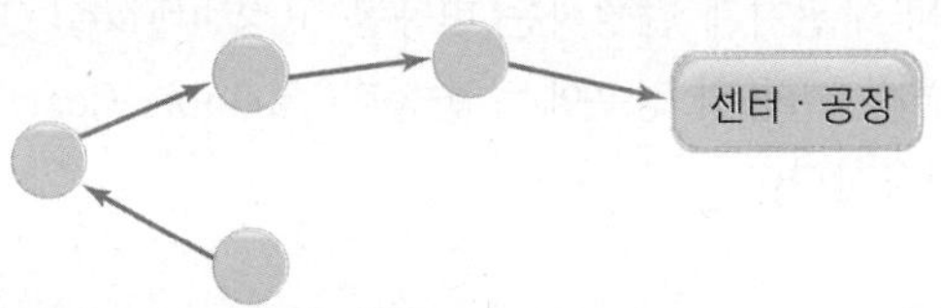

밀크런 운송시스템은 한 지점에서 출발하여 물류센터나 공장까지 수송하거나 그 반대순서로 집화 또는 운송하는 시스템으로 원래 우유수집차량이 농가를 가가호호 순회하여 우유를 집유하던 것에서 유래된 운송방식이다.

③ **회전율 극대화** : 회전율(Turnover Rate)은 화물차량이 일정 시간 내에 화물을 운송한 횟수를 말하는 지표로서 운송의 효율성을 측정하는 대표적인 지수이다. 운송의 효율성을 극대화하기 위해서는 다음의 방법에 의해 회전율을 향상시켜서 화물자동차가 일정 시간 내에 최대한 많이 운송에 활용되어야 한다.
- ㉠ 목적지까지 최단거리 코스를 운행한다.
- ㉡ 화물 상・하차시간을 줄인다(상하차장비의 기계화).
- ㉢ 효율적인 배차의 혼합을 이용한다.
- ㉣ 운행 중 대기시간을 줄인다.
- ㉤ 다른 운송수단과 연계한 복합운송을 활용한다.

④ **적재율 극대화** : 적재율은 화물자동차의 적재적량 대비 실제 화물을 얼마나 싣고 운행했는지 나타내는 지표로 운송의 효율성을 극대화하기 위해서는 ㉠ 화물의 특성에 맞는 적정한 화물자동차를 선택하여야 하며, ㉡ 물류의 표준화 및 공동화를 통해서 혼재(Consolidation)운송이 가능하도록 하여야 한다.

⑤ **가동률 극대화** : 가동률은 일정 기간(1일 또는 1개월) 동안 화물을 실제 운행해 온 시간과 목표 운행시간과의 비율을 의미하는 지표로 화물장비를 가동시키는 시간의 극대화를 목표로 한다. 이를 위해서는 기사 2인 동승제, 예비운전기사제 운영, 운송장비의 운행가동상태의 유지관리, 운송물량의 확보, 전천후 상하차시설 및 장비 등이 구비되어야 한다.

4 화물자동차 운영 시 원가계산

원가계산이란 기업에서 일정 기간(회계연도) 동안 영업을 해온 결과를 손익계산서를 작성하기 위해 관련된 수익, 비용항목들을 모아 계산하는 것을 의미한다. 일반적으로 제조업체에서는 제조에 사용된 비용항목의 구분이 용이한 반면에, 물류 특히 화물운송에 있어서는 개별운송별 거리, 운행소요시간, 중량 등이 상이하여 구간별 구분 및 측정(Measurement)이 어려운 문제점이 있다. 이에 각 운송기업은 특성에 맞는 내부 기준에 따라 원가계산을 하고 있다.

(1) 변동비와 고정비의 구분 기준

일반적으로 경제학이나 회계학에서 변동비와 고정비를 구분하는 기준은 비용이 생산량에 미치는 영향에 따라 나눈다. 즉, 생산량의 증감과 무관하게 발생하는 비용은 고정비(Fixed Cost)라고 부르며, 이와는 반대로 생산량의 증감에 비례하여 발생하는 비용의 경우에는 변동비(Variable Cost)라고 구분하고 있다. 화물운송에 있어서도 상기의 구분방법을 활용한다.

(2) 변동비와 고정비 항목의 구분 ★☆☆

① 변동비

㉠ 운송에 있어서 변동비는 매출액에 영향을 미치는 운송거리, 운송물량 등에 비례해서 발생하는 항목들을 의미한다.

㉡ **변동비 항목** : 연료비, 타이어교체비, 수리비, 도로통행료, 잡유비(윤활유비) 등이 포함된다.

② 고정비

㉠ 고정비는 매출액과 무관하게 발생하는 비용으로서 주로 차량의 유지관리비용에 해당한다.

㉡ **고정비 항목** : 운전기사 인건비, 차량의 감가상각비, 차량보험료, 세금과 공과금 등이 포함된다.

(3) 화물자동차 안전운임제도(「화물자동차 운수사업법」 제2조)

① 화물자동차 안전운송원가

㉠ **개념** : 화물차주에 대한 적정한 운임의 보장을 통하여 과로, 과속, 과적 운행을 방지하는 등 교통안전을 확보하기 위하여 화주, 운송사업자, 운송주선사업자 등이 화물운송의 운임을 산정할 때에 참고할 수 있는 운송원가로서 화물자동차 안전운임위원회의 심의・의결을 거쳐 국토교통부장관이 공표한 원가

㉡ **적용** : 안전운송원가는 철강재와 일반형 운송차량(카고)에 우선적으로 적용

② 화물자동차 안전운임[2]

㉠ **개념** : 화물차주에 대한 적정한 운임의 보장을 통하여 과로, 과속, 과적 운행을 방지하는 등 교통안전을 확보하기 위하여 필요한 최소한의 운임으로서 화물자동차 안전운송원가에 적정 이윤을 더하여 화물자동차 안전운임위원회의 심의・의결을 거쳐 국토교통부장관이 공표한 운임을 말하며, 화물자동차안전운송운임과 안전위탁운임으로 구분한다.

㉡ **적용** : 안전운임은 컨테이너와 시멘트 품목에 우선적으로 적용

---

2) 2022년 12월 31일 종료했으나, 아직 법률에 남아 있음

5 차량의 배차

차량의 배차는 화물자동차의 회전율을 극대화하기 위해 중요한 절차로서 보유 중인 차량을 운송대상지별, 화물별로 구분, 배치하거나 또는 자차가 부족한 경우 외부 화물자동차를 조달, 관리하는 일련의 활동을 말한다. 이러한 차량의 배차를 담당하는 자를 배차관리자라고 하며 배차관리자의 역할은 다음과 같다.

① 자동차의 안전적재량
② 상하차장비 및 작업시간
③ 화물의 규격, 형태, 특징
④ 통행제한사항 및 회피방법

6 화물자동차운송의 운행제한 규정 ★☆☆

(1) 취지

국토교통부는 도로의 보전과 통행의 위험을 방지하여 교통소통의 원활화를 도모하기 위해 화물자동차를 대상으로 과적차량 단속을 시행하고 있다.

(2) 단속대상

① 고속도로, 국도, 지방도 등의 도로를 운행하는 차량 중 총중량 40톤, 축하중 10톤을 초과하거나 적재적량을 초과하는 화물을 적재한 차량으로서 중량 측정계의 오차를 감안, 10%의 허용치를 두어 총중량 44톤 또는 11톤 이상 시 고발조치하고 있다.
② 폭 2.5미터, 높이 4.0미터(도로 구조의 보전과 통행의 안전에 지장이 없다고 도로관리청이 인정하여 고시한 도로의 경우에는 4.2미터), 길이 16.7미터를 초과하는 차량
③ 적재중량 : 구조 및 성능에 따르는 적재중량의 110%를 초과하는 차량
④ 길이 : 자동차 길이에 그 길이의 10분의 1을 더한 길이를 초과하는 차량

Tip

단속기준	벌칙	법령 규정
축하중 10톤 초과 총중량 40톤 초과	• 운행제한을 위반한 차량의 운전자 • 「도로법」 제77조 제3항에 따른 운행제한 위반의 지시 및 요구금지를 위반한 자 →500만원 이하의 과태료	「도로법」 제77조 및 동법 시행령 제79조 제2항
적재중량 110% 차량길이 110% 높이 4m 초과	운전자 : 범칙금 5만원	「도로교통법」 제39조 및 동법 시행령 제22조

3 화물자동차운송을 위한 물류시설의 이해

1 물류시설의 개념

"물류시설"이란 다음의 시설을 말한다(「물류시설의 개발 및 운영에 관한 법률」 제2조 제1호).

- 화물의 운송 · 보관 · 하역을 위한 시설
- 화물의 운송 · 보관 · 하역과 관련된 가공 · 조립 · 분류 · 수리 · 포장 · 상표부착 · 판매 · 정보통신 등의 활동을 위한 시설
- 물류의 공동화 · 자동화 및 정보화를 위한 시설
- 위의 시설이 모여 있는 물류터미널 및 물류단지

2 물류시설운영업(물류정책기본법 시행령 제3조)

구분	내용
창고업 (공동집배송센터운영업 포함)	일반창고업, 냉장 및 냉동 창고업, 농 · 수산물 창고업, 위험물품보관업, 그 밖의 창고업
물류터미널운영업	복합물류터미널, 일반물류터미널, 해상터미널, 공항화물터미널, 화물차전용터미널, 컨테이너화물조작장(CFS), 컨테이너장치장(CY), 물류단지, 집배송단지 등 물류시설의 운영업

3 물류단지

(1) 물류단지의 개념

① "물류단지"란 물류단지시설과 지원시설을 집단적으로 설치 · 육성하기 위하여 「물류시설의 개발 및 운영에 관한 법률」 제22조 또는 제22조의2에 따라 지정 · 개발하는 일단(一團)의 토지 및 시설로서 도시첨단물류단지와 일반물류단지를 말한다.

② 물류단지는 물류터미널, 공동집배송단지, 도소매단지, 농수산물도매시장 등의 '물류시설'과 정보, 금융, 입주자 편의시설 등의 '지원시설'을 집단적으로 설치하기 위한 일단의 토지(건물)이다.

(2) 물류단지시설

유통단지 + 공항 · 항만, 철도시설구역 내 화물의 운송 · 하역 · 보관시설 + 농수산물유통단지 등

"일반물류단지시설"이란 화물의 운송 · 집화 · 하역 · 분류 · 포장 · 가공 · 조립 · 통관 · 보관 · 판매 · 정보처리 등을 위하여 일반물류단지 안에 설치되는 다음의 시설을 말한다(「물류시설의 개발 및 운영에 관한 법률」 제2조 제7호).

① 물류터미널 및 창고
② 「유통산업발전법」에 따른 대규모점포 · 전문상가단지 · 공동집배송센터 및 중소유통공동도매물류센터
③ 농수산물도매시장 · 농수산물공판장 및 농수산물종합유통센터
④ 「관세법」에 따른 보세창고
⑤ 「수산식품산업의 육성 및 지원에 관한 법률」에 따른 수산물가공업시설(냉동 · 냉장업 시설만 해당한다)
⑥ 「항만법」의 항만시설 중 항만구역에 있는 화물하역시설 및 화물보관 · 처리시설
⑦ 「공항시설법」의 공항시설 중 공항구역에 있는 화물운송을 위한 시설과 그 부대시설 및 지원시설
⑧ 「철도사업법」에 따른 철도사업자가 그 사업에 사용하는 화물운송 · 하역 및 보관시설

4 물류센터

① 유통업체가 각 업체의 집 · 배송센터를 대단위 단지에 집단화시킨 시설로서 다품종 소량품을 공급자로부터 집화하여 이를 환적, 분류, 보관, 재포장 등을 수행하는 곳이다.
② 물류센터란 공급자와 수요자의 중간에 위치하여 수요와 공급을 통합하고 계획하여 효율화를 도모하는 시설이다.
③ 다품종 대량의 물품을 공급받아 분류, 보관, 유통가공 등을 통해 적기배송을 위한 시설이며, 재고집약을 통해 적정재고를 유지하고 상류와 물류기능을 분리하여 중복교차수송이 없도록 하는 기능을 한다.
④ 유통과정의 단순화(Simplification)로 물류비용을 절감시킨다.

5 물류터미널(화물터미널) ★★★

물류터미널이란 복합물류터미널과 일반물류터미널이 있으며, 화물의 집화(集貨) · 하역(荷役) 및 이와 관련된 분류 · 포장 · 보관 · 가공 · 조립 또는 통관 등에 필요한 기능을 갖춘 시설물을 말한다. 다만, 가공 · 조립 시설은 가공 · 조립 시설의 전체 바닥면적 합계가 물류터미널의 전체 바닥면적 합계의 4분의 1 이하인 것을 말한다.

(1) 복합물류터미널

① 개념 : 복합물류터미널이란 2종류 이상의 운송수단(Mode) 간의 연계운송을 할 수 있는 규모 및 시설을 갖춘 물류터미널을 말한다. 복합물류터미널사업을 경영하려는 자는 국토교통부령으로 정하는 바에 따라 국토교통부장관에게 등록하여야 한다.
② 국내 복합물류터미널은 군포, 양산 등 5곳에서 운영하고 있다.
③ 물류터미널의 범주에 속하지 않는 집배송센터 및 공동집배송단지는 복합물류터미널 기능의 강화로 그 필요성이 점차 강화되고 있다.
④ 복합물류터미널을 국토교통부장관에게 등록하기 위해서는 다음의 시설을 갖춰야만 한다.

1. 부지 면적이 3만 3천제곱미터 이상일 것
2. 다음의 시설을 갖출 것
   ㉠ 주차장
   ㉡ 화물취급장
   ㉢ 창고 또는 배송센터

(2) 일반물류터미널

일반물류터미널에는 화물취급장, 보관시설, 관리용 건물, 주차장 등의 시설이 입지한다.

(3) 컨테이너전용터미널

① **내륙컨테이너기지(ICD)** ★☆☆

㉠ ICD(Inland Container Depot)는 내륙에 설치된 통관기지로서 수출입화물의 통관기능, 보세장치기능, 컨테이너의 보관, 철도연계운송 및 하역, 분류 및 포장, CY, CFS 등의 기능을 수행하고 있다.

㉡ 항만 또는 공항이 아닌 내륙시설로서 철도가 인입되어 있고 통관기능을 갖춘 대규모의 데포(Depot)로 물류거점 기능을 통하여 물류비용을 절감할 수 있다.

확인하기

▸ **ICD(Inland Container Depot)의 주요 기능이 아닌 것은?**

① 통관기능　　② 장치보관기능
③ 집화분류 및 포장기능　　④ 마샬링기능
⑤ 내륙운송기능

해설 마샬링 야드는 본선 입항 전에 미리 입안된 선내 적치계획에 따라 선적예정 컨테이너를 순서대로 쌓아 두기 위한 곳으로, 컨테이너 터미널 운영에 있어 중심이 되는 중요한 장소이다.

정답 ④

② **내륙 Depot 및 부두컨테이너 터미널** : 내륙 Depot는 내륙의 철도역 등에 설치된 중소규모의 복합물류터미널로 ICD와는 달리 통관기능이 없는 것이 특징이다. 한편, 부두컨테이너 터미널은 항만에 설치되는 컨테이너취급 물류터미널로서 수출입화물의 통관기능, 철도 등의 연계운송 및 하역, 컨테이너의 보관, 분류 및 포장, CFS 등의 기능을 수행한다.

4 택배운송(소화물운송)

1 택배운송의 개념 및 등장배경

(1) 택배의 개념(택배 표준약관 제2조)

'택배(소화물운송)'라 함은 소형・소량의 운송물을 고객의 주택, 사무실 또는 기타의 장소에서 수탁하여 수화인의 주택, 사무실 또는 기타의 장소까지 운송하여 인도하는 것을 의미한다. 이는 특송 또는 택배시스템이라고도 부르며, 문전서비스(Door to Door)를 요구하는 고객욕구의 증대로 날로 성장하고 있다.

(2) 택배운송의 등장배경

① 소비자 욕구(Needs)의 다양화 및 고급화
② 일관운송시스템에 대한 필요성 증대
③ 다품종소량생산 시대로의 전환 및 확산
④ 전자상거래 확대에 따른 택배의 필요성 증대
⑤ 물류전문기업의 성장

2 택배운송의 특징 ★☆☆

① 개인화물부터 기업화물까지 불특정 다수인(Suspect)의 화물을 상대로 한다.
② 규격화된 포장서비스를 제공하고, 운임은 화물단위(박스)별로 결정된다.
③ 소량 다빈도, 다품종 및 소형 경량화물의 운송서비스에 적합하다.
④ 인터넷의 보급으로 전자상거래(e-Biz)가 급성장한 특성을 가지고 있다.
⑤ Door to Door 서비스 및 신속한 운송서비스를 제공한다.
⑥ 운송인의 일관된 책임운송서비스를 제공한다.
⑦ 중량은 일반적으로 30kg으로 제한하되, 국제택배(쿠리어 : 상업서류 송달서비스)에서는 80kg 이내로 취급하는 것이 일반적이다.

3 택배운영시스템 ★★☆

(1) 간선운송시스템(Haul Line)

간선운송은 대량의 화물을 취급하는 물류거점(Node) 간에 운송하는 것으로서, 주로 대형 트럭을 이용하며 장거리 운송에 해당한다.

(2) 간선운송시스템의 구분

① Point to Point(PTP)

㉠ Point to Point 시스템의 개념 : 어느 하나의 터미널에서 다른 터미널로 운송할 화물을 각각의 터미널로 직접 발송하는 형태의 운송시스템으로, 한 지역으로 향하는 물동량이 많은 경우에 유리한 운송시스템이다.

㉡ Point to Point 시스템의 특징

ⓐ 지역별로 큰 규모의 터미널의 설치와 Shuttle 운송이 필요하다.

ⓑ 네트워크의 구조는 주로 터미널과 영업소로 이루어진다.

ⓒ 운송노선의 수가 많다.

ⓓ 분류(Sorting)작업이 시간적으로 발송작업과 도착작업으로 구분되어 이루어진다.

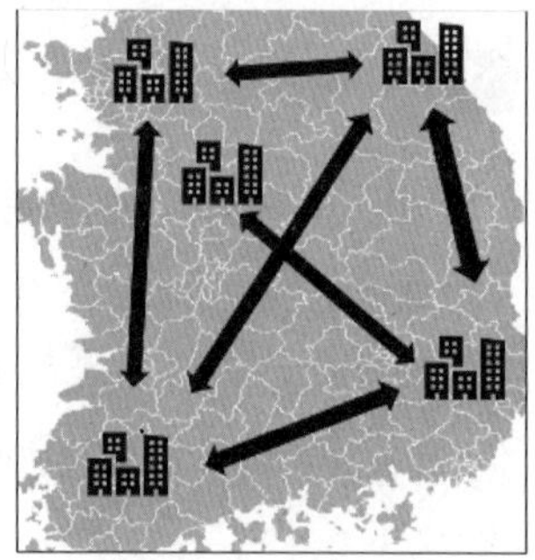

《 Point to Point 시스템 》

② Hub and Spoke 시스템

㉠ Hub and Spoke 시스템의 개념 : 물동량이 적은 지역들의 물동량들이 Spoke에 집화되면 여러 Spoke로부터 중앙 Hub에 대규모로 집화·분류되어 다시 각각의 Spoke별로 발송하는 시스템으로 기본적으로 Shuttle 운송이 없다.

㉡ Hub and Spoke 시스템의 특징 ★☆☆

ⓐ Point to Point(PTP) 시스템에 비해 운송노선이 단순하며, 규모의 경제(Economies of Scale)를 이루어 운송망 전체의 효율성이 제고된다.

ⓑ 전반적으로 터미널 작업인력이 감소된다.

ⓒ 운송범위가 넓지 않고 협소한 경우에 적용하는 것은 적합하지 않다.

ⓓ 노선의 수가 적어 운송의 효율성이 높아진다.

ⓔ 국제소화물 일관수송서비스에 적용하는 것이 적합하다.

ⓕ 집배센터에 배달물량이 집중되므로 충분한 상·하차 여건을 갖추지 않으면 배송지연이 발생할 수 있다.

ⓖ 모든 노선이 허브 중심으로 구축되며 대형의 분류능력을 갖는 허브터미널이 필요하다.

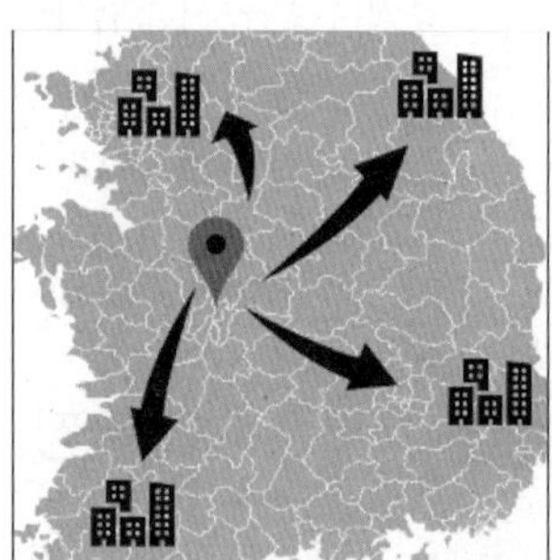

《 Hub and Spoke 시스템 》

출처 : Young GLOVIS 리포터

4 택배운송장의 의의 및 중요성

(1) 운송장의 개념

'운송장'이라 함은 사업자와 고객 간의 택배계약의 성립과 내용을 증명하기 위하여 사업자의 청구에 의하여 고객이 발행한 문서를 말한다(택배 표준약관 제2조). 이는 계약서 및 택배요금영수증의 역할, 정보처리자료, 화물취급지시서, 배달증빙서, 화물 Picking & Packing지시서 등의 역할을 수행한다.

(2) 택배운송장의 중요성

① 배송 완료 후 배송 여부 등에 대한 책임소재를 확인하는 증거서류 역할을 하게 된다.
② 선불로 요금을 지불한 경우에는 운송장을 영수증으로 사용할 수 있다.
③ 택배회사가 화물을 송화인으로부터 이상 없이 인수하였음을 증명하는 서류이다.
④ 운송장에 인쇄된 바코드를 스캐닝함으로써 추적정보를 생성시켜 주는 역할을 하게 된다.
⑤ 계약서의 기능 및 화물취급지시서의 역할을 할 수 있다.

5 국제택배서비스(Courier Service)

(1) 국제택배서비스의 의의

국제택배서비스는 국제적으로 국가 간 소·경량 화물 및 상업서류를 집화하여 신속하게 문전배송하는 국제송달서비스를 의미한다. 우리나라 「항공사업법」 제2조에서는 상업서류송달업이라 칭하여 다음과 같이 정의하고 있다. "상업서류송달업"이란 타인의 수요에 맞추어 유상으로 수출입 등에 관한 서류와 그에 딸린 견본품을 항공기를 이용하여 송달하는 사업을 말한다.

(2) 국제택배서비스의 특징

① 운임수준은 항공화물보다 고가인 경우가 많다.
② 적용구간은 송화인과 수화인 간의 전체 요금이다.
③ 운임의 내용은 지상·항공·통관·부대비용을 포함한다.
④ 통상적으로 다루는 물건은 서류, Sample류 및 개인택배화물이다.
⑤ 「관세법」상 $250 이하의 견품으로 사용이 인정되는 물품은 관세가 면제된다.

체크 Point

✪ 택배서비스의 특징

- 소형·소량 화물을 위한 운송체계
- 규격화된 포장서비스 제공
- 운송업자가 책임을 부담하는 일관책임체계
- 단일운임·요금체계로 경제성 있는 서비스 제공

6 택배 표준약관(표준약관 제10026호) ★☆☆

제1장 총 칙

제1조【목적】

이 약관은 택배사업자와 고객(송화인) 간의 공정한 택배거래를 위하여 그 계약조건을 정함을 목적으로 합니다.

제2조【용어의 정의】 ★☆☆

① '택배'라 함은 고객의 요청에 따라 운송물을 고객(송화인)의 주택, 사무실 또는 기타의 장소에서 수탁하여 고객(수화인)의 주택, 사무실 또는 기타의 장소까지 운송하여 인도하는 것을 말합니다.

② '택배사업자'(이하 '사업자'라 합니다)라 함은 택배를 영업으로 하며, 상호가 운송장에 기재된 운송사업자를 말합니다.

③ '고객'이라 함은 사업자에게 택배를 보내는 송화인과 받는 수화인을 말합니다. 다만, 「약관의 규제에 관한 법률」에 따른 '고객'은 '송화인'을 말합니다.

④ '송화인'이라 함은 사업자와 택배계약을 체결한 자로 운송장에 '보내는 자'(또는 '보내는 분')로 명시되어 있는 자를 말합니다.

⑤ '수화인'이라 함은 운송물을 수령하는 자로 운송장에 '받는 자'(또는 '받는 분')로 명시되어 있는 자를 말합니다.

⑥ '운송장'이라 함은 사업자와 고객(송화인) 간의 택배계약의 성립과 내용을 증명하기 위하여 사업자의 청구에 의하여 고객(송화인)이 발행한 문서를 말합니다.

⑦ '수탁'이라 함은 사업자가 택배를 수행하기 위하여 고객(송화인)으로부터 운송물을 수령하는 것을 말합니다.

⑧ '인도'라 함은 사업자가 고객(수화인)에게 운송장에 기재된 운송물을 넘겨주는 것을 말합니다.

⑨ '**손해배상한도액**'이라 함은 운송물의 멸실, 훼손 또는 연착 시에 사업자가 손해를 배상할 수 있는 최고 한도액을 말합니다. 다만, '손해배상한도액'은 고객(송화인)이 운송장에 운송물의 가액을 기재하지 아니한 경우에 한하여 적용되며, 사업자는 손해배상한도액을 미리 이 약관의 별표로 제시하고 운송장에 기재합니다.

제3조【약관의 명시 및 설명】

① 사업자는 이 약관을 사업장에 게시하며, 택배계약(이하 '계약'이라 합니다)을 체결하는 때에 고객(송화인, 수화인)의 요구가 있으면 이를 교부합니다.

② 사업자는 계약을 체결하는 때에 고객(송화인)에게 다음 각 호의 사항을 설명합니다.

1. 고객(송화인)이 운송장에 운송물의 가액을 기재하면 사업자의 손해배상 시 그 가액이 손해배상액의 산정기준이 된다는 사항
2. 고객(송화인)이 운송장에 운송물의 가액을 기재하지 아니하면 사업자의 손해배상 시 제22조 제3항의 손해배상한도액 내에서만 손해배상을 한다는 사항
3. 운송물의 기본운임 정보, 품목별 할증운임 정보, 배송지역 특성에 따른 부가운임 정보 및 운송물 가액에 따른 손해배상한도액 정보 등에 대한 사항

③ 사업자가 제1항 및 제2항의 규정에 위반하여 계약을 체결한 때에는 당해 약관규정을 계약의 내용으로 주장할 수 없습니다.

제4조【적용법규 등】

이 약관에 규정되지 않은 사항에 대하여는 화물자동차운수사업법, 상법 등의 법규와 공정한 일반관습에 따릅니다.

제 2 장 운송물의 수탁

제5조【사업자의 의무】

① 사업자는 택배를 이용하고자 하는 자에게 다음 각 호의 사항을 홈페이지 및 모바일 앱, 콜센터, 전화 등으로 알기 쉽게 제공하여야 합니다.

1. 택배의 접수방법, 취소, 환불, 변경방법
2. 택배사고 시 배상접수 방법 및 배상기준, 처리절차 등
3. 송장번호 입력란
4. 결제방법
5. 택배이용약관 또는 운송계약서

② 사업자는 고객응대시스템(콜센터, 어플리케이션 등)을 설치, 운영하여야 하며 고객서비스 만족 수준을 제고시키기 위해 노력하여야 합니다.

③ 사업자는 업무상 알게 된 고객(송화인, 수화인)의 개인정보를 개인정보보호법 등 관계법령에 따라 관리하여야 하며, 고객(송화인, 수화인)의 동의 없이 택배업무와 관계없는 제3자에게 제공할 수 없습니다.

④ 위 사항 이외에도 사업자는 대행 업무를 수행함에 있어 선량한 관리자로서의 주의와 의무를 다하여야 합니다.

제6조【송화인의 의무】

① 고객(송화인)은 수화인의 주소, 전화번호, 성명, 운송물의 품명 및 표준가액 등을 운송장에 정확하게 작성하여야 합니다.

② 고객(송화인)은 제12조에 의한 규정에 따라 화약류, 인화물질, 밀수품, 군수품, 현금, 카드, 어음, 수표, 유가증권, 계약서, 원고, 서류, 동물, 동물사체 등의 운송물을 위탁하지 않아야 합니다.

제7조【운송장】★☆☆

① 사업자는 계약을 체결하는 때에 다음 각 호의 사항을 기재한 운송장을 마련하여 고객(송화인)에게 교부합니다.

1. 사업자의 상호, 대표자명, 주소 및 전화번호, 담당자(집화자) 이름, 운송장 번호
2. 운송물을 수탁한 당해 사업소(사업자의 본·지점, 출장소 등)의 상호, 대표자명, 주소 및 전화번호
3. 운송물의 중량 및 용적 구분
4. 운임 기타 운송에 관한 비용 및 지급방법
5. 손해배상한도액
   ※ 고객(송화인)이 운송장에 운송물의 가액을 기재하지 아니하면 제22조 제3항에 따라 사업자가 손해배상을 할 경우 손해배상한도액은 **50만원**이 적용되고, 운송물의 가액에 따라 할증요금을 지급하는 경우에는 각 운송가액 구간별 최고가액이 적용됨을 명시해 놓을 것
6. 문의처 전화번호
7. 운송물의 인도예정장소 및 인도예정일
8. 기타 운송에 관하여 필요한 사항(특급배송, 신선식품 배송 등)

② 고객(송화인)은 제1항의 규정에 의하여 교부받은 운송장에 다음 각 호의 사항을 기재하고 기명날인 또는 서명하여 이를 다시 사업자에게 교부합니다.

1. 송화인의 주소, 이름(또는 상호) 및 전화번호
2. 수화인의 주소, 이름(또는 상호) 및 전화번호
3. 운송물의 종류(품명), 수량 및 가액
   ※ 고객(송화인)이 운송장에 운송물의 가액을 기재하면 사업자가 손해배상을 할 경우 이 가액이 손해배상액 산정의 기준이 된다는 점을 명시해 놓을 것
4. 운송물의 인도예정장소 및 인도예정일(특정 일시에 수화인이 사용할 운송물의 경우에는 그 사용목적, 특정 일시 및 인도예정일시를 기재함)
5. 운송상의 특별한 주의사항(훼손, 변질, 부패 등 운송물의 특성구분과 기타 필요한 사항을 기재함)
6. 운송장의 작성연월일

제8조 【운임의 청구와 유치권】

① 사업자는 운송물을 수탁할 때 고객(송화인)에게 운임을 청구할 수 있습니다. 다만, 고객(송화인)과의 합의에 따라 운송물을 인도할 때 운송물을 받는 자(수화인)에게 청구할 수도 있습니다.

② 제1항 단서의 경우 고객(수화인)이 운임을 지급하지 않는 때에는 사업자는 운송물을 유치할 수 있습니다.

③ 운송물이 포장당 **50만원**을 초과하거나 운송상 특별한 주의를 요하는 것일 때에는 사업자는 따로 할증요금을 청구할 수 있습니다.

④ 고객(송화인, 수화인)의 사유로 운송물을 돌려보내거나, 도착지 주소지가 변경되는 경우, 사업자는 따로 추가 요금을 청구할 수 있습니다.

⑤ 운임 및 할증요금은 미리 이 약관의 별표로 제시하고 운송장에 기재합니다.

제9조 【포장】

① 고객(송화인)은 운송물을 그 성질, 중량, 용적 등에 따라 운송에 적합하도록 포장하여야 합니다.

② 사업자는 운송물의 포장이 운송에 적합하지 아니한 때에는 고객(송화인)에게 필요한 포장을 하도록 청구하거나, 고객(송화인)의 승낙을 얻어 운송 중 발생될 수 있는 충격량을 고려하여 포장을 하여야 합니다. 다만, 이 과정에서 추가적인 포장비용이 발생할 경우에는 사업자는 고객(송화인)에게 추가 요금을 청구할 수 있습니다.

③ 사업자는 제2항의 규정을 준수하지 아니하여 발생된 사고 시 제22조에 의해 고객(송화인)에게 손해배상을 하여야 합니다.

④ 사업자가 운송물을 운반하는 도중 운송물의 포장이 훼손되어 재포장을 한 경우에는 **지체 없이** 고객(송화인)에게 그 사실을 알려야 합니다.

제10조 【외부표시】

사업자는 운송물을 수탁한 후 그 포장의 외부에 운송물의 종류·수량, 운송상의 특별한 주의사항, 인도예정일(시) 등의 필요한 사항을 표시합니다.

제11조 【운송물의 확인】

① 사업자는 운송장에 기재된 운송물의 종류와 수량에 관하여 고객(송화인)의 동의를 얻어 그 참여하에 이를 확인할 수 있습니다.

② 사업자가 제1항의 규정에 의하여 운송물을 확인한 경우에 운송물의 종류와 수량이 고객(송화인)이 운송장에 기재한 것과 같은 때에는 사업자가 그로 인하여 발생한 비용 또는 손해를 부담하며, 다른 때에는 고객(송화인)이 이를 부담합니다.

제12조 【운송물의 수탁거절】 ★☆☆

사업자는 다음 각 호의 경우에 운송물의 수탁을 거절할 수 있습니다.

1. 고객(송화인)이 운송장에 필요한 사항을 기재하지 아니한 경우
2. 고객(송화인)이 제9조 제2항의 규정에 의한 청구나 승낙을 거절하여 운송에 적합한 포장이 되지 않은 경우
3. 고객(송화인)이 제11조 제1항의 규정에 의한 확인을 거절하거나 운송물의 종류와 수량이 운송장에 기재된 것과 다른 경우
4. 운송물 1포장의 크기가 가로・세로・높이 세 변의 합이 (　)cm를 초과하거나, 최장변이 (　)cm를 초과하는 경우
5. 운송물 1포장의 무게가 (　)kg을 초과하는 경우
6. 운송물 1포장의 가액이 **300만원**을 초과하는 경우
7. 운송물의 인도예정일(시)에 따른 운송이 불가능한 경우
8. 운송물이 **화약류, 인화물질** 등 위험한 물건인 경우
9. 운송물이 밀수품, 군수품, 부정임산물 등 관계기관으로부터 허가되지 않거나 위법한 물건인 경우
10. 운송물이 **현금, 카드, 어음, 수표, 유가증권** 등 현금화가 가능한 물건인 경우
11. 운송물이 재생 불가능한 **계약서, 원고, 서류** 등인 경우
12. 운송물이 살아 있는 **동물, 동물사체** 등인 경우
13. 운송이 법령, 사회질서 기타 선량한 풍속에 반하는 경우
14. 운송이 천재, 지변 기타 불가항력적인 사유로 불가능한 경우

제 3 장　운송물의 인도

제13조 【공동운송 또는 타 운송수단의 이용】

사업자는 고객(송화인)의 이익을 해치지 않는 범위 내에서 수탁한 운송물을 다른 운송사업자와 협정을 체결하여 공동으로 운송하거나 다른 운송사업자의 운송수단을 이용하여 운송할 수 있습니다.

제14조 【운송물의 인도일】

① 사업자는 다음 각 호의 인도예정일까지 운송물을 인도합니다.

1. 운송장에 인도예정일의 기재가 있는 경우에는 그 기재된 날
2. 운송장에 인도예정일의 기재가 없는 경우에는 운송장에 기재된 운송물의 수탁일로부터 인도예정장소에 따라 다음 일수에 해당하는 날
   가. 일반 지역 : 수탁일로부터 **2일**
   나. 도서, 산간벽지 : 수탁일로부터 **3일**

② 사업자는 수화인이 특정 일시에 사용할 운송물을 수탁한 경우에는 운송장에 기재된 인도예정일의 특정 시간까지 운송물을 인도합니다.

③ 사업자는 고객(수화인)에 인도 후 운송물 배송의 배송완료 일시, 송장번호 등을 고객(송화인)이 확인할 수 있도록 협력하여야 합니다.

제15조 【수화인 부재 시의 조치】

① 사업자는 운송물의 인도 시 고객(수화인)으로부터 인도확인을 받아야 하며, 고객(수화인)의 대리인에게 운송물을 인도하였을 경우에는 고객(수화인)에게 그 사실을 통지합니다.

② 사업자는 고객(수화인)의 부재로 인하여 운송물을 인도할 수 없는 경우에는 고객(송화인/수화인)과 협의하여 반송하거나, 고객(송화인/수화인)의 요청 시 고객(송화인/수화인)과 합의된 장소에 보관하게 할 수 있으며, 이 경우 고객(수화인)과 합의된 장소에 보관하는 때에는 고객(수화인)에 인도가 완료된 것으로 합니다.

제 4 장 운송물의 처분

제16조 【인도할 수 없는 운송물의 처분】

① 사업자는 고객(수화인)을 확인할 수 없거나(수화인 불명), 고객(수화인)이 운송물의 수령을 거절하거나(수령거절) 수령할 수 없는 경우(수령불능)에는, 운송물을 공탁하거나 제2항 내지 제4항의 규정에 의하여 경매할 수 있습니다.

② 사업자는 고객(송화인)에게 1개월 이상의 기간을 정하여 그 기간 내에 운송물의 처분에 관한 지시가 없으면 경매한다는 뜻을 명시하여 운송물의 처분과 관련한 지시를 해 줄 것을 통지합니다. 다만, 고객(수화인)의 수령거절 또는 수령불능의 경우에는 먼저 고객(수화인)에게 1주일 이상의 기간을 정하여 수령을 요청하고 그 기간 내에도 수령하지 않는 때에 고객(송화인)에게 통지합니다.

③ 사업자는 제2항의 규정에 의한 통지가 고객(송화인)에게 도달된 것으로 확인되는 경우에는, 그 도달일로부터 정한 기간 내에 지시가 없으면 운송물을 경매할 수 있습니다. 그러나 통지가 사업자의 과실 없이 고객(송화인)에게 도달된 것으로 확인될 수 없는 경우에는, 통지를 발송한 날로부터 3개월간 운송물을 보관한 후에 경매할 수 있습니다.

④ 사업자는 운송물이 멸실 또는 훼손될 염려가 있는 경우에는, 고객(송화인, 수화인)의 이익을 위해 고객(송화인, 수화인)에 대한 통지 없이 즉시 경매할 수 있습니다.

⑤ 사업자가 운송물을 공탁 또는 경매한 때에는 지체 없이 그 사실을 고객(송화인)에게 통지합니다.

⑥ 제1항 내지 제5항의 규정에 의한 운송물의 공탁・경매・보관, 통지, 고객(송화인)의 지시에 따른 운송물의 처분 등에 소요되는 비용은 고객(송화인)의 부담으로 하며, 사업자는 운임이 지급되지 않은 경우에는 고객(송화인)에게 운임을 청구할 수 있습니다.

⑦ 사업자는 운송물을 경매한 때에는 그 대금을 운송물의 경매・보관, 통지 등에 소요되는 비용과 운임(운임이 지급되지 않은 경우에 한함)에 충당하고, 부족한 때에는 고객(송화인)에게 그 지급을 청구하며, 남는 때에는 고객(송화인)에게 반환합니다. 이 경우 고객(송화인)에게 반환해야 할 잔액을 고객(송화인)이 수령하지 않거나 수령할 수 없는 때에는, 공탁에 과다한 비용이 소요되지 않는 한, 그 금액을 공탁합니다.

제17조 【고객의 처분청구권】

① 고객(송화인)은 사업자에 대하여 운송의 중지, 운송물의 반환 등의 처분을 청구할 수 있습니다.

② 사업자는 제1항의 규정에 의한 고객(송화인)의 청구가 있는 때에는, 공동운송 또는 타 운송수단의 이용 등으로 인해 운송상 현저한 지장이 발생할 우려가 있는 경우를 제외하고는 이에 응합니다. 이 경우에 이미 운송한 비율에 따른 운임과 운송물의 처분에 소요되는 비용은 고객(송화인)의 부담으로 합니다.

③ 제1항의 규정에 의한 고객(송화인)의 청구권은 고객(수화인)에게 운송물을 인도한 때에 소멸합니다.

제 5 장 운송물의 사고

제18조【사고발생 시의 조치】

① 사업자는 운송물의 수탁 후부터 인도 전까지 전부 멸실을 발견한 때에는 지체 없이 그 사실을 고객(송화인)에게 통지합니다.

② 사업자는 운송물의 수탁 후부터 인도 전까지 운송물의 일부 멸실이나 현저한 훼손을 발견하거나, 인도예정일보다 현저하게 연착될 경우에는 지체 없이 그 사실을 고객(송화인)에게 통지하고, 일정 기간을 정하여 운송물의 처분 방법 및 일자 등에 관한 지시를 해 줄 것을 요청합니다.

③ 사업자는 제2항의 규정에 의한 고객(송화인)의 지시를 기다릴 여유가 없는 경우 또는 사업자가 정한 기간 내에 지시가 없을 경우에는 고객의 이익을 위하여 운송의 중지, 운송물의 반환 기타의 필요한 처분을 할 수 있습니다. 이 경우 사업자는 지체 없이 그 사실을 고객(송화인)에게 통지합니다.

제19조【사고증명서의 발행】

사업자는 운송 중에 발생한 운송물의 멸실, 훼손 또는 연착에 대하여 고객(송화인)의 청구가 있으면 그 발생한 날로부터 1년에 한하여 사고증명서를 발행합니다.

제 6 장 사업자의 책임

제20조【책임의 시작】

운송물의 멸실, 훼손 또는 연착에 관한 사업자의 책임은 운송물을 고객(송화인)으로부터 수탁한 때로부터 시작됩니다.

제21조【공동운송 또는 타 운송수단 이용 시 책임】

사업자가 다른 운송사업자와 협정을 체결하여 공동으로 운송하거나 다른 운송사업자의 운송수단을 이용하여 운송한 운송물이 멸실, 훼손 또는 연착되는 때에는 이에 대한 책임은 사업자가 부담합니다.

제22조【손해배상】

① 사업자는 자기 또는 운송 위탁을 받은 자, 기타 운송을 위하여 관여된 자가 운송물의 수탁, 인도, 보관 및 운송에 관하여 주의를 태만히 하지 않았음을 증명하지 못하는 한, 제2항 내지 제4항의 규정에 의하여 운송물의 멸실, 훼손 또는 연착으로 인한 손해를 고객(송화인)에게 배상합니다.

② 고객(송화인)이 운송장에 운송물의 가액을 기재한 경우에는 사업자의 손해배상은 다음 각 호에 의합니다.

1. 전부 또는 일부 멸실된 때 : 운송장에 기재된 운송물의 가액을 기준으로 산정한 손해액 또는 고객(송화인)이 입증한 운송물의 손해액(영수증 등)
2. 훼손된 때
   가. 수선이 가능한 경우 : 실수선 비용(A/S비용)
   나. 수선이 불가능한 경우 : 제1호에 준함
3. 연착되고 일부 멸실 및 훼손되지 않은 때
   가. 일반적인 경우 : 인도예정일을 초과한 일수에 사업자가 운송장에 기재한 운임액(이하 '운송장 기재 운임액'이라 합니다)의 50%를 곱한 금액(초과일수×운송장 기재 운임액×50%). 다만, 운송장 기재 운임액의 200%를 한도로 함
   나. 특정 일시에 사용할 운송물의 경우 : 운송장기재운임액의 200%

4. 연착되고 일부 멸실 또는 훼손된 때 : 제1호 또는 제2호에 준함

③ 고객(송화인)이 운송장에 운송물의 가액을 기재하지 않은 경우에는 사업자의 손해배상은 다음 각 호에 의합니다. 이 경우 손해배상한도액은 **50만원**으로 하되, 운송물의 가액에 따라 할증요금을 지급하는 경우의 손해배상한도액은 각 운송가액 구간별 운송물의 최고가액으로 합니다.

1. 전부 멸실된 때 : 인도예정일의 인도예정장소에서의 운송물 가액을 기준으로 산정한 손해액 또는 고객(송화인)이 입증한 운송물의 손해액(영수증 등)
2. 일부 멸실된 때 : 인도일의 인도장소에서의 운송물 가액을 기준으로 산정한 손해액 또는 고객(송화인)이 입증한 운송물의 손해액(영수증 등)
3. 훼손된 때
   가. 수선이 가능한 경우 : 실수선 비용(A/S비용)
   나. 수선이 불가능한 경우 : 제2호에 준함
4. 연착되고 일부 멸실 및 훼손되지 않은 때 : 제2항 제3호를 준용함
5. 연착되고 일부 멸실 또는 훼손된 때 : 제2호 또는 제3호에 준하되, '인도일'을 '인도예정일'로 함

④ 운송물의 멸실, 훼손 또는 연착이 사업자 또는 운송 위탁을 받은 자, 기타 운송을 위하여 관여된 자의 고의 또는 중대한 과실로 인하여 발생한 때에는, 사업자는 제2항과 제3항의 규정에도 불구하고 모든 손해를 배상합니다.

⑤ 제1항에 따른 손해에 대하여 사업자가 고객(송화인)으로부터 배상요청을 받은 경우 고객(송화인)이 영수증 등 제2항 내지 제4항에 따른 손해입증서류를 제출한 날로부터 **30일** 이내에 사업자가 우선 배상합니다. 단, 손해입증서류가 허위인 경우에는 적용되지 아니합니다.

제23조 【사고발생 시의 운임 등의 환급과 청구】

① 운송물의 멸실, 현저한 훼손 또는 연착이 천재지변, 전쟁, 내란 기타 불가항력적인 사유 또는 고객(송화인, 수화인)의 책임 없는 사유로 인한 것인 때에는, 사업자는 운임을 비롯하여 제18조 제1항 내지 제3항의 규정에 의한 통지, 합의, 처분 등에 소요되는 비용을 청구하지 못합니다. 사업자가 이미 운임이나 비용을 받은 때에는 이를 환급합니다.

② 운송물의 멸실, 현저한 훼손 또는 연착이 운송물의 성질이나 하자 또는 고객(송화인, 수화인)의 과실로 인한 것인 때에는, 사업자는 운임 전액을 비롯하여 제18조 제1항 내지 제3항의 규정에 의한 통지, 협의, 처분 등에 소요되는 비용을 청구할 수 있습니다.

제24조 【사업자의 면책】

사업자는 천재지변, 전쟁, 내란 기타 불가항력적인 사유에 의하여 발생한 운송물의 멸실, 훼손 또는 연착에 대해서는 손해배상책임을 지지 아니합니다.

제25조 【책임의 특별소멸 사유와 시효】

① 운송물의 일부 멸실 또는 훼손에 대한 사업자의 손해배상책임은 고객(수화인)이 운송물을 수령한 날로부터 **14일** 이내에 그 일부 멸실 또는 훼손에 대한 사실을 고객(송화인)이 사업자에게 통지를 발송하지 아니하면 소멸합니다.

② 운송물의 일부 멸실, 훼손 또는 연착에 대한 사업자의 손해배상책임은 고객(수화인)이 운송물을 수령한 날로부터 1년이 경과하면 소멸합니다. 다만, 운송물이 전부 멸실된 경우에는 그 인도예정일로부터 기산합니다.

③ 제1항과 제2항의 규정은 사업자 또는 그 운송 위탁을 받은 자, 기타 운송을 위하여 관여된 자가 이 운송물의 일부 멸실 또는 훼손의 사실을 알면서 이를 숨기고 운송물을 인도한 경우에는 적용되지 아니합니다. 이 경우에는 사업자의 손해배상책임은 고객(수화인)이 운송물을 수령한 날로부터 5년간 존속합니다.

제26조【분쟁해결】

① 이 계약에 명시되지 아니한 사항 또는 계약의 해석에 관하여 다툼이 있는 경우에는 사업자와 고객(송화인)이 합의하여 결정하되, 합의가 이루어지지 아니한 경우에는 관계법령 및 일반 관례에 따릅니다.

② 제1항의 규정에도 불구하고 법률상 분쟁이 발생한 경우에는 사업자 또는 고객(송화인)은 소비자기본법에 따른 분쟁조정기구에 분쟁조정을 신청하거나 중재법 등 다른 법률에 따라 운영 중인 중재기관에 중재를 신청할 수 있습니다.

③ 이 계약과 관련된 모든 분쟁은 민사소송법상의 관할법원을 전속관할로 합니다.

[택배표준약관의 개정취지] (2020.6.5. 시행)

■ **공정거래위원회는** 택배이용자의 권익을 보호하고 분쟁을 예방하기 위해 **택배 표준약관**을 **개정**하였다.

- 사업자는 **기본운임, 품목별 할증운임 정보 등**에 대해 의무적으로 **설명**을 하여야 한다.
- 사업자는 고객응대시스템을 운영하고, **모바일 앱 등을 통하여 택배 접수, 취소, 환불 및 배상 기준 등을 안내**하여야 하며, 고객은 **배송정보를 정확하게 기재**하고 화약류 등 금지물품을 위탁하지 말아야 한다.
- 사업자와 고객이 **합의한 장소에 보관하면 인도가 완료된 것으로 보아** 수화인 부재 또는 코로나 19 등과 같은 상황에서 **비대면 배송**이 가능하도록 하였다.
- **택배 파손·분실 시** 사업자가 고객의 손해입증서류 제출일부터 **30일 이내에 우선 배상**하도록 하였다.

※ 택배 분실 등에 따른 소비자 피해배상이 택배사, 대리점 및 택배기사 간 책임회피로 기약 없이 지연되어 소비자 분쟁이 빈발함에 따라 계약당사자인 택배사가 소비자에게 우선적으로 배상하도록 한 것임

■ 정보제공 확대 및 **우선 손해배상 등**으로 **택배 이용자의 권익증진** 및 택배업계의 건전한 **거래 질서 확립**에 기여할 것으로 기대된다.

5 화물자동차운임

1 화물운임의 개념

(1) 개념

화물의 운송운임이란 운송수단(Mode)을 이용하여 화물을 종착지까지 이동시킨 것에 대한 반대급부로 운송업자가 받는 금전적인 대가를 의미한다.

(2) 운임결정이론

① 용역가치설 : 수요자가 운송용역에 대한 가치를 인정할 때 운임이 결정된다는 이론으로 운송으로 인해 부가가치가 발생할 때 운임이 수요자의 주관가치판단에 따라 결정된다고 한다.

② 운임부담력설 : 운임은 수요자의 운임부담능력에 따라 결정되며, 여기에는 종가운임, 등급운임 등이 해당한다.

③ 생산비설 : 원가설이라고도 하며, 운임은 최종적으로 생산원가에 따라 결정된다.

④ 일반균형이론 : 운송시장에서 수요와 공급의 균형에 의해 운임이 결정된다.

2 화물운임의 결정요인 ★☆☆

(1) 거리(Distance)

운임결정에 가장 중요한 요인 중 하나로 거리가 증가할수록 운송원가는 증가한다. 하지만 운송거리가 길어질수록 ton・km 단위당 운임은 낮아진다.

(2) 화물의 크기(Volume)

규모의 경제에 따라 1회 운송단위가 클수록 대형차를 이용하게 되므로 단위당 운임은 낮아진다.

cf 양모, 면화 등 중량에 비해 부피가 큰 용적화물은 **수량기준**으로 운임을 산정해야 한다.

(3) 밀도(Density)

동일 중량의 경우 부피가 작은 쪽이 밀도가 높으므로 밀도가 높을수록 운임은 낮아진다.

(4) 적재성(Stowability)

적재성은 제품규격이 운송수단의 적재공간 활용에 어떤 영향을 미치는가에 대한 것으로서 적재성을 높여 운송의 비용을 낮추고 효율성을 극대화하기 위해서 물류용기(파렛트, 컨테이너 등)의 표준화가 실시되고 있다.

(5) 취급(Handling)

화물을 상・하차하는 하역작업(Material Handling)에 있어서 특수장비가 사용되거나 위험의 난이도가 높거나 시간이 많이 소요되는 경우 운송원가는 높아진다.

(6) 책임(Liability)

화물의 파손, 분실 등의 사고발생 가능성이 높거나 클레임에 대한 배상범위에 따라서도 운송임은 영향을 받게 된다.

(7) 시장요인(Market Factors)

상기의 요인들에 의해 일반적인 화물운임의 수준은 결정되지만, 최종적인 금액은 시장에서의 수요와 공급 상황에 따라 달라지게 된다.

3 화물운임의 종류 ★☆☆

(1) 지급시기

선불, 후불, 착불요금제

(2) 운송거리기준

① 단일운임 : 운송거리와 상관없이 단일요금을 적용하는 형태의 운임
② 거리체감운임 : 운송거리가 길어질수록 운임률이 낮아지는 형태의 운임

③ **지역운임** : 특정지역으로 운송되는 화물에 대하여는 동일한 운임을 적용하는 형태

④ **균일운임** : 지역 또는 운송거리에 관계없이 동일한 단위의 운임을 적용

예 다음의 그림 중 실선은 거리가 증가할수록 단위당 운임이 낮아지는 거리체감운임이며, 점선은 거리비례운임에 해당한다.

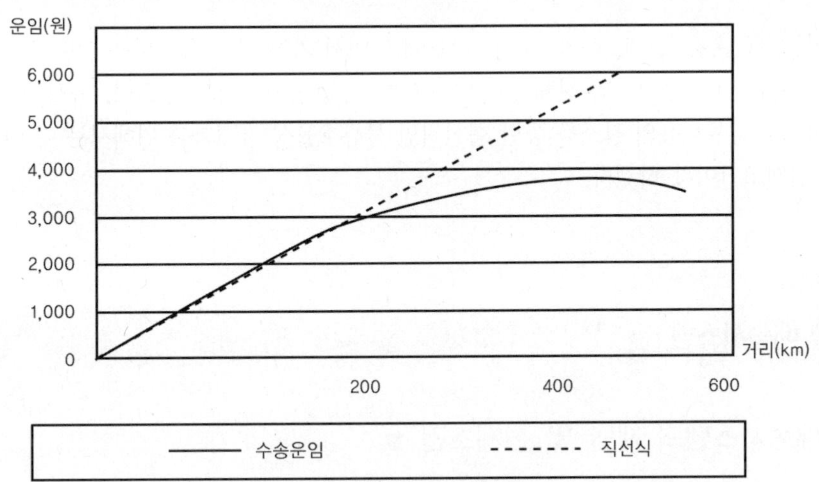

(3) 부과방법에 따른 분류

① **종가운임**(Valuation Rate) : 운송되는 화물의 가격에 따라 달라지는 형태의 운임

② **최저운임** : 일정 수준 이하의 운송량을 적재하거나 일정 거리 이하의 거리운송에 적용하는 최저수준의 운임

③ **특별(예외)운임** : 해운동맹이 비동맹과 경쟁하기 위하여 일정 조건을 갖춘 경우 요율을 인하하여 부과하는 운임

④ **무차별운임**(FAK, Feight All Kinds) : 운송품목, 운송거리, 운송량 등에 관계없이 일률적으로 부과하는 운임

(4) 운송 정도에 따른 분류

① **비례운임** : 운송이 이루어진 비율에 따라 운임을 수수하는 형태

② **전액운임** : 서비스의 완성 정도에 관계없이 계약된 운임 전액을 수수하는 경우

(5) 적재 정도에 따른 분류

① **만재운임** : 화물을 운송수단의 적재능력만큼 적재·운송하고 적용하는 운임

② **공적운임**(Dead Freight) : 화물의 실제 적재량이 계약량에 미달할 경우 그 부족분에 대해서도 지불하는 부적운임(不積運賃)

(6) 수요기준운임

수요기준운임은 일반적인 운송원가구조와는 달리 화주의 **운임부담능력**에 대해 운송인이 내리는 의사결정에 따라 운임수준이 결정되는 운임을 의미한다. 이는 **운송서비스의 가치를 기준**으로 설정되는 운임에 해당하고 운임체계를 왜곡할 가능성이 있는 방법이다.

CHAPTER 03

수 · 배송시스템의 합리화

물류의 5대 기능, 즉 운송, 보관, 하역, 포장, 정보에 있어서 가장 많은 물류비용 지출이 요구되고 있는 부분이 바로 운송파트이다. 이는 우리나라 전체 물류비의 60% 이상을 차지하고 있으며, 특히 화물자동차의 운송비중은 3/4에 달하므로 물류비용의 감소를 통한 혁신적인 물류효율성 극대화를 위해서는 수 · 배송시스템의 합리화가 필수적인 전제조건이라 하겠다.

1 공동수 · 배송시스템 ★★☆

1 공동수 · 배송시스템의 개념 및 전제조건 ★☆☆

(1) 공동수 · 배송시스템의 개념

공동수 · 배송이란 하나의 차량에 다양한 화주의 화물을 혼적(Consolidation)하여 운송함으로써 운송의 대형화(적재율 향상 및 규모의 경제)와 순회배송을 가능하게 하는 운송기법으로 물류효율화의 강조, 소량 다빈도 수 · 배송과 JIT 수 · 배송의 필요성 증대, 고객지향적 수 · 배송서비스가 요구되는 현실에 있어서 중요성이 더욱 커지고 있다.

(2) 공동수 · 배송시스템의 전제조건 ★☆☆

① 일정 지역 안에 유사영업과 공동수 · 배송을 실시하는 다수의 기업(화주)이 존재하여야 한다.
② 대상화물이 공동화에 적합한 품목이어야 한다.
③ 대상기업 간에 공동수 · 배송에 대한 이해가 일치하여야 한다.
④ 공동수 · 배송에 참여하는 기업 간의 경제성 및 물류서비스 수준의 향상이라는 목적이 일치해야 한다.
⑤ 공동수 · 배송을 주도(주관)하는 책임기업이 존재해야 한다.
⑥ 공동수 · 배송에 참여하는 기업 간의 배송조건이 유사하고, 물류표준화가 선행되어야 한다.
⑦ 시행하는 기업 간 정보시스템의 특성에 차이가 있는 경우에도 실시할 수 있다.

2 공동수·배송시스템의 유형(운영주체)

공동수·배송 유형	내용
배송공동형	배송은 공동화하고 화물거점시설까지의 운송은 개별화주가 행하는 형태
집배(집화·배송)공동형	물류센터에서의 배송뿐만 아니라 화물의 보관 및 집화 업무까지 공동화하는 방식으로서 주문처리를 제외한 거의 모든 물류업무에 관해 협력하는 형태
노선집화공동형	노선의 집화망을 공동화하여 화주가 지정한 노선업자에게 화물을 넘기는 형태, 즉 각 노선사업자가 집화해 온 노선화물의 집화부분을 공동화하는 방식
공동납품대행형	• 착화주의 주도에 의해 공동화하는 것으로 유통가공, 상품내용 검사 등의 작업대행이 이루어지는 형태 • 백화점, 할인점 등에서 공동화하는 유형으로 참가 도매업자가 선정한 운송사업자가 배송거점을 정하여 납품상품을 집화, 분류, 포장 및 레이블을 붙이는 작업 등을 한 후 배달, 납품하는 형태
공동수주·공동배송형	운송업자가 협동조합을 설립하여 공동수·배송을 하는 유형

3 공동수·배송시스템의 장점 ★☆☆

① 소량화물의 집배송이 용이하다.
② 공동수·배송은 참여기업(화주)의 운임부담을 경감할 수 있다.
③ 다양한 거래처에 대한 공동수·배송을 실시함으로써 물동량의 계절적 수요변동에 대한 차량운영의 탄력성을 확보할 수 있다.
④ 물류인원을 절감할 수 있으며, 물류공간의 활용률이 높아진다.
⑤ 공동수·배송을 통해 물류센터 운영효율을 향상시킬 수 있으며, 고정비에 대한 규모의 경제를 달성할 수 있다.
⑥ 공동수·배송은 참여기업에 대한 서비스 수준을 균등하게 유지할 수 있다.
⑦ 참여기업에 대한 통합된 수·배송 KPI(Key Performance Indicator)를 제공할 수 있다.

+ 공동수·배송시스템 : 화주 측면의 장점
- 운임부담의 경감 및 전체적인 물류비 절감이 가능
- 화물운송의 소량화, 장거리화에 대응 가능
- 효율성 낮은 자가용 화물자동차에 의한 수·배송 폐지
- 배송이 계획화되고 신속·정확한 수·배송 가능
- 공간절약에 의한 시설의 유효성 상승
- 출하작업의 합리화에 의한 물류인력의 효율적 이용이 가능
- 교통혼잡 및 환경오염 완화

4 공동수 · 배송시스템의 기대효과 및 유의점(장애요인) ★☆☆

(1) 공동수 · 배송시스템의 기대효과

① 수 · 배송 효율성 제고를 통한 물류비용의 절감
② 교통혼잡 완화 및 차량 감소로 인한 환경오염 방지
③ 수 · 배송업무의 효율화를 통한 교차배송 감소
④ 물류기업의 인력 부족에 대처 가능(고용 증가 ×)
⑤ 운송대형화로 인한 경제성 및 물류센터의 효율성 향상
⑥ 동일지역 및 동일 배송선에 대한 중복교차배송의 문제점 해결

(2) 공동수 · 배송시스템의 유의사항 및 장애요인

① 유의사항 : 공동수 · 배송은 운송, 보관, 배송 등을 공동화하는 것으로 동종업계 간뿐만 아니라 특성의 유사성이 인정된다면 이종업 간에도 공동화가 가능하다.
㉠ 상품의 특성에 유사성이 있어야 한다.
㉡ 하역특성에 유사성이 있어야 한다.
㉢ 보관특성에 유사성이 있어야 한다.
㉣ 물류정보시스템의 특성이 유사해야 한다.

② 공동수 · 배송시스템의 장애요인
㉠ 참여업체의 구성
㉡ 참여기업 간의 의견조정문제
㉢ 기업의 문화 및 업무체계의 차이
㉣ 회사의 기밀유지문제
㉤ 긴급한 수요의 대처에 취약

2 수 · 배송시스템의 설계 ★☆☆

1 수 · 배송시스템의 개념 및 종류

(1) 수 · 배송시스템의 개념

수송은 화물을 자동차, 선박, 항공기, 철도 등 운송수단에 의해 어떤 거점에서 다른 거점으로 이동시키는 장거리 운송행위를 말하며, 배송은 소량의 화물을 중소형 트럭을 이용해 물류거점에서 화물수취인에게 보내는 JIT형 운송을 의미한다. 일반적으로 수 · 배송시스템은 화물자동차를 이용하는 공로운송에서 화물을 상차하는 장소에서부터 최종 배송지에 도착하기까지의 일련의 운송절차를 말한다.

최근에는 소비자 욕구의 다양화 및 전자상거래 등의 발달에 기인하여 소량다빈도, JIT 배송의 중요성이 커지므로 총물류비용이 최소화될 수 있게 수·배송시스템이 설계되도록 유의하여야 한다.

(2) 수·배송시스템의 종류

① **왕복운송시스템** : 물건을 운송하고 빈차로 돌아오는 과정에서 제조업체의 물류창고나 공장을 경유하여 상품을 싣고 돌아오는 시스템(Back Hauling System)

② **환결운송시스템** : 연속적으로 영차운행을 하여 최초의 출발지점까지 돌아오는 방법. 운전기사가 귀가하는 데 장시간이 소요되어 기사의 불만요소가 되므로 주의해서 시행해야 한다.

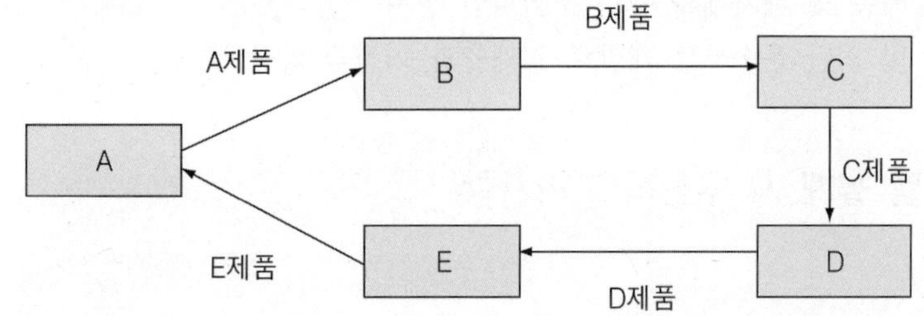

③ **1차량 2운전원 승무시스템** : 발지와 착지 양단에 운전기사를 한 명씩 배치하여 1차 운송이 완료되면 즉시 착지에 대기하고 있던 운전기사가 차량을 인계받아 귀로운행을 하는 시스템

④ **중간환승시스템** : 주요 발지와 착지의 중간지점에 터미널을 설치하고 양단에서 도착된 차량을 서로 교체 승무하여 귀로하는 시스템. 효과적인 실행을 위한 충족사항(양단의 지역에서 출발하는 차량 수 동일, 환승터미널은 정확히 중간지점에 위치, 화물의 확실한 인수인계)

⑤ **릴레이식 운송시스템** : 1회의 편도운송거리가 1일 이상 소요되는 운송이나 일정한 도시들을 순회하며 집화나 배달을 하는 경우의 운송에서는 일정한 시간의 운행 후에 운전사를 교대하여 차량을 계속 운행시킴으로써 차량의 가동시간을 최대화하고 화물의 인도시간을 신속하게 하는 시스템. 각 센터에 운전기사가 숙식을 할 수 있는 시설 필요

2 수·배송설계 시 필요한 사전정보 수집방법

① 운송할 화물의 종류를 조사하여 적절한 운송수단을 준비
② 운송물량(화물의 크기)을 조사하여 이용차량을 적절하게 선택
③ 운송빈도 및 운송 로트사이즈(Lot Size)를 조사하여 운송주기를 설정
④ 운송지역의 교통여건을 조사하여 적절한 운송계획을 수립
⑤ 운송경로와 거리에 따른 적절한 수단
⑥ 운송비 부담능력에 따른 운송방법

3 수 · 배송시스템 설계의 기본요건

① 지정된 시간 내에 목적지에 배송할 수 있는 화물의 확보 및 정확한 물품 배송
② 총물류비용이 최소화되도록 수 · 배송시스템을 설계
③ 화물에 대한 리드타임(Lead Time)을 고려하여 설계
④ 편도수송 · 중복수송을 피할 수 있도록 설계
⑤ 수주에서 출하까지 작업의 표준화 및 효율화
⑥ 최저 주문단위제 등 주문의 평준화
⑦ 정확한 물품의 배송 및 배차계획 등의 조직적인 실시
⑧ 최적 운송수단 및 최단 운송루트 개발로 적재율과 회전율 향상 도모

4 수 · 배송시스템 설계 시 우선적 고려사항

(1) 경제적 측면

총물류비용을 최소화하면서 운송서비스의 질적인 부분을 최적화하기 위해서는 낭비적인 요소를 최소화하는 수 · 배송시스템 설계가 필요하다.

(2) 서비스 측면

고객이 요구하는 화물을 적시에 적합한 장소에 안전하게 수 · 배송할 수 있도록 설계 시 이를 고려해야 한다.

(3) 안전 측면

최종 배송지의 수화인에게 화물이 전달되기까지 상 · 하차 하역작업 및 운송행위가 안전하게 이루어지게 설계되어야 한다.

(4) 사회적 측면

수 · 배송과정에서 발생 가능한 소음, 매연, 과속, 과적 등에 따른 사회적 공적비용이 최소화되도록 설계되어야 한다.

체크 Point

효율적인 수 · 배송계획 시 고려사항

- **물류채널의 명확화** : 물류채널을 이해하고 그 순서도를 명확히 작성
- **화물특성의 명확화** : 화물에 대한 품목, 외장, 중량, 용적, 포장형태 등의 명확화
- **수 · 배송단위의 명확화** : 지역별, 제품별로 일일 수 · 배송단위의 명확화
- **수 · 배송량의 명확화** : 지역별, 제품별 수송하는 화물량의 기간별 단위의 명확화
- **출하량 피크시점의 명확화** : 1일(1주일)간의 출하량 등의 시간적 움직임 파악

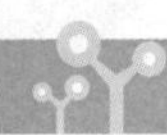

5 수 · 배송루트 설정방법

(1) 배송루트의 결정 및 배송다이어그램 작성

① **배송루트의 크기결정** : 배송루트의 크기는 하나의 운송지시로 운전자가 배송하게 될 배송처의 숫자와 전체 운행거리 또는 운행시간을 말한다. 배송루트의 크기결정은 배송종료시간, 귀점시간, 운송가능량을 기준해서 결정한다.

② **다이어그램(Diagram) 배송시스템**

㉠ **개념** : 고정다이어그램과 변동다이어그램 시스템이 있으며, 집배구역 내에서 차량의 효율적인 이용을 도모하기 위해 배송처의 거리, 수량, 지정시간, 도로상황 등을 감안하여 여러 곳의 배송처를 묶어서 정시에 설정된 루트로 배송하는 형태이다.

㉡ **적용** : 다이어그램 배송은 상대적으로 배송범위가 협소하고 배송 빈도수가 많은 경우에 활용된다. 실제로 배송범위가 30km 이내이고, 배송빈도는 2회/일 또는 1.5회/일(30 ~ 60km)인 경우 주로 적용한다.

변동다이어그램 배송

- 배송에 관한 사항을 시간대별로 계획하고 표로 작성하여 운행
- 배송처 및 배송물량의 변화가 심할 때 방문하는 배송처, 방문순서, 방문시간 등을 매일 새롭게 설정하여 배송하는 운송방식

③ **루트(Route) 배송시스템** : 비교적 광범위한 지역에 소량화물을 요구하는 다수의 고객을 대상으로 배송할 때 유리한 방법으로 판매지역에 대하여 배송담당자가 배송트럭에 화물을 상 · 하차하고 화물을 수수함과 동시에 현금수수도 병행한다.

(2) 운행경로 및 일정계획의 수립원칙 ★★☆

① 배송지역의 범위가 넓을 경우 운행경로는 물류센터(Depot)에서 먼 지역부터 만들어간다.
② 가장 근접해 있는 지역의 물량을 모아서 함께 배송한다.
③ 차량경로상의 운행순서는 배송경로가 상호 교차되지 않도록 한다.
④ 효율적인 배송을 위하여 이용 가능한 대형차량을 먼저 배차한다.
⑤ 집화(Pick Up)와 배송은 함께 이루어지도록 한다.
⑥ 배송날짜가 다른 경우에는 경유지를 엄격하게 구분한다.
⑦ 루트 배송에서 제외된 수요지는 별도의 차량을 이용한다.
⑧ 차량경로상의 운행순서는 눈물방울 형태(SWEEP법)로 이루어진다.

6 수 · 배송시스템 효율화 대책 및 방안

(1) 하드웨어 대책

① 차량 적재함의 개선
② 상하차 자동화기기 도입
③ 하역장소의 정비와 확장

(2) 소프트웨어 대책

① 배송의 계획화(루트화, 다이어그램 수송)
② 화물의 로트(Lot)화
③ 경로의 단순, 간략화
④ 물류의 공동화(고밀도화)

3 수 · 배송 최적화 기법

1 수 · 배송문제 해결방법 ★☆☆

(1) 최소비용법

최소비용법은 물동량 할당에 있어서 각 구간별 단위당 수송비용이 고려된다는 점에서는 이후에 학습하게 될 보겔의 추정법(Vogel's Approximation Method)과 유사하며, 초기 수송표상에서 단위당 수송비용이 가장 최소인 칸에 우선적으로 할당(Allocation)하되, 할당할 때에는 그 칸이 포함된 행의 공급가능량과 열의 수요량을 감안하여 할당이 가능한 최대량을 배정한다. 만약, 할당과정에서 단위당 수송비용이 가장 낮은 칸이 두 개 이상 있을 경우에는 임의로 그중의 한 칸을 선택하여 할당하면 된다. 이하의 예제를 통해 풀이과정을 살펴본다.

확인하기

▸ **최소비용법(Least-Cost Method)에 의한 최초 가능해의 총운송비용은 얼마인가? (톤당 비용은 수요지와 공급지 간 단위수송비용임)**

공급지 \ 수요지	D1	D2	D3	공급량
S1	10원/톤	25원/톤	5원/톤	600톤
S2	20원/톤	15원/톤	30원/톤	900톤
수요량	600톤	500톤	400톤	1,500톤

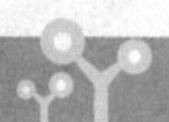

공급지 S1은 비용이 최소인 수요지 D3(5원/톤)에 먼저 400톤을 할당한다. 이것으로 수요량이 400톤인 수요지 D3에 대한 할당이 끝나게 되고, 공급지 S1은 600톤 중 나머지 200톤을 그 다음으로 비용이 작은 수요지 D1(10원/톤)에 할당하고 공급이 종료된다. 이제 공급지 S2는 900톤을 나머지 수요처 중 비용이 가장 적게 드는 D2(15원/톤)에 500톤을 할당하여 수요량이 500톤인 수요지 D2는 배정이 끝나게 된다. 이제 비용이 최소인 수요지 D1(20원/톤)에 나머지 400톤을 할당하면 공급이 종료된다.

∴ 총운송비용 = (5 × 400) + (10 × 200) + (15 × 500) + (20 × 400) = 19,500원

정답 19,500원

(2) 북서코너법

수송비용은 전혀 고려하지 않고 하나의 실행 가능해를 빨리 구해내는 방법으로 수송표상의 각 칸을 채우는 데 있어서 북서쪽에 있는 칸부터 시작해서 가능한 한 최대의 값을 할당하여 나머지를 남동쪽으로 할당시키는 수·배송해법이다. 이러한 북서코너법은 수송비용은 전혀 고려하지 않고 가능한 해를 빨리 구하는 것이 목표인 방법으로 비용 측면을 고려하지 않는 한계가 있다. 즉, 북서코너법은 초기해를 개선할 여지가 있으므로 이를 디딤돌법(Stepping Stone Method)에 의하여 검증할 수 있다. 디딤돌법은 할당되지 않은 공란을 평가하는 방법에 해당한다.

▶ **다음 표와 같이 각 지점별 수요량과 공급량, 그리고 지점 간 수송비용이 주어졌을 때, 북서코너법에 의하여 공급지와 수요지 간의 수송량을 결정하려고 한다. 이 방법에 의한 총수송비용은? (공급지와 수요지 간 비용은 톤당 수송비용임)**

수요지 / 공급지	1	2	3	공급량
A	2원	4원	3원	15톤
B	5원	2원	10원	12톤
C	10원	6원	4원	5톤
수요량	10톤	15톤	7톤	32톤

공급지 A는 공급량 15톤 중에서 가장 북서쪽에 있는 총수요량이 10톤인 수요지 1(2원/톤)에 10톤을 할당하며, 이것으로 수요지 1은 공급이 종료된다. 공급지 A는 이제 나머지 5톤을 그 다음 북서쪽에 위치하고 있는 수요지 2(4원/톤)에 할당하고 역할이 종료된다. 이제 공급지 B는 12톤 중 북서쪽에 위치하고 있는 수요지 2(수요량은 15톤이며 이미 5톤 공급받은 상태)에 10톤을 할당하고 수요지 2는 공급이 종료된다. 이제 공급량 2톤이 남은 공급지 B는 그 다음 수요지 3(10원/톤)에 2톤을 공급하고 역할을 종료한다. 마지막 공급지 C는 수요지 3(4원/톤)에 5톤을 공급하여 수송을 마친다.

수요지 / 공급지	1	2	3	공급량
A	2원	4원	3원	15톤
B	5원	2원	10원	12톤
C	10원	6원	4원	5톤
수요량	10톤	15톤	7톤	32톤

∴ 총수송비용 = (2 × 10) + (4 × 5) + (2 × 10) + (10 × 2) + (4 × 5) = 100원

정답 100원

(3) 보겔의 추정법(Vogel's Approximation Method)

보겔의 추정법은 해를 구함에 있어서 기회비용(Opportunity Cost) 개념을 활용하여 총수송비용이 최소가 되도록 화물의 물량을 할당하는 방법으로서, 최적해에 가까운 근사치를 구할 수 있는 탐색적 방법을 말한다. 보겔의 추정법(Vogel's Approximation Method) 적용 시 제일 먼저 1단계로 해야 하는 작업은 각 행과 열별로 가장 낮은 수송비용과 그 다음으로 낮은 수송비용을 찾아 그 차이를 계산하여 기회비용(Opportunity Cost)이 가장 크게 발생하는 곳부터 수송량을 배정하는 것부터 시작된다.

확인하기

▶ **다음의 표를 보겔의 추정법에 의해 최종해를 구하시오. [단, 각 행렬의 (　) 안의 숫자는 수송비용을 나타낸다.]**

초기표

(단위 : 원, 개)

공급지 \ 수요지	1	2	3	공급량
1	(8)	(5)	(6)	120
2	(15)	(10)	(12)	80
3	(3)	(9)	(10)	80
수요량	150	70	60	280

해설 1단계

각 행렬별로 수송비용이 가장 적은 것과 그 다음으로 적은 것을 선택하여 그 차이가 가장 큰 행렬을 구해내는 것이다. 본 예제에서는 공급지 3(제3행)에서 기회비용이 6*(= 9 − 3)으로 가장 크게 되므로 여기서부터 할당이 시작된다.

초기표

(단위 : 원, 개)

공급지 \ 수요지	1	2	3	공급량	기회비용
1	(8) ② 70	(5)	(6) ③ 50	120	~~1~~ ~~1~~ 1
2	(15)	(10) ⑤ 70	(12) ④ 10	80	~~2~~ ~~2~~ 2
3	(3) ① 80	(9)	(10)	80	~~6*~~
수요량	150	70	60	280	
기회비용	~~5~~ 7*	~~4~~ ~~5~~ 5	~~4~~ ~~6~~ 6*		

2단계

기회비용이 가장 큰 수요지 1에 공급지 3의 공급량 80개를 모두 할당하고 제3행은 할당이 종료된다. 할당이 끝난 제3행을 제외하고 다시 기회비용을 구해보면 수요지 1(제1열)의 기회비용이 7*(= 15 − 8)로 크므로 공급지 1의 공급량 120개 중에서 70개를 할당하고 제1열의 할당은 종료된다. 할당이 끝난 제3행과 제1열을 제외한 나머지의 기회비용을 다시 구하면 제3열의 기회비용이 6*으로 가장 크므로 공급지 1의 남은 공급량 50개(= 120 − 70)를 모두 할당하고 제1행의 할당도 종료된다. 이제 할당을 하지 않은 공급지 2의 물량 80개는 수요지 3에 10개만큼 할당하고 나머지 70개는 수요지 2에 70개를 모두 할당함으로써 모든 작업이 종료된다.

∴ 총수송비용 = (80 × 3) + (70 × 8) + (50 × 6) + (10 × 12) + (70 × 10) = 1,920원

정답 1,920원

2 수 · 배송 네트워크모형 ★☆☆

네트워크(Network)모형이란 두 개 이상의 운송로(Link)와 연결되는 운송상의 연결점(Node)들이 있고 각 운송구간별로 단위운송비용 또는 단위운송량 등이 제시된 수송문제에서 운송망에 있어서의 운송량을 효율적으로 배분하는 방법들로서, 그 종류로는 최단경로법, 최대운송량계획법(최대유량문제), Network 최소화법 등이 있다.

(1) 최단경로법

① 최단경로법은 각 운송구간별로 운송거리 또는 단위운송비용 등이 제시된 운송망(Network)이 있을 때 출발지와 도착지 간 등 그 운송망 위에 있는 두 교점(Node) 사이의 최단거리 또는 최소비용을 도출할 때 사용되는 방법이다.

확인하기

▶ **다음은 최단수송경로의 선택과 관련한 그림이다. 다음 경로 중 노드 S에서 노드 F까지 최단거리의 경로를 선택하여 도착할 경우 소요거리는 얼마나 되는가? (각 구간별 숫자는 소요거리를 나타냄)**

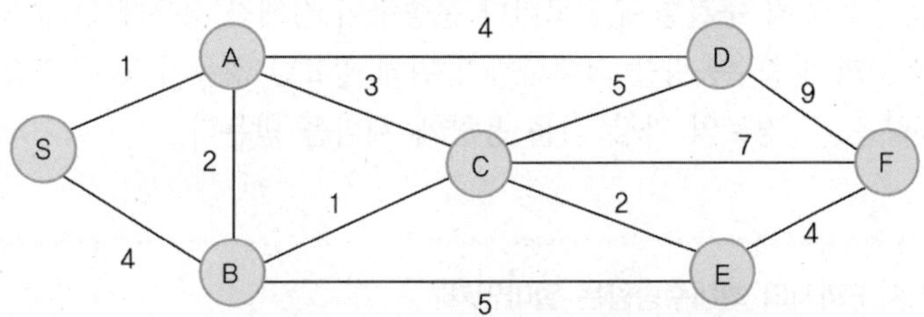

해설 S(Start) → A → B → C → E → F(Finish)

총소요거리 = 1 + 2 + 1 + 2 + 4 = 10

정답 10

② From-to Chart를 이용한 최단경로 찾기 : From-to Chart란 각 물류 지점들 간의 관계를 나타내는 표로, 예를 들면 지점 간 또는 지역 간 다량의 물자를 처리하는 흐름과 관련된 정보를 제공하는 차트를 의미한다.

확인하기

▸ **다음 행렬의 셀 내의 숫자는 해당 두 지점 간의 거리를 나타낸다(숫자가 없는 셀은 운송로가 존재하지 않음을 의미함). 이 경우 출발지 S에서 목적지 F로 운송할 경우 최단거리는?**

	S	A	B	C	D	E	F
S		4	5	–	–	–	–
A			3	2	3	–	–
B				3	–	2	–
C					1	1	2
D						–	2
E							4
F							

해설 From-to chart를 이용하는 경우 이를 통해 경로를 그리는 작업이 선행되어야 한다.
경로를 그려보면 S → A → C → F이므로 최단경로는 4 + 2 + 2 = 8이 된다.

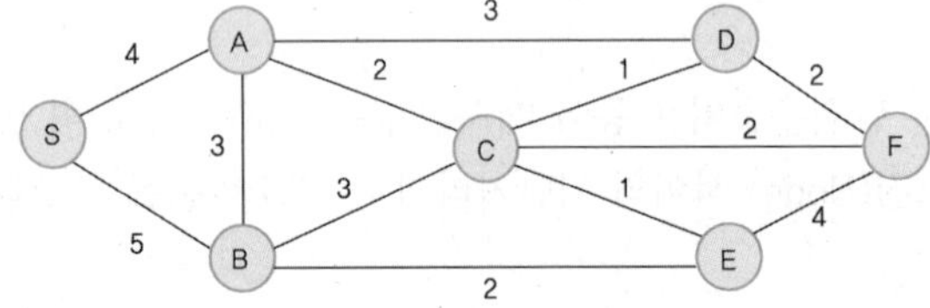

정답 8

(2) 최대수송량계획

최대수송량계획은 운송망의 각 구간별 운송로마다 운송량이 정해진 경우에 그 운송망에 있는 한 거점(출발지)에서 다른 거점(도착지)까지 총수송량을 최대화하기 위해 필요한 경유지 및 운송경로 등을 결정하는 방법으로 각 경로의 최대수송량은 그 경로의 가장 적은 용량에 제한을 받는다.

확인하기

▸ **출발점 S에서 목적지 F까지의 최대수송량은 얼마인가?**

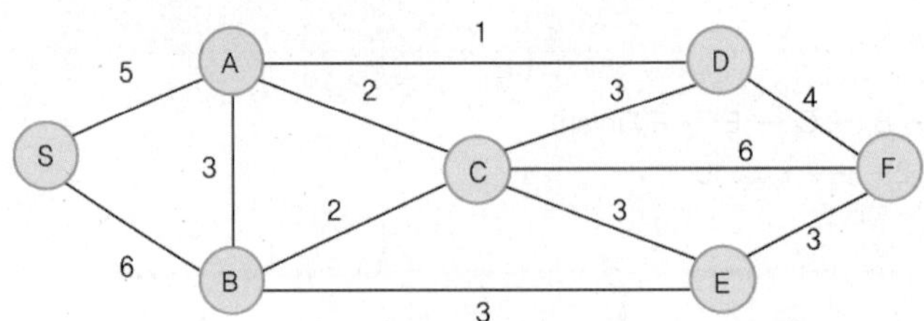

1단계

S(Start) → A → D → F(Finish) : 최대수송량 1

출발점 S부터 시작하여 도착점 F까지의 연결되는 수송로에 최대로 수송할 수 있는 수송량을 구하고 보내진 수송량은 빼낸다. 예를 들어, S → A → D → F의 경로를 보면 가장 적은 용량이 1이므로 이 경로에서는 최대 1까지만 보낼 수 있다. 그렇게 되면, S → A는 4(= 5 − 1)가 되고, A → D는 0(= 1 − 1), D → F는 3(= 4 − 1)이 된다. 수송량이 0이 되는 구간은 더 이상 그 구간을 이용할 수 없게 된다. 1단계처럼 거점 간 수송량을 하나씩 지워가면서 계산하다가 더 이상 S로부터 시작해서 F까지 갈 경로가 없으면 계산은 끝이 난다.

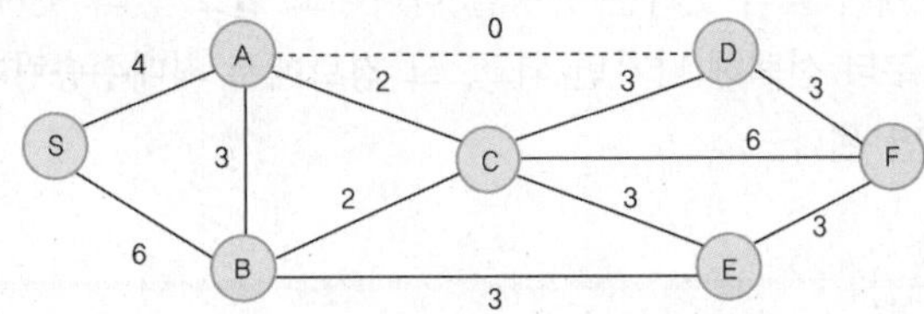

2단계

S → A → C → F : 최대수송량 2

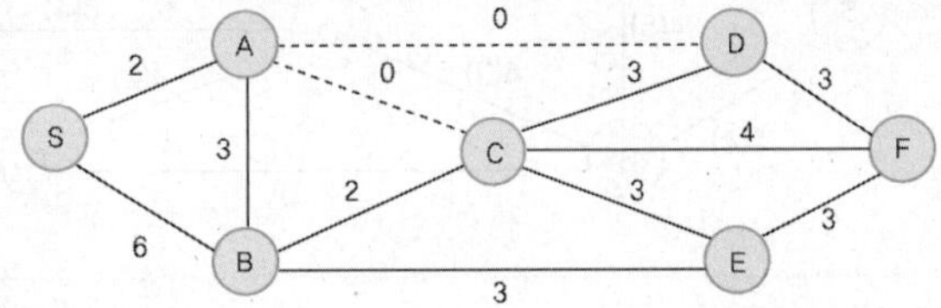

3단계

S → B → C → F : 최대수송량 2

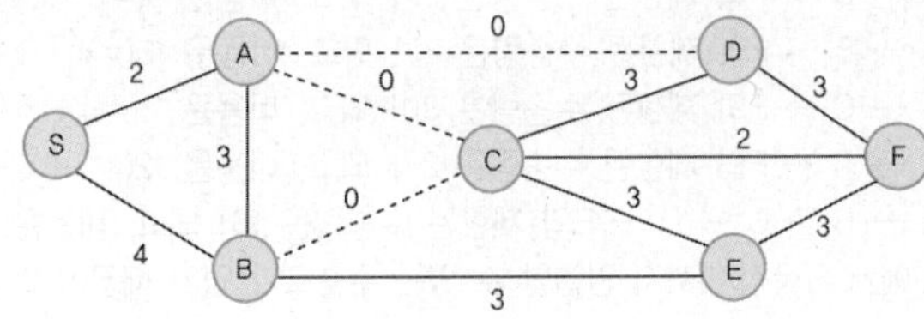

4단계

S → B → E → F : 최대수송량 3

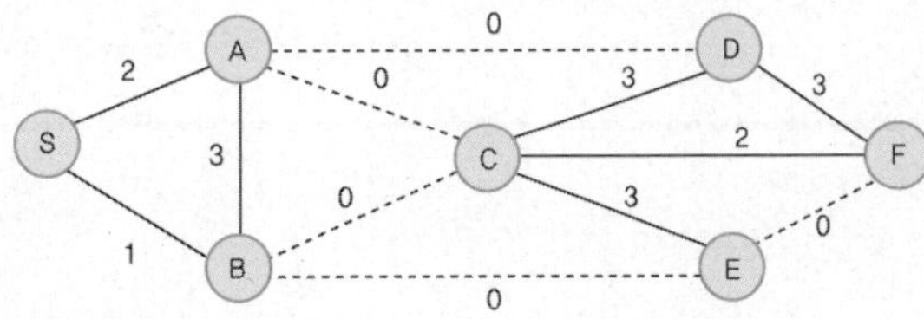

따라서 최대수송량 = 1 + 2 + 2 + 3 = 8이 된다.

정답 8

(3) 최소비용수송계획

최소비용수송계획은 각 구간별 최대운송가능량(제약조건)과 단위 수송비용 및 운송방향이 정해진 운송망이 있을 때, 출발지에서 도착지까지 임의의 두 교점 간 운송 시에 최소운송비용으로 가능한 최대운송량을 파악하는 방법을 말한다. 즉, 이 방법은 운송효율의 극대화를 위해 운송비용의 최소화와 운송량의 최대화를 동시에 달성할 목적으로 운송계획을 수립할 경우에 유용하게 사용할 수 있다.

[풀이방법]

각 구간에 표시된 숫자에서 앞의 숫자는 용량을 나타내고 괄호 안의 숫자는 비용을 나타낸다. 경로의 선택은 가장 비용이 적은 경로부터 선택해 나가면 되고, 그 경로에서 최대수송량계획에서처럼 주어진 용량에 맞게 제한된 수송량을 결정하면 된다.

확인하기

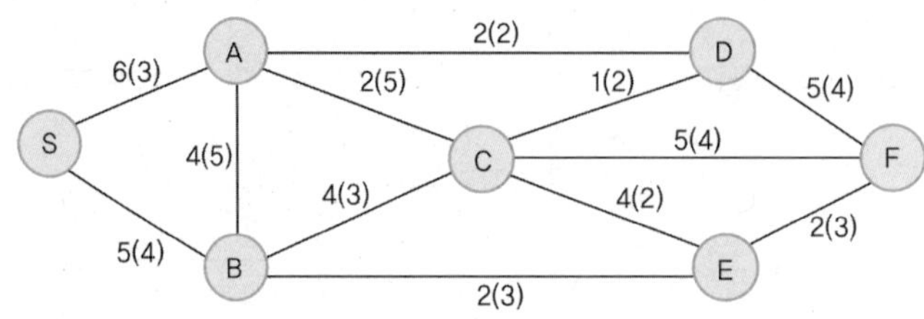

해설 최소비용법 + 최대수송량법을 혼합하여 푼다.
우선적으로 수송비용이 가장 적은 구간부터 살펴보면 비용이 가장 적은 S(Start) → A → D → F(Finish) 경로부터 시작한다.

① **경로** : S → A → D → F의 제한된 수송량은 2가 되고, 비용은 9(= 3 + 2 + 4)
② **경로** : S → B → E → F의 제한된 수송량은 2가 되고, 비용은 10(= 4 + 3 + 3)
③ **경로** : S → B → C → F의 제한된 수송량은 3이 되고, 비용은 11(= 4 + 3 + 4)
④ **경로** : S → A → C → F의 제한된 수송량은 2가 되고, 비용은 12(= 3 + 5 + 4)
⑤ **경로** : S → A → B → C → D → F의 제한된 수송량은 1이 되고, 비용은 17(= 3 + 5 + 3 + 2 + 4)이 된다.

더 이상 S(출발지)에서 F(목적지)까지 연결할 수 있는 수송로가 없기 때문에 이제는 수송이 불가능하다.

따라서 총최대수송량 : 2 + 2 + 3 + 2 + 1 = 10이 되고,
총수송비용 : (2 × 9) + (2 × 10) + (3 × 11) + (2 × 12) + (1 × 17) = 112가 된다.

정답 **총최대수송량 : 10**
총수송비용 : 112

3 IT기술을 이용한 수·배송 합리화

(1) 운송수요모형

① 자료형태에 따른 분석방법

자료 형태	운송수요의 예측대상	적용방법
집계자료	화물의 발생	회귀분석법
	노선의 배정	네트워크모형
	화물량의 분배	선형계획법(LP), 중력모형
	운송수단 분배	회귀모형, 선형로짓모형
비집계자료	운송수단의 선택	프로핏모형, 로짓모형 등

② 운송수요에 따른 분석방법 ★☆☆

운송수요의 예측대상	적용모형
화물의 발생 및 도착량 산정	중회귀분석, 원단위법, 카테고리분석법, 성장률법
화물분포(물동량) 산정	중력모형(단일제약모형, 이중제약모형), 성장인자법(평균인자법, 프레타법, 디트로이트법), 엔트로피 극대화모형
운송수단별 분담률의 예측	통행교차모형(로짓모형), 통행단모형
통행배정 (통행망의 교통량 추정)	• 용량비제약모형 : Dial모형, 전량배정법 • 용량제약모형 : 반복배정법, 분할배정법 등

㉠ **회귀분석모형** : 화물 발생량 및 도착량에 영향을 주는 다양한 변수 간의 상관관계에 대한 복수의 식을 도출하여 교차하는 화물량을 예측하는 모형

㉡ **카테고리분석법** : 범주화한 운송수단을 대상으로 운송구간의 운송비용을 이용하여 구간별 통행량을 산출하는 모형

㉢ **중력모형** : 지역 간의 운송량은 경제규모에 비례하고 거리에 반비례한다는 가정에 의한 분석

㉣ **엔트로피 극대화모형** : 일정구역에서 화물의 분산 정도가 극대화한다는 가정을 바탕으로 분석한 모형

㉤ **성장인자법** : 기준연도의 구역 간 물동량 배분 패턴이 장래에도 그대로 유지된다는 가정하에 구역 간 장래 물동량을 예측하는 방법

확인하기

▶ 다음 통행배정 모형 중 용량비제약모형을 모두 고른 것은?

ㄱ. 반복배정법	ㄴ. 분할배정법
ㄷ. Dial모형	ㄹ. 교통망 평형배정모형
ㅁ. 전량배정법	

① ㄱ, ㄴ
② ㄱ, ㄹ
③ ㄴ, ㄷ
④ ㄷ, ㅁ
⑤ ㄹ, ㅁ

정답 ④

(2) IT기술을 이용한 수 · 배송 합리화 기법

① **고정다이어그램 시스템** : 일정한 지역에 정기적으로 화물을 배송할 때, 과거의 통계치 또는 경험에 의해 주된 배송경로와 시각을 정해 놓고 적재효율이 떨어지더라도 고객에 대한 적시배송과 업무의 편의성을 중시하여 배송차량을 고정적으로 운영하는 시스템이다.

② **변동다이어그램 시스템** ★☆☆ : 계획 시점에서의 물동량, 가용차량대 수, 도로사정 등을 감안하여 가장 경제적인 배송경로를 정보시스템을 통해 찾아내서 적재 및 운송지시를 내리는 시스템으로, 스위프법, TSP 기법, VSP 기법 등이 있다.

㉠ **스위프(SWEEP)법**

ⓐ 배송차량의 적재범위 내에서 배송루트가 교차하지 않고 가능한 눈물방울 형태의 배송루트가 설정될 수 있도록, 배송거리와 물류센터로부터의 배송위치 각도를 이용하여 최적의 배송루트를 만들어간다.

ⓑ 가로축과의 각도가 작은 것부터 번호를 붙여 배송차의 적재량의 제한범위까지 루트를 짜고 가장 적합한 배송루트를 선정한 후 다른 배송루트와 교환하여 더 효율적인 배송루트를 발견할 수 있을지 검토하여 풀이를 개선해 나간다.
본 예제에서는 D → ⑩ → ⑨ → ④ → ⑬ → ⑧ → ③의 순으로 배송루트를 눈물방울 모양으로 만들어간다(12톤 트럭이 각 방문지마다 2톤씩 배달하는 경로계획 시).

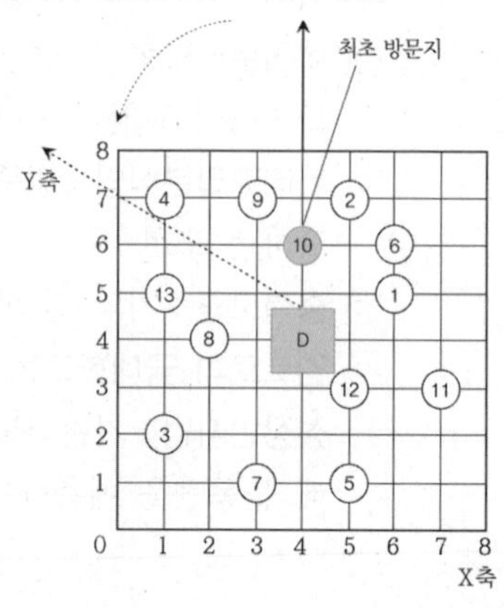

㉡ **외판원문제**(Traveling Salesman Problem)

ⓐ 배송 네트워크(Network)모형 중 차량이 배송을 위하여 배송센터를 출발하여 돌아오기까지에 소요되는 거리 또는 시간을 최소화하기 위한 기법으로 Karl Thompson(1964)이 제시한 휴리스틱 해법의 예를 통하여 쉽게 이루어질 수 있다.

ⓑ 배송합리화를 위한 기법 중 차량이 지역배송을 위해 배송센터를 출발하여 원위치로 돌아오기까지 소요되는 거리 또는 시간을 최소화하기 위한 휴리스틱 기법

㉢ VSP(Vehicle Schedule Program)모형 : Saving 기법(휴리스틱 기법) ★☆☆

ⓐ Saving 기법의 개념 : Saving 기법은 효율적인 배송루트 수립을 위해서 각각의 배송처를 개별 왕복 운행하는 것보다는 밀크런 방식으로 순회배송함으로써 운송거리나 시간을 단축(Save)시키는 수・배송기법을 말한다. 이는 이상적인 최적화(Optimization)기법이 아니라 현실적인 운행경험을 통해 발견할 수 있는 휴리스틱(Heuristic) 기법에 해당한다.

ⓑ Saving 기법의 내용

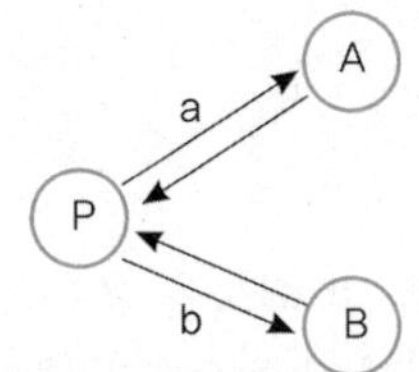

출발점인 물류센터(P)에서 각 배송처를 별도로 운송하는 경우의 총운송거리 : (a × 2) + (b × 2) = 2a + 2b

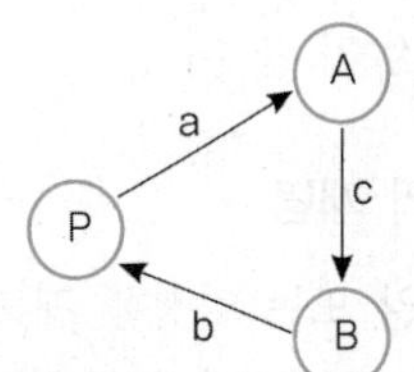

물류센터에서 출발하여 A, B 거점을 순회배송하는 경우의 총운송거리 : a + b + c

㉮ 배송센터에서 두 수요지까지의 거리를 각각 a, b라 하고 두 수요지 간의 거리를 c라 할 때 Saving은 (a + b + c)가 된다.

㉯ Saving 기법은 다양한 거점 간 경로를 만들고 가장 효율적인 경로를 탐색함으로써 최적의 배송루트를 찾아내는 것이다.

㉰ 세이빙이 큰 순위로 차량운행 경로를 편성한다.

㉱ 경로편성 시 차량의 적재용량 등의 제약을 고려해야 한다.

ⓒ Saving 기법의 예제

확인하기

▸ **[그림 1]은 각 수요처를 각각 1대의 차량이 방문하는 경우이고, [그림 2]는 1대의 차량으로 순회 방문하는 경우이다. 거리행렬이 다음과 같을 때 [그림 2]의 방법은 [그림 1]의 방법에 비해 수송거리가 몇 km 감소되는가?**

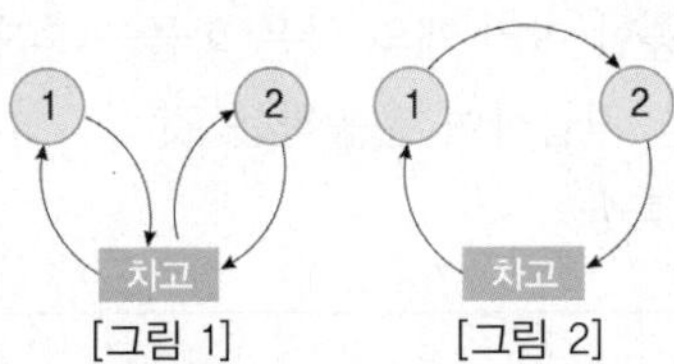

[그림 1] [그림 2]

from \ to	차고	수요처 1	수요처 2
차고	0km	5km	7km
수요처 1	5km	0km	3km
수요처 2	7km	3km	0km

해설 Saving 기법으로 계산하면 [그림 1]은 총 24km(= 5 + 5 + 7 + 7), [그림 2]는 총 15km(= 5 + 3 + 7)이므로 9km(= 24 − 15)가 감소된다.

정답 9km

CHAPTER 04

철도운송

1 철도운송의 개념 및 종류

1 철도운송의 의의

(1) 철도운송의 개념

철도란 레일 또는 일정한 궤도(Guide Way)에 유도되어 여객 및 화물을 운송하는 차량 및 운전하는 설비를 말하며, 철도화물운송은 송화인의 화물발송지에서부터 수화인의 배송지까지 사이에 철도와 기관차(화차)를 이용하여 화물을 운송하는 것을 말한다.

(2) 철도운송의 특성 ★☆☆

① 일반적으로 화차운송은 장거리 대량화물 운송에 적합
② 정시성으로 계획운송이 가능
③ 대량의 화물을 동시에 효율적으로 운송할 수 있고, 안전성과 지속가능성 측면에서 우수
④ 사회간접자본으로 공공재 성격이 강하며 지속적인 투자를 요구
⑤ 운임률표(Tariff)에 따른 운임의 비탄력성(운임의 경직성)이 존재
⑥ 철도운송산업은 초기에 대규모 자본이 투자되어 평균 비용이 감소하는 자연독점형 산업
⑦ 배기가스 배출의 정도가 낮고, 안전도가 높은 운송수단(Modal Shift)

(3) 철도운송의 종류

① **화차취급** : 화물취급 종별의 하나로 대량화물을 1개 화차로 운송하는 것
② **컨테이너 취급** : 화차취급과 동일한 개념으로 20ft, 40ft, 45ft 컨테이너를 화차에 적재하여 운송하는 것
③ **혼재차 취급** : 운송업자가 화주와 철도의 중간에서 화주가 탁송할 여러 개의 작은 화물을 혼재한 후에 운임을 수수하고, 혼재된 화물을 다시 철도에 일반차 취급운임을 지급하여 운송하는 것
④ **화물취급** : KTX를 통해 소규모 소화물과 서류 등을 신속히 특송

Tip

+ **Modal Shift(운송수단 전환)의 법적인 근거** : 지속가능 교통물류 발전법 **제21조**

【전환교통 지원】

- 국가 및 지방자치단체는 전환교통을 촉진하기 위하여 환승 · 환적(換積) 시설 및 장비의 설치대책을 마련하여야 한다.
- 국토교통부장관 · 해양수산부장관 · 특별시장 · 광역시장 · 특별자치시장 · 시장 또는 군수는 교통물류운영자 및 교통물류 이용자, 화주(貨主) 등에게 효율적인 교통수단으로의 전환을 권고할 수 있다.
- 국토교통부장관 · 해양수산부장관 · 특별시장 · 광역시장 · 특별자치시장 · 시장 또는 군수는 교통물류운영자 및 교통물류 이용자, 화주(貨主) 등과 전환교통에 관한 협약을 체결하고 예산의 범위에서 보조금 등을 지원할 수 있다.

(4) 철도운송의 장단점 ★☆☆

장점	단점
• 대량운송 및 장거리 운송에 적합 • 운임 저렴 및 환경성이 우수 • 정시성 확보로 계획수송 가능 • 안전성 측면 우수 • 비교적 전천후 운송수단 • 저렴한 운임과 운송비	• 문전운송(완결성)이 곤란함 • 타 운송수단과의 연계가 필요 • 운임이 비탄력적(Tariff) • 하역작업이 곤란 • 화차확보 시 사전 스케줄이 필요 • 기동성이 상대적으로 떨어짐

2 철도운송의 종류 ★★☆

(1) 화차의 종류[3]

구분	그림	화차의 내용
유개화차		• 지붕이 있는 일반적인 화차. 용적제한을 받으므로 장, 폭, 고 등에 관하여 따로 규정 • 도난, 화재의 우려가 있거나 비를 맞으면 안 되는 화물 • 보통화차와 특수화차로 구별되며, 특수화차로는 냉장화차, 보온화차, 가축화차, 통풍화차, 소방화차, 차장화차 등 다양한 화차가 존재
무개화차		• 화물을 지지할 수 있는 벽체구조는 있으나 화차 지붕이 없는 구조. 유개화차와 같이 용적 제한받음 • 악천후 및 분실, 사고의 우려가 없는 자갈, 무연탄, 고철, 광석 등을 운송 • 하차 시에는 측면분출구를 통하거나 기계를 이용하여 퍼내는 방식
평판화차 (Flat Car)		플랫화차(Flat Car)는 철도화차의 상단이 평면을 이루고 있는 화차로 기계류, 건설장비 등과 같은 대(大)중량 및 대(大)용적화물, 장척화물 등을 운반하기에 적합하도록 설계된 화차를 말한다.
탱커화차 (Tanker Car)		탱커화차(Tanker Car)는 원유 등과 같은 액체화물의 운반에 적합하도록 일체형으로 설계된 화차를 말한다.

3) 물류브리프 Vol.5 No.3, p.16, 2013.5, 한국교통연구원

컨테이너화차		컨테이너화차는 컨테이너를 운송하기에 적합하도록 평면의 철도화차 상단에 컨테이너를 고정할 수 있는 장치를 장착하고 있는 컨테이너전용화차를 말한다.
벌크화차		• 가루시멘트를 운송하기 위한 화차로서 벌크전용탱크가 설치되어 있다. • 시멘트제조업체들이 사유화차로 제작하여 이용하고 있다.
더블스택카 (Double Stack Car)		• 컨테이너화차의 일종으로 컨테이너를 2단으로 적재하여 운송할 수 있도록 설계된 화차 • 우리나라에서 2016년 도입 결정됨(부산신항~마산항 간)

+ 호퍼화차(Hopper Wagon)
싣고 내리는 작업의 합리화가 가능한 구조이며, 시멘트·사료 등을 운반하는 호퍼차와 석탄차(石炭車)가 있다. 예전에는 많은 석탄차가 사용되었지만 탄광의 폐쇄로 격감하고 있다.

(2) 철도운송의 형태

① **직행운송** : 직행운송이란 특정 발·착역을 정하고 그 사이로 직행수송하는 방식이다. 공장 간의 전용열차, 산지 직행수송 등이 이에 해당하며, 왕복수송에서 볼 수 있는 수송의 효율 향상, 수송정의 향상, 관리의 용이성 등의 장점이 있다.

② **컨테이너운송**(Freight Liner) : 컨테이너운송은 1965년 영국 국철이 개발한 정기급행(컨테이너)화차인 Freight Liner수송이라고도 하며, 컨테이너 화물을 싣고 문전에서 문전까지의 일관수송을 말한다. 열차에 대형 컨테이너를 적재하고 터미널 사이를 정기적으로 고속운행하는 화물컨테이너 운영방식을 말한다.

③ **쾌속화물운송** : 차급화물운송의 하나이며, 지역별로 중심역을 정하고 그 중심역 사이를 쾌속열차를 연결하여, 수송하는 방식을 말한다. 중심역까지는 보통 화물열차나 트럭으로 화물을 운반한다.

④ **야드(조차장)집결운송** : 역두 또는 역근처 야드 또는 조차장에 화물을 집결하여 행선별로 구분 편성되어 화물열차에 의해 도착역에서 가장 가까이 있는 야드까지 수송되는 방식을 말한다.

(3) 철도운송의 궤간

구분	궤도의 종류
광궤	러시아 궤간(1,520mm)·인도 궤간(1,676mm)·이베리아 궤간(1,668mm)·아일랜드 궤간(1,600mm)
표준궤	우리나라 궤간(1,435mm)
협궤	스코틀랜드 궤간(1,372mm)·케이프 궤간(1,067mm)·이탈리아 미터 궤간(950mm)

3 철도 전용열차 서비스의 형태 ★★☆

(1) 블록트레인(Block Train)

① 블록트레인의 개념 : 자체 화차와 터미널을 가지고 항구 또는 출발지 터미널에서 목적지인 내륙터미널 또는 도착지점까지의 선로를 빌려 철도·트럭 복합운송을 제공하는 운송시스템이다.

② 블록트레인의 특징

㉠ 블록트레인은 스위칭 야드(Switching Yard)를 이용하지 않고 철도화물역 또는 터미널 간을 직접 운행하는 전용열차의 한 형태로 **화차의 수와 타입이 고정되어 있지는 않다**.

㉡ 장거리 수송이나 터미널에서 이용 가능한 대형 열차서비스 방식에 해당한다.

㉢ 블록트레인의 장점 : 최초 출발지로부터 최종 도착지까지 **중간역을 거치지 않고** 직송서비스를 제공하며, 복합운송(철도-화물자동차)에서 많이 이용되는 서비스 형태이다.

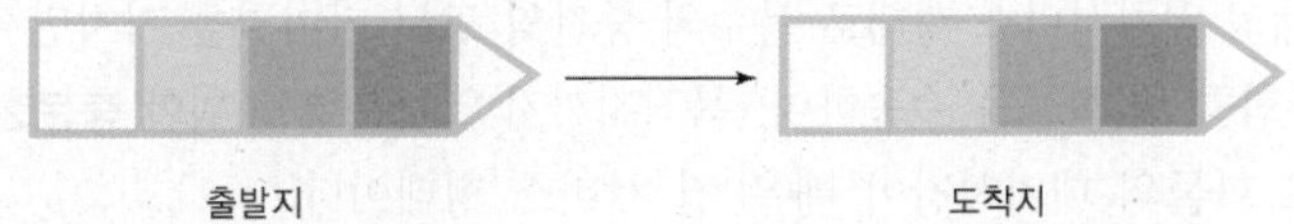

(2) 셔틀트레인(순환운행, Shuttle Train)

① 셔틀트레인의 개념 : 셔틀트레인은 철도역 또는 터미널에서의 화차조성비용을 절감하기 위해 **화차의 수 및 형태가 고정**되어 있는 서비스 방식이다.

② 셔틀트레인의 특징

㉠ 출발지 → 목적지 → 출발지를 연결하는 루프형 순환구간에서 서비스를 제공하는 형태. 화차의 수와 구성이 고정되어 있어 터미널에서의 화차취급비용을 블록트레인에 비해 15~20% 절감할 수 있다는 장점이 있다.

㉡ 셔틀트레인은 비교적 짧은 구간에서 유용한 열차서비스 형태이다.

(3) Y-셔틀트레인(Y-Shuttle Train)

① Y-셔틀트레인은 한 개의 중간역 또는 터미널을 거치면서 운행하는 열차서비스 방식을 말한다.

② 이는 한 개의 중간터미널을 거치는 것을 제외하고는 셔틀트레인과 같은 형태의 서비스를 제공하는 열차형태로, 셔틀트레인과 마찬가지로 화차의 수 및 형태가 고정된 열차서비스이다.

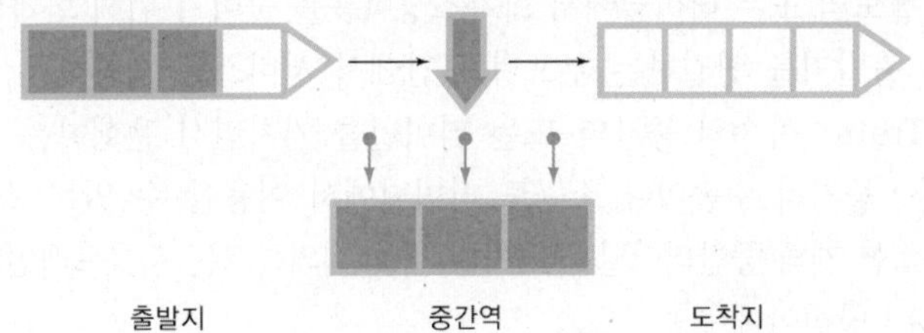

(4) Coupling-Sharing Train

① 단·중거리 수송 또는 소규모 터미널에서 이용할 수 있는 Modular Train(소형 열차) 형태의 열차서비스이다.

② Single-Wagon Train의 대안으로 제시된 열차 형태로 중간역에서 화차취급을 단순화하여 열차조성을 신속하게 할 수 있는 장점이 있다.

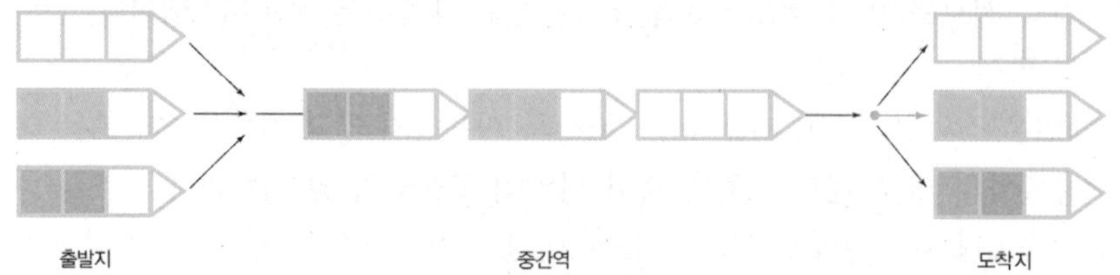

(5) Single-Wagon Train

가장 일반적인 형태의 열차서비스 형태로 복수의 중간역 또는 터미널을 거치면서 운행하는 열차서비스에 해당한다. 모든 종류의 화차 및 화물을 수송하며, 목적지까지 열차운행을 위한 **충분한 물량이 확보된 경우에만 운행**하므로 일반적으로 화물의 대기시간이 매우 긴 서비스 형태이다.

(6) Liner Train

Single-Wagon Train의 일종인 Liner Train은 장거리구간에 여러 개의 소규모 터미널이 존재하는 경우에 마치 여객열차와 같이 각 기착터미널에서 화차를 Pick up & Delivery하는 서비스 형태이다.

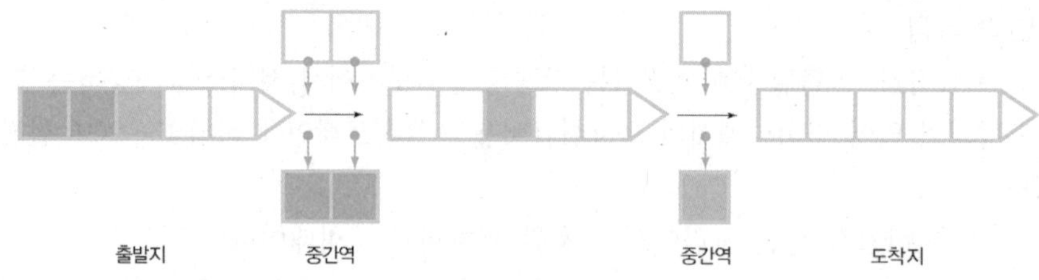

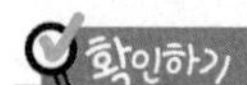

▸ **철도운송 서비스 형태에 관한 설명으로 옳지 않은 것은?**

① Block Train : 스위칭 야드(Switching Yard)를 이용하지 않고 철도화물역 또는 터미널 간을 직행 운행하는 방식이다.

② Shuttle Train : 철도역 또는 터미널에서 화차조성비용을 줄이기 위해 화차의 수와 타입이 고정되며 출발지 → 목적지 → 출발지를 연결하는 루프형 구간에서 서비스를 제공하는 방식이다.

③ Single-Wagon Train : 복수의 중간역 또는 터미널을 거치면서 운행하는 방식이다.

④ Train Ferry : 단·중거리 수송이나 소규모 터미널에서 이용할 수 있는 소형 열차서비스 방식이다.

⑤ Y-Shuttle Train : 한 개의 중간터미널을 거치는 것을 제외하고는 셔틀트레인(Shuttle Train)과 같은 형태의 서비스를 제공하는 방식이다.

정답 ④

2 컨테이너의 철도운송방식

1 컨테이너운송을 위한 철도시설 및 철도화차

(1) 컨테이너운송을 위해 필요한 철도시설

구분	시설의 내용
컨테이너야드(CY)	 컨테이너의 상·하역 작업 및 적치를 위해 포장된 평탄한 CY의 조성이 필요
컨테이너 핸들러	 대형의 중량물인 컨테이너를 신속하게 하역하기 위해서 컨테이너 전용 크레인, 대형지게차 등이 필수
보세장치장	콘솔화물의 경우 적출한 후 통관하기 위해서 물류센터에 입고 후 대기시키는 과정이 필요
CFS창고	소량 수출화물을 목적지별로 컨테이너화하고 Devanning(적출)을 위해 필요하고 철도의 컨테이너운송을 촉진하기 위해서 철도역에 CFS를 설치하는 것이 필요
세관	수출입화물의 신속한 통관을 위해서는 역구내에 세관이 설치되는 것이 필요

(2) 컨테이너운송을 위한 화차의 종류

① **오픈 톱 카**(Open Top Car) : 곤돌라와 같이 덮개가 없는 박스형 무개화차로 Bogie(바퀴의 축)가 없으며 표준규격의 컨테이너 적재가 가능한 화차를 말한다.

② **평판화차**(Flat Car) : 철도화차의 상단이 평면을 이루고 있는 화차로 기계류, 건설장비 등과 같은 대(大)중량 및 대(大)용적화물, 장척화물 등을 운반하기에 적합하도록 설계된 화차를 말한다.

③ **컨테이너카**(Container Car) : 컨테이너를 운송하기에 적합하도록 평면의 철도화차 상단에 컨테이너를 고정할 수 있는 장치를 장착하고 있는 컨테이너전용화차를 말한다.

④ **더블스택카**(Double Stack Car) : 컨테이너전용 무개화차로 미국 철도산업에서 가장 획기적인 변화는 1980년 서던퍼시픽(Southern Pacific, SP)사가 최초로 사용한 미국 내 컨테이너 화물운송에 이용된 것이다.

2 컨테이너 하역방식 ★★★

(1) COFC(Container on Flat Car) 방식

① **COFC 방식의 개념** : COFC 방식은 화차에 컨테이너만을 적재하는 방식을 말한다. 철도 컨테이너 데포에서 크레인이나 컨테이너핸들러를 이용하여 적재하며, 평판화차(Flat Car)나 전용컨테이너화차(Container Car)를 이용하여 운송한다.

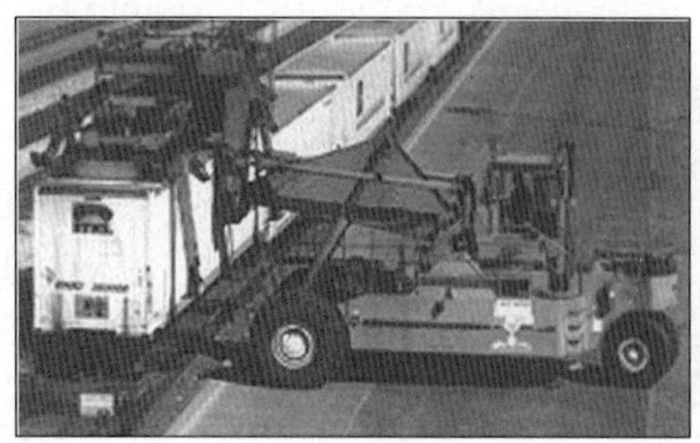

② **COFC 방식의 종류** : COFC 방식은 TOFC보다 적재효율이 높아 보편화된 방식으로, 적재하는 방향에 따라 ㉠ 세로-가로방식(비교적 취급량이 적은 경우), ㉡ 매달아 싣는 방식(대량의 컨테이너를 신속히 처리하고자 할 경우), ㉢ 플렉시 밴(Flexi-Van) 방식 등이 있다. 특히, 플렉시 밴(Flexi-Van) 방식은 화차에 턴테이블이 부착돼 있으므로 90°로 상차되어 있는 컨테이너를 회전시켜 하역하게 된다.

(2) TOFC(Trailer on Flat Car) 방식

TOFC 방식은 화차 위에 컨테이너를 적재한 트레일러(섀시)를 직접 적재하고 운행하는 방식을 말한다. 피기백 방식, 캥거루 방식, 프레이트라이너 방식으로 이루어진다.

① **Piggy Back 방식** : 컨테이너를 적재한 트레일러(섀시)를 화차에 직접 적재하고 운행하는 것을 말한다. 화물적재의 단위가 클 경우 편리하게 이용할 수 있으나 화물적재공간이 평판으로 되어 있어 세로 방향의 홈과 피기 패커(Piggy Packer) 등의 하역기계가 필요하다는 단점이 있다.

② **Kangaroo 방식** : 피기백 방식과 유사하나 트레일러 바퀴가 화차에 접지되는 부분을 경사진 요철형태로 만들어 적재높이가 낮아지도록 하여 운송을 하는 형태이다. 이 방식은 화차의 맨 뒷부분과 야드를 경사로(Rampway)로 연결하여 트레일러를 견인할 수 있는 특수장비를 이용하여 컨테이너를 적재하거나 하차한다.

㉠ 신속하게 상·하차할 수 있다.

㉡ 화차 적재높이가 낮아져 안정되게 운송할 수 있다.

《 Piggy Back 수송의 수평상하역 방식 》

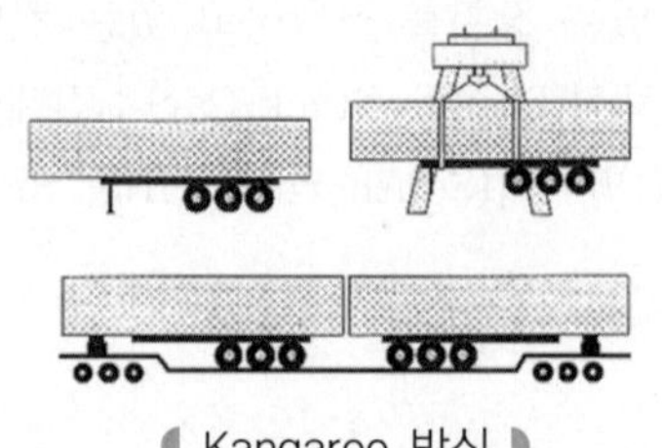

《 Kangaroo 방식 》

③ **프레이트라이너 방식** : 철도의 일정 구간을 정기적으로 고속운행하는 열차를 편성하여 화물을 문전에서 문전으로 수송하기 위해 영국에서 개발한 철도운송방식을 말한다.

3 철도운송의 운임

1 운임에 대한 법규(「철도사업법」 제9조)의 내용

① 철도사업자는 운임·요금을 국토교통부장관에게 **신고**하여야 한다. 이를 변경하려는 경우에도 같다.
② 철도사업자는 운임·요금을 정하거나 변경하는 경우에는 원가(原價)와 버스 등 다른 교통수단의 운임·요금과의 형평성 등을 고려하여야 하며, 여객운임(여객운송에 대한 직접적인 대가를 말하며, 여객운송과 관련된 설비·용역에 대한 대가는 제외한다)의 경우에는 국토교통부장관이 지정·고시한 여객운임의 상한을 초과하여서는 안 된다.

2 운임체계 ★☆☆

(1) 일반화물의 운임산정

일반적인 철도운송을 위한 화물의 운임은 운임률표(Tariff)에 따라 정해져 있으며, 다음과 같은 산식에 의해 산정된다.
① 운송거리(km) × 운임률(운임/km) × 화물중량(톤)으로 산정한다.
② **최저기본운임** : 화차표기하중톤수 **100km**에 해당하는 운임으로 한다(화물운송 세칙).
③ 1km 미만의 거리와 1톤 미만의 일반화물은 반올림하여 계산한다.
④ 화차(차량)취급운임, 컨테이너 취급운임, 혼재운임으로 구성된다.
⑤ 화물운임의 할인종류에는 왕복수송 할인, 탄력할인, 사유화차 할인 등이 있고, 할증대상에는 귀중품, 위험물, 특대화물 등이 있다.

(2) 컨테이너화물의 운임산정

① **컨테이너화물의 최저기본운임** : 규격별, 영·공별 컨테이너의 100km에 해당하는 운임으로 한다.
② 컨테이너의 크기, 적컨테이너, 공컨테이너 등에 따라 1km당 운임률은 달라진다.
③ **냉동, 냉장컨테이너 : 할증제도 / 해상 컨테이너 : 할인제도**
④ 운임액 = 운송거리(km) × 컨테이너 규격별 기본단가 × 각종 적용률(또는 할증률)
⑤ 공컨테이너는 적컨테이너 운임단가의 **74%**를 적용한다.

(3) 기타의 요금

혼재기지 간의 철도운임에 대한 고객운임과 발착기지의 집화료 및 배달료로 구성된다. 품목할증, 특대할증제도 및 특별요청사항이 있을 때에는 그에 따른 중계료와 제반 요금이 부과된다.

4 우리나라 철도운송의 현황 및 효율화 방안

1 우리나라 철도운송의 현황

① 국내 화물운송시장에서 철도운송은 도로운송에 비하여 수송분담률이 낮다.
② 철도운송은 시간 절감과 수송력 제고를 위해 Block Train을 활용하고 있으며, 우리나라에서 Double Stack Train은 도입을 위해 2016년부터 시범운행 중이다.
③ 철도노선의 궤간은 폭에 따라 표준궤, 광궤, 협궤 등으로 구분되며, 이 중 우리나라에서는 표준궤를 이용하고 있다.
④ 경부 간 컨테이너 철도운송을 위해 의왕과 양산에 내륙컨테이너기지를 두고 있다.

2 철도운송의 문제점

우리나라 운송물류의 문제점 중 하나로 운송구조상의 비효율성이 제기되고 있다. 가령 운송효율성이 비교적 높은 철도운송은 이용률이 극히 저조한 반면, 트럭운송의 비중이 매우 높은 현상을 보이고 있으며, 특히 다음과 같은 문제가 지적되고 있다.
① 철도시설의 부족으로 화물열차 운행의 제한
② 철도와 관련되는 배후 도로망과의 연계 부족
③ 운영의 상대적 비효율성
④ 철도터미널 기능의 부족

3 효율화 방안

① 열차의 장대화를 통한 규모의 경제 실현
② 연계운송을 통한 운송의 효율성 강화
③ 철도운영기법의 과학화
④ 철도경영의 합리화
⑤ 철도운송의 현대화
⑥ 프레이트라이너 및 더블스택카 등의 도입

4 남북철도 연결 시 기대효과

① 한반도의 동북아 국제복합운송거점으로서의 발전가능성
② 한국과 유럽 간 해상운송과 철도운송 간 경쟁 증대
③ 한반도와 유럽 간 새로운 물류 네트워크 구축을 통한 국제물류시스템의 개선
④ 시베리아횡단철도(TSR)와 중국횡단철도(TCR)와의 연계가능성
⑤ 대륙철도와의 연계로 국내 항만의 물동량 증가효과 기대

CHAPTER 05

항공운송

1 항공운송의 개념

1 항공운송의 의의

(1) 항공운송의 개념

항공운송은 항공기에 여객 및 화물을 탑재하고, 국내외의 공항에서 다른 공항까지 운항하는 최근대식 운송시스템이다. 이는 항공운송의 경제적 특성에 따라, 가장 체계화된 유통시스템과 정보조직망을 이용하여 물적 유통체계가 완벽하게 운용되고 있어 최근에 더욱 각광받고 있는 운송부문에 해당한다.

(2) 항공운송의 특성

구분	항공운송의 기능별 특성
물류적 측면	• 긴급화물, 소형화물의 운송에 적합 • 수요기간이 짧은 물품의 운송에 적합 • 운송시간의 단축으로 비용절감 및 화물의 손해발생 기회의 감소 • 포장비의 절감 • 통관의 간소화
비용적 측면	• 포장경량화에 따른 운임절감 및 저렴한 보험료 • 신속성으로 인한 보관비 절감 • 하역처리 빈도가 적어 도난, 파손 위험의 발생률 저하 • 비상시 손해의 최소화 • 보관장소 및 기간이 짧아 창고시설에 대한 투자자본, 임차료, 관리비 등 절감효과 • 항공화물의 운송수단은 타 운송수단에 비해 운임이 비탄력적 • 고정비가 차지하는 비중이 높고, 고가의 대규모 장치투자가 필요
서비스 측면	• 고객서비스 향상에 의한 매출 증대 • 갑작스러운 수요에 대한 대처 가능 • 판매기간이 짧은 상품의 시장확대 및 경쟁력보유 가능 • 재고품의 진부화, 변질화 등에 의한 손실률 감소 • 운송 중인 상품의 위치파악 용이

(3) 항공운송의 장단점 ★☆☆

장점	단점
• 소·경량의 고가화물 운송 • 장거리 운송 및 위험물 운송 가능 • 화물의 파손율 낮음 • 운송의 속도가 빠르고 정시 서비스 가능 • 최소 경량포장으로 포장비 및 운임 절감 • 화물추적, 화물의 안전성, 클레임에 대한 서비스 우수	• 비교적 운임이 고가 • 중량과 용적에 제한이 큼 • 기후에 영향을 받음 • 육상연계운송 필요 • 화물의 수취가 불편하고, 공항에서 문전까지 집배송이 필요 • 운송의 편도성(일방성)

확인하기

▶ **항공운송에 관한 설명으로 옳은 것을 모두 고른 것은?**

ㄱ. 긴급화물이나 계절적 유행상품의 운송에 적합하다.
ㄴ. 주로 대형, 장척(Lengthy)화물의 운송에 적합하다.
ㄷ. 생화, 동물, 영업 사무서류 운송에 적합하다.
ㄹ. 반도체나 휴대폰과 같은 부가가치가 높은 품목의 운송에 적합하다.
ㅁ. 기후의 영향을 받지 않는다.

① ㄱ, ㄴ, ㄷ
② ㄱ, ㄴ, ㄹ
③ ㄱ, ㄷ, ㄹ
④ ㄴ, ㄹ, ㅁ
⑤ ㄷ, ㄹ, ㅁ

정답 ③

2 항공운송화물의 종류

① 긴급을 요하는 고가의 화물
② 안전성과 확실성이 요구되는 위험물
③ 납기가 임박한 화물, 계절유행상품, 투기상품 등 긴급수요품목
④ 장기간 운송 시 가치가 상실될 우려가 있는 품목
⑤ 해상 또는 육상운송 등 다른 운송수단의 이용 불가능으로 인해 운송되는 품목
⑥ 물류관리나 마케팅 전략에 의해 경쟁상품보다 신속한 서비스 체제 확립을 위한 품목

3 항공화물운송 증가의 원인

① 국제운송의 절대적 증가에 따른 항공운송 수요의 증대
② 운송화물이 고부가가치화되었으며, 급송화물이 증가

③ 적시재고정책의 도입에 필요한 물품의 적시배송(Just in Time Delivery) 필요성의 증대
④ 항공기의 대형화로 인하여 적재량의 증가 및 운임 인하
⑤ 화물전용기의 정기운항으로 인한 계획성의 확보
⑥ 항공화물터미널의 확충 및 전문성의 고조
⑦ 생산시설의 국제적 이전에 의한 국제분업의 가속화

4 항공운송사고의 유형

(1) 화물손상(Damage)

항공화물사고의 유형은 크게 화물손상(Damage), 지연(Delay), 분실(Missing)로 구분한다. 이 중에 화물손상(Damage)은 운송 도중 상품의 가치가 저하되는 상태의 변화를 나타낸다.

① Motality : 수송 중 동물이 폐사되었거나 식물이 고사된 상태
② Spoiling : 내용물이 부패되거나 변질되어 상품가치를 잃는 경우
③ Breakage : 외부 충돌로 인한 화물의 외관 손상

(2) 화물분실(Missing)

화물분실(Missing)은 탑재, 하역, 창고보관, 화물인수 등의 과정에서 분실한 경우를 말한다.

(3) 화물지연(Delay)

① Offloaded(OFLD) : 출발지나 경유지에서 항공기 스페이스(Space) 부족으로 의도적 또는 실수로 하역한 경우
② Short-Landed(STLD) : 화물적재가 적게 된 경우
③ Short-Shipped(SSPD) : 적하목록에 기재되어 있으나 화물이 항공기에 탑재되지 않은 경우
④ Cross Labeled : 실수로 레이블이 바뀌거나 운송장 번호, 목적지 등을 잘못 기재한 경우
⑤ Over-Carried(OVCD) : 예정된 목적지 또는 경유지가 아닌 곳으로 화물이 수송되었거나 발송준비가 되지 않은 상태에서 화물이 실수로 발송된 경우
⑥ Miss-Connected : 다른 목적지로 화물이 잘못 보내진 경우

5 항공기의 종류 및 항공탑재용기(ULD)

(1) 항공기의 종류

① **여객기** : 기체로 여객을 이동시키며 기체의 상층부에는 객실을 배치하고 하층부에는 화물(Cargo)을 싣는 화물실로 이용한다.
② **화객혼용기** : 여객기의 객실을 격벽으로 나누어 막아 ULD화물을 탑재하도록 고안된 기체
③ **화물전용기** : 기체의 대부분 공간을 화물(Cargo)을 싣도록 설계된 화물항공기

(2) 항공탑재용기(ULD, Unit Load Device) ★☆☆

① 항공탑재용기(ULD)의 특징

㉠ 종류에는 파렛트, 컨테이너, 이글루, GOH(Garment on Hanger) 등이 있다.

㉡ 기종별 규격의 비표준화로 ULD의 기종 간 호환성이 낮다. 호환 여부에 따라 Aircraft ULD와 Non-Aircraft ULD로 구분한다.

㉢ 신속한 항공기 탑재 및 하역으로 지상조업시간, 하역시간을 단축할 수 있다.

㉣ 운송화물의 안전성이 제고된다.

㉤ 초기 투자비용이 많이 든다.

㉥ 항공기 적재위치별로 내부공간이 상이하며 동일 항공기 내에서도 여러 유형을 갖는다.

② 항공탑재용기(ULD)의 종류

항공형 컨테이너	항공기 화물실 동체 모양에 맞게 제작되어 화물실 공간을 최대로 활용하여 화물을 넣을 수 있게 만든 단위탑재용기	
항공형 파렛트	금속으로 편 평판. 그 위에 화물을 적재한 후 Net(그물)나 이글루를 사용하여 화물을 고정시키고 항공기에 탑재함	
이글루 (Igloo)	항공기 동체모양에 따라 만든 항공화물을 덮는 특수한 덮개로 파렛트 위에 덮음	
GOH (Garment on Hanger)	의류운송용 GOH(Garment on Hanger)는 특수 ULD의 하나로서 고급의류 전문품을 운송하기 위해서 제작된 항공탑재용기에 해당	

◀ 항공탑재용기의 상하역장치 : High Loader ▶

③ 항공탑재용기(ULD)의 이동수단 ★☆☆ : 적재작업이 완료된 항공화물은 터미널에서 항공기까지 견인차에 연결된 수평 이동 장비인 '돌리(Dolly)'를 통해 단위탑재용기에 싣고 이동된다.

✪ 항공화물 조업장비

1. Tug Car : 탑재용기에 적재된 화물을 운반할 수 있는 운송장비
2. Hand Lift Jack : 화물 운반 또는 보관 작업을 하는 데 사용되는 장비

《 Tug Car 》

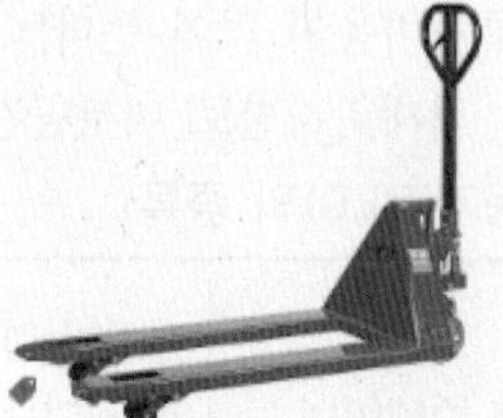

《 Hand Lift Jack 》

2 항공운송의 수출입절차

1 수출입처리절차

(1) 항공화물 수출통관절차

완제품의 장치장 반입 → 화물의 척량검사 → 장치지정 및 승인 → 수출신고 → 수출심사 → 화물검사 → 수출허가 → 운송장 및 화물의 인계 → 통관절차 → 적재 및 탑재작업

(2) 항공화물의 수출운송절차

완제품의 장치장 반입 → 운송장 접수 → 화물반입 및 접수 → 장치 통관 → 적재 → 탑재

(3) 수입화물의 항공운송 취급절차

전문접수 및 항공기 도착 → 서류 분류 및 검토 → 창고분류 및 배정 → 화물분류 작업 → 도착 통지 → 운송장 인도 → 보세운송

확인하기

▸ 인천국제공항의 화물터미널은 항공운송 고유업무만을 위한 터미널로 운영되고 있다. 수출화물은 RFC 상태로 입고되는 것을 원칙으로 하여 포장, 레이블링, 통관 등이 완료된 상태로 화물입고 시 기재사항이 완료된 Master Air Waybill이 제시되어야 접수가 가능한데, 여기서 RFC란?

① Request For Comments ② Ready For Carriage
③ Ready For Container ④ Red Fit Cargo
⑤ Ready to Fly Cargo

정답 ②

2 항공화물운송장(AWB, Air Waybill)

(1) 항공화물운송장(AWB)의 개념 및 기능 ★☆☆

① 항공화물운송장(AWB)의 개념 : 항공화물운송장(AWB, Air Waybill)은 항공화물운송을 위한 가장 기본적인 서류로서 Master Air Waybill과 House Air Waybill로 구분되며, 마치 해상운송의 선하증권(B/L), 항공여객운송에 있어서의 항공권과 같은 기본적인 증권을 말한다.

Master Air Waybill(MAWB)	항공사(Air Carrier)가 발행하는 운송장
House Air Waybill(HAWB)	혼재업자가 개별 송화인의 화물에 대하여 발행하는 운송장

② 항공화물운송장(AWB)의 기능

㉠ 선하증권(B/L)과 달리 비유가증권, 수취식, 기명식(원칙적), 비유통성을 갖는다.

㉡ 송화인과 운송인 사이에 화물의 운송계약이 체결되었음을 나타내는 증거서류이다.

㉢ 화물운송을 위하여 송화인으로부터 화물을 수령하였음을 나타내는 증거서류이다.

➡ AWB 원본 3장으로 구성

번호	색	용도	기능
원본1	녹색	발행항공사용	• 운송계약체결 증거서류(운송계약서) • 운임이나 요금 등의 회계처리를 위해 사용하는 회계처리용
원본2	적색	수화인용	화물과 함께 목적지에 보내져 수화인에게 인도됨
원본3	청색	송화인용	• 출발지에서 화물을 수취(접수)하였다는 수령증(접수영수증) • 운송계약체결 증거서류(운송계약서)

(2) 항공운송장의 표준화

① IATA(국제항공운송협회)에서 세부적으로 규정하고 회원 항공사가 의무적으로 사용
② 운임, 운송조건, 취급방식, 사고처리, 기타 면에서 가능한 표준화, 통일화를 도모
③ 1929년 바르샤바조약(Warsaw Convention)에 의하여 항공운송장의 법률상 성격, 운송인의 책임범위, 배상한도, 송화인, 수화인, 항공사의 권리와 의무 등을 규정

(3) 항공화물운송장(AWB)과 선하증권(B/L)의 비교 ★★☆

선하증권(B/L)은 해상운송계약의 증거서류로서 운송이나 화물을 인수 또는 선적했음을 증명하는 서류이며 증권의 정당한 소지인에게 화물인도를 약속하는 유가증권의 성격을 지닌다.

항공화물운송장(AWB)	선하증권(B/L)
유가증권이 아닌 단순한 화물수취증	증거서류 & 유가증권
항공운송 시 발행	해상운송 시 발행
비유통성(Non-Negotiable)	유통성(Negotiable)
수취식(Received) : 운송사가 화물 수취 후 발행	선적식(On Board, Shipped) : 본선 적재 후 발행
송화인이 작성	선사(운송사)가 작성
기명식	지시식(무기명식)

(4) 항공화물운송대리점과 항공운송주선업의 비교 ★☆☆

구분	항공화물운송대리점	항공운송주선업
항공운송장	Master Air Waybill 사용	House Air Waybill 사용
운임	항공사운임률표 사용	자체운임률표 사용
화주에 대한 책임	항공사 책임	자체 책임
운송약관	항공사 약관 사용	자체약관 사용
활동영역	국내 수출입과 관련된 컨테이너 만재화물만 취급. FCL화물	국내외 수출입 컨테이너 미만 소화물만 취급. LCL화물

(5) 항공화물운송대리점의 업무

① 통관절차 대행
② 화주 상대 수출입규정 등 무역상담
③ 화물자동차 운송주선(내륙운송 ; Pick up, Delivery)
④ 수출입 항공화물의 유치 및 계약체결
⑤ 항공운송 중 화물의 분실·손실 대비 부보업무, 화물의 위치추적 등
⑥ 운송을 위한 준비(Shipper's Letter of Instruction, 상업송장 작성 등)

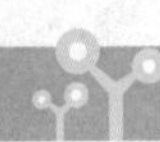

3 항공운송 관련 국제조약 및 기구

1 항공운송 관련 국제조약 ★★☆

(1) 국제조약의 내용

바르샤바조약(1929년) (Warsaw Convention)	헤이그의정서(1955년) (Hague Protocol)	몬트리올협정(1956년) (Montreal Agreement)
국제항공운송에 관한 각 국가의 다양한 제 규칙을 국제적으로 통일하며, AWB의 법률적 성격, 손해배상한도, 항공운송인의 책임을 규정	1929년 제정된 바르샤바조약을 현대 항공기업, 법률, 항공안전 등 여러 부문을 현실적으로 고려함. 특히, 여객에 대한 책임한도액을 증액조정	여객에 대한 책임한도에 대하여 미국의 이의제기로 미국 출발, 도착, 경유 항공사에 한하여는 별도의 책임한도액 인상을 결정

(2) 손해배상한도액

국제항공화물에 관한 국제항공운송약관은 1929년 조인된 바르샤바조약과 1955년에 개정된 헤이그의정서(Hague Protocol)에 준거하며, 과실손해의 경우 배상한도액은 항공화물운송장(AWB)에 신고가격이 있으면 신고가격까지, 신고가격이 없으면 손해를 입는 화물 1kg당 250 포앙카레 프랑(Poincare Franc)이다.

2 국제항공기구 및 유관 국제기구

(1) IATA(International Air Transport Association) : 국제항공운송협회

국제 간의 운임, 운항, 정비, 정산 업무 등 상업적 · 기술적 활동을 수행하는 것을 목적으로 설립되었다. 국제항공수송협회는 세계 각국의 민간항공사단체가 모여 1945년 결성하였으며, 본부는 캐나다 몬트리올에 소재하고 있다. 운임 등에 대한 협정은 연 2회 이상 결정되면 구속력을 갖는다.

(2) ICAO(International Civil Aviation Organization) : 국제민간항공기구

① 1947년에 결성된 ICAO는 국제민간항공의 발전, 항공기 설계 및 운항기술 장려, 공항 및 항공보안시설의 장려, 항공운송촉진, 과당경쟁의 방지, 체약국에 대한 공정한 기회부여, 비행의 안전증진 등의 발전을 목적으로 설립된 기구이다.

② ICAO의 주요 업무 : 항공표준화(Standardization), 항공운송 관련 국제협정, 항공운임규제 등, 특정 항공운항 서비스에 대한 공동재정 지원, 법률문제, 제반 문제를 검토하고 권고사항을 입안, 항공기 사고조사 등 기술지원, 국제민간항공에 대한 불법적 방해, 기술 · 경제 · 법률부문에 대한 간행물 발간

(3) FIATA(International Federation of Freight Forwarders Associations)

국가별 포워더협회와 포워더로 구성된 국제민간기구로 세계 복합운송업계의 결속 및 복합운송업의 발전, 전세계 국가 간의 국제적 교역촉진 등을 목적으로 설립된 기구이다.

4 항공운송의 운임

1 항공운임요율의 종류 ★★☆

(1) 일반화물요율(GCR, General Cargo Rate)

① 일반화물요율의 개념 : 모든 항공화물 운송요금 산정의 기본으로 특정품목할인요율(SCR) 및 품목분류요율(CCR)의 적용요율을 받지 않는 모든 화물운송에 적용되는 요율이다.

② 일반화물요율의 종류

㉠ 최저운임(Minimum Charge, 'M') : 한 건의 화물운송에 적용할 수 있는 가장 작은 운임으로 화물의 중량운임이나 용적운임이 최저운임보다 낮을 경우에 적용되는 운임

㉡ 기본운임(Normal Rate, 'N') : **45kg 미만**의 화물에 적용되는 요율로 모든 일반화물요율의 기준

㉢ 중량단계별 할인요율(일반요율 'Q') : 항공요율은 중량이 높아짐에 따라 kg당 요율은 낮아지도록 설정되어 있다. 즉, 45kg 이상인 경우 45kg 이하인 경우보다 약 25% 낮게 요율이 설정된다(단계별 중량 : 45, 100, 300, 500kg).

확인하기

▶ **다음 중 항공운송의 운임에 대한 설명으로 틀린 것은?**

① 최저운임은 요율표에 "N"으로 표시된다.
② 운임은 선불이거나 도착지 지불이다.
③ 신문, 잡지, 정기간행물은 할인적용품목이다.
④ 실제중량과 용적중량 중 큰 중량이 운임산정의 기준이 된다.
⑤ 기본요율은 45kg 미만의 화물에 적용되는 요율로 일반화물요율의 기준이 된다.

정답 ①

(2) 특정품목할인요율(SCR, Specific Commodity Rate)

특정구간에 특정품목이 계속적으로 반복하여 운송되는 품목들에 대해 일반품목보다 요율을 낮춤으로써 항공운송 이용을 확대, 촉진시키기 위해 적용하는 요율을 말한다.

① SCR은 일반화물요율보다 월등하게 낮은 수준으로 설정되어 있으며 최저중량이 설정되어 있다.

② SCR은 일반화물요율이나 품목분류요율에 우선하여 적용한다. 단, 일반화물요율이나 품목분류요율을 적용하여 더 낮은 요율이 산출될 경우에는 낮은 요율을 적용할 수 있다.

(3) 품목분류요율(CCR, Commodity Classification Rate)

① 몇 가지 특정품목에만 적용되고, 특정지역 간 또는 특정지역 내에서만 적용하며, 일반화물요율(GCR)의 백분율(%)에 의한 할증(S) 또는 할인(R)에 의해 결정한다.

② CCR은 GCR에 우선하여 적용한다.

할인적용품목(Reduced Item)	할증적용품목(Surcharged Item)
수송빈도가 잦은 품목 • 신문, 잡지, 정기간행물, 책, 카탈로그, 점자책 등 • 비동반 수화물	**특별취급이 요구되는 품목** • 生 동물 • 귀중화물 • 시체, 유골 • 자동차 등

(4) 기타의 항공운임

① **종가운임**(Valuation Charge) : 화물에 대한 운송인의 책임한도액(1kg당 $20)을 확대하기 위해 화주가 화물의 가격을 신고하고 신고가격에 따라 추가적으로 지불하는 운임으로 귀금속, 미술품 등 고가품에 적용한다.

➡ 화주가 고가품에 대하여 정해진 배상기준금액을 초과하여 배상받고자 할 경우 항공사에 신고를 하고 일정률의 추가운임을 지불한다.

② **용적운임**(Volume Charge) : 화물의 용적에 기초하여 산출한 운송요금으로 **6,000cm³**를 1kg으로 적용한다.

2 항공운임의 계산 ★★☆

(1) 운임산출중량(chargeable weight)

항공화물에 대하여 적용요율을 찾기 위해서는 운임산출 중량을 먼저 결정해야 한다. 운임산출중량은 아래의 3가지 방법으로 결정된다.

① 실제중량에 의한 방법

② 용적중량에 의한 방법 : $\frac{\text{가로(cm)} \times \text{세로(cm)} \times \text{높이(cm)}}{6{,}000\text{cm}^3}$

③ 높은 중량단계에서의 낮은 운임 적용규정에 의한 방법

+ IATA 규정 및 대한항공 국제화물운송약관

• 규격 : 0.5cm 미만은 절사, 0.5cm 이상은 1cm로 절상

• 중량 : 0.5kg 이하는 0.5kg, 0.5kg 초과는 1kg으로 절상

3 항공기의 중량

① **자체중량** : 기체구조, 엔진, 고정 장비 및 내부 장비 등의 중량

② **운항중량** : 승무원, 엔진의 윤활유, 여객 서비스용품, 식음료 등의 중량

③ **유상중량** : 항공기에 탑재한 유상 여객, 화물, 우편물 등의 중량

④ **착륙중량** : 이륙중량에서 비행 중에 소비된 연료의 중량을 뺀 중량

⑤ **이륙중량** : 항공기가 이륙할 때 총중량으로 최대이륙중량을 초과할 수 없다.

CHAPTER 06

해상운송(국제 및 연안운송)

1 해상운송의 개념

1 해상운송의 의의

해상운송은 해상에서 선박에 의한 물품 또는 여객의 운송을 말하며, 원양항로에 따라 운송하는 외항해운과 국내소비재를 연안운송경로를 따라 운송하는 내항해운으로 나눌 수 있다. 또는 정기성에 따라 정기선, 부정기선으로 나뉜다. 이러한 해상운송은 국제운송량 중 외항운송이 99% 이상을 차지하므로 수출입 물동량 운송의 중요한 수단이라 할 수 있다. 최근 해상운송은 떠다니는 영토로 불릴 만큼 높은 국제성을 지니므로 '제2편의치적'과 같은 전략적 지원이 강조되고 있다.

(1) 해상운송의 종류

해상운송은 해수면 또는 내수면을 통해 선박을 이용하여 화물을 이동하는 것으로서 국가 간 운항하는 원양해운운송과 국내 항만을 오가는 연안운송, 운하, 강, 호수 등을 운항하는 내수면(내륙)운송 등이 있다.

(2) 해상운송의 장단점 ★☆☆

장점	단점
• 대량화물의 장거리 운송에 적합 • 화물의 용적 및 중량에 제한 적음 • 낮은 운임부담력으로 인해 국제물류의 중심 역할 • 환경성 측면에서 우수 • ULS 적용이 용이 • 운송경로가 자유롭고 국제적 운송수단의 역할비중이 큼	• 운송의 완결성이 낮음 • 운송속도가 느림 • 육상운송수단과 연계 필요 • 항만에서의 처리기간 소요 • 기후에 영향을 받음 • 국제성에 따른 국제조약 및 규칙의 준수가 중요 • 물품의 파손, 분실 등 사고발생의 위험이 높고, 타 운송수단에 비해 안전성이 낮음

2 해상운송의 수출입절차

(1) 해상수출운송절차

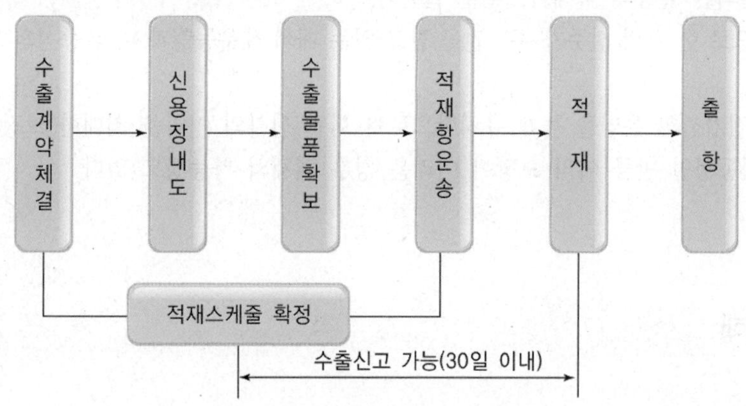

① 수출신고가 수리된 물품은 신고수리일부터 30일 내에 우리나라와 외국 간 왕래하는 운송수단에 적재하여야 한다. 단, 부득이한 사유(예 적재스케줄 변경) 등이 있는 경우에는 통관지 세관장에게 적재기간 연장 승인을 받을 수 있다.

② 만일 적재기간 내에 적재하지 아니한 경우에는 수출신고수리가 취소될 수 있으며 또한 관세환급도 불가능하게 된다.

(2) 해상수입운송절차

매매계약체결 → 수입승인 → 수입신용장 발행 → 선적서류 수취와 대금지급 → 수입통관 → 화물인수

3 해상운송시장의 환경변화

① 미국 신해운법의 제정 및 개정 등의 영향으로 전통적인 해운동맹은 그 위상이 약화

② 해상운송 관련 국제조약이나 규칙 등에 화주 측의 요구가 반영되는 폭이 점차 확대

③ 운송수요의 변화와 조선기술의 비약적인 발달 등에 힘입어 일부 선박들은 운송효율화를 위해 고속화, 대형화 추세

④ 국제복합운송의 보편화로 정기선사들의 서비스영역이 점차 확장

⑤ 과거 공선항해(Ballast Voyage)율을 낮출 목적으로 겸용선이 개발되었으나 최근 신속, 안전한 해상운송을 위하여 전용선 건조 비중이 증가

⑥ 최근 해상운송시장의 변화 중 하나로 전략적 제휴(Strategic Alliance)가 증가

4 해운동맹(Shipping Alliance)

① 해운동맹은 2개 이상의 정기선 운항업자가 상호 과당경쟁을 피하기 위해 동일한 운임요율, 배선 등의 영업조건 등에 합의한 일종의 국제카르텔을 말한다.
② 영국을 중심으로 한 유럽 선주가 주도권을 잡고 있는 폐쇄 해운동맹과 미국 중심의 가입을 개방하는 개방동맹이 있다.
③ 해운동맹은 정기선의 운임을 높게 유지함으로써 회원 선사의 이익을 최대한 보장하여 동맹 이탈이 적은 편이나, 운임동맹인 만큼 이익 보장이 어려운 경우 해체의 가능성도 있다.

2 선박의 이해

1 선박의 종류 ★☆☆

(1) 일반화물선(General Cargo Ship)

일반화물선은 일반화물을 적재하는 재래식 선박(Conventional Ship)을 의미하며, 컨테이너운송 시에는 재래식 선박을 이용하는 경우와 컨테이너전용선을 이용하는 경우가 있다.

정기선(Liner)	부정기선(Tramper)
전체 취득가격에서 운임비중이 작고 운임부담력이 큰 고가품, 공산품 등을 운송하는 재래선, 정기컨테이너선	전체 취득가격에서 운임비중이 큰 벌크(Bulk)화물 : 연료, 광물 등을 운송하는 선박

(2) 상·하역 방식에 따른 선박의 종류

LO-LO선	RO-RO선
육상의 Gantry Crane을 이용하여 컨테이너를 수직으로 적하 및 양하하는 형태의 선박	선박의 문에 설치된 램프를 통해 트랙터, 포크리프트로 이동 적하 및 양하하는 형태의 선박

체크 Point

선박의 하역방식

- LO-LO(Lift On/Lift Off) 방식 : 본선 또는 육상에 설치되어 있는 갠트리 크레인(Gantry Crane) 등에 의하여 컨테이너를 적·양하하는 방식
- RO-RO(Roll On/Roll Off) 방식 : 본선의 선수나 선미를 통하여 트랙터나 포크리프트 등에 의해 적하나 양하가 이루어지도록 설계된 선박을 이용하는 방식

(3) 바지선(Barge) 및 바지운반선(Barge Carrier Ship)

① 바지선(Barge) : 중량물이나 활대품(넓고 큰 물건)을 용이하게 적재할 수 있는 갑판만 있는 선체로서 바지운반선에 의해 예인되어 이동하는 선박이다.

② 바지운반선(Barge Carrier Ship) : 부선에 화물을 적재하여 본선에 설치된 크레인으로 바지선 자체를 적재 및 예인하는 선박으로 LASH(Lighter Aboard Ship)선을 그 예로 들 수 있다.

(4) 기타 선박

① 유조선(Tanker) : 원유, 화공품, 액화가스 등 액상화물을 선창 내에 직접 산적하여 운송하는 선박. 원유운반선(Crude Oil Tanker), 정제유운반선(Product Tanker), 화공품운반선(Chemical Tanker), 가스운반선(Gas Tanker–LNG Tanker, LPG Tanker)이라고 지칭

② 살물선(Bulk Carrier) : 석탄, 철광석, 곡물, 시멘트, 원당 등 화물을 포장하지 않은 벌크 상태로 운송하기 위한 선박

③ 전용선 : 특정화물을 운송하기 위해 특별한 구조와 설비를 갖춘 선박. 광석전용선(Ore Carrier), 자동차전용선(Car Carrier), 원목전용선(Log Carrier) 등

④ 겸용선(Combination Carrier) : Bulk Carrier나 Tanker들은 왕복화물을 구하기 어렵기 때문에 이러한 문제를 극복하기 위해 자동차, 살화물 겸용선 혹은 광석, 원유겸용선 등이 개발되었다.

⑤ 페리(Ferry) : 여객과 화물을 운송할 수 있도록 고안된 선박으로서 화객선과 차량을 적재할 수 있는 카페리(Car Ferry) 등이 있다.

⑥ Semi–Container Ship과 Full–Container Ship : Semi–Container Ship은 선복의 일부는 일반화물을 적재하고 나머지는 Container를 혼재하는 선박이며, Full–Container Ship은 선복 전체에 Container를 적재하는 선박을 말한다.

확인하기

1. 컨테이너선의 변형으로 컨테이너 대신에 규격화된 전용선박을 운송단위로 사용하며, 부선에 화물을 적재한 상태로 본선에 적입 및 운송하는 선박은 무엇인가?

① 유송선　　② 래시(LASH)선
③ 특수선　　④ 전용선
⑤ 카페리(Car Ferry)

정답 ②

2. 영도수산은 광어를 실은 활어차를 부산항 페리호에 차체로 적재한 후 시모노세키항에 도착, 일본유통에 광어를 인도한 후 페리호를 통하여 부산으로 돌아왔다. 이때에 사용된 하역방식은?

① LO－LO ② FO－FO
③ RO－LO ④ RO－RO
⑤ FO－LO

정답 ④

2 선박의 제원 및 구성요소 ★★★

(1) 선박의 제원

① 길이

㉠ **전장**(全長, Length Over All) : 선체에 고정적으로 붙어 있는 모든 돌출물을 포함한 선수재(뱃머리)의 맨 앞에서부터 선박의 맨 끝까지의 길이(선박의 길이를 말함)

㉡ **수선간장**(LBP, Length Between Perpendiculars) : 만재흘수선상에 있어서 선수수선(FP, Forward Perpendicular)으로부터 선미수선(AP, After Perpendicular)까지의 수평거리를 말한다.

② 선폭

㉠ **전폭**(Extreme Breath) : 선체의 가장 넓은 부분에서 측정한 외판의 외면에서 반대편 외판까지의 수평거리, 도킹 시 이용되는 폭(｢선박법｣상 배의 폭에 해당)

㉡ **형폭**(Breath Moulded) : 선체의 제일 넓은 부분에서 측정한 Frame의 한쪽 내면에서 반대쪽 내면까지의 수평거리

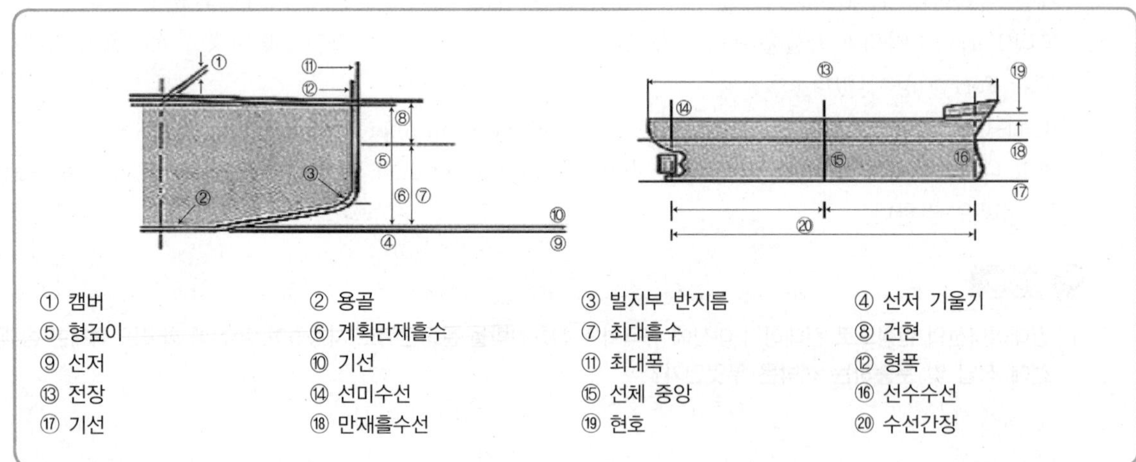

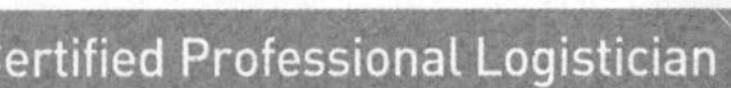

(2) 건현 및 흘수 ★☆☆

① 건현(Free Board) : 건현(乾舷)은 선박에서 물이 닿지 않는 수면상의 현측부분을 말한다. 즉, 선체 중앙 흘수선으로부터 건현 갑판 상단까지의 높이를 의미한다.

② 흘수(Draft) : 흘수(吃水)란 선박이 수중에 잠기는 깊이를 의미하기 때문에 수심이 얕은 운하 및 하천의 배선과 원양선의 적재량을 계산하는 기준이 된다. 이의 반대개념으로 건현(Free Board)이 있다. 한편, 만재흘수선(Load Water Line)이란 화물을 만재한 상태에서 선박 정중앙부의 수면이 닿는 위치에서 용골 상단까지의 수직거리를 의미하며 선박의 감항성[4]을 확보하기 위한 최대한도의 흘수를 의미한다.

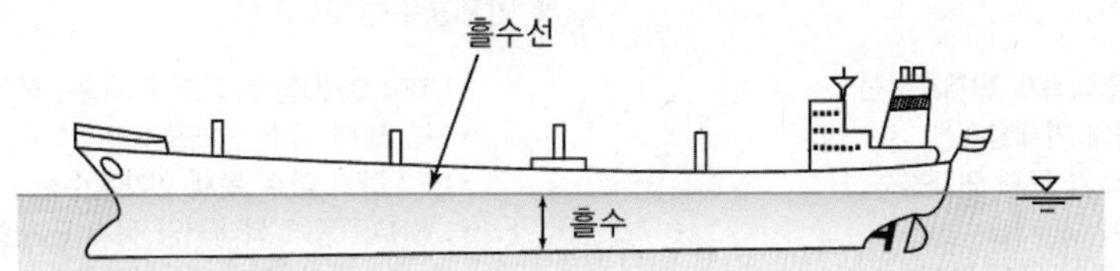

출처 : 토목용어사전, 1997.2.1, 도서출판 탐구원(네이버 지식백과)

㉠ 국제항해에 취항하는 선박, 길이 24m 이상의 선박 및 여객선, 길이 12m 이상 24m 미만으로 여객 13인 이상을 운송할 수 있는 여객선 등은 의무적으로 만재흘수선을 표시하여야 한다.

㉡ 만재흘수선은 선박의 부력에 영향이 큰 물의 비중차이를 감안하여 계절, 해역별로 각각 달리 적용된다.

㉢ 건현표(Free Board Mark)라 불리기도 한다.

㉣ 흘수(Draft)는 선박이 물속에 잠긴 부분을 수직으로 잰 길이로서, 종류로는 전흘수, 형흘수, 선수흘수, 선미흘수, 최대만재흘수 등이 있다.

㉤ 만재흘수선의 표시

영문 약어	영문 내용	영문 해석
S	Summer load line	하기 만재흘수선
W	Winter load line	동기 만재흘수선
T	Tropical load line	열대 만재흘수선
F	Fresh water line	담수 만재흘수선
TF	Tropical Fresh water load line	열대 담수 만재흘수선
WNA	Winter North Atlantic load line	동기 북대서양 만재흘수선
KG	Korean Government	대한민국정부

4) 감항성(Seaworthiness) : 선박이 목적항구까지 소정의 화물을 싣고 항해를 무사히 종료할 수 있는 상태하에 있는 선박의 종합적인 항해능력을 의미한다. 선박은 기상조건에 따른 Risk가 큰 운송수단으로, 보험 계약 시 정상적인 항해가 가능한 선박의 상태를 판단할 때 쓰이는 기준을 말한다.

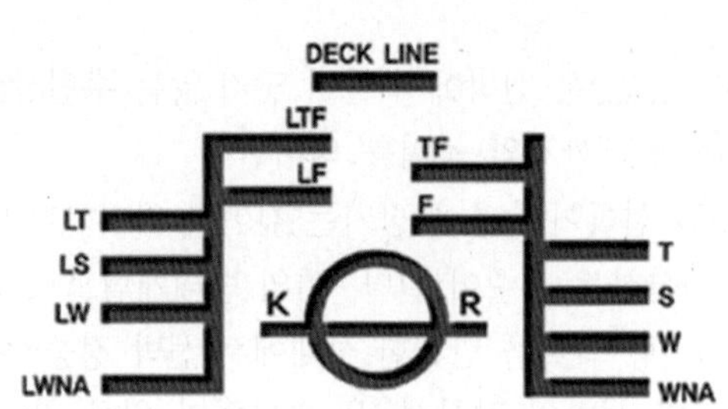

《 만재흘수선 》

- LT : 열대목재 만재흘수선
- T : 열대 만재흘수선
- LS : 하기 목재 만재흘수선
- S : 하기 만재흘수선
- LW : 동기 목재 만재흘수선
- W : 동기 만재흘수선
- LTF : 열대 담수 목재 만재흘수선
- TF : 열대 담수 만재흘수선
- LF : 하기 담수 목재 만재흘수선
- LWNA : 동기 북대서양 목재 만재흘수선
- WNA : 동기 북대서양 만재흘수선

(3) 기타 선박의 구성요소

일반적으로 선박은 선체(Hull), 기관(Engine), 기기(Machinery)로 구성되어 있다.

① **선체**(Hull) : 선박의 주요 부분 및 상부에 있는 구조물을 총칭하며, 인체의 등뼈인 용골과 갈비뼈인 늑골, 선창 내부를 수직으로 분리해 주는 격벽 등으로 이루어진다.

② **격벽** : 수밀과 강도 유지를 위해 선창 내부를 수직으로 분리하는 구조물을 의미한다.

③ **발라스트**(Ballast) : 공선(空船)항해 시 감항성 또는 일정한 흘수(吃水) 유지를 위해 선박의 바닥에 싣는 해수(海水) 등의 짐을 말한다.

④ **데릭**(Derrick) : 선박에 설치된 기중기를 말한다.

⑤ **연돌**(Funnel) : 연소(배기)가스 통풍구를 말한다.

⑥ **닻**(Anchor) : 선박 정박 시 해표면에 내려 선박을 고정한다.

⑦ **해도실**(Chart Room) : 항해지도가 비치되어 있는 방을 말한다.

⑧ **창구**(Hatch) : 선박 적재 창고의 입구를 말한다.

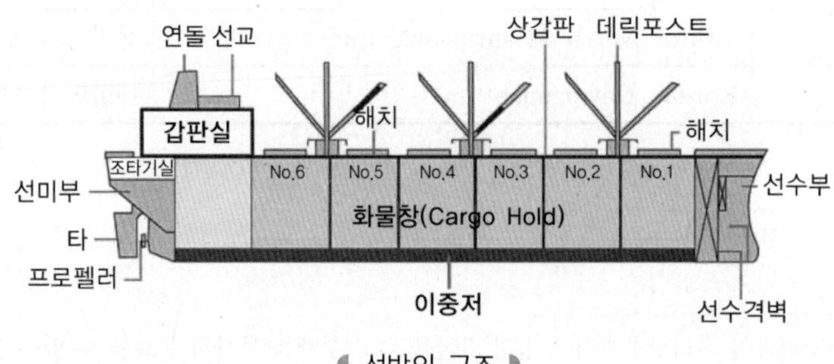

《 선박의 구조 》

3 선박의 톤수 ★☆☆

(1) 총톤수(Gross Tonnage)

① 선박에 대한 관세, 등록세, 도선료, 각종 검사료와 세금 및 수수료 산정의 기준이다.
② 선박 내부의 총 용적량으로 상갑판 하부의 적량과 상갑판 상부의 밀폐된 장소의 적량을 모두 합한 중량이다.
③ 각국의 해운력과 보유 선복량을 비교할 때 주로 이용된다.

(2) 순톤수(Net Tonnage)

직접 상행위에 사용되는 공간, 즉 화물이나 여객에 제공되는 공간의 용적크기이다. 이는 항만세, 톤세, 항만시설사용료 등 세금과 수수료 기준이 된다.

(3) 재화용적톤수(Measurement Tonnage)

선박의 각 선창의 용적과 특수화물 창고 등 운송영업에 제공될 수 있는 화물적재능력을 용적으로 표시($40ft^3$ = 1톤으로 환산)한다.

(4) 배수톤수(Displacement Tonnage)

선박의 전 중량을 말하는 것으로서 선체 수면하의 부분인 배수용적에 상당하는 물의 양이다. 이는 **군함**에서 사용하는 톤수에 해당한다.

(5) 재화중량톤수(DWT, Dead Weight Tonnage)

중량톤수라고도 하며, 선박이 실을 수 있는 화물의 중량을 표시하는 톤수의 일종, 일반화물선에 있어서 재화중량은 총톤수의 약 1.5배 정도이다.

4 선박의 국적 및 선급제도

(1) 편의치적

편의치적(Flags of Convenience)이란 선주가 자국의 엄격한 요구조건과 의무(경제적 규제, 선원고용 등)를 피하기 위하여 자국이 아닌 조세피난처인 제3국에 선박을 등록함을 의미한다. 편의치적을 선호하는 이유는 다음과 같다.

① 금융기관이 선박에 대한 권리행사가 용이하기 때문에 금융시장에서 자금조달이 용이
② 선박의 운항 및 안전기준 등의 이행준수 회피에 따르는 비용절감 가능
③ 선박운항에 따른 재무상태, 거래내역을 정부에 보고하지 않는 등 선박운항에 따른 정부의 지도·감독회피가 가능
④ 선원공급원 선택 용이, 운항의 융통성 증가
⑤ 등록세와 매년 징수하는 소액의 톤세 외에 선주에 대해 추가적인 소득세를 징수하지 않아 조세부담이 낮음

+ 제2선적제도

기존의 선박등록제와는 별개로 일정 지역을 정해 이곳에 등록하는 국내외 선박에 대해 우리 국적을 부여하고 외국 선원의 혼승을 허용하며, 각종 세금을 대폭 감면해 주는 등 일종의 변형된 국내 편의치적제도. 지난 1980년 초에 영국과 노르웨이 등이 자국선대의 해외이적을 막기 위해 도입했는데 성과가 좋아지자 점차 세계 각국으로 확산되고 있다.

(2) 선급제도

① **선급제도**(Classification Societies)**의 개념** : 선급제도는 국가마다 다른 법규에 의하여 선박이 제조됨에 따라 제조된 선박이 감항성(Seaworthiness)을 가지고 있어 전문기관에 의해 정상적인 항해가 가능한지 여부를 객관적으로 판단할 수 있도록 만들어진 제도이다(Lloyd's Register of Shipping).

② **선급제도의 내용**

㉠ 오늘날과 같은 선급제도는 1760년 보험업자들이 만들었다.

㉡ 선급제도는 선박의 감항성을 객관적이고도 전문적인 판단을 하기 위해 만든 제도이다.

㉢ 오늘날 Lloyd's Register는 1834년경 탄생하였다.

㉣ 주요 국가들이 상호 선급제도를 협력・발전시키기 위해 1968년 국제선급협회(IACS)를 창설하였다.

㉤ 국제선급협회(IACS)는 1968년 창설되었고, 우리나라 선급협회(KR)는 1988년에 정회원으로 가입되었다.

(3) 국적선 불취항증명서(Waiver)

Waiver제도는 수출입화물에 국적선(자국선박)을 이용하도록 하는 국적선보호주의로 자국선박이 취항하지 않는 지역 또는 취항 중이라도 선적 당시에 취항할 수 있는 선박이 없는 경우 이를 증명하는 서류를 Waiver라고 한다(Waiver 없이 외국 선박에 임의로 선적을 할 수 없음).

3 해상운송방식과 계약의 형태

1 해상운송방식 ★☆☆

해상운송방식은 크게 정해진 항로를 운항하는 정기선(Liner)과 화주와 선주 간의 용선계약에 따라 운항하는 부정기선(Tramper)으로 나눈다.

(1) 정기선 운송방식[5]

① 정기선 운송의 개념 : 정기선(Liner)은 여객 및 개품운송계약[6]으로 화물을 싣고 정해진 항로를 규칙적이고 반복적으로 운항하는 형태의 해상운송을 의미한다.

② 개품운송계약의 선적절차(선하증권의 발급절차)

㉠ 컨테이너화물선 선적절차

- FCL화물 : S/R(Shipping Request, 선적요청서) → CY → D/R(Dock Receipt, 부두수취증) → S/O(Shipping Order, 선적지시서) → 본선적재 → B/L 발급
  ↳ 화주 : S/O를 1등항해사에게 제시하고 선적 후 B/L을 받음
- LCL화물 : S/R → CFS(컨테이너화물집화소) → CY → D/R → S/O → 본선적재 → B/L 발급

* D/R : 선사가 컨테이너화물을 컨테이너 터미널에서 인수했다는 증빙서류. 컨테이너가 CY로 인도되면 선사가 발행(일반화물 → Mate's Receipt와 동일)

㉡ 일반재래화물선 선적절차

S/R → 화물검량 → 검수 → S/O → 본선적재 → M/R(Mate's Receipt : 본선수취증) → B/L 발급

(2) 부정기선 운송방식 ★★☆

① 부정기선의 개념 : 부정기선(Tramper)은 Bulk화물을 운송할 때 주로 사용되며 원칙적으로 단일화주의 단일화물을 항해용선계약(Voyage Charter)으로 전부 용선하여 운송하는 선박을 의미한다. 여기에는 유조선, 냉동선, 목재전용선 등이 해당된다.

② 부정기선의 용선계약 종류 ★☆☆

㉠ 항해용선계약(Voyage Charter)

ⓐ 한 항구에서 다른 항구까지 편도 항해를 위해 체결되는 운송계약으로 수출입화물의 대부분을 차지한다.

---

5) 김현수, 퍼펙트 국가자격무역영어, 세종출판, 2011, pp.136~137.

6) 개품운송계약 : 운송인 다수의 송화인으로부터 화물을 집화하여 목적항 및 물품특성에 따라 분류한 뒤 혼재운송(Consolidation)하는 계약으로 주로 정기선(Liner)을 이용함

ⓑ 항해용선계약(Voyage Charter)은 선주가 모든 장비와 선원을 갖춘 선박을 대여하고 운항에 필요한 모든 **비용**을 부담한다.

+ 항해용선계약

- 항로용선계약이라고 하며 화물의 용적, 중량 또는 선박의 선복을 기준으로 운임이 결정되고 각각의 항로, 화물에 적합한 표준서식(GENCON)[7]이 정해져 있다. 표준서식(GENCON)을 이용한 경우에도 당사자 간 합의에 의해 계약내용의 변경이 가능하다.
- **용선계약서**(Charter Party)**의 작성** : 용선계약은 그 성질상 당사자 합의에 따른 합의계약이며, 양 당사자의 권리와 의무가 규정된 쌍무계약이고, 계약이 구두에 의해서도 가능한 불요식계약(Informal Contract)의 성질을 지닌다.
- **용선계약 시 묵시적 확약** : 묵시적 확약이란 계약서상에는 기재되지 않으나 관습상 당연히 인정되는 확약사항을 의미한다. 선주 측에서는 내항성 선박의 제공, 신속한 항해 이행, 부당한 이로를 하지 않을 것 등이며, 화주 측에서는 위험물을 적재하지 않도록 하는 것 등을 말한다.

㉡ **선복용선계약**(Lump-sum Charter) : 항해용선계약의 변형된 형태로, 실제 적재된 톤수가 아니라 A항에서 B항까지 계약된 선복(Ship Space), 즉 계약 톤수에 따른 용선계약을 뜻한다.

㉢ **일대용선계약**(Daily Charter) : 항해용선계약의 변형으로 하루 단위로 용선하는 용선계약을 의미한다.

㉣ **정기용선계약**(Time Charter)

ⓐ 모든 장비를 갖추고 있고 선장과 선원이 승선해 있는 선박을 일정 기간 동안 사용하는 계약을 의미한다.

ⓑ 정기용선계약에서 용선료는 원칙적으로 기간에 따라 결정된다.

㉤ **나용선계약**(Bare-boat Charter) : 용선자(Charter)가 선박만 용선하는 계약으로 인적·물적 요소 전체를 용선자가 부담하고 운항 전반을 관리하는 계약을 의미한다.

ⓐ 용선자가 선용품, 연료 등을 선박에 공급하고 선장 및 승무원을 고용한다.

ⓑ 용선자가 용선기간 중 운항에 관한 일체의 감독 및 관리 권한을 행사한다.

+ 항해용선계약과 나용선계약의 비교

구분	항해용선계약	나용선계약
선장 고용책임	선주가 감독, 임명	용선자가 임명
선원 고용책임	선주가 감독, 임명	용선자가 임명
책임 한계	선주-운송행위	용선자-운송행위
운임결정	화물의 수량	용선기간
용선자의 비용부담	용선자 부담 없음	직접 선비, 운항비, 보험료

7) • 화물의 선적비와 양륙비는 용선자가 부담한다.
• 운임은 화물의 선적량을 기준으로 산정한다.
• 선박에 부과되는 세금은 선주가 부담하고, 화물에 부과되는 세금은 용선자가 부담한다.

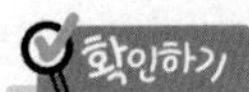

▶ **항해용선계약(Voyage Charter Party)에 관한 설명 중 틀린 것은?**

① 용선료를 용선기간에 따라 결정하고 용선개시 전에 미리 선급한다.
② 용선자는 선복을 이용하고 선주는 운송행위를 한다.
③ 용선자는 선주에게 운임을 지급하고 선주는 선박운항에 따른 제 비용을 부담한다.
④ 선주와 용선자 간의 계약내용으로는 선내하역비 부담조건과 정박기간에 관한 사항이 중요시된다.
⑤ 용선자는 재용선자에 대해 감항담보의 책임이 없다.

정답 ①

③ 용선계약의 하역비 부담조건 ★☆☆

Berth Term(= Liner Term)	선적과 양륙비용을 선주가 부담 : 정기선의 개품운송계약에서 사용함
FIO(Free In & Out)	선적과 양륙비용을 용선자(화주)가 부담
FI(Free In)	선적비용은 용선자, 양륙비용은 선주 부담
FO(Free Out)	선적비용은 선주, 양륙비는 용선자 부담
FIOST(Free In, Free Out, Stowed, Trimmed)	선적비용, 양륙비용, 본선 내의 적부비용 및 화물정리비용 등을 모두 용선자가 부담하는 조건
Gross Term Charter	항비, 하역비, 검수비 모두 선주 부담
Net Term Charter	항비, 하역비, 검수비 모두 용선자 부담

+ 부정기선 F조건의 해석방법

선주가 부담하지 않는 비용(공짜인 = Free)으로 해석하면 된다. 즉, FI(Free In)는 선주가 선박으로 선적되어 들어오는(In) 화물의 선적비용은 부담하지 않으며, FO(Free Out)는 선주가 선박에서 화물이 나가는(out) 양륙비용은 부담하지 않는다. 또한 FIO(Free In & Out)는 선적 및 양륙비용 모두 선주가 부담하지 않는 조건이다.

④ 부정기선 관련 용어정리

㉠ CQD(Customary Quick Despatch) : 해당 항만의 관습적 하역방법에 따라 가능한 신속하게 적재 또는 양륙하는 조건을 의미한다.
㉡ 조출료(Despatch Money) : 약정된 정박기간 이전에 하역완료 시 그 단축기간에 대해 선주가 용선자에게 지급하는 보수로서 체선료의 1/2 수준이다.
㉢ 체선료(Demurrage) : 용선계약에서 약정된 정박기간을 초과하여 선적하거나 양륙한 시간에 대해 용선자가 선주에게 지급하기로 약정한 금액을 의미한다.
㉣ WWD(Weather Working Days) : 기상조건이 양호하여 하역작업이 가능한 날만을 정박기간에 산입하고, 악천후로 하역작업이 불가능한 작업일은 정박기간에 포함하지 않는다.

ⓓ N/R(Notice of Readiness) : 선박소유자가 용선자에게 통지하는 선적과 양륙의 준비완료의 통지를 의미한다.

+ 우리나라 「상법(商法)」 제829조 규정

- 선박소유자는 운송물을 선적함에 필요한 준비가 완료된 때에는 지체 없이 용선자에게 그 통지를 발송하여야 한다.
  → 선적과 양륙의 준비완료의 通知(N/R, Notice of Readiness)
- 운송물을 선적할 기간의 약정이 있는 경우에는 그 기간은 제1항의 통지가 오전에 있은 때에는 그 날의 오후 1시부터 기산하고, 오후에 있은 때에는 다음 날 오전 6시부터 기산한다. 이 기간에는 불가항력으로 인하여 선적할 수 없는 날과 그 항의 관습상 선적작업을 하지 아니하는 날을 산입하지 아니한다.

(3) 양자의 비교 ★☆☆

구분	정기선(Liner)	부정기선(Tramper)
특성	규칙적, 신속성, 정확성 有	상대적 저운임, 규칙성 및 신속성 低
대상화물	취득가격에서 운임비중이 낮고 운임부담력이 큰 공산품, 고가품 등	단위당 가격이 낮아 가격에서 운임비중이 큰 대량의 Bulk화물
수요발생	일정하고 안정적 수요	불규칙적, 불안정적 수요
운송인	공중운송인(Public Common Carrier)	사적계약운송인(Private Contract Carrier)
운송계약서	선하증권(B/L)	용선계약서(Charter Party, CP) = 전세계약
운송계약의 종류	개품운송계약	용선운송계약
운임	공시된 운임률 적용	시장의 수급상황에 따라 결정

2 해상화물운송계약

(1) 개품운송계약(Contract of Affreightment)

정기선에 의한 운송계약으로 선박회사가 여러 화주의 화물운송계약을 개별적으로 맺는 것을 말하며 대부분의 공산품이 대상이 된다.

(2) 용선운송계약(Charter Party)

화물을 적재할 수 있는 선박의 지정공간인 선복(Ship's Space)의 일부 또는 전부를 전세내어 화물을 운송할 목적으로 선박회사와 용선자 간에 체결하는 계약으로 대량화물을 부정기선(Tramper)으로 운송하는 경우에 체결한다.

확인하기

▶ 해상운송계약은 해상에서 선박에 의한 물품의 운송을 인수하는 계약으로 개품운송계약과 용선운송계약으로 구분된다. 다음의 설명 중에서 개품운송계약과 관련하여 맞지 않는 것은?

① 선박회사가 다수의 화주로부터 위탁받은 화물을 운송
② 원유, 철광석, 비료, 곡물 등의 대량화물을 운송
③ 주로 정기선 화물을 이용
④ 계약에 따라 선하증권, 화물수취증, 화물운송증 등을 발행
⑤ 운임률은 협정운임률(Tariff Rate)을 적용

정답 ②

4 연안운송과 카페리운송

1 연안운송

(1) 연안운송의 개념

연안운송은 해수면 또는 내수면을 통해 선박을 이용하여 화물을 이동하는 것으로서 철도 및 도로운송의 한계에 따라 국내 항만을 오가는 운송을 의미한다.

(2) 연안운송의 장단점

장점	단점
• 공로의 혼잡 경감 및 친환경 운송수단으로의 전환(Modal Shift) • 중량물, 장척물 등 수송에 적합한 운송법 • 대량화물의 국내 수송에 적합한 운송수단 • 도서지역 생필품의 안정적 공급수단 • 물류비 절감 및 국가안보적 측면에서도 필요한 운송방법	• 운송의 신속성이 결여됨 • 문전운송(Door to Door)이 곤란 • 다른 운송수단과의 연계가 필요 • 소량, 다빈도 운송에 부적합

2 내수면(내륙)운송

운하, 강, 호수 등을 운항하는 내수면(내륙)운송은 일부 컨테이너 바지운송을 제외하고 대부분의 석탄, 곡물, 모래 등 무겁고 부피가 큰 저가 물품들을 운반하는 데 이용되고 있다.

3 카페리운송

① 여객과 화물을 운송할 수 있도록 고안된 선박으로 불특정 다수를 대상으로 여객과 화물을 동시에 운송할 수 있다.
② 생동물, 과일, 생선 등을 산지로부터 신속하게 직송하여 화물을 유통시킬 수 있다.
③ 육상의 도로혼잡을 감소시키고 친환경 운송수단으로 기능(Modal Shift)을 한다.
④ 상・하역비용을 절감할 수 있다.
⑤ 열차페리운송방식은 해상운송과 철도운송의 장점을 접목시킨 복합운송방식으로 비용절감, 하역시간의 단축, 화물파손의 발생이 감소되는 장점을 지닌다.

Tip

카페리의 경제성
- 상・하역비 절감
- 차량 고정비 절감
- 운행거리 단축
- 화물 안정성 향상
- 신속한 운송

5 해상운송 운임

1 해상운임의 결정요인

- 화물의 종류
- 화물의 중량 및 용적
- 화물의 운송거리
- 화물의 가치

2 해상운송 운임 ★★☆

(1) 정기선 운임의 종류

① 정기선 운임
㉠ **기본운임** : 중량과 용적을 기준하며 둘 중 운임폭이 큰 쪽을 기본운임으로 정한다.
㉡ **최저운임**(Minimum Rate) : 화물의 용적이나 중량이 이미 설정된 일정 기준(운임톤 단위)에 미달하는 경우 적용되는 운임
㉢ **종가운임**(Ad Valorem) : 귀금속 등 고가품의 가격을 기초로 하여 산출된 운임
㉣ **특별운임** : 수송조건과는 별개로 해운동맹 측이 비동맹선과 적취경쟁을 하게 되면 일정 조건하에서 정상요율보다 인하한 특별요율을 적용하는 운임

㉤ **차별운임** : 화물, 장소 또는 화주에 따라 차별적으로 부과되는 운임

㉥ **선불운임** : 수출업자가 선적지에서 운임을 지불하는 것을 말하며, 주로 선하증권이 발행될 때 운임을 지불하며, 운임포함 인도조건인 CFR 또는 CIF 계약 시 사용

㉦ **후불운임**(Freight Collect) : 화물이 목적지에 도착한 후 수하인 또는 그 대리인이 운임을 지불하는 것으로 선측인도조건인 FOB계약에서 사용

② **할증료**(Surcharge)

㉠ **중량할증운임**(HLS, Heavy Lift Surcharge)

㉡ **유가할증료**(BAF, Bunker Adjustment Factor)

㉢ **통화할증료**(CAF, Currency Adjustment Factor)

㉣ **인플레할증료**(IAF, Inflation Adjustment Factor)

㉤ **체선할증료**(CS, Port Congestion Surcharge) : 도착항의 항만이 복잡할 경우 부과

㉥ **장척할증료**(LS, Lengthy Surcharge) : 장척물 선적 시 부과하는 할증료

㉦ **양륙항선택 화물할증료**(Optional Charge) : 선적 시 양륙항(=양하항)을 복수로 선정하고, 양하항 도착 전에 최종 양륙항을 지정하는 경우에 발생하는 할증료

㉧ **항구변경할증료**(Diversion Charge) : 운송 도중에 당초 지정된 양륙항을 변경하는 화물에 대한 할증료

확인하기

▸ **다음 중 해상운임 부과 시 할증운임에 해당하지 않는 것은?**

① Fuel Surcharge
② Detention Surcharge
③ Congestion Surcharge
④ Currency Surcharge
⑤ Over Freight Surcharge

정답 ②

③ **부대비용**[8]

㉠ **부두사용료**(Wharfage) : 부두사용료로 해운항만청 고시(항만시설사용료)에 의해 부과된다.

㉡ **터미널화물처리비**(Terminal Handling Charge) : 화물이 CY에 입고된 순간부터 선측까지, 반대로 본선의 선측에서 CY의 게이트를 통과하기까지 화물의 이동에 따르는 비용

㉢ **CFS charge** : LCL화물 운송 시에 선적지 및 도착지의 CFS에서 화물의 혼재 또는 분류 작업을 할 때 발생하는 비용

㉣ **지체료**(Detention) : 화주가 컨테이너 또는 트레일러를 대여받은 경우, 무료사용 허용기간(Free Time)을 초과하여 컨테이너를 반환하지 않았을 때, 선박회사에게 지불하는 비용

8) 자료원 : http : //www.tradeking.co.kr

㉤ 도착지화물인도비 : 북미수출의 경우, 도착항에서 하역 및 터미널 작업비용을 해상운임과는 별도로 징수하는 것으로 TEU당 부과하고 있다.

㉥ 지선운임(Feeder Charge) : 컨테이너선이 직접 기항하지 않는 지역은 Feeder Service가 이루어진다. 이때 Main Port까지의 해상운임 또는 육상운임에 상당하는 Feeder Charge가 부과된다.

(2) 부정기선 운임

① Spot 운임(Spot Rate) : 계약 직후 아주 짧은 기간 내에 선적이 개시될 수 있는 상황에서 지불되는 운임

② 선물운임(Forward Rate) : 용선계약으로부터 실제 적재시기까지 오랜 기간이 있는 조건의 운임으로 선주와 하주는 장래 시황을 예측하여 결정하는 운임

③ 일대용선운임(Daily Charter Freight) : 본선이 지정선적항에서 화물을 적재한 날로부터 기산하여 지정양륙항까지 운송한 후 화물인도 완료시점까지의 1일(24시간)당 용선요율을 정하여 부과하는 운임

④ 연속항해용선운임(Consecutive Voyage Contract Freight) : 반복되는 항해에 의하여 화물을 운송하는 경우에 항해 수에 따라 기간이 약정되어 있는 운임

⑤ 총괄운임 = 선복운임(Lump Sum Freight) : 선복(Ship's Space) 또는 항해를 단위로 하여 적용되는 포괄운임으로 화주(용선자)는 공적운임에 대해서도 전액 부담해야 함

⑥ 부적운임 = 공적운임(Dead Freight) : 계약보다 화물량이 적거나 또는 선적하지 않아도 미리 계약한 운임을 지급하는 방식(不積運賃)으로 미적재 운송량에 대한 운임을 의미

⑦ 선급운임(Prepaid Freight) : 송화인이 화물을 선적하고 선하증권을 수령할 때에 지급하는 운임. 이는 항해가 시작되기 전에 운임을 지급하는 것으로서, CIF 조건으로 수출하는 경우에는 화물가격에 운임이 포함되어 있기에 매도인이 미리 운임을 지급

+ 부과방법에 따른 분류

- **최저운임** : 실제운임이 일정 수준 이하인 경우 적용하는 최저수준의 운임
- **특별운임** : 해운동맹이 비동맹과 경쟁 시 인하하여 부과하는 운임
- **차별운임** : 운송거리, 운송량, 서비스수준 등에 따라 요율을 달리하는 운임
- **무차별운임**(FAK, Freight All Kinds) : 품목과 무관하게 동일운임 적용
- **품목별운임** : 운송품목에 따라 다른 요율을 적용하는 운임
- **계약운임** : 운송업자와 화주 간에 별도의 계약에 따른 운임

CHAPTER 07

국제복합운송

1 복합운송의 개념

1 복합운송의 의의

복합운송(Combined Transport)은 복합운송인이 효율적인 화물운송을 위하여 복합운송계약에 따라 육상·해상·항공 운송수단 중 2가지 이상의 운송수단을 이용한 연계운송을 말한다.

2 복합운송의 기본요건(특징) ★☆☆

① 운송인은 전 운송구간에 걸쳐 화주에게 **단일책임**을 진다.
② 송화인은 단일의 운송인과 **단일운송계약**을 체결하는 것이 원칙이다.
③ 운송인은 복합운송에 대한 **단일복합운송증권**을 발행한다.
④ 전 운송구간에 **단일운임**을 적용한다.
⑤ 두 가지 이상의 서로 다른 운송수단이나 방식에 의해 운송한다(단일운송수단 : ×).
⑥ 컨테이너를 이용한 일관운송의 보편화

3 복합운송의 종류 ★☆☆

(1) 피기백 서비스(Piggy Back Service)

화물자동차의 기동성과 철도의 중·장거리 운송에 있어서의 장점을 결합한 혼합운송방식이다.

(2) 피시백 서비스(Fishy Back Service)

화물자동차운송과 해상운송의 장점을 활용한 운송방식으로서 운송비 절감, 운송시간 단축, 운송능률 증대 등의 이점이 있다.

(3) 버디백 서비스(Birdy Back Service)

항공기에 화물차를 연계한 일관운송시스템을 말한다.

(4) 레일 워터 서비스(Rail-Water Service)

철도와 해운을 활용한 혼합운송방식으로 대량·중량 화물과 저가품의 장거리 운송 시에 가장 경제적이다. 국내에는 없는 형태이나 유럽에서는 활용하고 있는 방식에 해당한다.

2 국제복합운송업자

1 국제복합운송업자(Freight Forwarder)의 개념

국제복합운송업자의 개념과 관련해서 우리나라 「물류정책기본법」 제2조에서는 다음과 같이 정의하고 있다. "국제물류주선업"이란 타인의 수요에 따라 자기의 명의와 계산으로 타인의 물류시설・장비 등을 이용하여 수출입 화물의 물류를 주선하는 사업을 말하며, 이를 업(業)으로 영위하는 자를 국제물류주선업자(Freight Forwarder)라 한다. 국제물류주선업을 경영하려는 자는 시・도지사에게 등록해야 한다.

2 국제복합운송업자(Freight Forwarder)의 유형

(1) 실제 운송인(Actual Carrier)

실제 운송인은 송화인과 직접 운송계약(Contract of Carriage)을 체결한 계약운송인(Contracting Carrier)의 의뢰에 대하여 운송인 자신이 보유한 선박, 항공기 등의 운송수단을 통하여 실제로 운송을 담당하는 자를 말한다.

(2) 계약운송인(Contracting Carrier)

선박, 트럭, 항공기 등의 수송수단을 직접 보유하지 않으면서 화주와 복합운송계약을 체결하여 실제운송인에 대해서는 화주의 입장이 되고, 화주에 대해서는 운송인의 기능을 이행하는 운송주선인(Freight Forwarder)을 말한다.

(3) NVOCC(Non-vessel Operating Common Carrier)

미국규정 NVOCC(무선박운송인)는 일종의 프레이트 포워더로서 운송인에 대해서는 화주가 되고, 화주에 대해서는 운송인 기능을 수행한다는 점에서는 계약운송인과 유사하나, ① NVOCC는 해상운송에만 존재한다는 점, ② 계약운송인이 대리인(Agent)으로서 기능하는 데 비해 NVOCC는 자기의 명의로 서명하고 선하증권(B/L)을 발행한다는 점에서 큰 차이가 있다.

3 국제복합운송업자(Freight Forwarder)의 업무 및 기능 ★★★

① **화물의 집화, 분배, 혼재(Consolidation) 업무 등을 수행** : LCL화물을 주로 취급한다.
② 운송계약의 체결과 선복의 예약
③ 운송수단의 수배 및 본선과 화물의 인수・인도
④ 운송주체로서 역할 수행 및 직접 운송수단을 보유하지 않은 채 화주를 대신하여 화물운송을 주선(선박의 배선 : ×)
⑤ 화주를 대신하여 적하보험[9] 수배업무와 통관대행업무를 수행

---

9) 적하보험 : 해상 선박에 의하여 수송되는 화물이 멸실 또는 손상되는 경우에 화주가 입은 손실을 보상받는 해상보험

⑥ 운송 관련 서류 작성 및 복합운송증권의 발행
⑦ 수입통관은 자신의 명의 또는 화주의 명의로 수입신고
⑧ 물류에 대한 지식을 가지고 포장, 운송, 보관 등의 업무를 대행
⑨ 운송계약의 주체가 되어 자신의 명의로 운송서류를 발행

※ 운송주선인(Freight Forwarder)은 화주를 대신하여 수출입화물의 통관절차를 대행할 수 있으나, 국가에 따라서 관세사 등 허가를 받은 자만이 할 수 있다.

3 국제복합운송경로(해상 & 육상)

1 해륙복합운송경로(Land Bridge)의 개념

Land Bridge는 운송시간의 단축 또는 운송비의 절감이 주요 목표로 해상운송경로(Bridge)를 대륙횡단경로에 결합한 해상과 육상 간의 복합운송형태를 말한다.

2 해륙복합운송경로(Land Bridge)의 종류 ★★☆

(1) American Land Bridge(ALB)

① 극동과 유럽 간 화물수송 시 미대륙을 Bridge로 하는 운송경로로, 극동의 주요 항만에서 북미 서안의 항구까지는 해상운송을 한 후 북미 동부 또는 남부항까지 철도운송을 통하고 미대륙을 횡단하고 다시 대서양을 횡단하여 유럽지역 항구 또는 내륙까지 해상운송하는 일관운송경로를 말한다.
② ALB는 수에즈 운하가 봉쇄될 경우, 이용할 수 있는 운송시스템 중의 하나이다.

(2) Canadian Land Bridge(CLB)

ALB와 유사한 형태로 밴쿠버 또는 시애틀까지는 해상운송한 이후 캐나다 몬트리올까지 철도를 통하여 이동하고 대서양 해상을 통하여 유럽항구까지 운송하는 해륙복합운송경로를 말한다.

(3) Mini Land Bridge(MLB)

미국 서안에서 철도 등의 내륙운송을 거쳐 미국 동안 또는 걸프지역 항만까지 수송하는 해륙복합운송경로를 말한다.

(4) IPI(Interior Point Intermodal)

Micro Land Bridge라고도 하며, 한국, 일본 등 극동지역에서 미국의 네브래스카, 시카고 등 로키산맥 동부의 내륙지점까지 수송하는 것으로 시카고 등의 주요 수송거점까지 철도운송을 한 뒤 내륙에서는 도로운송을 통해 Door to Door로 문전운송서비스를 제공하는 복합운송경로를 말한다.

(5) Trans China Railway(TCR)

① TCR은 중국 연운항을 기점으로 하는 중국 대륙횡단철도로 연운항을 시작하여 로테르담까지 연결하는 철로를 이용한 **일관운송**경로를 말한다.

② TSR은 동절기에 영하 30℃까지 내려가 낮은 온도에 민감한 제품을 수송하기 어려우나, TCR의 위도는 TSR보다 낮아 저온에 의한 동파나 제품손상을 줄일 수 있다.

③ TCR은 중국 국경을 지나 러시아 연방지역에서 TSR과 연결 시 궤도폭이 상이하여 환적작업이 필요하며, 인프라 및 운영서비스·마케팅도 미흡하여 TCR 활성화에 다소 시간이 소요될 것으로 예상된다.

(6) Trans Siberian Railway(TSR)

① 북한과의 철도연결사업 중 경원선의 복원으로 우리나라에서 유럽까지 철도화물수송경로로 활용될 수 있는 가장 최적의 Land Bridge이다.

② SLB(Siberian Land Bridge)는 TSR을 이용하는 운송경로로 극동에서 유럽·중동행 화물을 러시아 **보스토치니항**까지 운송한 이후 철도운송으로 시베리아를 횡단하여 러시아의 서부국경에서 유럽지역 등으로 운송하는 Land Bridge를 말한다.

3 국제복합운송 관련 조약 및 협약

이종책임체계(Network Liability System)는 화주에 대하여 복합운송인이 전 운송구간에 걸쳐 책임을 부담하지만 손해발생구간이 확인된 경우 해상운송구간에서는 Hague Rules, 항공운송구간에서는 Warsaw Convention, 도로운송구간에서는 CMR 조약 및 각국의 일반화물자동차운송약관, 그리고 철도운송구간에서는 CIM 조약에 의해서 책임체계가 결정된다.

4 선하증권 및 복합운송증권

1 선하증권의 의의

(1) 선하증권의 개념

선하증권(Bill of Lading)은 그 증권상에 기재된 화물의 운송에 관하여 화주와 운송인 사이에 계약이 체결되었음을 증명하는 증거서류로서, 도착지에서 증권 소지인이 증권과 상환하여 화물의 반환을 청구할 수 있는 유가증권이다. 또한 선하증권은 운송인이 그 증권상에 기재된 화물을 인수 또는 선적하였음을 증명하는 서류이며, 선하증권상에 화물의 상태에 관한 별도의 기재사항이 없는 경우 그 운송화물은 외관상 상태가 양호하다는 것으로 간주된다.

(2) 선하증권에 관한 국제규칙(함부르크 규칙 : Hamburg Rules, 1978)

함부르크 규칙의 특징은 「해상운송법」상 전통적인 항해과실에 대한 운송인의 면책을 인정하지 않는 것을 위시하여 운송인의 면책사유를 축소하고 운송인에게 무과실거증책임을 부과하고 있다. 또한 운송인의 책임제한액도 크게 인상하여 헤이그 규칙의 체계를 근본적으로 바꾸면서 운송인의 책임을 가중시키고 있다.

> ① 선박의 감항능력(내항성) 담보에 관한 주의의무 규정의 삭제
> ② 화재면책의 폐지 및 운송인 책임한도액의 인상
> ③ 면책 카탈로그(Catalogue)의 폐지
> ④ 지연손해에 관한 운송인 책임의 명문화

(3) 선하증권의 기능 및 특징 ★☆☆

① 선박에 적재된 물품의 수령증(Receipt of Goods)
② B/L 소지자 등이 물품의 소유자임을 증명하는 권리증권(Document Title)
③ 물품의 인도청구권
④ B/L상에 기재된 화물을 인수 또는 선적하였음을 증명하고 정당한 소지인에게 인도할 것을 약속하는 유가증권(Valuable Instrument Papers)
⑤ **특징** : 운송계약을 원인으로 하는 요인증권, 「상법」상 필수기재사항이 필요한 요식증권, 화물인수할 수 있는 권리를 나타내는 채권증권, 증권소지자가 배서에 의해 화물에 대한 권리를 이전할 수 있는 유통증권, 처분을 위해 필요한 처분증권

(4) 선하증권 발행절차 ★☆☆

> 선적신청서(Shipping Request : S/R) 선사에 제출 → 선복예약(Booking for Shipping) → 선적지시서(Shipping Order : S/O) 발행 → 본선수취증(Mate's Receipt : M/R) → 본선적재 선하증권 발급(Shipped B/L) → 화물인도지시서(Delivery Order : D/O)

✚ 재래선의 경우 상기와 같으며, 컨테이너전용선의 경우 M/R이 D/R(부두수취증 : Dock Receipt)로 대체됨

(5) 선하증권의 종류 ★☆☆

① **수취인(Consignee)란의 기재형태에 따른 분류**
- ㉠ **기명식**(Straight B/L) : 선하증권에 기재된 특정 수화인이 아니면 원칙적으로 화물을 수령할 수 없는 기명식 선하증권으로 신용장방식에선 사용 불가. 배서금지 문언이 없으면 배서양도는 가능하나 기명된 당사자만 화물을 인수할 수 있어 화물의 전매나 유통은 자유롭지 못하다.
- ㉡ **무기명식**(Blank Endorsement) : 백지배서식이라고 하며 소지인식과 유사하다.
- ㉢ **지시식**(Order B/L) : 화물의 수화인이 특정되어 있지 아니하고 장차 수화인을 특정할 지시인(To Order Of)만 기재하여 배서양도에 의한 유통성이 있는 선하증권으로 신용장방식에서 사용한다.
- ㉣ **소지인식** : 선하증권상에 소지인에게 물품을 인도하도록 기재한 선하증권

② 기타의 종류
㉠ 선적 선하증권(Shipped B/L) 및 수취 선하증권(Received B/L)
㉡ 무사고 선하증권(Clean B/L) 및 사고부 선하증권(Dirty = Foul B/L)
㉢ 기간경과 선하증권(Stale B/L)
㉣ 제3자 선하증권(Third Party B/L)
㉤ 통과 선하증권(Through B/L) 및 환적 선하증권(Transshipment B/L)
㉥ 적색 선하증권(Red B/L)

체크 Point

✪ 해상화물운송장(Sea Waybill)

1. SWB의 개념
   - 해상운송인이 화물의 수령을 증명하고 계약조건 이행을 목적으로 송하인에게 발행하는 서류
   - 2007년 「상법」 개정으로 해상화물운송장이 규정됨
   - 양륙지에서 수화인이 화주임을 운송인이 확인한 경우, 화물인도청구권 행사를 위해 운송인에게 해상화물운송장을 반드시 제시하여야 하는 것은 아님
2. 해상화물운송장의 장점
   - 화물인도의 신속성 및 비용절감
   - 서류분실에 수반한 위험의 해소
   - 화물처리업무의 합리화 촉진
3. 해상화물운송장의 단점
   유통성 있는 권리증권이 아니므로 물품 운송 중 전매 불가

(6) 선하증권의 운송인 면책약관

① **화물고유의 하자약관** : 화물의 고유한 성질에 의하여 발생하는 손실에 대해 운송인은 면책됨
② **이로약관** : 항해 중에 인명, 재산의 구조, 구조와 관련한 상당한 이유로 예정항로 이외의 지역으로 항해한 경우, 발생하는 손실에 대해 운송인은 면책됨
③ **부지약관** : 컨테이너 내에 반입된 화물은 화주의 책임하에 있으며 발생하는 손실에 대해 운송인은 면책됨
④ **과실약관** : 항해과실과 상업과실로 구분되며 상업과실일 경우, 운송인은 면책을 주장하지 못함
⑤ **고가품약관** : 송하인이 화물의 운임을 종가율에 의하지 않고 선적하였을 경우, 운송인은 일정 금액의 한도 내에서 배상책임이 있음

(7) 선하증권의 기재사항

구분	「상법」상 기재사항
법정기재사항	선박의 명칭 및 톤수, 선장의 성명, 화물의 종류, 중량 또는 용적포장의 종류, 개수와 기호, 송화인・수화인의 성명 또는 상호 선적항・양륙항, 선하증권 작성자, 작성일자, 발행부수 및 발행자 날인, 운임
임의기재사항	항해번호, 통지처, 운임지불 여부 및 환율, 비고사항(화물손상, 과부족, 면책약관의 내용) 등

2 복합운송증권(Multimodal Transport Document)

(1) 복합운송증권의 개념

복합운송증권(Multimodal Transport Document)은 해상・항공・육상에 의한 운송수단 중 2가지 이상의 다른 운송방식을 이용하고, 화물의 선적지와 도착지가 다른 경우에 이루어지는 복합운송계약을 증명하기 위해서 복합운송인이 발행하는 증권을 말한다.

(2) 복합운송증권의 기본전제

① 운송인은 전 운송구간에 걸쳐 화주에게 단일책임을 진다.
② 송화인은 단일의 운송인과 단일운송계약을 체결하는 것이 원칙이다.
③ 운송인은 복합운송에 대한 단일복합운송증권을 발행한다.
④ 전 운송구간에 단일운임을 적용한다.

(3) FIATA 복합운송증권(FIATA Combined Transport Bill of Lading, FB/L)

① FIATA 복합운송증권의 개념 : FIATA 복합운송증권은 국제상공회의소(ICC)가 1973년에 제정한 「복합운송증권에 관한 ICC통일규칙」을 근거로 하여 복합운송증권 양식을 마련하였다. 이는 세계 복합운송업계의 결속 및 발전, 국제교역 촉진 등을 목적으로 한다.

② FIATA 복합운송증권의 내용

㉠ 프레이트 포워더(Freight Forwarder)는 화주의 단독위험으로 화물을 보관할 수 있다.
㉡ 프레이트 포워더가 인도지연으로 인한 손해, 화물의 멸실, 손상 이외의 결과적 멸실 또는 손상에 대해 책임을 져야 할 경우, 프레이트 포워더의 책임한도는 본 FBL(Forwarder's B/L)에 의거한 복합운송계약 운임의 2배 상당액을 초과하지 않는다.
㉢ FBL에 따르면, 화물의 손상・멸실 등의 경우, 프레이트 포워더는 무과실을 입증하지 못하는 한 배상책임을 면할 수 없다.
㉣ 해상운송이나 내수로운송이 포함되지 않은 국제복합운송의 경우, 프레이트 포워더의 책임은 멸실 또는 손상된 화물의 총중량 1kg당 8.33SDR(Special Drawing Rights)을 초과하지 않는 금액으로 제한된다.
㉤ 프레이트 포워더의 총책임은 화물의 전손에 대한 책임한도를 한도로 한다.

(4) 복합운송증권(서류)과 선하증권의 차이 ★☆☆

구분	복합운송증권	선하증권
증권발행자	운송인과 운송주선인 모두 발행 가능	운송인만 발행 가능(FIATA B/L은 제외)
운행구간	운송구간을 상관하지 않음	운송구간이 해상구간에 국한됨
증권의 형태	수취식 형태	선적선하증권 형태
운송서비스	선적항에서 양륙항까지의 화물운송서비스를 포함한 Door to Door 서비스 제공	선적항에서 양륙항까지의 화물운송서비스만 제공
발급증권 종류	'said by shipper's to contain'과 같은 조항이 첨부된 증권이 발급	무사고선하증권의 발급을 필요로 함

CHAPTER

08

단위적재운송시스템(ULS)

1 단위적재운송의 의의

1 유닛로드시스템(ULS)의 개념

(1) 단위적재운송시스템(ULS, Unit Load System)

유닛로드시스템(ULS)이란 화물을 일정한 표준의 중량 또는 용적으로 단위화하여 일괄적으로 운송하는 물류시스템으로 파렛트와 컨테이너라는 운송용구의 개발에 의해 화물을 화주의 문전에서 문전까지(Door to Door) 일관운송할 수 있는 체계이다. 이는 하역 및 운송의 단위적재를 통해 운송의 합리화를 추구하는 시스템에 해당한다.

(2) 한국산업규격(KS)의 정의

① 유닛로드(Unit Load) : 수송, 보관, 하역 등의 물류활동을 합리적으로 처리하기 위하여 복수의 물품 또는 포장화물을 기계, 기구에 의한 취급에 적합하도록 하나의 단위로 정리한 화물을 일컫는다. 또한, 이 용어는 하나의 대형 물품이 위 목적에 합치하는 경우에도 사용한다.

② 유닛로드시스템(Unit Load System) : 유닛로드를 도입함으로써 하역을 기계화하고 수송, 보관 등을 일관하여 합리화시키는 시스템이다.

+ 일관운송시스템

물류의 효율화를 목적으로 화물을 발송지에서 도착지까지 해체하지 않고 연계하여 수송하는 것으로서 대표적으로는 파렛트와 컨테이너를 이용한 운송을 들 수 있다.

2 ULS의 장점 및 효과 ★★☆

(1) ULS의 장점

① 표준화된 단위로 포장, 하역, 수송, 보관되어 물류작업의 표준화가 가능하다.

② 수송장비의 상・하차작업이 신속히 이루어져 하역작업의 대기시간이 단축된다.

③ 물동량을 단위화함으로써 자동화설비나 자동화장비의 이용이 가능하다.

④ 파렛트화, 컨테이너화 등의 단위화로 인력이 절약된다.

⑤ 물동량을 단위화된 크기로 작업이 가능하며 포장자재비용의 절감이 가능하다.

(2) ULS의 효과

① 화물자동차의 회전율 증가
② 표준화된 단위로 포장, 하역, 수송에 따른 시간의 절약
③ 화물의 파손 및 오손 방지

3 ULS 성립을 위한 전제조건

(1) 표준화(Standardization)

ULS 성립을 위해서는 반드시 표준화가 전제되어야 하며, 표준화의 대상은 화물운송용기(Pallet, Container), 운반 및 하역장비, 거래단위, 운송절차의 표준화 등이 필수적인 전제가 된다.

(2) 체계화(System)

표준화를 통해서 ULS 성립조건들이 구비된 경우 이를 체계적으로 시스템화하기 위해서는 운송, 보관, 하역, 포장, 정보통신 등 물류의 5대 기능이 유기적으로 절차화되어야 한다.

(3) 기계화(생력화, 省力化)

생력화는 노동력을 절약하기 위해 산업의 오토메이션화・무인화(無人化)를 촉진하는 것을 의미하며, ULS 성립을 위해서는 기계화 또는 생력화가 요구된다.

2 일관 파렛트 풀 시스템

1 일관파렛트화의 개념 및 파렛트 크기

(1) 일관파렛트화의 개념

일관파렛트화(Palletization)는 발송인으로부터 화물이 발송되어 수취인에게 도착될 때까지 전 운송과정을 일관하여 파렛트로 운송하는 것으로 물류비의 절감을 위한 대안이다. 전체 운송과정 동안에 동일한 형태로 화물을 보존하여 이동시키며 파렛트 풀 시스템을 도입할 수 있다.

(2) 파렛트 크기

한국산업표준(KS T 2033)에서 정하고 있는 "아시아 일관수송용 평파렛트"의 크기
① T－11형 : 1,100mm × 1,100mm
② T－12형 : 1,200mm × 1,000mm

확인하기

▶ 적재함의 크기가 폭 2.3미터, 길이 6.2미터인 윙바디 트럭이 있다. T-11형 파렛트를 1단으로 적재할 경우와 T-12형 파렛트를 1단으로 적재할 경우에 각각 적재 가능한 파렛트 수는?

해설 T-11형 : 1,100 × 1,100 → 2열 × 5행 = 10개
T-12형 : 1,200 × 1,000 → 1열 : 1,200 × 1,000 → 6개
2열 : 1,000 × 1,200 → 5개

정답 T-11형 : 10개
T-12형 : 11개

(3) 파렛트 사용의 장점

① 하역시간의 단축
② 인건비 절감
③ 수송비용의 절감
④ 재고조사의 편의성 증대

2 파렛트 풀 시스템(PPS, Pallet Pool System) ★★☆

(1) 파렛트 풀 시스템의 개념 및 실시단계

① **파렛트 풀 시스템의 개념** : 파렛트 풀 시스템(Pallet Pool System)은 파렛트의 규격(치수), 강도, 재질 등을 표준화하여 여러 물류기업들이 파렛트를 상호 공동으로 이용함으로써 물류의 효율성을 높이고 물류비용을 절감하고자 구축된 파렛트이용시스템을 말한다. 물류의 효율성을 높이는 물류의 공동화와 복합일관운송을 위해서는 표준화·규격화된 표준크기의 파렛트만을 이용해야 하며, 다양한 규격(크기) 및 형태의 파렛트를 취급할 수는 없다.

② **파렛트 풀 시스템의 실시단계 범위** : 기업 내 파렛트 풀 시스템 → 업종(업계)별 파렛트 풀 시스템 → 타 업종 간의 파렛트 풀 시스템 → 국가단위의 파렛트 풀 시스템 → 국제단위의 파렛트 풀 시스템

(2) 파렛트 풀 시스템의 종류 ★★☆

구분	즉시교환방식	리스·렌탈방식	교환·리스병용방식	대차결제방식
개념	유럽 각국의 국영철도에서 Pallet Load 형태로 운송하면 국철에서 같은 수의 파렛트로 교환해 주는 방식	Pallet Pool 회사에서 일정 규격의 파렛트를 필요에 따라 임대해 주는 방식	즉시교환방식＋리스·렌탈방식	교환방식의 개선 형태로 현장에서 즉시 교환하지 않고 일정 시간 내에 도착역에 해당 파렛트가 반납되면 같은 수만큼 역에서 내주는 방식
장점	• 즉시 교환에 따른 파렛트 분실 방지 • Pallet의 사무관리를 국철역에서 시행함으로써 사무관리가 용이함	• 파렛트의 이용에 대한 수급 파동의 조정이 용이 • 파렛트의 품질이 유지됨 • 적정 파렛트의 운영 가능	사용자의 편이성이 좋음	국철역에서 파렛트를 즉시 교환할 필요가 없음
단점	• 동일 크기, 품질의 파렛트 교환이 곤란 • 화주 편재 → 파렛트 편재 • 파손, 손상에 대한 책임소재 불명확 • 항상 최소한의 교환예비용 파렛트가 필요	• 운영 면에서 교환방식보다 인도반환 등 사무처리 복잡 • 반환 시 렌탈료 계산이 필요 • 화주 편재 → 파렛트 편재 • 렌탈회사 Depot에서 화주공장까지 공차운송이 불가피	• 사무관리 복잡 • 결국 실패	책임소재가 불명확

3 컨테이너화물운송

1 컨테이너운송의 개념

(1) 컨테이너운송의 의의

① **컨테이너운송의 개념 :** 컨테이너란 20ft, 40ft 해운용 컨테이너뿐만 아니라 표준규격으로 화물을 적재할 수 있는 용기(Device)를 의미한다. 컨테이너를 이용한 화물운송을 컨테이너운송이라 하며 컨테이너를 이용하는 화물운송 방식으로의 전환을 컨테이너화(Containerization)라고 한다. 컨테이너운송의 장점은 개품화물을 단위화, 규격화(Unitized)하여 다른 운송수단들 간의 일관운송시스템을 가능하게 함에 있다.

② **컨테이너의 크기**

㉠ **컨테이너(Container) 크기 :** 20ft, 40ft 해운용 컨테이너를 표준으로 하며, ISO Series 1의 컨테이너 규격은 길이 40ft, 높이 8ft, 폭 8ft, 최대 총중량 30t을 기준으로 한다.

㉡ **20ft 컨테이너(TEU, Twenty-foot Equivalent Unit) :** TEU는 컨테이너의 물동량 산출을 위한 표준적인 단위이며, 컨테이너 선박의 적재능력을 표시하는 기준이 된다.

(2) 컨테이너운송의 특징 ★☆☆

① 화물의 유닛화를 목적으로 한다.
② 환적이 용이하게 이루어질 수 있는 구조를 가지고 있다(수송수단 간 연계의 효율성).
③ 표준화에 따른 컨테이너의 규격에 맞는 화물만 취급 가능하다(화물크기의 제한).
④ 내구성과 반복사용에 적합한 강도를 가지고 있다.
⑤ 수송비, 포장비 및 하역비를 절감할 수 있다.
⑥ 장비사용의 효율성 및 노동생산성을 향상시킨다.

(3) 컨테이너운송의 장단점

장점	단점
• 운송·보관과정에서 화물의 안전성이 높고 이에 따라 보험료가 절약된다. • 환적지점에서의 하역작업 단순화 및 신속성, 효율성을 증진시킨다. • 서류취급 작업의 최소화가 가능하다. • 컨테이너가 외부 포장재의 역할을 하므로 포장비 및 창고보관비가 절약된다. • 컨테이너운송은 복합운송 및 일관운송이 가능하므로 운임률이 비교적 낮다. • 컨테이너는 운반이 기계화되어 인건비 절약 및 업무의 능률화가 가능하다.	• 컨테이너 운반설비가 필요하므로 대규모 자금이 필요하다. • 컨테이너에 적입 가능한 화물의 크기 및 종류가 제한적이다. • 관리 및 경영에 있어 전문적인 지식, 기술이 필요하다. • 컨테이너에 대한 하역시설이 갖추어지지 않은 항구는 하역작업시간이 연장될 수 있다.

(4) 컨테이너의 종류[10] ★☆☆

건화물 컨테이너 (Dry Container)	일반 건화물 수송용의 대표적인 표준컨테이너(Standard Container)로서 가장 많이 사용되고 있다.	
플랫랙 컨테이너 (Flat Rack Container)	목재, 승용차, 기계류 등과 같은 중량화물을 운송하기 위한 컨테이너로 지붕과 벽을 제거하고 기둥과 버팀대만 두어 전후좌우 및 쌍방에서 하역할 수 있는 컨테이너이다.	

10) 자료원 : 산업통상자원부 블로그, http : //blog.naver.com/mocienews

오픈탑 컨테이너 (Open Top Container)	중량화물이나 장척화물 운송에 적합하도록 천장이 개방된 컨테이너. 파이프와 같이 길이가 긴 장척화물, 중량품, 기계류 등을 수송하기 위한 컨테이너로 지붕이 없는 형태여서 화물을 컨테이너의 윗부분으로 넣거나 하역할 수 있다.	
솔리드 벌크 컨테이너 (Solid Bulk Container)	소맥분이나 가축사료 등의 수송을 위한 것으로 천장에 세 개의 뚜껑이 달려 있다.	
냉동 컨테이너 (Refrigerated Container)	온도조절장치가 있어 과일, 야채, 생선, 육류 등을 운송할 수 있다.	
탱크 컨테이너 (Tank Container)	액체상태의 유류, 주류, 화학제품 등을 운반하는 탱크 구조형 컨테이너이다.	
통풍·환기 컨테이너 [Ventilated(Pen) Container]	통풍구와 사료주입구가 설치돼 있어 살아 있는 동물의 수송에 편리하도록 된 컨테이너이다.	
행거 컨테이너 (GOH, Garment On Hanger)	의류운송용 GOH(Garment on Hanger)는 특수 컨테이너의 하나로 고급의류 전문품을 운송하기 위해서 제작된 항공탑재용기에 해당한다.	

2 컨테이너선의 종류

(1) 선박의 이용 형태에 따른 분류

① **컨테이너 전용선**(Full-Container Ship) : 갑판 및 선창이 컨테이너만을 적재하도록 설계된 선박이다. 일반적으로 컨테이너선이라 하면 이 전용형의 컨테이너선을 말하는 것이다.

② **분재형**(Semi-Container Ship) : 재래선 선창의 일부를 컨테이너 전용으로 만든 선박으로 중앙 또는 갑판에다 컨테이너 전용장치를 설치한 선박이다.

(2) 하역방식에 따른 분류

① **LO-LO선**(Lift On/Lift Off) : LO-LO선은 컨테이너 부두 크레인에 의해 컨테이너를 선적 및 양륙하는 컨테이너선으로 화물창 내부에 L자나 T자 모양의 틀이 세워져 있고 이 틀에 맞추어 컨테이너를 적재하게 된다. 특히, 전체 화물구역이 셀로 분할되어 있는 선박을 컨테이너 전용선이라 한다.

② **RO-RO선**(Roll On/Roll Off) : RO-RO선은 보통 '로로 방식'이라고 하며, 일반적으로 선박의 측면 또는 선미에 설치된 경사로(Ramp)를 이용하여 트레일러 혹은 지게차로 직접 컨테이너를 싣고 내리는 컨테이너선을 말한다.

3 컨테이너화물의 운송형태 ★★☆

컨테이너화물의 운송형태는 선적 및 양륙 시 CY와 CFS 중 어디에서 취급되느냐에 따라서 다음의 방식으로 구분된다.

(1) CY ➡ CY(FCL ➡ FCL)

CY / CY 방식은 한 명의 수출자(송화인)가 화물을 공장에서 컨테이너에 FCL 상태로 선적하여 목적지에 있는 수입업자(수화인)의 창고까지 FCL로 일관운송하는 방식이다. 수출자와 수입자의 직접 거래이므로 단순하고 경제성이 높으며 화물이 섞이지 않고 손상을 입지 않는 장점이 있다.

(2) CY ➡ CFS(FCL ➡ LCL)

CY / CFS 방식은 한 명의 수출자가 화물을 컨테이너에 FCL 상태로 선적하여 운송하고 목적지에 도착하면 다수의 수입자(수화인)에게 인도하는 방식의 컨테이너 운송방식으로, 한 수출업자가 동일한 지역의 여러 소규모 수입업자에게 동시에 화물을 운송할 경우 많이 사용하는 형태이다. 이 방법은 Shipper's Consolidation (Consigner's Consolidation 또는 Seller's Consolidation)이라 한다.

(3) CFS ➡ CY(LCL ➡ FCL)

CFS / CY 방식은 한 명의 수입업자가 다수의 송화인으로부터 물품을 수입할 때 주로 이용되는 방식으로, LCL 화물을 인도받아 FCL 상태를 만들어 컨테이너에 싣고 이를 수입업자 창고에까지 운송하는 방식으로, 이를

Buyer's Consolidation이라 한다.

(4) CFS ➡ CFS(LCL ➡ LCL)

CFS / CFS 방식은 수출자(송화인)와 수입업자(수화인)가 각각 다수인 경우에 사용되는 방식으로, 수출 선적항의 컨테이너 화물처리장소인 CFS(Container Freight Station)에서 LCL화물을 컨테이너에 싣고 목적지까지 컨테이너로 운송한 후 목적지에서 다수의 수화인에게 화물을 인도하는 방식이다. 이를 Forwarder's Consolidation이라고 한다.

✪ 컨테이너화물의 운송형태 요약

- CY ➡ CY(FCL ➡ FCL) : 단일 송화인의 공장이나 창고에서 단일 수화인에게 전달될 때까지 동일한 컨테이너에 적재된 상태로 일괄운송되는 형태
- CY ➡ CFS(FCL ➡ LCL) : 단일 수출자의 화물을 다수의 수입업자에게 분배
- CFS ➡ CY(LCL ➡ FCL) : 다수 수출자의 화물들을 수집하여 단일 화주에게 운송
- CFS ➡ CFS(LCL ➡ LCL) : 다수 수출자의 화물들을 수집하여 다수의 수입업자에게 분배하는 형태

4 FCL과 LCL 화물의 개념 및 운송흐름

(1) FCL과 LCL 화물의 개념

FCL(Full Container Load)은 1개의 컨테이너에 1개 회사의 화물이 적재되는 경우를 말하고 FCL화물(Cargo)을 취급하는 곳을 CY(Container Yard)라고 한다. LCL(Less than Container Load)은 1개의 컨테이너에 2개 이상의 수출자(송화인) 화물이 혼적(Consolidation)되는 경우를 말하고, LCL화물을 취급하는 곳을 CFS(Container Freight Station)라고 한다.

(2) FCL과 LCL 화물의 운송흐름

① FCL 수입화물의 운송절차

㉠ 선사는 화주 또는 포워더로부터 운송신청 접수
㉡ 트럭회사는 선박회사에 수입관계서류를 제시하고 기기인도지시서 1통을 교부받음
㉢ 컨테이너 터미널에 기기인도지시서 제시
㉣ 터미널에서 기기수도증 1통을 수취하고, CY에서 반입컨테이너의 인수
㉤ 컨테이너를 도착지까지 운송
㉥ 컨테이너 터미널에 기기수도증 1통의 인도 및 검사 후 CY에 공컨테이너 인도

② LCL(Less-than Container Load)화물의 수출흐름

㉠ 화주로부터 CFS나 내륙 데포까지 운송주문을 접수한다.
㉡ 트럭회사는 화주와의 운송계약에 따라 발송지에서 화물을 싣는다.

㉢ 트럭회사는 CFS(Container Freight Station) 또는 내륙 데포까지 일반트럭이나 트레일러로 운송한다.
㉣ 내륙 데포(Depot)에 도착한 후 화물을 행선지별로 분류하여 공컨테이너에 적입한다.
㉤ FCL(Full Container Load)화물과 동일한 절차를 수행한다.

5 컨테이너 관련 국제협약

(1) ITI 협약(국제통과화물에 관한 통관협약)

관세협력이사회가 TIR 작성과 병행하여 채택한 조약으로 컨테이너 관련 국제협약 중 각종 운송기기에 의한 육·해·공의 모든 운송수단을 대상으로 하는 국제운송에 관한 통관조약을 말한다.

(2) TIR 협약(국제도로운송통관조약)

국제도로 면세통과 증서의 담보하에 행하는 화물의 국제운송에 관한 관세협약(TIR Convention) – 본 협약의 목적을 위하여, "TIR운용"이란 용어는 본 협약에 규정된 "TIR절차"라 불리는 절차에 따라 출발지 세관으로부터 목적지 세관으로 화물을 운송하는 것을 말한다.

(3) ICSC 협약(컨테이너안전협약)

안전한 컨테이너를 위한 국제협약을 말한다.

6 컨테이너 터미널의 주요 시설 ★★☆

(1) 안벽 = 선석(Berth)

항구에 컨테이너선이 접안(接岸)해서 컨테이너 용기를 선적 또는 양하하기 위해 설치된 구조물로 바다와 맞닿아 있는 부분을 말한다.

(2) Apron

안벽에 접한 야드부분에 일정한 폭으로 나란히 뻗어 있는 공간으로서 컨테이너의 적재와 양륙작업을 위하여 임시로 하치하거나 크레인이 통과주행을 할 수 있도록 레일을 설치한 곳을 말한다.

(3) Marshalling Yard : 컨테이너 선적 전 대기장소

Marshalling Yard(마샬링 야드)는 컨테이너선에 선적하거나 양륙하기 위하여 컨테이너를 정렬시켜 놓은 공간을 말한다. 이는 컨테이너선에 선적해야 할 선적예정 컨테이너를 선내 적부계획에 의거하여 일시적으로 정렬해 두는 컨테이너 터미널의 주요 시설이다.

(4) CY(Container Yard) : 컨테이너적치장

CY(Container Yard)는 철도 및 해상운송 등과 관련된 화물처리시설로서 컨테이너를 효율적으로 배치, 회수,

보관하기 위하여 운영되는 시설을 말한다. 컨테이너 부두 안에 있는 CY를 On-Dock CY라 하고, On-Dock CY가 혼잡한 경우 컨테이너 터미널과 떨어져 항만의 시내·외곽에 위치하는 외부 컨테이너 터미널을 Off Dock CY(ODCY)라 한다.

(5) CFS(Container Freight Station) : 컨테이너화물처리장

CFS는 LCL화물 처리를 위한 기본적인 시설로서 컨테이너 한 개를 채울 수 없는 소량화물(LCL화물)을 인수, 인도하고 보관하거나 컨테이너에 적입(Stuffing) 또는 적출(Unstuffing, Devanning)작업을 하는 장소이다.

(6) Maintenance Shop

이는 컨테이너 터미널의 기기를 점검, 수리하는 곳이다.

(7) 기타 시설

ICD(Inland Container Depot)는 내륙에서 컨테이너 집배, Vanning, Devanning, 통관 등의 절차를 이행하는 시설이다.

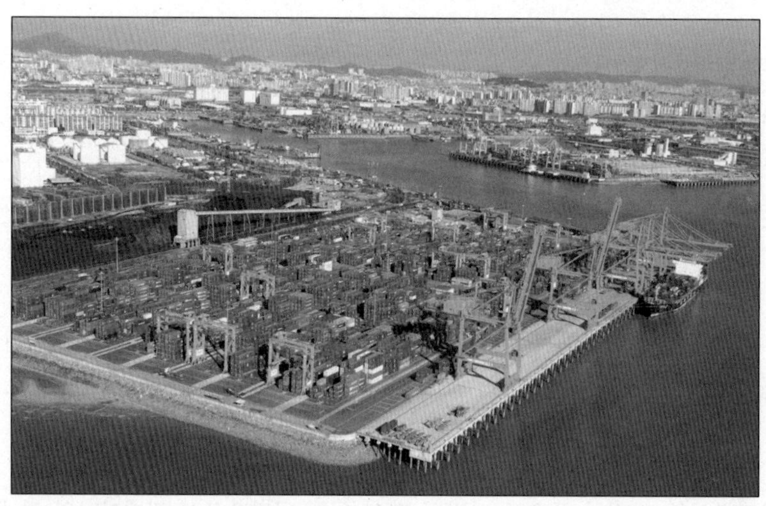

7 컨테이너 하역장비

(1) 갠트리 크레인(Gantry Crane)

컨테이너 하역 시, 에이프런에 부설된 레일을 따라 주행하고 유압에 의하여 신축되는 스프레더에 의하여 훅(Hook)에 매달린 컨테이너를 감아 올려 적·양하작업을 한다.

(2) 섀시(Chassis)

세미 트레일러(Semi Trailer)에서 컨테이너를 적재하는 부문으로 보기(Bogie)와 프레임(Frame)으로 구성된다.

(3) 스트래들 캐리어(Straddle Carrier)

컨테이너를 양각 사이에 들어 올려 주행하는 특수한 차량을 이용하는 방식이다.

(4) 야드 트랙터(Yard Tractor)

컨테이너야드(CY) 내에서 트레일러를 견인 이동한다.

(5) 트랜스테이너(Transtainer)

컨테이너를 쌓거나 컨테이너를 내리는 일 또는 섀시(Chassis)나 트레일러에 싣고 내리는 일을 한다.

(6) 윈치 크레인(Winch Crane)

크레인 자체를 회전시키면서 컨테이너 트럭이나 무개화차로부터 컨테이너를 양하, 적하하는 하역장비이다.

8 컨테이너 터미널 운영방식 ★☆☆

(1) 섀시 방식

갠트리 크레인을 이용하여 선박에서 컨테이너를 꺼내 직접 섀시에 적재하는 하역방식으로 신속하고 효율적이나, 섀시보관장소가 필요하고 1단만 장치하므로 스트래들 캐리어에 비해 제약이 다소 있다.

(2) 스트래들 캐리어 방식

섀시 방식과 다르게 컨테이너를 2~3단으로 적재가 가능하여 효율성이 높고 한 번에 여러 컨테이너를 운송할 수 있는 장점이 있다.

(3) 트랜스테이너 방식

트랙터와 섀시를 조합하여 컨테이너를 운송하고, CY에서는 트랜스퍼 크레인을 이용하여 적재・보관하는 방식으로 4~5단 적재가 가능하며 자동화로 인한 장비가동률과 유지보수비도 저렴한 장점이 있으나 초기투자비용이 다소 크다.

3과목

국제물류론

출제영역 및 학습방법

기출 분석

국제물류론 주요 영역별 출제문항 수

(단위 : 문항수)

주요 영역 \ 연도	2020	2021	2022	2023	2024	합계	비율(%)
국제물류 일반과 무역	15	11	13	14	15	68	34
국제해상운송	16	18	16	17	15	82	41
국제항공운송	3	6	6	4	6	25	12.5
국제복합운송	6	5	5	5	4	25	12.5
총계(문항수)	40	40	40	40	40	200(문항)	100(%)

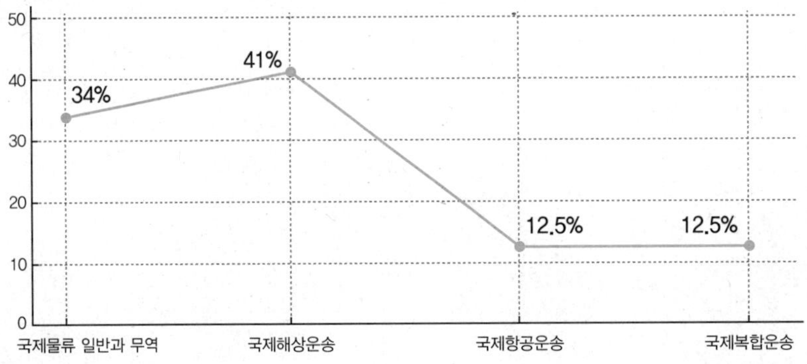

학습방법

국제물류론은 분량이 많고 난이도가 높은 과목입니다. 이에 다음과 같은 학습 전략을 제안드립니다.

- 선택과 집중 국제물류론은 '국제물류 + 무역실무'로 구성되어 있으며, 무역실무 부분은 전공자의 수준으로 출제되는 경향이 있습니다. 비전공자는 모든 내용을 학습하기보다는 중요한 주제를 선별해 선택과 집중하는 방식이 효과적입니다.
- 전체와 세부를 동시에 학습 국제물류론은 무역의 전체적인 절차(성립 – 이행 – 종료)를 이해해야 세부 주제를 쉽게 파악할 수 있습니다. 전체 절차를 먼저 익히고, 인코텀즈, 신용장 등 세부 내용을 공부하는 것이 효율적입니다.
- 화물운송론과 연계 학습 화물운송론에서 다루는 해상운송, 항공운송, 복합운송이 국제물류론과 중복되므로, 두 과목을 연계해 학습하면 시너지 효과가 큽니다. 한 과목에서 공부한 내용을 다른 과목에서도 적용할 수 있습니다.
- 협약과 협약 영문 원문 연습 협약 관련 문제는 국제물류론에서 고난도 문제로 자주 출제됩니다. 영문 원문 해석 문제는 영어 실력보다는 협약의 기본적인 구조와 내용을 이해하는 것이 중요합니다. 국문으로 학습한 후 기출문제를 통해 원문에 익숙해지는 연습이 필요합니다.

이 전략을 바탕으로 학습하면 국제물류론의 문제유형에 익숙해지고 고득점을 목표로 할 수 있습니다. 효율적으로 준비하시길 바랍니다!

저자 변달수

국제물류론

CHAPTER 01 국제물류관리

CHAPTER 02 무역실무

CHAPTER 03 해상운송

CHAPTER 04 해상보험

차례

제3과목 국제물류론

CHAPTER 01 국제물류관리

CHAPTER 02 무역실무

CHAPTER 03 해상운송

CHAPTER 04 해상보험

CHAPTER 05 항공운송

CHAPTER 06 컨테이너운송

CHAPTER 07 복합운송

CHAPTER 01

국제물류관리

1 개요 ★★★

1 개요

(1) 물류와 무역

① 무역수요는 물류수요를 창출한다.
② 무역계약 조건은 국제운송계약에 영향을 미친다.
③ 물류비용 절감은 국제무역 확대발전으로 이어진다.
④ 물류기술 발전은 무역거래 비용의 절감으로 이어진다.
⑤ 무역규제 완화는 물류비용 **감소**로 이어진다.

(2) 국내물류와 국제물류의 비교

국내물류에 비해 국제물류는 각국의 언어・사회・문화・정치・법적 측면에서 영향을 받게 된다.

구분	국제물류	국내물류
운송방법	주로 복합운송이 이용된다.	주로 공로운송이 이용된다.
재고수준	주문시간이 길고, 운송 등의 불확실성으로 재고 수준이 높다.	짧은 리드타임으로 재고 수준이 상대적으로 낮다.
화물위험	장기운송과 환적 등으로 위험이 **높다**.	단기운송으로 위험이 낮다.
서류작업	• 각종 무역운송서류가 필요하고 서류 작업이 **복잡**하다. • 국가 간 수출입통관절차가 복잡하여 상대적으로 물류관리가 **어렵다**.	구매주문서와 송장 정도로 서류 작업이 간단하다.
재무적 위험	환리스크로 인하여 재무적 위험이 높다.	환리스크가 없어 재무적 위험이 낮다.
운송비용	상대적으로 높다.	상대적으로 낮다.
리드타임	상대적으로 길다.	상대적으로 짧다.

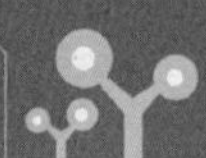

(3) 국제물류의 기능

기능	내용
수량적 기능	생산자와 소비자의 수급 불일치를 해소하는 기능수행
품질적 기능	• 생산물품과 소비물품의 품질을 동일하게 유지하는 기능수행 • 생산자가 제공하는 재화와 소비자가 소비하는 재화의 품질을 가공, 조립, 포장 등을 통해 조정
가격적 기능	생산자와 소비자를 매개로 운송에서 정보활동에 이르기까지 모든 비용을 조정
인적 기능	생산자와 소비자가 인적으로 다르고 분업으로 발생하는 복잡한 유통경제조직을 운송과 상거래로 조정
시간적 기능	재화의 생산시기와 소비시기의 불일치 조정
장소적 기능	생산지와 소비지의 장소적, 거리적 격차를 단축시키는 기능 수행

(4) 국제물류의 필요성

① 국제물류는 국가 경제발전과 물가안정에 기여한다.
② 물류가 국내제품의 수출경쟁력 증가에 기여하기 때문이다.
③ 해외시장으로의 상품인도시간을 단축시킨다.
④ 해외고객의 다양한 요구에 신속하고 정확하게 반응하기 위해서이다.
⑤ 해외시장 고객에 대한 서비스 활동을 향상시킨다.
⑥ 국제간 상품의 가격을 평준화시킨다.
⑦ 제품의 수명주기가 짧아짐에 따라 국제물류의 신속성이 요구되기 때문이다.
⑧ 수출업자의 물류비를 절감시킨다.
⑨ 해외거점 확대, 해외조달, 아웃소싱이 증가함에 따라 공급망이 국내에서 해외로 확장되기 때문이다.

(5) 국제물류관리의 특징

① Hub & Spoke 방식이 **확대**되는 추세이다.
② 신제품을 해외시장에 공급하는 경우 리드타임을 감소시키는 것이 수익 창출과 밀접한 관계가 있다.
③ 국가 간 물류시스템 설비 장비가 **표준화되어 있지 않아** 관리상 제약이 **많다.**

(6) 국제물류관리 효율화 방안

① 운송수단 내 적재효율을 높이고 운송경로는 최단거리를 선택한다.
② 포장은 견고하게 하되 과포장을 피한다.
③ 화물의 재고 현황을 파악하기 위해 POS 시스템과 같은 IT 기술을 활용한다.
④ 혼재를 통해 운송의 효율을 높인다.
⑤ 효율적인 하역작업을 위해 하역횟수를 **줄이고** 1회당 하역량을 **늘려야** 한다.

2 국제물류환경

(1) 최근 국제물류환경 변화

① 글로벌화

㉠ 기업의 국제경영활동 증가
㉡ 통합된 국제물류체계 구축을 위한 경영자원의 필요성 증가
㉢ 국내외 물류기업 활동의 글로벌화로 국제물류의 중요성이 증대되고 있다.
㉣ IoT 등 정보통신기술의 발전으로 국내외 물류기업들은 국제물류체계를 플랫폼화 및 고도화하고 있다.
㉤ 국제물류시장의 치열한 경쟁상황은 국내외 물류기업들 간 전략적 제휴나 인수·합병을 가속화시키고 있다.
㉥ 국제물류시장의 치열한 경쟁으로 물류기업 간 수평적 통합과 수직적 통합이 가속화되고 있다.
㉦ 기업들은 SCM체제를 구축하여 **효율적 재고관리**를 통한 빠른 고객대응을 추구하게 되었다.
㉧ 다국적기업의 글로벌 생산네트워크 확대로 국제물류에 대한 수요가 증가하고 있다.
㉨ 지역주의 확산에 따른 세계경제가 블록화되고 있다.
㉩ 생산시설의 글로벌화에 따른 글로벌 물류네트워크 구축 추세

② 물류서비스 수요 다양화

㉠ 물류서비스에 대한 수요의 고급화·다양화·개성화
㉡ 글로벌시장의 수평적 분업화로 다품종 **소량**생산으로 변화 추세
㉢ 국내외 화주기업들은 물류전문업체를 **적극활용**하고 있다.

③ 물류관리의 중요성 증대

㉠ 물류의 신속과 정확성이 중시되면서 물류관리가 기업의 성패요인으로 부각
㉡ 기업경영의 글로벌화가 보편화되면서 글로벌 공급사슬에 대한 중요성이 증대되고 있다.
㉢ 물류비 절감 차원에서 재고**축소**형 전략이 확산되고 있다.
㉣ 비용절감, 규모의 경제 달성 등을 위해 물류업체 간의 전략적 제휴와 인수합병이 확대되고 있다.
㉤ 국제물류의 기능변화에 따라 공급사슬 전체를 관리하는 3자물류(3PL)업체들의 역할이 강화되고 있다.

④ 기술의 발달

㉠ 컨테이너 선박이 대형화됨에 따라 항만도 점차 대형화되고 있다.
㉡ 운송거점으로서의 허브항만이 지역경제 협력의 거점으로 다각화되고 있다.
㉢ 선박대형화에 따른 항만효율화를 위해 Post Panamax Crane이 도입되었다.
㉣ 비용절감과 수송시간의 단축을 위하여 주요 거점항만 및 공항을 중심으로 Hub & Spoke 시스템이 구축되고 있다.
㉤ 제품의 수명주기가 **짧아짐**에 따라 신속한 국제운송이 요구되고 있다.
㉥ e-Logistics의 활용으로 물류 가시성이 **높아**지고 있다.
㉦ 위치기반기술의 발전으로 인하여 실시간 화물추적과 운행관리가 가능해졌다.
㉧ 선박대형화에 따라 항만의 수심이 깊어지고 있다.

ⓧ 전자상거래의 발전으로 온라인 정보망과 오프라인 물류망 간 동조화가 강화되고 있다.

⑤ 환경과 보안 강화

㉠ 9·11테러 이후 국제물류 전반에서 물류보안이 강화되고 있다.

㉡ 최근 강화되고 있는 물류보안제도로는 물류보안 인증제도 시행, 컨테이너화물 사전검색 강화, 컨테이너 전자봉인장치 도입, 선박 및 항만 시설에 대한 보안 강화, 화물 정보의 **사전**신고제도 시행이 있다.

㉢ 환경친화적 물류관리를 위하여 세계적으로 환경오염에 대한 규제가 **강화**되고 있다.

㉣ 재화의 소비 이후 재사용 및 폐기까지 환경유해요소를 최소화하는 환경물류의 중요성이 증대되고 있다.

㉤ 온실가스 감축을 위해 메탄올 연료를 사용하는 선박 건조가 증가하고 있다.

글로벌 소싱의 확대

1. 의의
   ① 기업들은 글로벌 소싱을 활용하여 공급사슬을 확대하고 외부 조달비용 절감을 시도하고 있다.
   ② 구매가격을 낮추기 위하여 외국의 공급자로부터 자재와 부품을 구매할 수 있다.
   ③ 글로벌 소싱의 이유로는 ㉠ 비용절감, ㉡ 상품개발과 생산기간 단축, ㉢ 핵심역량에 집중, ㉣ 조직효율성 개선 등이 있다.
2. 특징
   ① 글로벌 소싱은 품질과 납기 등을 개선시킬 기회가 될 수 있다.
   ② 해외공급자 파악, 선정, 평가 등의 추가적인 노력이 요구된다.
   ③ 정보통신기술의 발달되더라도 글로벌 구매 시 **국제운송, 수입통관절차가 추가**되므로 국내 구매와 동일한 절차는 아니다.

(2) 국제물류관리에 영향을 줄 수 있는 환경변화

① 해운동맹(shipping conference)은 그 수가 **감소**하고 있다.

② 항공기와 선박 등 운송수단의 효율성이 높아지고 있다.

③ 물류보안의 강화로 엄격한 통관기준이 적용되는 추세이다.

④ 탄소배출권거래제도 참여 의무와 같은 환경장벽의 확대에 따라 국제운송비가 **증가**하는 추세이다.

(3) 해외직접구매의 확산이 물류부문에 미치는 영향

① 물류정보시스템의 필요성 증가

② 해외직구 활성화로 배송대행서비스 등 물류전문기업들이 증가

③ 통관업무를 담당하는 전문 인력에 대한 수요 증가

④ 정확하고 체계적인 **다빈도 소량 운송**의 필요성 증가

⑤ 글로벌 공급망관리의 필요성 증가

(4) 보호무역주의 확산이 글로벌생산업체에 미치는 영향

① 현지국 내의 공급사슬관리 체제가 강화된다.
② 부품수입량이 감소하고 생산일정 관리가 어려워진다.
③ 지역별로 전개하는 글로벌 분업체제가 강화된다.
④ 연구개발 및 생산에서 규모의 경제가 **약화**된다.
⑤ 표준화된 글로벌 제품의 대량생산체제가 어려워진다.

(5) 최근의 선박대형화가 해운항만에 미치는 영향

① 하역장비의 대형화
② Hub & Spoke 운송시스템의 **증가**
③ 대형선박 투입으로 기항항만 수 감소(허브항만 경쟁 심화)
④ 항만생산성 제고 압력 증대
⑤ 항만운영에 있어서 자본투입 증가

(6) 해운항만산업의 변화

① 미국의 신해운법(Shipping Act, 1984)이 제정되면서 운임동맹의 가격카르텔 기능이 약화되어 선사 간 운임경쟁이 가속화되었다.
② 세계 주요 선사들은 초대형선을 다투어 건조하여 선박건조비와 운항비의 단가를 낮추는 규모의 경제를 추구하게 되었다.
③ 각국 정부의 적극적인 지원에 따라 세계 도처의 여러 항만이 첨단화되고, 고생산화되는 현상이 나타나고 있다.
④ 부가가치 물류가 진전됨에 따라 화주, 선사, 항만, 항만배후지를 연계하는 공급사슬의 중요성이 부각되고 있다.

체크 Point

북극해 항로(Northern Sea Route)

1. 종류
   북극해 항로는 러시아 연안을 항해하는 북동항로와 **캐나다 연안을 지나는 북서항로**가 있다.
2. 특징
   ① 북극해 항로를 이용할 경우 수에즈 운하를 이용하는 항로에 비해 운항거리와 운항시간을 단축하는 효과가 있다.
   ② 북극해 항로는 얕은 수심으로 인해 초대형 컨테이너선 운항에 어려움이 있다.
   ③ 북극해 항로의 상업적 이용을 위해서는 해당 지역의 항만시설 개선과 쇄빙선 이용료의 인하 등이 필요하다.
   ④ 북극해 항로는 북극지역의 광물 및 에너지자원 활용 차원에서 초기에는 부정기선 위주로 활용될 전망이다.

그린물류(Green Logistics) 달성을 위한 제도

1. Modal Shift : 기존에 도로를 통해 운송하던 여객 또는 화물을 친환경운송수단인 철도 또는 연안 해운으로 운송수단을 전환하는 것을 말한다.
2. Clean Development Mechanism : 개도국의 지속가능한 개발을 지원하고 기후변화협약의 궁극적인 목표 달성에 기여하며, 동시에 교토의정서에 의해 선진국이 지고 있는 온실가스 배출 감축의무의 달성을 돕는데 있다.
3. Emission Trading System : 지구온난화를 막기 위한 교토의정서에서 도입한 배출권거래 제도를 말한다.
4. Onshore Power Supply : 항만 대기오염 저감을 위한 육상전원설비를 말한다.

2 국제물류시스템 형태 ★★☆

형태	내용
고전적 시스템 (Classical System)	① 수출국 기업에서 해외의 자회사 창고로 상품을 출하한 후, 발주요청이 있을 때 해당 창고에서 최종 고객에게 배송하는 가장 보편적인 시스템이나 보관비용이 많이 든다는 단점이 있다. ② 기업은 해외 자회사 창고까지 저속·대량운송수단을 이용하여 운임을 절감할 수 있다.
통과 시스템 (Transit System)	① 수입국 자회사 창고는 단지 통과센터로의 기능만 수행한다. ② 수출기업으로부터 출하빈도가 높기 때문에 해외 자회사 창고에서의 보관비가 상대적으로 절감되는 장점이 있다. ③ 이 시스템에서는 예상치 않은 수요와 품절에 대비해 일정 수준의 안전재고를 설정한다. ④ 단점은 출하가 빈번하여 시설 사용 예약, 하역과 선적 및 통관 비용이 증가하며 혼재수송 가능성이 낮아져 운임의 할인 혜택이 적어진다. ⑤ 해외 자회사 창고는 보관기능보다 집하, 분류, 배송기능에 중점을 둔다.
직송 시스템 (Direct System)	① 수출국의 공장 또는 배송센터로부터 해외 자회사의 고객 또는 최종 소비자나 판매점으로 상품을 직송하는 형태이다. ② 해외 자회사는 상거래 유통에는 관여하지만 물류에는 직접적으로 관여하지 않는 시스템이다. ③ 재고 전부를 출하국의 1개 장소에 집중시켜 보관비가 줄어든다.
다국적(행) 창고 시스템 (Multi-country Warehouse System)	1. 개념 ① 상품이 생산국 창고에서 출하되어 특정 경제권 내 물류거점 국가에 설치된 중앙창고로 수송된 다음 각국의 자회사 창고나 고객 또는 유통경로의 다음 단계로 수송되는 국제물류시스템이다. ② 다국적기업이 해외 각국에 여러 개의 현지 자회사를 가지고 있는 경우 어느 한 국가의 현지 자회사가 지역물류거점의 역할을 담당하여 인접국에 대한 상품공급에 유용한 허브창고를 갖고 상품을 분배하는 시스템이다.

③ 세계 여러 나라에 자회사를 가지고 있는 글로벌기업이 지역물류거점을 설치하여 동일 경제권 내 각국 자회사 창고 혹은 고객에게 상품을 분배하는 형태이다.
④ 유럽의 로테르담이나 동남아시아의 싱가포르 등 국제교통의 중심지에서 인접국가로 수배송서비스를 제공하는 형태이다.

2. 특징
① 이 시스템은 한 기업이 다수 국가에 자회사를 가지고 있으며 해당하는 나라들 모두에 제품공급이 가능한 중앙창고를 보유할 수 있다.
② 이 경우 제품생산 공장으로부터 중앙창고로 수송되어 자회사 창고 또는 고객에게 배송하는 형태이다.
③ 허브창고에서 수송거리가 먼 자회사가 존재하는 경우 수송비용 증가 및 서비스수준 하락을 가져올 수 있다.
④ 고전적 시스템보다 재고량이 감축되어 보관비가 절감된다.
⑤ 국내 생산공장에서 허브창고까지의 상품수송은 대량수송과 저빈도 수송형태이다.
⑥ 해당 물류시스템은 창고형뿐만 아니라 통과형으로도 사용가능하다.

+ 주요 운하 및 해협

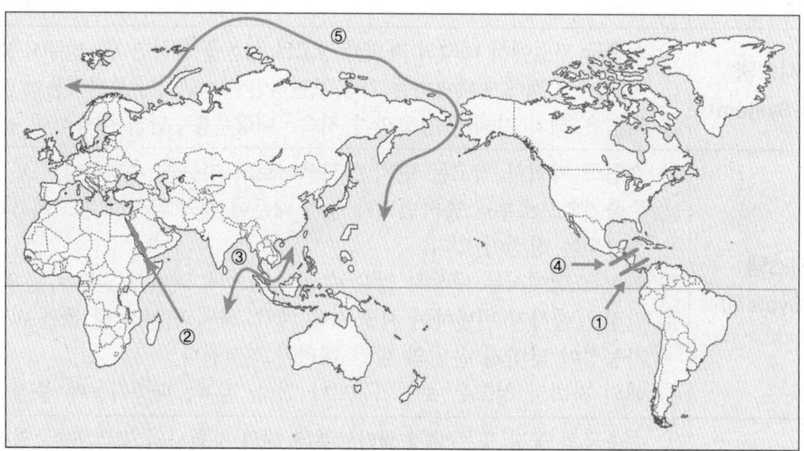

① **파나마 운하** : 선박대형화 추세에 대응하기 위해 2016년 운하 확장공사가 완공되어 10,000급 이상 초대형 컨테이너선박의 운항 TEU가 가능하게 된다.
② **수에즈 운하** : 150년 넘게 이집트경제의 중심으로 역할해 왔으며 2015년 제2의 수에즈 운하가 개통되었다.
③ **믈라카 해협** : 세계 주요 해상항로 중 하나로 아시아와 유럽을 이으며 중국의 일대일로 전략의 주요 해상운송로에 포함된다.
④ **니카라과 운하** : 니카라과 정부와 **홍콩** 니카라과 운하개발이 2014년에 착공하였다.
⑤ **북극해 항로** : 러시아 연안을 항해하는 북동항로와 캐나다 연안을 지나는 북서항로가 있다.

CHAPTER 02

무역실무

1 무역계약의 조건 ★☆☆

1 품질조건

(1) 품질결정방법

① 견본매매(Sales by Sample)

㉠ 거래될 물품의 견본에 의하여 품질을 결정하는 방법이다.

㉡ 공산품과 같이 생산될 물품의 정확한 견본의 제공이 용이한 물품의 거래에 주로 사용된다.

② **명세서매매**(Sales by Specification) : 기계류나 선박 등의 거래에서 거래대상 물품의 소재, 구조, 성능 등에 대해 상세한 명세서나 설명서 등에 의하여 품질을 결정하는 방법이다.

③ **상표매매**(Sales by Trademark) : 세계적으로 널리 알려진 유명한 상표(trade mark)와 상표명(brand name)을 거래할 때 사용되는 매매로, 견본을 따로 제시할 필요 없이 그 상표나 상표명으로서 품질기준을 삼는 것을 말한다.

④ **표준품매매**(Sales by Standard) : 수확예정인 농수산물이나 광물과 같은 1차 산품의 경우에는 특정 연도와 계절의 표준품을 기준으로 등급(Grade)을 결정하는 방법이다.

방법	설명
Fair Average Quality (FAQ)	• 곡물매매에서 많이 사용되며, 선적지에서 해당 계절 출하품의 평균중등품을 표준으로 한다. • 해당 연도의 출하품 가운데 평균적인 중등품질을 표준으로 하여 거래목적물의 품질이 결정되는 조건이다.
Good Merchantable Quality (GMQ)	목재, 원목, 냉동어류 등과 같이 물품의 잠재적 하자나 내부의 부패 상태를 알 수 없는 경우, 상관습에 비추어 수입지에서 판매가 가능한 상태(판매적격)일 것을 전제조건으로 하여 거래물품의 품질을 결정하는 방법이다.
Usual Standard Quality (USQ)	공인검사기관이나 표준기관이 인증한 통상적인 품질을 표준품으로 결정하는 조건이다.

⑤ **규격매매**(Sales by Type) : 국제적으로 통일된 규격으로 품질을 결정하는 매매방식(ISO 등)이다.

⑥ **점검매매**(Sales by Inspection) : 매수인이 현품을 점검하고 하는 매매방식이다.

(2) 품질결정방식

① 선적품질조건(Shipped Quality Terms)

㉠ 매도인이 계약에 규정된 대로의 품질의 물품을 선적하면 추후 그 물품이 양하 시 손해가 있더라도 책임

은 부담하지 않는다는 조건이다

ⓛ 일반적으로 인코텀즈상 C조건, F조건의 규칙, 표준품 매매의 FAQ 조건, 곡물의 TQ 조건은 별도의 합의가 없는 한 선적품질조건에 따르는 것으로 본다.

② **양륙품질조건**(Landed Quality Terms)

㉠ 매도인이 계약된 물품을 양륙 시까지 보장하는 조건이다.

ⓛ 인도물품의 품질이 계약과 일치하는지의 여부를 목적항에서 물품을 양륙한 시점에 판정하는 조건이다.

ⓒ 선적품질조건에서는 이러한 거증책임이 매도인에게 있으며, 그리고 양륙품질조건인 경우에는 **매수인**에게 품질수준의 미달 또는 운송 중의 변질에 대한 거증책임이 귀속된다.

ⓔ 일반적으로 인코텀즈상 D조건, 표준품 매매의 GMQ 조건, 곡물의 RT 조건은 별도의 합의가 없는 한 선적품질조건에 따르는 것으로 본다.

③ SD(Sea-Damaged Terms) : 곡물거래에 주로 사용되는 것으로, 원칙적으로는 선적품질 결정방법이지만, 운송 중 해수에 의한 물품의 손해는 매도인이 부담하기로 하는 조건이다.

(3) 특수품질조건

① RT(Rye Terms) : Rye Terms는 호밀(rye) 거래에서 사용되기 시작한 것으로 물품 도착 시 손상되어 있는 경우 그 수송 도중의 변질에 대한 손해를 매도인이 책임지는 양륙품질조건이다.

② TQ(Tale Quale Terms, Such as it is) : 곡물의 선적품질조건이 되며, 매도인은 선적 시의 품질은 보장하나 양륙 시의 품질상태에 대하여는 책임을 지지 않는다.

2 수량조건 – 과부족용인조건(More or Less Clause)

① Bulk Cargo에서와 같이 운송 중 수량의 변화가 예상되는 물품에 대해 약정된 허용 범위 내에서 과부족을 인정하는 조건이다.

예시 무역계약서의 수량조건에서 "100 M/T, but 3% more or less at **seller's option**"이라 표현되었다면, 매도인은 98 M/T 수량을 인도해도 계약위반이 아니다.

② 물품수량과 관련하여 About, Approximately, Circa 등 이와 유사한 표현을 신용장 금액 또는 상품의 수량이나 단가 앞에 사용한 경우에는 10%의 과부족을 허용한다.

예시 매매계약서 물품명세란에 "Grain about 10,000 MT"라고 기재된 경우, 신용장통일규칙(UCP 600)상 매도인이 인도해야 하는 물품의 최소량은 9,000 MT이다.

③ 신용장 방식에 의한 거래에서 벌크화물(bulk cargo)에 관하여 과부족을 금지하는 문언이 없는 한 신용장 금액의 한도 내에서 5%까지의 과부족이 용인된다.

3 가격조건

※ INCOTERMS 2020에서 학습

4 선적조건

① 선적시기는 특정일, 특정월, 즉시선적조건(Immediate, Prompt)으로 정한다.

② **분할선적**(Partial Shipment)

㉠ 'Partial shipments are prohibited.'는 분할선적이 허용되지 않음을 의미한다.

㉡ 신용장거래에서는 신용장상에 분할선적을 금지하는 문언이 없는 한 분할선적은 허용하는 것으로 본다.

㉢ UCP 600에서는 동일한 장소 및 일자, 동일한 목적지를 위하여 동일한 특송운송 업자가 서명한 것으로 보이는 둘 이상의 특송화물수령증의 제시는 분할선적으로 보지 않는다.

할부선적

계약에서 선적횟수와 선적수량을 구체적으로 나누어 약정한 경우를 말한다.

5 결제조건

(1) 선지급조건방식(Advanced Payment)

① **단순송금방식** : 주문과 동시에 T/T, M/T 등에 의한 방법으로 수입대금을 송금하는 방식이다.

우편환(Mail Transfer)

수표를 사용하지 않고 우편으로 외국의 은행에 대하여 특정 금액의 지급에 대하여 지시하는 방법이다.

② **선대신용장방식**(Red Clause L/C) : 거래상대방인 수입업자로부터 수출대금 중 일부를 미리 받아 물품을 구입 또는 생산하여 수출한 후 나머지 대금을 회수하는 거래방식을 말하며, 이러한 선수금 허용순번이 적색으로 기재되어 있어 Red-Clause L/C라 한다.

(2) 서류인도결제방식(CAD, Cash Against Document)

매도인이 화물을 선적한 후 선적서류를 매수인이나 그 대리인에게 인도하면서 대금을 결제받는 무역거래조건이다.

(3) 상품인도결제방식(COD, Cash On Delivery)

양륙지에서 계약물품을 매수인에게 전달하면서 현금으로 결제받는 방식이다.

(4) 청산계정방식(Open Account)

무역거래에서 그때그때 현금결제를 하지 않고 대차관계를 장부에 기록했다가 정기적으로 그 대차차액만을 현금결제하는 제도이다.

(5) 신용장방식에 의한 결재(L/C, Letter of Credit)

※ 신용장에서 학습

(6) 추심결재방식(D/P, D/A)

① D/P(Documentary against Payment, 지급인도조건) : 화환어음의 송부를 받은 은행이 화물인수에 필요한 선적서류를 어음대금지급과 상환으로 인도하는 조건을 말한다.

② D/A(Documentary against Acceptance, 인수인도조건)

㉠ 관련 서류가 첨부된 기한부(Usance) 환어음을 통해 결제하는 방식이다.

㉡ 'D/A at 150 Days after Sight'는 일람 후 150일째에 대금결제를 용인하는 외상거래이다.

(7) 팩토링(Factoring)방식

거래기업이 외상매출채권을 팩토링 회사(Factor)에 양도하고 팩토링 회사는 거래기업을 대신하여 채무자로부터 매출채권을 추심 및 신용위험을 인수하는 동시에 이에 관련된 채권의 관리 및 장부작성 등의 행위를 인수하는 단기금융의 한 방법이다.

6 보험조건

보험금액은 보험자와 피보험자 간에 상호 협의하여 정하고 실무적으로는 상업송장 금액에 희망이익을 가산한 금액으로 정한다.

7 중재조건

※ 상사중재에서 학습

2 정형거래조건(INCOTERMS 2020) ★★★

1 인코텀즈 2020의 주요 특징

(1) 개념

① 인코텀즈(INCOTERMS 2020, International Commercial Terms)란 국제매매계약에서 이용되고 있는 전형적인 무역조건, CIF·FOB 등 무역용어의 해석을 통일하기 위하여 국제상업회의소(ICC)가 정한 규칙이다.

② 인코텀즈는 이미 존재하는 매매계약에 편입된(incorporated) 때 그 매매계약의 일부가 된다.

③ 인코텀즈에서 다루지 않는 사항

㉠ Incoterms는 매매물품의 **소유권 이전, 관세의 부과, 대금지급의 시기·장소·방법**에 대한 문제를 다루지 않는다.

㉡ Incoterms는 매매계약 위반에 대하여 구할 수 있는 구제수단 및 분쟁해결의 방법, 장소 또는 준거법을 다루지 않는다.

◀ 사용 가능한 운송수단에 의한 구분 ▶

구분	정형거래조건	
복합운송조건 (Rules for Any Mode of Transport)	• EXW(공장인도조건) • CPT(운송비지급인도조건) • DAP(목적지인도조건) • DDP(관세지급인도조건)	• FCA(운송인인도조건) • CIP(운송비·보험료지급인도조건) • DPU(도착지양하인도조건)
해상 및 내수로운송조건 (Rules for Sea and Inland Waterway Transport)	• FAS(선측인도조건) • CFR(운임포함조건)	• **FOB(본선인도조건)** • **CIF(운임보험료포함조건)**

◀ 위험 및 비용부담의무에 따른 구분 ▶

인코텀즈는 양극단의 E규칙과 D규칙 사이에, 3개의 F규칙과 4개의 C규칙이 있다.

E조건	Departure(출발지)	EXW
F조건	Main Carriage Unpaid(주운임 미지급)	FCA, FAS, FOB
C조건	Main Carriage paid(주운임 지급)	CFR, CIF, CPT, CIP
D조건	Arrival(도착지)	DAP, DPU, DDP

(2) 주요 개정사항

① 당사자 의무 조항 비교(Incoterms 2010/2020)

㉠ A1/B1에서 당사자의 기본적인 물품제공/대금지급의무를 규정하고, 이어 인도조항과 위험이전조항을 보다 두드러진 위치인 A2와 A3으로 각각 옮겼다.

㉡ 비용규정을 A9/B9에 배치하였다.

구분	Incoterms 2010	Incoterms 2020
A1/B1	General obligations	General obligations
A2/B2	Licenses, Authorization, Security clearances and other formalities	Delivery
A3/B3	Contract of carriage & insurance	Transfer of risks
A4/B4	Delivery	Carriage
A5/B5	Transfer of risks	Insurance
A6/B6	Allocation of costs	Delivery/Transport document
A7/B7	Notices	Export/Import clearance
A8/B8	Delivery/Transport document	Checking/Packaging/Marking
A9/B9	Checking/Packaging/Marking	Allocation of costs
A10/B10	Assistance with information and related costs	Notices

② CIP 최대부보의무 변경 : 적하보험가입 시 CIF의 최소부보의무 ICC(C)는 유지되나, CIP는 최대부보의무 ICC(A)를 부담해야 한다.

조건	Incoterms 2010	Incoterms 2020
CIF	매도인의 최소부보의무 ICC(C)	• 매도인의 최소부보의무 ICC(C) • 높은 수준의 담보조건부보 합의가능
CIP	매도인의 최소부보의무 ICC(C)	• 매도인의 최대부보의무 ICC(A) • 낮은 수준의 담보조건부보 합의가능

③ FCA 본선적재표기 선하증권

㉠ FCA 매매에서 해상운송의 경우 매도인/매수인(특히 신용장 개설 시)이 본선적재부기(on-board notation)가 있는 선하증권(선적선하증권)이 필요할 수 있다.

㉡ FCA에서 물품인도는 본선적재 전에 완료되나 운송인은 운송계약상 물품이 실제로 선적된 후에 비로소 선적선하증권을 발행할 의무와 권리가 있다.

㉢ FCA에서 본선적재 선하증권에 관한 옵션 규정을 신설하였다.

㉣ 당사자들이 합의한 경우에 매수인은 물품이 적재되었음을 기재한 운송서류(본선적재 선하증권)를 자신의 비용과 위험으로 매도인에게 발행하도록 운송인에게 지시하여야 한다. (FCA B6)

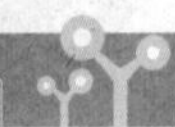

④ DAT → DPU 변경

㉠ DAT를 DPU(Delivered at Place Unloaded)로 변경하고, 순서는 DAP, DPU, DDP 순으로 재정렬하였다.

㉡ DAT(Delivered at Terminal)는 터미널에서 양하・인도해 주는 조건이었으나 DPU(Delivered at Place Unloaded)는 인도장소(목적지)가 터미널로 제한되지 않는다.

㉢ DAP(Delivered at Place)는 지정된 장소까지 가져다주지만 짐을 내리지 않고 인도하는 조건으로 DPU는 운송수단에서 양하한 후 인도하고 DAP는 양하하지 않고 매수인 처분하에 둠으로써 인도한다.

⑤ 자가운송수단 허용

㉠ FCA, DAP, DPU 및 DDP에서 매도인 또는 매수인 자신의 운송수단에 의한 운송을 허용하고 있다.

㉡ DAP, DPU, DDP의 경우 매도인은 지정목적지까지 운송을 제3자에게 위탁하지 않고 자신의 운송수단을 사용하여 운송할 수 있다.

⑥ 운송・수출통관・비용규정에 보안 관련 의무를 삽입 : 운송의무 및 보험비용 조항에 보안 관련 요건을 삽입하였다.

⑦ 사용자를 위한 설명문 및 소개문(Introduction) 강화

㉠ 인코텀즈 규칙에 대한 사용지침(Guidance Note)을 설명문(Explanatory Note)으로 변경하여 구체화하였다.

㉡ 소개문은 인코텀즈 2020 규칙 자체의 일부를 구성하지 않음에 유의한다.

2 인코텀즈 2020의 개별조건

(1) EXW(Ex Works, 공장인도규칙)(Insert named place of delivery)

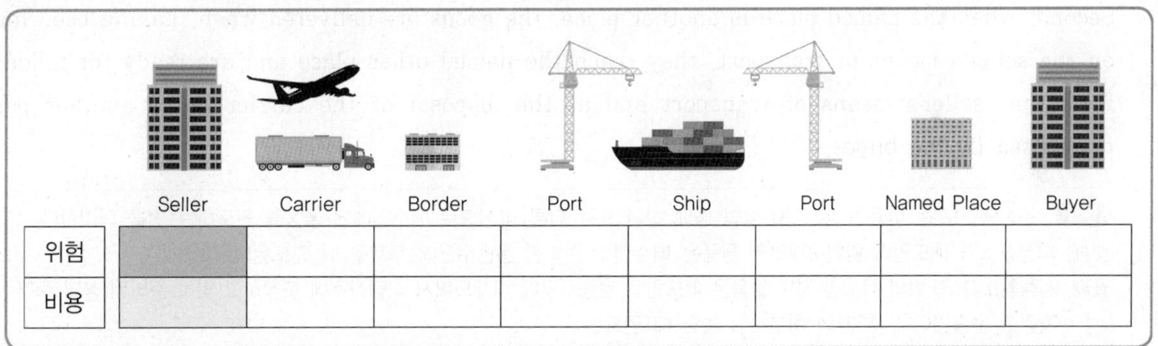

"Ex Works" means that the seller delivers when it places the goods at the disposal of the buyer at the sellers premises or at another named place(i.e., works, factory, warehouse, etc.). The seller does not need to load the goods on any collecting vehicle, nor does it need to clear the goods for export, where such clearance is applicable.

EXW represents the minimum obligation for the seller, and the buyer has to bear all costs and risks involved in taking the goods from the agreed point, if any, at the named place of delivery.

해설 "EXW"란 매도인이 계약물품을 자신의 영업장 구내 또는 기타 지정된 장소(작업장, 공장, 창고 등)에서 매수인의 임의처분상태로 둘 때 인도하는 것을 의미한다. 매도인은 물품을 수취용 차량에 적재하거나 수출물품에 대한 통관절차를 이행할 의무가 없다. EXW 조건은 매도인을 위한 최소한의 의무를 나타내며, 매수인은 합의된 지점, 만약에 있다면 인도의 지정된 장소로부터 물품을 인수하는 데에 수반되는 모든 비용과 위험을 부담해야 한다.

관련규정 EXW 규칙에서 지정인도장소 내에 이용 가능한 복수의 지점이 있는 경우에 매도인은 그의 목적에 가장 적합한 지점을 선택할 수 있다.

(2) FCA(Free Carrier, 운송인인도규칙)(Insert named place of delivery)

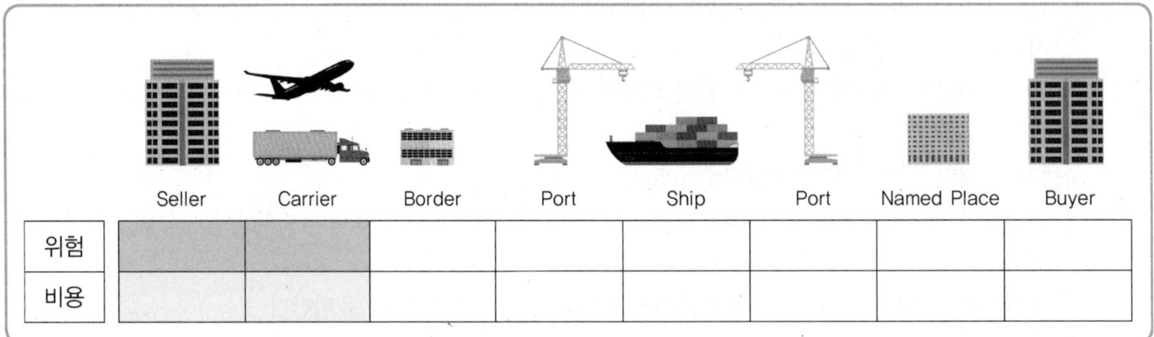

"Free Carrier" means that the seller delivers the goods to the buyer in one or other of two ways. First, when the named place is the seller's premises, the goods are delivered when they are loaded on the means of transport arranged by the buyer.

Second, when the named place is another place, the goods are delivered when, having been loaded on the seller's means of transport, they reach the named other place and are ready for unloading from that seller's means of transport and at the disposal of the carrier or of another person nominated by the buyer.

해설 "운송인인도"는 다음의 두 가지 방법 중에 하나 또는 다른 방식으로 매수인에게 물품을 인도하는 것을 의미한다.

첫째, 지정장소가 매도인의 영업구내라면 물품은 매수인이 준비한 운송수단에 적재될 때 인도된다.

둘째, 지정장소가 그 밖의 장소인 경우 물품은 매도인의 운송수단에 적재되어서 지정장소에 도착하고 양하 준비된 상태로 매수인이 지정한 운송인이나 제3자의 처분하에 놓인 때 인도된다.

관련규정

① "운송인인도규칙"(FCA)은 인도가 매도인의 영업장 구내에서 이루어지면 매도인은 매수인이 제공한 운송수단 위에 물품을 적재할 의무가 있다.

② FCA 규칙에서 매도인의 구내가 아닌 그 밖의 장소에서 물품의 인도가 이루어지는 경우 매도인은 도착하는 운송수단으로부터 물품을 양륙할 의무가 없다.

③ 매도인이 수출통관하고 상품을 지정된 장소에서 매수인이 지정한 운송인이나 제3자에게 물품을 인도할 때 매도인의 위험과 비용의 분기점이 종료된다.

④ 의무사항은 아니지만 당사자 간에 합의가 있는 경우 매수인은 그의 운송인에게 본선적재표기가 있는 선하증권(본선적재 선하증권)을 매도인에게 발행하도록 지시해야 한다.

(3) CPT(Carriage Paid To, 운송비지급인도규칙)(Insert named place of destination)

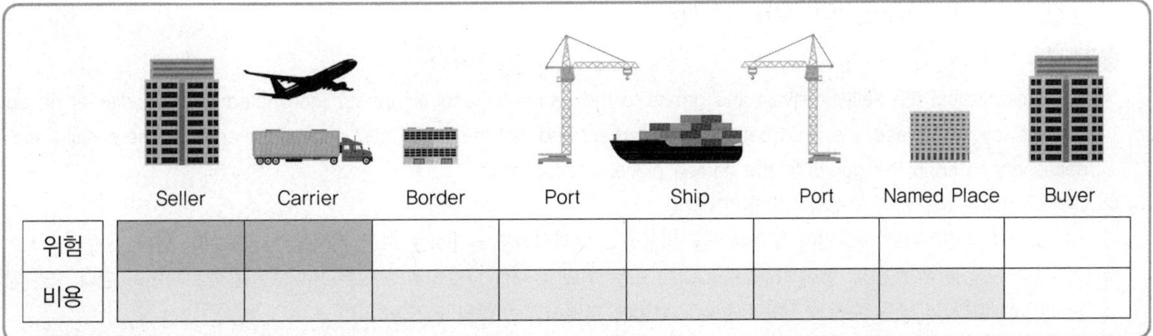

"Carriage Paid To" means that the seller delivers the goods to the carrier or another person nominated by the seller at an agreed place(if any such place is agreed between the parties) and that the **seller** must contract for and pay the costs of carriage necessary to bring the goods to the named place of destination.

해설 "운송비지급"은 매도인이 합의된 장소(양 당사자의 합의장소)에서 자신에 의해 지정된 운송인이나 다른 당사자에게 물품을 인도하는 것을 말하며, 매도인은 지정된 도착지까지 물품을 운송하기 위해 필요한 운송비를 지불하는 것에 대한 계약을 체결해야 한다.

관련규정

① CPT와 CIP매매에서 위험은 물품이 최초운송인에게 교부된 때 매도인으로부터 매수인에게 이전된다.
② CPT규칙에서 목적지에서 물품의 양륙비용을 운송계약에서 매도인이 부담하기로 한 경우에는 매도인이 이를 부담하여야 한다.

(4) CIP(Carriage and Insurance Paid To, 운송비・보험료지급인도규칙)(Insert named place of destination)

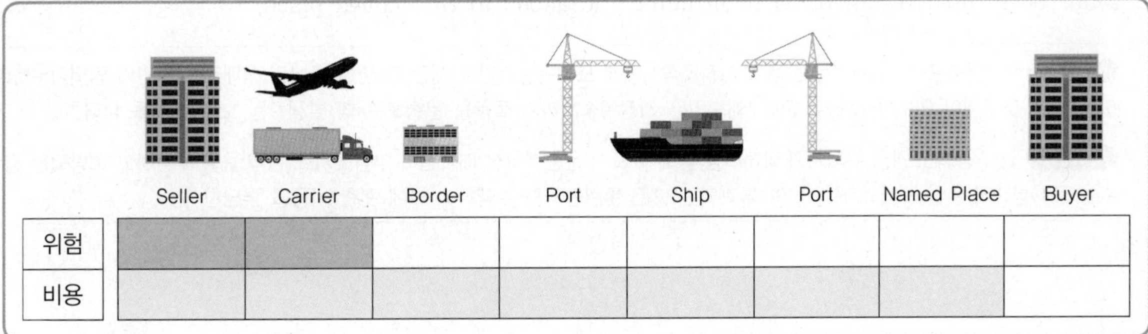

"Carriage and Insurance Paid To" means that the seller delivers the goods – and transfers the risk– to the buyer by handing them over to the carrier contracted by the seller or by procuring the goods so delivered.

해설 "운송비·보험료지급"은 매도인은 매도인과 계약을 체결한 운송인에게 물품을 교부함으로써 또는 그렇게 인도된 물품을 조달함으로써 매수인에게 물품을 인도(위험을 이전)한다.

관련규정

① "CIP" means that the seller delivers the goods to the carrier or another person nominated by the seller at an agreed place(if any such place is agreed between the parties) and that the seller must contact for and pay the costs of carriage necessary to bring the goods to the named place of destination.

② CPT 조건에 운송보험의 부보의무가 추가되었다.

③ CIF 조건과 마찬가지로 매도인이 보험계약을 체결하고 목적지까지 발생하는 모든 비용을 부담하여야 한다.

④ 매도인이 보험을 부보할 때 협회적하약관 ICC(A) 또는 이와 유사한 담보범위의 조건으로 보험을 부보하여야 한다. (단, 당사자 간 합의에 따라 더 낮은 수준의 담보조건으로 보험에 부보하기로 합의가 가능하다.)

(5) DAP(Delivered at Place, 도착지인도규칙)(Insert named place of destination)

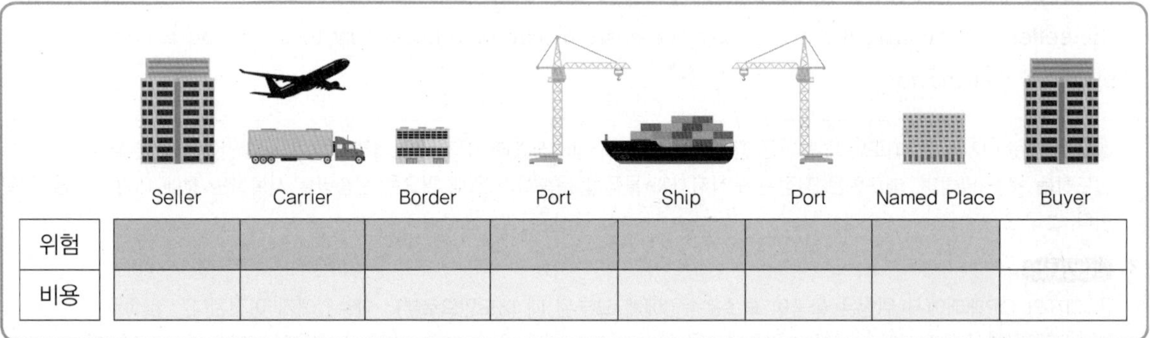

"**Delivered at Place**" means that the seller delivers when the goods are placed at the disposal of the buyer on the arriving means of transport ready for unloading at the named place of destination. The seller bears all risks involved in bringing the goods to the named place.

해설 "목적지인도규칙"(DAP)이란 물품이 지정목적지에서 도착운송수단에 실린 채 양하 준비된 상태로 매수인의 임의처분하에 놓이는 때에 매도인이 인도한 것으로 된다. 매도인은 지정목적지까지 물품을 운송하는 데 발생하는 모든 위험을 부담한다.

관련규정 DAP상 매도인은 목적지의 양하비용 중에서 오직 운송계약상 매도인이 부담하기로 된 비용을 부담하고 해당되는 경우에 수출국과 통과국(수입국 제외)에 의하여 부과되는 모든 통관절차를 수행하고 그에 관한 비용을 부담한다.

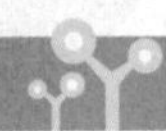

(6) DPU(Delivered at Place Unloaded, 도착지양하인도조건)(Insert named place of destination)

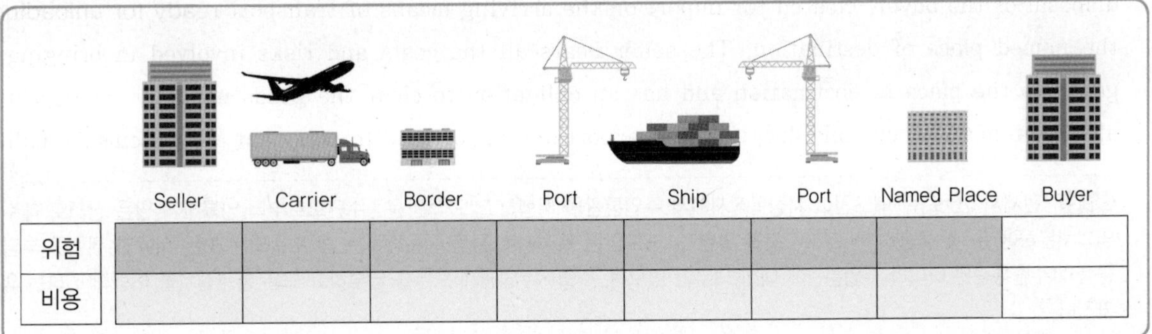

"Delivered at Place Unloaded" means that the seller delivers the goods – and transfers risk – to the buyer when the goods, once unloaded from the arriving means of transport, are placed at the disposal of the buyer at a named place of destination or at the agreed point within that place, if any such point is agreed.
The seller bears all risks involved in bringing the goods to and **unloading** them at the named place of destination. Should the parties intend the seller not to bear the risk and cost of unloading, the DPU rule should be avoided and DAP should be used instead.

해설 "도착지양하인도"는 지정목적지 또는 지정목적지 내에 어떠한 지점이 합의된 경우에는 그 지점에서 물품이 도착운송수단으로부터 양하된 채로 매수인의 처분하에 놓인 때 매도인이 매수인에게 물품을 인도(위험을 이전)하는 것을 말한다.
매도인은 지정목적지까지 가져가서 그곳에서 물품을 양하하는 데 수반되는 모든 위험을 부담한다. 당사자들이 매도인이 양하의 위험과 비용을 부담하기를 원치 않는 경우에는 DPU를 피하고 그 대신 DAP를 사용하여야 한다.

관련규정

① DPU is the only Incoterms rule that requires the seller to unload goods at destination. The seller should therefore ensure that it is in a position to organise unloading at the named place.
② 인코텀즈에서 물품을 양하하도록 규정한 유일한 규칙이다.

(7) DDP(Delivered Duty Paid, 관세지급인도규칙)(Insert named place of destination)

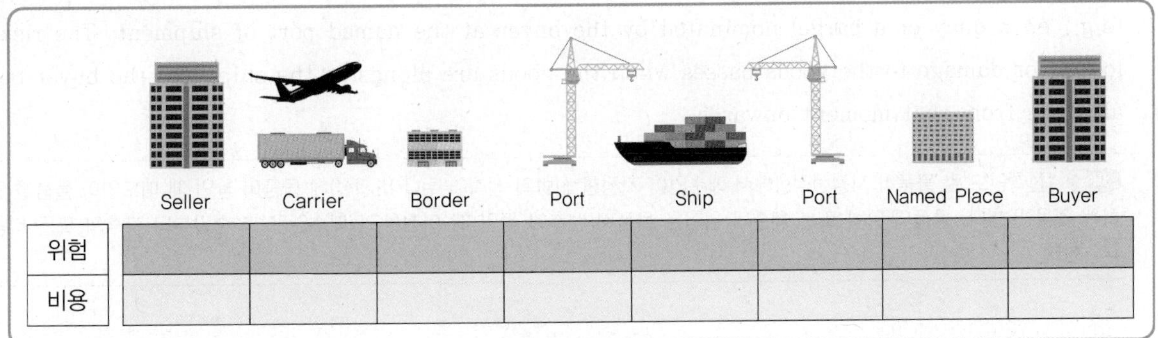

"**Delivered Duty Paid**" means that the seller delivers the goods when the goods are placed at the disposal of the buyer, cleared for import on the arriving means of transport **ready for unloading** at the named place of destination. The seller bears all the costs and risks involved in bringing the goods to the place to destination and has an obligation to clear the goods not only for export but also for import, to pay any duty for both export and import and to carry out all customs formalities.

해설 "관세지급인도"란 매도인이 지정목적지에서 수입통관을 이행하고 도착된 운송수단으로부터 양륙하지 않은 상태로 매수인의 임의처분하에 둔 때 물품이 인도되는 것을 말한다. 매도인은 목적지로 물품을 운송하는 데 포함되는 모든 비용과 위험을 부담하고 물품의 수출통관뿐 아니라 수입통관에 대한 의무가 있으며, 수출・수입관세 모두를 납부하고 모든 통관절차를 이행해야 하는 의무를 가진다.

관련규정

① Likewise, with DDP, the seller owes some obligations to the buyer which can only be performed within the buyer's country, for example obtaining import clearance. It may be physically or legally difficult for the seller to carry out those obligations within the buyer's country and a seller would therefore be better advised to consider selling goods in such circumstances under the **DAP or DPU rules**.
② DDP는 매도인에 대한 최대 의무를 나타내며 매도인에게 가장 많은 비용과 위험이 부담된다.
③ 당사자들은 매도인이 직접 또는 간접적으로 수입허가를 취득할 수 없을 때에 DDP를 사용해서는 안 된다.

(8) FAS(Free Alongside Ship, 선측인도규칙)(Insert named port of shipment)

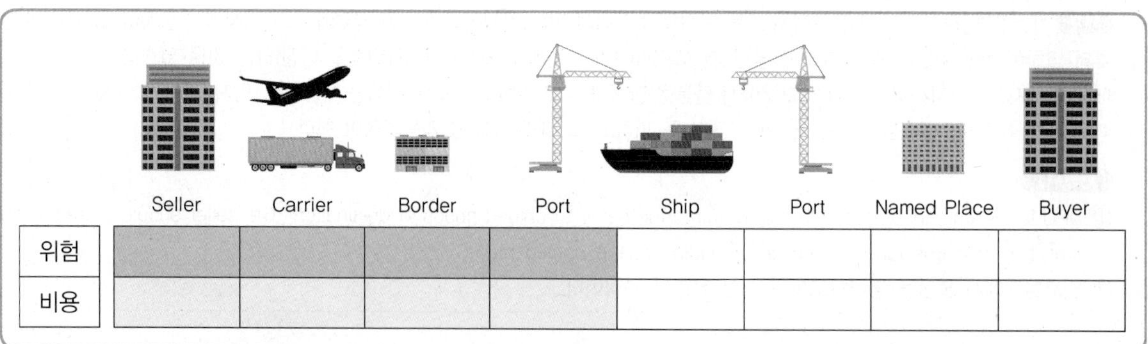

"Free Alongside Ship" means that the seller delivers when the goods are placed alongside the vessel (e.g., on a quay or a barge) nominated by the buyer at the named port of shipment. The risk of loss of or damage to the goods passes when the goods are alongside the ship, and the buyer bears all costs from that moment onwards.

해설 "선측인도"란 물품이 지정선적항에서 매수인이 지정한 선박의 선측(부두나 바지선)에 물품이 놓인 때 매도인이 물품을 인도하는 것을 말한다. 물품의 멸실 또는 훼손의 위험은 물품이 선측에 놓인 때 이전하고, 매수인은 그 순간부터 향후의 모든 비용을 부담한다.

(9) FOB(Free On Board, 본선인도규칙)(Insert named port of shipment)

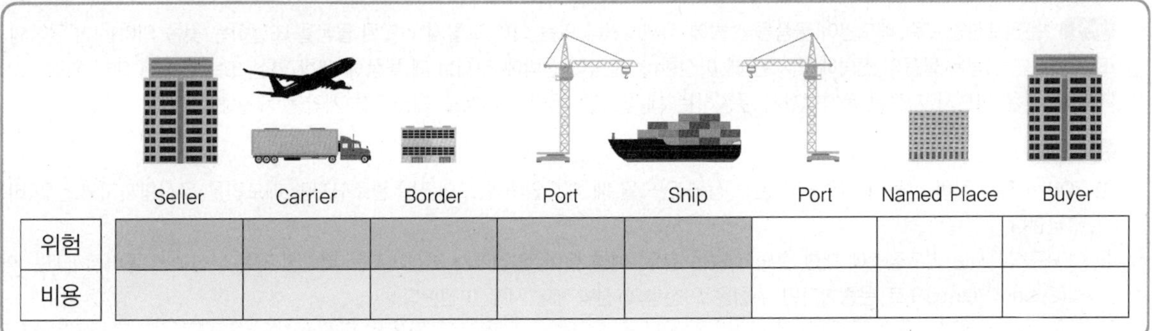

"Free On Board" means that the seller delivers the goods **on board** the vessel nominated by the buyer at the named port of shipment or procures the goods already so delivered. The risk of loss of or damage to the goods passes when the goods are on board the vessel, and the buyer bears all costs from that moment onwards.

해설 "본선인도"는 물품을 지정선적항에서 매수인이 지정된 본선상에 적재함으로써 또는 이미 그렇게 인도된 물품을 조달함으로써 인도하여야 한다. 물품의 멸실 또는 훼손의 위험은 물품이 선박에 적재된 때 이전하고, 매수인은 그 순간부터 향후의 모든 비용을 부담한다.

관련규정

① FOB 조건에서 적용 가능한 경우에, 매수인은 물품의 수입에 부과되는 모든 관세, 세금, 기타 공과금과 수입통관비용 및 제3국을 통과하여 운송하는 데 드는 비용을 부담하여야 한다.

② 실무적으로 CIF 조건과 함께 가장 많이 쓰이는 조건으로 현물매매 인도가격으로 볼 수 있다.

(10) CFR(Cost and Freight, 운임포함인도규칙)(Insert named port of destination)

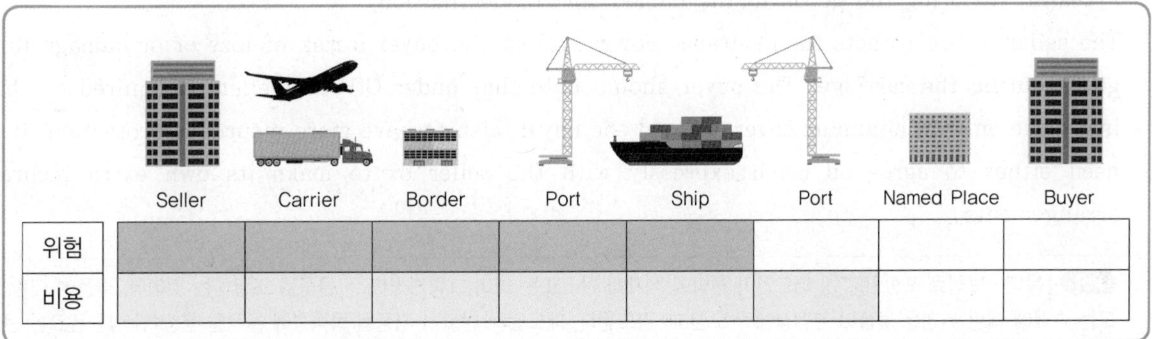

"Cost and Freight" means that the seller delivers the goods on board the vessel or procures the goods already so delivered. The risk of loss of or damage to the goods passes when the goods are on board the vessel. The seller must contract for and pay the costs and freight necessary to bring the goods to the named port of destination.

해설 "운임포함인도"란 매도인이 물품을 선박에 적재하거나 또는 이미 그렇게 인도된 물품을 조달하는 것을 의미한다. 물품의 멸실 또는 훼손의 위험은 물품이 선박에 적재된 때 이전한다. 물품이 선박에 적재될 때 물품에 대한 멸실 또는 손상에 대한 위험은 양도된다. 매도인은 반드시 지정된 목적항까지 운송하는 데 필요한 운임과 비용을 지급하고 계약을 체결해야 한다.

관련규정

① FOB 조건과 같이 상품이 선적항의 본선 상에 인도될 때 매도인의 인도의무는 완료되지만 매도인은 목적항까지의 운임(비용)을 부담한다.

② CFR규칙에서는 인도장소에 대한 합의가 없는 경우, 예를 들어, 인천에서 부산까지는 피더선으로, 부산에서 롱비치까지는 항양선박(Ocean Vessel)으로 운송한다면 위험은 인천항의 선박적재 시에 이전한다.

(11) CIF(Cost, Insurance and Freight, 운임・보험료포함인도규칙)(Insert named port of destination)

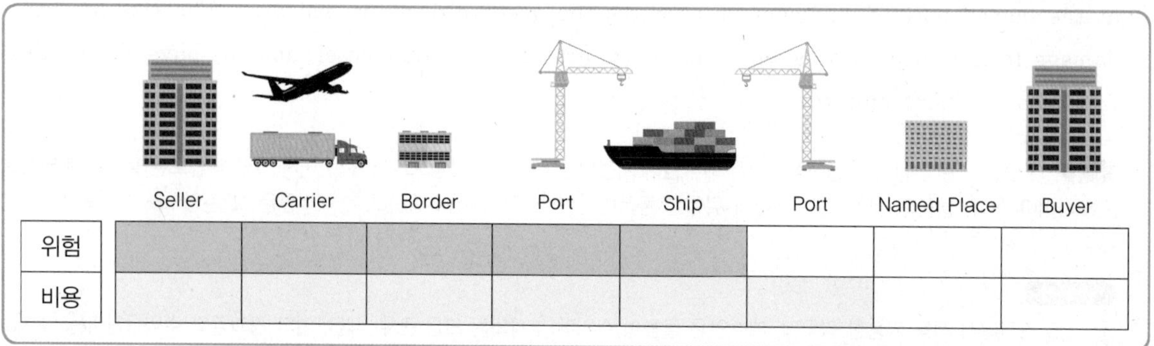

"Cost, Insurance and Freight" means that the seller delivers the goods on board the vessel or procures the goods already so delivered. The risk of loss of or damage to the goods passes when the goods are on board the vessel. The seller must contract for and pay the costs and freight necessary to bring the goods to the named port of destination.

The seller also contracts for insurance cover against the buyer s risk of loss of or damage to the goods during the carriage. The buyer should note that under CIF the seller is required to obtain insurance only on minimum cover. Should the buyer wish to have more insurance protection, it will need either to agree as much expressly with the seller or to make its own extra insurance arrangements.

해설 "운임・보험료 포함인도"는 매도인이 선박에 적재하거나 또는 이미 그렇게 인도된 물품을 조달하는 것이다. 물품에 대한 멸실 또는 손상에 대한 위험은 물품이 본선상에 인도된 때 양도된다. 매도인은 반드시 지정된 목적항에 물품을 운송하는 데 필요한 운임과 이를 지급하는 계약을 체결해야 한다.

매도인은 또한 운송 중에 물품이 멸실되거나 손상되는 매수인의 위험에 대하여 보험계약에 대하여 보험계약을 체결한다. 매수인은 CIF 조건하에서 매도인이 최소한의 부보에 근거한 보험계약 체결이 요구된다. 매수인이 이보다 더 큰 부보조건을 원한다면 그는 매도인과 명시적으로 담보의 정도를 합의하거나, 자신의 부담으로 추가 보험계약을 체결할 필요가 있다.

① 물품의 멸실 및 손상의 위험은 물품이 선박에 적재된 때 이전된다.
② 해상운송이나 내수로운송에만 사용된다.
③ 해당되는 경우에 매도인이 물품의 수출통관을 해야 한다.
④ 매수인은 매도인에 대하여 운송계약을 체결할 의무가 없다.
⑤ CIF 조건에서 보험금액은 최소한 매매계약에서 약정된 대금에 10%를 더한 금액이어야 하고, 보험의 통화는 매매계약의 통화와 같아야 한다.
⑥ CIF 조건에서 **매도인**은 자신의 비용으로 통상적인 조건으로 운송계약을 체결하여야 하며 매매물품의 품목을 운송하는 데 통상적으로 사용되는 종류의 선박으로 통상적인 항로로 운송해야 한다.

Tip

+ 비엔나협약(CISG, UN Convention on Contracts for the International Sale of Goods, 1980)

1. 개념

CISG란 국제물품매매계약에 관한 UN 협약으로, 국제상거래 시 계약의 성립 및 당사자의 의무 및 구제 등에 관한 규정을 다루고 있으며 국제무역거래의 통일법으로서의 역할을 한다.

2. 적용 제외 대상

국제물품매매계약에 관한 유엔협약(CISG) 제2조(협약의 적용 제외) 규정에 따라 이 협약은 다음과 같은 매매에는 적용되지 아니한다.

① 개인용, 가족용 또는 가사용으로 구입되는 물품의 매매. 다만 매도인이 계약의 체결 전 또는 그 당시에 물품이 그러한 용도로 구입된 사실을 알지 못하였거나 알았어야 할 것도 아닌 경우에는 제외한다.
② 경매에 의한 매매
③ 강제집행 또는 기타 법률상의 권한에 의한 매매
④ 주식, 지분, 투자증권, 유통증권 또는 통화의 매매
⑤ 선박, 부선, 수상익선 또는 항공기의 매매
⑥ 전기의 매매 등

3. 청약과 승낙

(1) 청약

① 청약은 그것이 취소불능한 것이라도 어떠한 거절의 통지가 청약자에게 도달한 때에는 그 효력이 상실된다.
② 청약은 그것이 취소불능한 것이라도 그 철회가 청약의 도달 전 또는 그와 동시에 피청약자에게 도달하는 경우에는 이를 철회할 수 있다.

(2) 승낙

① 승낙은 절대적으로 무조건적이어야 하며(Mirror Rule, 완전일치의 원칙) 부분승낙으로는 계약이 성립하지 않고 침묵이나 무행위도 승낙으로 간주하지 않는다.
② 승낙의 경우 도달주의를 적용한다.
③ 승낙을 위한 기간이 경과한 승낙은 원칙적으로 계약을 성립시킬 수 없다.
④ 서신에서 지정한 승낙기간은 서신에 표시되어 있는 일자 또는 서신에 일자가 표시되지 아니한 경우에는 봉투에 표시된 일자로부터 계산한다.

4. 매수인의 구제권리

① 대체품인도청구권
② 하자보완청구권
③ 대금감액권

④ 조기이행거절권
⑤ 의무이행청구권
※ 매수인은 손해배상 이외의 구제를 구하는 권리행사로 인하여 손해배상을 청구할 수 있는 권리를 박탈당하지 아니한다.

3 신용장(L/C, Letter of Credit)

1 신용장의 개념

수입업자가 개설은행에 의뢰하여 자신의 신용을 보증(대금지급확약)하는 증서를 작성하게 하고, 이를 상대국 수출업자에게 보내어 그것에 의거 어음을 발행하게 하면 신용장 개설은행이 그 수입업자의 신용을 보증하고 있으므로 수출지 은행(매입은행)은 안심하고 어음을 매입할 수 있다.

2 신용장 거래당사자

당사자	내용
개설의뢰인 (Applicant)	매수인이며 수입지에서 거래은행에 신용장의 개설을 의뢰하는 자로 화물의 수하인이며 환어음의 결제자이다.
수익자 (Beneficiary)	매도인이며 신용장의 수취인으로서 신용장 조건을 이행하고 대금을 인수하는 자인 수출업자이다.
개설은행 (Issuing Bank)	수입업자의 요청에 따라 수출자 앞으로 신용장을 개설하고 대금지급을 확약하는 자
확인은행 (Confirming Bank)	개설은행이 신용이 불확실한 경우, 신용장 대금의 지급(지급, 인수, 매입)을 추가로 확약(보증)하는 자
통지은행 (Advising Bank)	개설은행의 요청으로 신용장 개설 시 그 내용을 수출자에게 직접통지하는 은행으로 원칙적으로 신용장 개설을 단순히 통지하고 거래의 책임을 지진 않으나 인수은행이나 지급은행 또는 확인은행을 겸하는 경우도 있다.

+ 권리관계에 따른 매도인과 매수인의 명칭

구분	Exporter(수출업자)	Importer(수입업자)
신용장	Beneficiary(수익자)	Applicant(개설의뢰인)
매매계약	Seller(매도인)	Buyer(매수인)
화물	Shipper/Consignor(송하인)	Consignee(수하인)
환어음	Drawer(환어음발행인)	Drawee(환어음지급인)
계정	Accounter(대금수령인)	Accountee(대금결제인)

3 신용장거래 흐름도

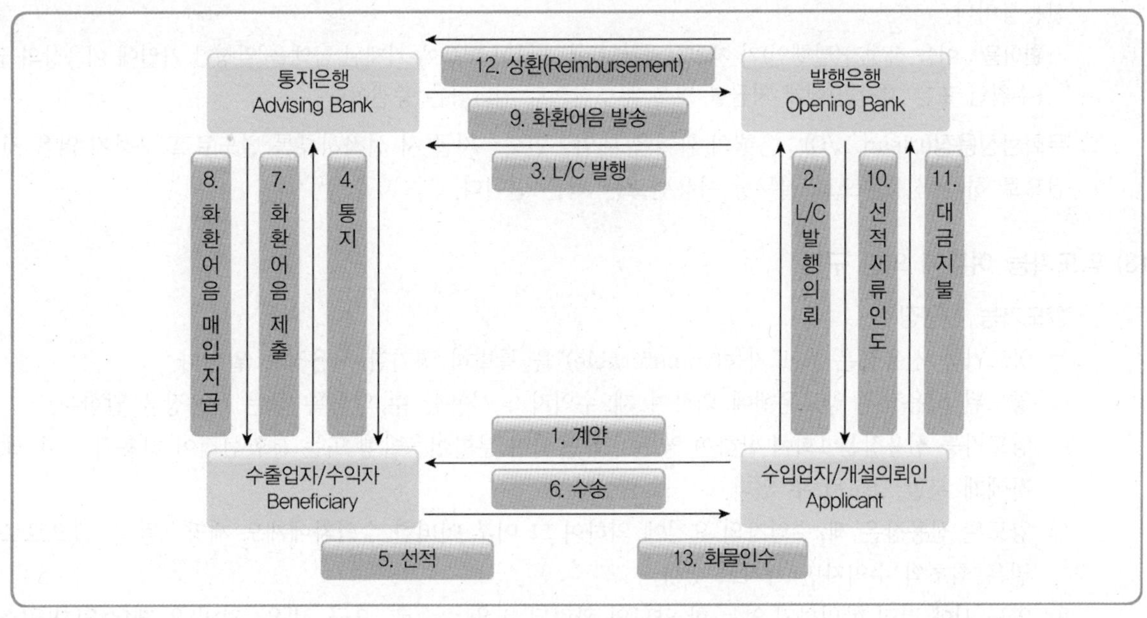

◀ 신용장(L/C) 당사자들 간의 거래 흐름도 ▶

4 신용장의 종류

(1) 취소가능 여부에 의한 구분

① 취소불능(Irrevocable) 신용장

㉠ 신용장이 수익자에게 통지된 이후 신용장상 유효기한 내 신용장 관계당사자 전원의 합의 없이는 신용장을 취소하거나 신용장의 조건변경이 불가능한 신용장이다.

ⓛ 신용장은 취소가능(Irrevocable) 혹은 불가능에 관한 아무런 표시가 없으면 취소불가능한 것으로 간주한다.

② **취소가능**(Revocable) **신용장** : 신용장의 개설은행이 수익자에 대해 일방적으로 신용장 자체를 취소하거나 신용장조건을 변경할 수 있는 신용장이다.

관련규정 신용장의 부분승낙과 선적기일 연장

- 신용장 당사자의 합의에 의해 신용장조건을 변경하는 경우, 조건변경의 부분승낙은 허용되지 않으며 거절로 간주한다.
- 신용장의 유효기일과 신용장에 규정된 선적기일이 지정된 은행의 휴업일에 해당하는 경우 신용장은 다음 최초영업일까지 연장되나, **선적기일은 연장이 금지**된다.

(2) 선적서류 필요 여부에 의한 구분

① **상업화환신용장**(Commercial Documentary L/C) : 수익자가 수출대금회수를 위하여 발행한 환어음의 매입・인수・지급 시 Invoice, B/L 등 선적서류를 첨부하여 개설은행 및 매입은행 등에 제시할 것을 요구하는 신용장이다.

※ **환어음** : 어음 작성자(발행인)가 제3자(지급인)에 대하여 어음에 기재된 금액을 일정한 기일에 어음상의 권리자(수취인 또는 지시인)에게 지급할 것을 무조건으로 위탁하는 증권이다.

② **무화환신용장**(Clean L/C) : 은행의 환어음 매입・인수・지급 시 선적서류를 별도로 요구하지 않을 것을 조건으로 하는 신용장으로 실무상 사용빈도는 적은 편이다.

(3) 양도가능 여부에 의한 구분

① **양도가능 신용장**

㉠ 양도가능 신용장은 "양도가능(transferable)"을 특별히 명기한 신용장을 말한다.

㉡ 양도된 신용장은 양도은행에 의하여 제2수익자가 사용할 수 있도록 하는 신용장을 말한다.

㉢ 양도가능 신용장은 1회에 한하여 양도가 허용되며 분할어음발행 또는 분할선적이 허용되는 한 제2수익자에게 분할 양도될 수 있다.

㉣ 양도된 신용장은 제2수익자의 요청에 의하여 그 이후 어떠한 수익자에게도 재양도될 수 없으므로 양도권은 최초의 수익자만 가지고 있다.

㉤ 양도 시에 달리 합의하지 않는 한 양도와 관련된 비용(수수료, 요금, 비용, 경비)은 **제1수익자(원수익자)**에 의하여 지급되어야 한다.

② **양도불능 신용장** : 신용장상 'Transferable'이란 문구가 없으면 양도가 불가한 신용장이다.

(4) 만기어음에 의한 구분

① **일람출급신용장**(Sight L/C) : 개설의뢰인이 선적서류인수와 동시에 대금을 지급하여야 하는 신용장이다.

② **기한부신용장**(Usance L/C)

㉠ 신용장에 의해 발행되는 환어음의 기간이 기한부인 신용장이다.

㉡ 수입업자의 입장을 고려해 개설은행이나 수출업자가 대금결제를 일정 기간 유예해 주는 신용장으로, 이 신용장으로 발행된 어음을 기한부환어음, 또는 유전스빌(usance bill)이라고 한다.

(5) 매입은행 제한 여부에 따른 구분

신용장은 이용 가능한 해당 은행과 모든 은행을 이용할 수 있는지 여부를 명시**하여야 한다.**

(6) 구상무역에 사용되는 신용장

① **동시개설신용장(Back-to-Back L/C)** : 원신용장의 수익자가 해외에서 양도불능 신용장을 받았을 경우 이 신용장을 원만하게 이행하도록 하기 위하여 자기 책임으로 원신용장을 견질로 하여 제2의 신용장을 개설하는 것을 말한다.

② **기탁신용장(Escrow L/C)** : 수입상품에 대한 대금결제용으로만 사용할 수 있게 한 신용장으로 에스크로신용장이라고도 한다.

＊ Escrow란 제3자에게 물건을 위탁하고 일정한 조건을 충족할 경우 그 위탁한 물건을 양도할 것을 의뢰하는 신탁행위를 말한다.

③ **토마스신용장(Tomas L/C)** : 일반 신용장과 다름이 없으나 수출상이 선적 후 Nego에 들어갈 때에는 수입상 앞으로 '언제까지 Counter L/C를 개설하겠다'는 내용의 보증서를 차입하도록 제한하고 있는 신용장이다.

(7) 그 외 신용장

① **회전신용장**(Revolving L/C) : 일정한 기간 동안 일정한 금액이 자동적으로 갱신되어 사용할 수 있는 신용장을 말한다.

② **보증신용장**(Stand-by L/C) : 수출입거래에 수반되는 상품대금 결제를 목적으로 하는 화환신용장과는 달리 금융 또는 채무보증 등을 목적으로 발행되는 특수한 형태의 무화환신용장(Clean L/C)을 말한다.

③ **선대신용장**(Advance Payment L/C) : 수출편의를 위하여 신용장 개설과 동시에 **수출상**으로 하여금 일정액의 금액을 미리 지급받을 수 있도록 하는 방식의 신용장이며 Red Clause L/C라고도 한다.

④ **내국신용장**(Local L/C)

㉠ 내국신용장은 국내거래에서 사용되는 신용장이다.

㉡ 내국신용장은 수출신용장을 가진 수출업자가 국내에서 수출용 원자재나 완제품을 조달하고자 할 때 사용하는 증서를 말한다.

관련규정 **구매확인서**는 외화획득용 원료·기재를 구매하려는 경우 또는 구매한 경우 외국환은행의 장 또는 전자문서기반사업자가 내국신용장에 준하여 발급하는 증서를 말한다.

관련규정 **수입화물선취보증서(L/G, Letter of Guarantee)**

1. 개념

선하증권보다 수입화물이 목적항에 먼저 도착하여 화물 인수 지연에 따른 통관이 지연되어 화물 변질, 보관료 증가, 판매기회 상실 등의 부담이 발생할 우려가 있을 때, 이러한 불편을 해소하기 위해 수하인이 사용할 수 있는 서류이다.

2. 특징

① 근거리 무역의 경우 수입화물은 먼저 도착되었으나 운송서류가 아직 도착하지 않아 수입업자가 화물의 인수가 불가능할 때 수입상과 신용장 개설은행이 연대 보증한 서류를 선박회사에 제출하여 수입화물을 인도받을 수 있도록 하는 서류이다.

② L/G에는 선하증권이 도착하면 이를 지체 없이 선박회사에 제출할 것을 명시하고 L/G에 의해 인도된 화물에서 발생되는 모든 손해는 화주 및 보증은행이 책임진다.

③ L/G가 발급되면 차후에 도착한 운송서류가 하자서류여도 신용장 개설은행은 지급 또는 인수를 거절할 수 없다.

관련규정 **수입화물대도(T/R, Trust Receipt)**

선적서류의 소유권은 담보물로서 그것을 보유하고 있는 은행에 있다는 것을 인정하고 그 선적서류를 대도받기 위하여 은행소정의 수입화물대도(T/R)신청서에 필요사항을 기재하고 은행에 제출한다. 은행은 수입화물대도와 상환으로 선적서류를 수입자에게 대도한다. 즉, 수입화물대도는 은행은 담보권을 확보한 채로 수입자에게 담보화물을 대도하고 수입자는 화물매각대금으로 대금결제 또는 차입금을 상환하는 신탁계약(Trust Contract)이다.

5 신용장통일규칙상 규정(UCP 600)

(1) 기간 및 일자 관련 해석

① The words “to”, “until”, “till”, “from” and “between” when used to determine a period of shipment **include** the date or dates mentioned, and the words “before” and “after” **exclude** the date mentioned.

해석 선적일자와 관련하여 사용되는 용어에 있어 ‘to’, ‘until’, ‘till’, ‘from’, ‘between’은 당해 일자를 포함하고, ‘before’, ‘after’는 언급된 당해 일자를 제외한다.

활용예시

- ‘Shipment : Until May 10, 2019.’는 선적을 2019년 5월 10일까지 완료해야 한다.
- ‘Shipment : Before May 10, 2019.’는 선적을 2019년 5월 9일까지 완료해야 한다.

② The words “from” and “after” when used to determine a maturity date **exclude** the date mentioned.

해석 만기일 결정을 위해 사용된 ‘from’과 ‘after’는 언급된 해당 일자를 제외한다.

③ ‘first half’는 그 해당 개월의 1일부터 15일까지, ‘second half’는 그 월의 16일부터 말일까지로 해석한다.

④ ‘on or about’은 사건이 명시된 일자 이전의 5일부터 그 이후 5일까지의 기간 동안 발생한 약정으로 초일과 말일을 포함한다.

해석 ‘Shipment shall be made on or about May 10, 2019.’인 경우 on or about 용어가 지정일자와 함께 표시된 경우에는 지정일자 이전 5일과 이후 5일을 더하여 총 11일 간을 선적기한으로 본다. 따라서 선적은 2019년 5월 5일~5월 15일까지 이행해야 한다.

예시 매매계약서상 ‘Shipment should be effected on or about June 10, 2020.’ 기재 시 신용장통일규칙상 송하인의 선적이행 기간은 2020.6.5.~2020.6.15.이다.

(2) 연지급신용장의 할인허용

환어음과 환어음이 발행되지 않는 연지급신용장에 따라 수익자가 제시한 서류를 지정받은 은행이 할인해 신용장 대금을 지급할 수 있다는 규정을 신설하여 연지급신용장도 할인을 허용한다.

(3) 서류심사기준

지정은행, 필요한 경우의 확인은행 및 발행은행은 서류가 문면상 일치하는 제시를 나타내는지를 결정하기 위해서는 서류만으로 심사하여야 한다.

(4) 복합운송서류

복합운송서류는 물품이 환적될 것이라고 표시될 수 있으나 전 운송은 동일한 운송서류에 의하여 커버되어야 한다.

(5) 선하증권의 수리요건

① 운송의 제조건을 포함하고 있는 선하증권이거나 또는 운송의 제조건을 포함하는 다른 자료를 참조하고 있는 약식선하증권이어야 한다.

② 운송인의 명칭이 표시되어 있고, 지정된 운송인뿐만 아니라 선장 또는 그 지정대리인이 발행하고 서명 또는 확인된 것이어야 한다.

③ 대리인의 서명은 그가 운송인을 위하여 또는 대리하여 또는 선장을 위하여 또는 대리하여 서명한 것인지를 표시하여야 한다.

④ 물품이 신용장에서 명기된 선적항에서 지정된 선박에 본선적재 되었다는 것을 인쇄된 문언이나 본선적재필 부기로 명시한 것이어야 한다.

⑤ 본선적재표시에 의하여 물품이 신용장에 명기된 선적항에서 지정선박에 본선적재 되었음을 표시하고 있어야 한다.

⑥ 운송조건을 포함하거나 또는 운송조건을 포함하는 다른 자료를 참조하고 있는 것이어야 한다.

⑦ 용선계약에 따른다는 **어떠한 표시도 포함하고 있지 않아야 한다.**

⑧ 단일의 선하증권 원본 또는 2통 이상의 원본으로 발행된 경우에는, 선하증권상에 표시된 대로 전통인 것이어야 한다.

⑨ 신용장이 환적을 금지하고 있는 경우에도 물품이 선하증권에 의하여 입증된 대로 컨테이너, 트레일러 또는 라쉬선에 적재된 경우에는 환적이 행해질 수 있다고 표시하고 있는 선하증권은 수리될 수 있다.

(6) 항공운송서류의 수리요건

① 운송의 제조건을 포함하고 있거나 또는 운송의 제조건을 포함하는 다른 자료를 참조하고 있는 서류이어야 한다.

② 항공화물운송장은 송하인이 원본 3통을 작성하여 제1원본(녹색)에는 "운송인용"(**송하인**이 **기명**날인), 제2원본에는 "수하인용"(**송하인과 운송인**이 기명날인), 제3원본에는 "송하인용"(운송인이 기명날인)이어야 한다.

③ 화물에 관한 내용이 운송서류에 잘못 기입된 경우, 이는 **송하인**의 책임이다.
④ 송하인의 요구가 있을 경우 운송인은 송하인을 대신하여 항공운송서류를 작성할 수 있다.
⑤ 운송인의 명칭(상호)을 표시하고 **운송인, 또는 운송인을 대리하는 지정대리인** 또는 그들을 대리하는 지정대리인에 의하여 서명되어 있어야 한다.
⑥ 항공운송서류에는 서류의 발행일이 표시되어 있어야 한다.
  ※ 항공운송서류 수리요건상 항공화물운송장(AWB)의 명칭은 표시되지 않아도 된다.
⑦ 물품이 운송을 위하여 수취(수령)되었음을 표시하고 있어야 한다.
⑧ 신용장에 기재된 출발공항과 목적공항(도착공항)을 표시하고 있어야 한다.
⑨ 신용장이 원본의 전통(full set)을 명시하고 있는 경우에도, **탁송인 또는 송화인용** 원본으로 구성되어야 한다.
⑩ 항공운송서류가 분실되거나 잘못 작성된 경우 기재 책임이 있는 당사자가 불이익을 받을 뿐 항공운송계약이 **취소되지는 않는다.**

(7) 운송서류상의 '무고장' 표시의 비의무

신용장거래에서 은행은 무고장 운송서류만을 수리하며, "무고장(Clean)"이라는 단어가 운송서류에 명확하게 **표기될 필요는 없다.**

(8) 보험서류

① 신용장에서 명시하고 있는 부보비율은 최소 부보금액으로 간주한다.
② 신용장에서, 전 위험(All Risks)부보를 요구하면 보험서류에 다른 위험이 제외된다는 문구가 있다 하여도 '전 위험'이라는 것이 명시되어 있으면 수리되어야 한다.

(9) 신용장상 과부족

① 신용장에 명기된 신용장의 금액, 수량 또는 단가와 관련하여 사용된 about, approximately라는 단어는 이에 언급된 금액, 수량 또는 단가의 10%를 초과하지 아니하는 과부족을 허용하는 것으로 해석된다.
② 신용장상에 과부족금지 문언이 없는 한 환어음의 발행금액이 신용장금액을 초과하지 않는 범위 내에서 5%까지의 과부족은 용인된다.

+ 신용장 해석

> DOCUMENTS REQUIRED :
> • Full set of clean on board ocean bill of lading made out to the order of KOREA EXCHANGE BANK, marked "Freight Prepaid" and "Notify Accountee".
> • Insurance policy or certificate in duplicate, endorsed in blank for 110% of the invoice value, expressly stipulating that claims are payable in Korea and it must include the Institute Cargo Clause(A/R).

① 무사고선적해양선하증권 전통을 요구하고 있다.
② 선하증권은 한국외환은행 지시식이어야 한다.
③ 본선적재 후 발행되는 선적선하증권을 의미한다.

④ 해상운임은 선불조건(CFR, CIF 등)이며 착화통지처는 **신용장 개설의뢰인**이다.
⑤ 보험증권 또는 보험증명서 2부를 제시하여야 한다.
⑥ 보험사고 시 손해에 대한 입증책임은 보험자에게 있다.

4 상사중재

✪ 클레임과 마켓클레임

① 클레임이란 무역거래에서 당사자 간의 거래계약에 따라 이행하면서 그 계약의 일부 또는 전부의 불이행으로 발생되는 손해를 상대방에게 청구할 수 있는 권리를 말한다.
② 마켓클레임이란 무역계약의 성립 후 수입지 상품의 시황이 좋지 않아 매도인의 사소한 실수나 하자를 이유로 매수인으로부터 받게 되는 클레임이다. 예를 들면, 처음부터 그럴 의도는 아니었으나 시황이 나빠져서 품질불량이나 그럴듯한 이유를 들어 트집을 잡는 경우, 계약이행 중 시가가 하락하여 큰 손해를 보게 되었을 때 결제대금의 감액 요구 등을 하는 경우가 있다.

1 클레임 해결방안

당사자에 의한 무역클레임 해결방법에는 클레임 포기, 화해 등이 있고, 제3자에 의한 해결방법으로는 알선, 조정, 중재, 소송 등이 있다.

(1) 당사자 간의 해결

무역클레임은 당사자 간에 우호적으로 해결하는 것이 바람직하다.

① **청구권의 포기(Waiver of Claim)** : 피해자가 상대방에게 청구권을 행사하지 않는 경우로서 상대방이 사전 또는 즉각적으로 손해배상 제의를 통해 해결될 경우를 말한다.
② **화해(Amicable Settlement)** : 당사자가 협의를 통해 상호 타협점을 찾아 화해계약을 체결하는 것이다.

(2) 제3자에 의한 해결

무역분쟁의 해결에 이용되는 ADR(Alternative Dispute Resolution)에는 **알선, 조정, 중재**가 있다.

① 알선(Recommendation, Intercession) : 제3자가 개입하여 해결하는 방법으로 법적 구속력은 없다.
② 조정(Conciliation, Mediation)
　㉠ 분쟁의 자치적 해결방법 중의 하나로 중재절차에 의한 판정을 거치지 않고, 당사자 합의하에 제3자인 조정인을 개입시켜 분쟁을 해결하는 방식이다.

㉡ 중재판정과 동일한 효력이 있으나 실패하면 30일 내에 조정절차는 폐기되며, 중재규칙에 의한 중재인을 선정, 중재절차가 진행된다.

③ **중재**(Arbitration)

※ 중재제도에서 학습

④ **소송**(Litigation)

※ 중재제도에서 학습

2 중재제도

(1) 중재

① 양 당사자 간 제3자를 중재인으로 하고 중재인이 최종 결정을 내리면 당사자는 이에 절대복종하며 결정의 구속을 받는 최종적인 분쟁해결방안으로 중재판정은 법원의 확정판결과 동일한 효력을 가진다.

② 중재는 심문절차나 그 판정문에 대해 비공개 원칙을 견지하고 있어서 기업의 영업상 비밀이 누설되지 않는다.

③ '외국중재판정의 승인과 집행에 관한 UN 협약(뉴욕협약, 1958)'에 가입된 회원국가 간에 내려진 중재판정은 상대국에 그 효력을 미칠 수 있다.

④ 중재는 단심제이고 한 번 내려진 중재판정은 중재절차에 하자가 없는 한 확정력을 갖는다.

체크 Point

중재인 및 제반절차

1. 중재인
   ① 중재인은 해당 분야 전문가인 민간인으로서 중재인 풀에서 합의에 의해 지정된다.
   ② 중재인의 수는 당사자 간의 합의로 정하되, 합의가 없으면 3명으로 한다.
   ③ 당사자 간에 다른 합의가 없으면 중재인은 국적에 관계없이 선정될 수 있다.
   ④ 중재인은 자기가 내린 판결을 철회하거나 변경할 수 없다.
2. 제반절차
   ① 당사자 간에 다른 합의가 없는 경우 중재절차는 피신청인이 중재요청서를 받은 날부터 시작된다.
   ② 중재절차의 진행 중에 당사자들이 화해한 경우 중재판정부는 그 절차를 종료한다.

(2) 중재합의

① 중재합의는 분쟁발생 전후를 기준으로 사전합의방식과 사후합의방식이 있다.

② 분쟁발생 전에 계약서에 중재조항(Arbitration Clause)을 삽입하는 방식과 분쟁이 발생한 후에 **당사자 간에 분쟁의 해결을 중재에 부탁한다고 합의하여** 부탁계약(Submission to Arbitration)을 서면으로 작성한 후 체결하는 방식이 있다.

③ 중재합의는 당사자들의 주장·증거에 입각하여 최종 결정을 내리는 분쟁해결 방법이므로 법원에의 소가 금지된다.

(3) 소송과 중재의 비교

구분	소송	중재
비용	비교적 비싸다.	비교적 저렴하다(합리적).
심리과정	**공개주의 원칙**	**비공개주의 원칙**
외국에서의 집행	어려움	가능
심급	통상 3심제	단심제

+ 무역구제제도(Trade Remedy)

1. 개념

   무역구제제도는 공정한 경쟁을 확보하고 국내산업을 보호하는 제도이다.

2. 종류

   ① 긴급관세(세이프가드)제도 : 수출국의 공정한 수출행위에 의한 수입이지만 특정 물품의 수입이 급격히 증가하여 국내산업에 심각한 피해를 받거나 받을 우려가 있을 때 조사를 실시하여 **관세를 부과하거나 수입량을 제한**하는 조치이다. 긴급관세(세이프가드)를 부과하는 경우에는 이해당사국과 긴급관세부과의 부정적 효과에 대한 적절한 무역보상방법에 관하여 협의할 수 있다.

   ② 상계관세제도 : 수출국 정부로부터 보조금을 받아 수출경쟁력이 높아진 물품이 수입되어 국내산업이 실질적인 피해를 받거나 받을 우려가 있을 때 조사를 실시하여 보조금 범위 내에서 상계관세를 부과한다.

   ③ 반덤핑관세제도 : 외국물품이 정상가격 이하로 덤핑수입되어 국내산업이 실질적인 피해를 받거나 받을 우려가 있을 때 조사를 실시하여 정상가격과 덤핑가격의 차액 범위 내에서 반덤핑 관세를 부과한다.

CHAPTER 03

해상운송

1 개요 ★☆☆

1 개요

(1) 해상운송의 특징

① 해상운송은 떠다니는 영토로 불릴 만큼 높은 국제성을 지니므로 제2편의치적과 같은 전략적 지원이 강조된다.

② 장거리, 대량운송에 따른 낮은 운임부담력으로 인해 국제물류의 중심 역할을 담당한다.

③ 직간접적인 관련 산업 발전 및 지역경제 활성화와 국제수지 개선에도 기여한다.

④ 선박대형화에 따라 기존 운하경로의 제약이 있지만 북극항로와 같은 새로운 대체경로의 개발도 활발하다.

(2) 해상물동량 증가세 둔화

최근 세계적으로 GDP 대비 컨테이너 해상물동량 증가세가 둔화되고 있는데 이에 대한 원인으로 서비스 중심으로 산업구조 변화, 보호무역주의의 심화, 컨테이너화의 둔화, 3D 프린팅 기술의 도입이 있다.

(3) 해상운송의 장단점

① 장점

㉠ 중량에 제한을 많이 받지 않는다.

㉡ 항공운송에 비해 운임이 저렴하다.

㉢ 화물의 용적 및 중량에 대한 제한이 적다.

㉣ 대량화물의 장거리(원거리) 운송에 적합하다.

㉤ 타 운송수단에 비해 단위거리당 운송비가 저렴하다.

㉥ 수출지원 산업으로 국제무역을 촉진시키는 특성을 가진다.

㉦ 해상운송은 대량수송에 적합하며 대체로 원거리수송에 이용된다.

② 단점

㉠ 타 운송수단에 비해 운송속도가 느리다.

㉡ 서비스 제공과정에서 화주의 참여기회가 적다.

㉢ 운송의 완결성이 낮다.

㉣ 적재되지 않은 컨테이너선의 미사용 선복이나, 용선되지 못하고 계선 중인 부정기선의 선복은 항만당국으로부터 보상받을 수 **없다**.

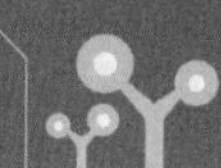

2 편의치적(FOC, Flag of Convenience)

전통적인 선박의 국적 취득 요건은 자국민 소유, 자국 건조, 자국민 승선이다.

(1) 개념

① 선주가 속한 국가의 엄격한 요구조건과 의무부과를 피하기 위하여 자국이 아닌 파나마, 온두라스 등과 같은 국가의 선박 국적을 취하는 제도이다.

② 외항선박은 국적을 취득해야 하는데, 편의치적은 선주가 소유한 선박을 자국이 아닌 외국에 등록하는 제도이다.

③ 선주가 선박 운항에 관한 자국의 엄격한 규제, 세금 등을 회피할 목적으로 파나마, 리베리아, 온두라스, 오만 등과 같은 조세도피지 국가에 선적을 두는 것을 말한다.

예 그리스 국적의 선주가 실질적으로 소유하고 있는 선박을 파나마에 등록하면 이 선박은 편의치적선에 해당된다.

④ 편의치적국들은 선박의 운항 및 안전기준 등의 **규제가 결여**되어 있어 기준미달의 선박의 증가를 가져올 수 있다.

(2) 제2선적제도

① 전통적 해운국들은 편의치적의 확산을 방지하기 위해 제2선적제도를 고안하여 도입하였다.

② 제2선적제도는 나라의 특정 지역을 정하여 그 지역에 등록한 외항 선박에 대하여는 그 나라 국적선과는 달리 편의치적선에 준하는 선박 관련 세제 및 선원고용상의 특례를 부여하는 제도를 말한다. (우리나라의 경우 제주도를 선박등록특구로 지정)

(3) 편의치적의 장점

① 선주는 고임의 자국선원을 승선시키지 않아도 되므로 편의치적을 선호한다.

② 선박의 등록세, 톤세 등 세제에 대한 이점이 있기에 선주가 편의치적을 선호하는 경우도 있다.

③ 편의치적은 해운기업의 비용절감에 기여했다.

④ 편의치적제도를 활용하는 선사는 자국의 엄격한 선박운항기준과 안전기준에서 벗어날 수 있다.

⑤ 편의치적제도는 세제상의 혜택과 금융조달의 용이성으로 인해 세계적으로 확대되었다.

2 선박의 종류 및 제원

〈선박의 종류〉

+ 기타 선박
1. **전용선**(Specialized Vessel)
   특정 화물의 적재 및 운송에 적합한 구조와 설비를 갖춘 선박이다.
2. **겸용선**(Combination Carrier)
   수송생산성을 최대한으로 높이기 위해 건화물과 액체화물 모두를 운송할 수 있도록 개발된 선박을 말한다.
3. **래쉬선**(LASH, Light Aboard Ship)
   화물이 적재된 부선을 본선에 적입 및 운송하는 특수선박
4. **바지운반선**(Barge Carrying Ship)
   ① 항만 내부나 하구 등 비교적 짧은 거리에서 화물을 수송하는 동력 장치가 없는 부선이다.
   ② 바지는 본선이 입항 불가능한 항내 접안이 가능하므로 내수로를 이용하여 최종 목적지까지 계속 예인하거나 내항으로 예인하여 한적한 곳에서 화물을 인출하여 수하인에게 인도하는 역할을 한다.
5. **유송선**(Tanker)
   원유, 액화가스, 화공약품 등 액상 화물의 운송에 적합한 선박이다.
6. **WIG선**
   지면효과인 Wing in Groun effect선의 약자로, 즉 지면효과를 이용한, 날개가 달린 배를 말한다.

✪ 항만의 기능과 항만 관련 시설

1. 항만의 기능
   ① 수출입 화물의 일시적 보관, 하역을 통하여 해륙을 연결한다.
   ② 물류활동의 중심지로서 다양한 부가가치 서비스를 제공한다.
   ③ 국가 및 지역의 경제성장과 고용 창출에 기여한다.
   ④ 신속한 하역과 내륙연결점에서 원활한 물류서비스를 제공한다.
   ⑤ 한국의 수출입 물동량 중 항만을 이용한 물동량이 가장 큰 비중을 차지하며 특정 수출입항만의 편중도가 높다.
2. 항만 관련 시설
   ① **수역시설** : 내항항로, 묘박지, 선회장
   ② **외곽** : 방파제, 방사제, 도류제, 제방, 호안, 수문 및 갑문 등
   ③ **계류** : **잔교(Pier)**, **안벽(Quay)**, **돜(Jetty)**, **돌핀(Dolphin)**, **비트(Bitt)**, 물양장, 부잔교 등 시설
   ④ **임항철도** : 선박과 철도에 의한 연계수송을 위해 간선철로에서 항만까지 연결된 철도인입선

체크 Point

부두, 안벽, 잔교, 비트, 선회장

1. 부두(Wharf)
   선박이 접안하여 화물을 적재・양화하고 여객이 승강하는 장소. 좁은 뜻으로는 해안에 고정적으로 설치된 선박 정박시설(pier)을 가리키기도 한다.
2. 안벽(Quay)
   ① 선박이 접안하기 위한 계선시설이다.
   ② 안벽은 해안 및 하안에 평행하게 축조된 석조제로서 선박 접안을 위하여 수직으로 만들어진 옹벽이다.
   ③ 방현재(Fender) : 배의 뱃전에 장치한 완충물. 선박을 부두에 묶어둘 때 또는 다른 배의 옆에 댈 경우에, 접촉에 의한 충격을 완화시켜 서로의 손상을 방지하기 위해 사용한다. 즉, 선박의 접안 시 또는 접안 중에 선박이 접촉하더라도 선박이 파손되지 않도록 안벽의 외측에 부착시켜 두는 고무재이다.
   ④ 계선주(Bollard) : 배를 계선안에 매어 두기 위해 계선안 위에 설치한 기둥
   ⑤ 캡스탄(Capstan) : 선박의 입・출항 시 선박의 계선줄을 기계로 감아올리는 장치
3. 잔교(Pier)
   잔교는 해안선과 직각의 형태로 돌출된 교량형 간이구조물로서 선박의 접안과 화물의 적・양하 작업, 선원 및 여객의 승하선에 이용되며 목재, 철재, 석재로 된 기둥을 해저에 박은 뒤 기둥의 윗부분을 콘크리트로 굳힌 후 이 위에 교량형 구조물을 설치하여 육지와 연결한 형태이다.
4. 비트(Bitt)
   항만의 계류시설 중 선박을 계선밧줄로 고정하기 위하여 안벽에 설치된 석재 또는 강철재의 짧은 기둥이다.
5. 선회장(Turning Basin)
   선박이 방향을 전환할 수 있는 장소로서 대개 자선의 경우 대상선박 길이의 3배를 직경으로 하는 원이며, **예선이 있을 경우**에는 대상선박 길이의 **2배**를 직경으로 하는 원으로 한다.

항로(Access Channel)는 바람과 파랑의 방향에 대해 **30°~60°**의 각도를 갖는 것이 좋으며 조류방향과 작은 각도를 이루어야 한다.

1 선박의 구성

① 앵커(닻, Anchor) : Anchor는 선박의 정박을 위한 닻을 말한다.

박지(Anchorage)

① 선박이 일시적으로 닻을 내리고 접안하기 위해 대기하는 수역을 말한다. 선박이 안전하게 정박하기 위해서는 충분한 수면, 필요한 수심, 닻이 걸리기 쉬운 지질, 계선을 위한 부표설비 등이 갖추어져야 한다.

② 박지의 경우 사용목적에 따라 차이가 **있다.**

② 발라스트(Ballast)

㉠ 발라스트는 공선항해 시 감항성을 유지하기 위해 선박에 싣는 해수 등의 짐을 말한다.

㉡ 선박에서 적당한 복원성을 유지하고 흘수와 트림(trim ; 배의 앞뒤 경사)을 조절하기 위해 배의 하부에 싣는 중량물이다.

③ Bilges : 각 칸막이 방마다 만들어진 폐수, 기름 등의 폐기물로서 펌프로 이를 퍼낼 수 있도록 되어 있다.

④ 데릭(Derricks(Cranes)) : 선박에 설치된 기중기를 말한다.

⑤ 창구(Hatch Way) : Hatch Way는 선창 내에 화물을 적재하거나 양하하기 위한 통로로 사용된다.

⑥ 던네이지(Dunnage, 더니지) : 나뭇조각, 고무 주머니 등으로 화물 사이에 끼워 화물 손상을 방지하기 위한 재료이다.

⑦ 격벽(Bulk Head) : 선박의 수직 칸막이로서 선박의 한 부분에 손상이 발생하여 침수될 경우 다른 부분의 침수를 방지하는 역할을 한다.

⑧ 이중저(Double Bottom) : 선저의 이중구조를 말하는 것으로 좌초 시의 안전을 위한 장치이다.

⑨ 축로(Shaft Tunnel) : 엔진과 프로펠러를 연결하는 프로펠러 축을 보호하기 위해 만든 터널이다.

⑩ 선교 : 선박의 갑판 위에 설치된 구조물로 선장이 지휘하는 장소를 말한다.

⑪ Port Side, Starboard Side : 선미 방향에서 선수 방향을 바라보면서 왼쪽을 Port Side라 하고 오른쪽을 Starboard Side라 한다.

✚ 선체의 주요 치수

1. **선체**(hull)
   선박의 주요 부분 및 상부에 있는 구조물을 총칭하며, 인체의 등뼈인 용골과 갈비뼈인 늑골, 선창 내부를 수직으로 분리해 주는 격벽 등으로 이루어진다.
2. **전장**(LOA, Length Over All)
   ① 전장은 선체에 고정적으로 붙어 있는 모든 돌출물을 포함한 선수재의 맨 앞에서부터 선박의 맨 끝까지의 길이를 말한다.
   ② 전장이란 선체에 고정적으로 붙어 있는 모든 돌출물을 포함한 뱃머리 끝에서부터 배 꼬리 끝까지의 수평거리를 말한다.
3. **수선간장**(LBP, Length Between Perpendiculars)
   화물을 만재했을 때 선박과 수면이 접촉한 직선길이를 의미하며, 전장보다 짧고 선박의 길이는 일반적으로 수선간장을 사용한다.

4. **전폭**(Extreme Breadth)
   ① 선체의 가장 넓은 부분에서, 선체 한쪽 외판의 가장 바깥쪽 면으로부터 반대쪽 외판의 가장 바깥쪽까지의 수평거리를 의미한다.
   ② 선체의 제일 넓은 부분에서 측정하여 외판의 한쪽 외면에서 반대편 외면까지의 수평거리로서 도킹 시에 이용되는 폭이다.
5. **형폭**(Moulded Breadth)
   선체의 가장 넓은 부분에서 선체 한쪽 외판의 내면으로부터 반대쪽 외판의 내면까지의 수평거리이다.
6. **선심**
   선체 중앙에 있어 상갑판 가로들보 상단에서 용골의 상단까지의 수직거리로서 선박의 깊이를 나타낼 때 사용된다.
7. **건현**(Freeboard)
   ① 건현은 수중에 잠기지 않는 수면 위의 선체 높이를 의미한다.
   ② 배의 중앙에서 측정한 만재흘수선에서 상갑판 위까지의 수직거리이다.
   ③ 배의 중앙부 현측에서 갑판 윗면으로부터 만재흘수선 마크 윗단까지의 수직거리이다.
   ④ 배가 안전한 항해를 하기 위해서는 어느 정도의 예비부력(Reserved buoyancy)을 가져야 한다. 이 예비부력은 선체의 옆 부분을 수직으로 측정할 때 물속에 들어가지 않는 부분의 높이로서 결정되는데, 이를 건현이라 한다.

✚ 선박 관련 기타 용어
1. **텀블홈**(tumble home) : 외현 상부의 모양이 상갑판 부근에서 안쪽으로 굽어진 정도
2. **현호**(sheer) : 길이방향으로 볼 때 갑판이 선수부에서 상승한 정도
3. **플레어**(flare) : 외현 상부의 모양이 상갑판 부근에서 바깥쪽으로 굽어진 정도
4. **캠버**(camber) : 횡방향 단면에서 볼 때 갑판 중심부가 중심부에서 상승한 정도
5. **선저경사**(rise of floor) : 횡방향 단면에서 볼 때 선저판이 외현에서 상승한 정도

2 선박의 흘수(Load Draft)

(1) 개념

① 흘수(draft)는 선박이 수중에 잠기는 깊이를 말한다.
② 흘수(draft)는 선박의 물속에 잠긴 부분을 수직으로 잰 길이로 운하, 강 등에 대한 선박의 통행가능 여부와 항구 등에 대한 출입가능 여부 등을 결정하는 주요기준이며 선박의 부력과 연관성이 있으므로 선박의 안전과 직결된다.

(2) 만재흘수선표(Load Line Mark)

① **만재흘수선**
   ㉠ 만재흘수선은 선박의 안전을 위하여 화물의 과적을 방지하고 선박의 감항성이 확보되도록 설정된 최대한도의 흘수이다.
   ㉡ 만재흘수선 마크는 선박 중앙부의 양현 외측에 표시되어 있다.
   ㉢ 만재흘수선은 선박의 항행구역 및 시기에 따라 해수와 담수, 동절기와 하절기, 열대 및 북태평양, 북대

서양 등으로 구분하여 선박의 우현 측에 표시된다.

㉣ 만재흘수선은 선박의 항행대역과 계절구간에 따라 적용범위가 다르다.

② **만재흘수선 마크** : 만재흘수선 마크는 TF, F, T, S, W, WNA 등이 있다.

㉠ TF : The Tropical Fresh Water Load Line

㉡ F : Fresh Water Load Line

㉢ T : The Tropical Load Line

㉣ S : The Summer Load Line

㉤ W : The Winter Load Line

㉥ WNA : The Winter North Atlantic Load Line

3 선박의 톤수

선박의 톤수(Tonnage)는 선박의 크기를 나타내고 선박 운항을 통하여 얻을 수 있는 소득능력을 산정하는 기준이다.

(1) 용적톤수(Space Tonnage)

용적톤수는 선박이 화물을 적재할 수 있는 공간이 얼마인가를 나타내는 용적에 의한 적재능력을 나타낸다.

① **총톤수**(G/T, Gross Tonnage)

㉠ 선박의 크기를 나타낼 때 가장 일반적으로 사용하는 선박 톤수이다.

㉡ 선박 내부의 총 용적량으로 상갑판 하부의 적량과 상갑판 상부의 밀폐된 장소의 적량을 모두 합한 것이다.

㉢ 총톤수는 선박의 밀폐된 내부 전체 용적을 말하며, 각국의 해운력과 선박의 크기 및 보유 선복량을 비교할 때 이용된다.

㉣ 선체의 총 용적에서 갑판 상부에 있는 추진, 항해, 안전, 위생에 관련된 공간을 **제외**한 부분을 톤수로 환산한 수치를 말한다.

㉤ 갑판 아래의 적량과 갑판 위의 밀폐된 장소의 적량을 합한 것으로 선박의 안전과 위생에 사용되는 부분의 적량을 **제외**한 것을 의미한다.

㉥ 관세, 등록세, 소득세, 도선료, 각종 검사수수료 등 제세금과 수수료의 부과기준이 되며 상선이나 어선의 크기를 표시하는 데 사용된다.

② **순톤수**(N/T, Net Tonnage)

㉠ 순수하게 여객, 화물수송에 사용되는 공간의 용적을 말한다.

㉡ 선박 내부의 폐쇄된 공간 중 직접 상행위에 사용되는 장소의 용적을 의미한다.

㉢ 여객 및 화물의 적재 등 직접적인 상행위에 사용되는 용적이며, 총톤수에서 선박의 운항에 직접적으로 필요한 공간의 용적을 뺀 톤수이다.

㉣ 총톤수에서 선박의 운항에 직접 이용되는 기관실, 선원실, 해도실 등 적량을 공제한 톤수로 환산한 것이다.

㉤ 상행위와 관련된 용적이기 때문에 항만세, 톤세, 운하통과료, 등대사용료, 항만시설사용료 등의 세금과 수수료의 산출기준이 된다.

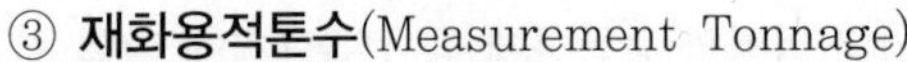

③ **재화용적톤수**(Measurement Tonnage)

㉠ 선박의 각 선창(hold)의 용적과 특수화물의 창고 용적 등 전체 선박의 용적을 나타내며 Long Ton(L/T)을 주로 이용한다.

㉡ 화물선창 내의 화물을 적재할 수 있는 총 용적으로 선박의 화물적재능력을 용적으로 표시하는 톤수이다.

㉢ 선박에 적재할 수 있는 화물의 최대용적을 표시하는 톤수로서 최근에는 이 톤수는 거의 사용되지 않고 있다.

(2) 중량톤수(Weight Tonnage)

중량톤수는 선박이 적재할 수 있는 중량단위로 표시한 선박의 크기를 말한다.

① **배수톤수**(DT, Displacement Tonnage)

㉠ 화물의 적재상태에 따라 배수량이 변하기 때문에 **상선에서는 사용치 않으며,** 화물 적재의 용도가 없고 세금과도 무관한 군함의 크기를 나타내는 용도로 주로 사용된다.

㉡ 선체의 수면 아래에 있는 부분의 용적과 대등한 물의 중량을 나타내는 배수량을 말한다.

② **경하중량톤수**(LWT, Light Weight Tonnage) : 선박이 화물을 싣지 않았을 때의 배수량으로 경하 배수량(Light Displacement)이라고도 하며 재화중량을 구하는 데 사용된다.

③ **재화중량톤수**(DWT, Dead Weight Tonnage)

㉠ 선박의 항해에 필요한 연료유, 식수 등의 중량을 제외한 적재할 수 있는 화물의 최대 중량으로 용선료의 기준이 되는 선박 톤수

㉡ 공선상태로부터 만선이 될 때까지 실을 수 있는 화물, 여객, 연료, 식료, 음료수 등의 합계중량으로 상업상의 능력을 나타낸다.

㉢ 만재 배수량과 경하 배수량의 차이, 즉 적재할 수 있는 **화물의 중량(선박의 최대적재능력)**을 의미하며 영업상 가장 중요시되는 톤수이다.

㉣ 선박이 적재할 수 있는 화물의 최대중량을 나타내는 것이며, 선박의 매매나 용선료를 산출하는 기준이 된다.

④ **운하톤수** : 배가 운하를 통과할 때에 통행료를 셈하는 기준이 되는 톤수. 파나마 운하와 수에즈 운하에서 특별히 정한 적량 측도 규정에 따른다.

체크 Point

선급제도(Ship's Classification)

1. 개요

① 선박의 감항성에 대한 객관적 · 전문적 판단을 위해서 생겼다.

② 보험의 인수 여부 및 보험료 결정을 위해 1760년 'Green Book'이라는 선박등록부를 만들면서 시작되었다.

③ 1968년 국제선급협회(IACS)가 창설되었으며 우리나라는 정회원으로 가입되어 있다.

④ 우리나라는 독자적인 선급제도의 필요성에 의해 한국선급협회를 창설하였다.

2. 특징

① 선급을 계속 유지하기 위해서는 매년 일반검사를 받고 **4년**마다 정밀검사를 받아야 한다.

② 선박이 특정 선급을 얻기 위해서는 선급검사관(Surveyor)의 엄격한 감독하에 동 선급규칙에 맞춰 건조되어야 한다.
③ 한국선급협회는 영국 적하보험 선급약관에 등재되어 있다.

+ 항만국 통제(Port State Control)
자국 항만에 기항하는 외국국적 선박에 대해 국제협약이 정한 기준에 따라 선박의 안전기준 등을 점검하는 행위이다. 즉, 항만국이 자국 항구에 기항하는 외국선박을 대상으로 국제협약상 기준에 따른 점검 및 통제권한을 행사할 수 있도록 하는 제도이다.

3 정기선 ★★☆

해설 해상운송방식은 정기선운송, 부정기선운송, 전용선운송, 컨테이너선운송 등으로 구분할 수 있다. 이 중 전용선은 부정기선의 일종으로 볼 수 있으며 특정한 화물을 운송하기 위해 특수시설을 갖추고 있는 냉동선, 목재전용선, 유조선 등을 말한다. 컨테이너운송은 화물의 신속하고 안전한 환적이 가능하며, 하역의 기계화로 시간과 비용을 절감할 수 있고, 일관운송을 제공하여 복합운송을 실현하는 데 적합한 운송방식이다.

◀ 정기선운송과 부정기선운송의 특징 요약 ▶

구분	정기선운송	부정기선운송
운송대상	컨테이너화물	벌크화물
화물유형	• 완제품 및 반제품 • 고가품	• 대량 벌크화물 • 저가품
이용화주	• 불특정 다수	• 특정 소수(대기업 및 종합상사)
운송계약 및 체결증거	• 개품운송계약 체결 • 선하증권(B/L)	• 용선계약 체결 • 용선계약서(Charter Party, C/P)
항로	고정	탄력적
운송인	• 대형조직 • 일반운송인 또는 공중운송인 • 공공 일반운송인	• 소형조직 • 일반운송인 또는 개인운송인 • 사적 계약운송인
해운동맹 가입 여부	• 해운동맹주도 • 자율적 경쟁제한	• 해운동맹 결성이 어려움

해상운임	• 운임률표(Tariff) 보유 • 높은 운임	• 운임률표 어려움 • 비교적 운임저렴
운임조건	Berth Term	FI, FO, FIO
운임결정	공표운임(Tariff)	수요공급에 의한 시장운임

1 정기선(Liner)

(1) 개념

① 다수 화주로부터 다양한 화물을 집화하여 운송하는 방법이다.

② 정기선 운송서비스를 제공하는 운송인은 불특정 다수의 화주를 상대로 운송서비스를 제공하는 공중운송인(Public Carrier)이다.

(2) 정기선운송의 특징

① 운임은 운임률표(Tariff)에 따라 공시된 확정운임이 적용된다.

② 개품운송계약을 체결하고 선하증권을 사용한다.

③ 특정한 항구 간을 운항계획에 따라 규칙적으로 반복 운항하여 선박의 운항 패턴이 규칙적이다.

④ 정기선 운송은 화물의 집화 및 운송을 위해 막대한 시설과 투자가 필요하다.

⑤ 정기선운송의 경우 부정기선운송에 비해 해운시황에 따른 배선축소나 운항항로에서의 철수 등이 신축적으로 이루어지기 어렵다.

(3) 정기선사들의 전략적 제휴

① 공동운항을 통해 선복을 공유한다.

② 화주에게 안정된 수송서비스 제공이 가능하다.

③ 제휴선사 간 상호 이해관계를 조정하기 위해 협정을 맺고 있다.

④ 제휴선사 간 불필요한 경쟁을 회피하는 수단으로 활용되고 있다.

체크 Point

최근 정기선 시장의 변화

① 항로안정화협정 또는 협의협정 체결 증가

② 선사 간 전략적 제휴 증가

③ 선박의 대형화

④ 글로벌 공급망 확대에 따른 서비스 범위의 **확대**

⑤ 해운 관련 기업에서 블록체인 등 디지털 기술의 도입

2 개품운송계약

(1) 개념

불특정 다수의 화주로부터 개별적으로 운송요청을 받아 이들 화물을 혼재하여 운송하는 방식으로 주로 단위화된 화물을 운송할 때 사용되는 방식이다.

(2) 특징

① 개품운송계약에서는 운송인(선사)이 다수의 송하인과 운송계약을 체결하며, 선하증권이 운송계약의 증거가 된다.

② 개품운송계약은 불특정 다수의 화주를 대상으로 하며 선박회사에서 일방적으로 결정한 정형화된 **약관을 화주가 포괄적으로 승인하는 부합계약 형태**를 취한다.

③ 개품운송계약은 선하증권에 의해 증빙되는 부합계약의 성질을 지닌다.

④ 개품운송계약은 운송인이 불특정 다수의 송하인으로부터 운송을 위해 화물을 인수하고 운송위탁자인 송하인이 이에 대한 반대급부로 운임을 지급할 것을 약속하는 계약을 의미하는 것으로, 운송인이 발급하는 **선하증권**이 물품의 권리를 나타내는 증거가 된다.

3 컨테이너선 운송절차

① 화주가 선사 또는 운송주선인에게 선복 예약 및 선적요청서(S/R, Shipping Request) 제출

체크 Point

Shipping Request

- 화주가 선박회사에 제출하는 선적의뢰서로서 선적을 의뢰하는 화물을 선적할 수 있는 공간을 확보하기 위한 서류이다.
- 화주가 선사에 제출하는 운송의뢰서로서 운송화물의 명세가 기재되며 이것을 기초로 선적지시서, 선적계획, 선하증권 등을 발행한다.

② 선사는 화주가 작성한 S/R을 근거로 Booking Note 작성 후 화주에게 교부

Booking Note(선복예약서, 화물인수예약서)는 선박회사가 해상운송계약에 의한 운송을 인수하고 그 증거로서 선박회사가 발급하는 서류이다.

③ 선사는 선적 예정화물을 선적지, 양하지별로 구분하여 Booking List 작성

④ 트럭회사는 운송주선인/선박회사의 지시를 받아 터미널에서 공컨테이너를 반출하여 기기수도증(E/R, Equipment Receipt, 기기수령증)과 Seal(봉인)을 가지고 화주공장으로 이송

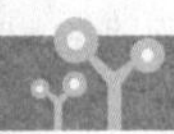

Equipment Interchange Receipt

- 컨테이너 트랙터 기사가 공컨테이너를 화주에게 전달할 때 사용되는 서류이다.
- 육상운송회사가 선박회사로부터 기기류를 넘겨받는 것을 증명하는 서류이다.

⑤ 공컨테이너에 화물적입 및 봉인 후 항만으로 트럭이송

⑥ 화주는 세관에 수출신고 후 수출신고필증 발급

⑦ FCL화물이 CY에 반입되면 터미널은 선사에 D/R(Dock Receipt) 교부

* LCL화물인 경우 CFS에 반입된 후 D/R을 교부하여 CFS에서 화물 혼재하여 하나의 FCL화물로 만든 후 CY에 인도

⑧ 컨테이너를 본선적재 후 Stowage Plan(S/P) 작성

본선적부도(S/P)

본선 내의 컨테이너 적재위치를 나타내는 도표이다.

⑨ 선적 후 선사는 화주에게 B/L을 발급한다.

컨테이너를 이용한 선적절차(서류 중심 정리)

선적요청서(Shipping Request) → 선적예약서(Booking List) → 기기수도증(Equipment Receipt) → 봉인(Sealing) → 부두수취증(D/R, Dock Receipt) → Stowage Plan 작성 → 선하증권(Bill of Lading)

선적 관련 서류 발행주체

선적 관련 서류	서류 제공	작성자
선적스케줄 통보 (Vessel Schedule)	선박회사 → 수출자	선박회사
선복요청서 (S/R, Shipping Request)	수입자 → 선박회사 또는 수출자 → 선박회사	화주
선적지시서 (S/O, Sailing Order)	선박회사 → 선장	선박회사
본선수취증 (M/R, Mate's Receipt)	선박회사 → 수출자	일등항해사

수출신고필증 (Export Clearance)	세관 → (관세사) → 수출자 → 선박회사	세관
선하증권 (B/L, Bill of Lading)	선박회사 → 수출자 수	수출지 선박회사
화물인도지시서 (D/O, Delivery Order)	수입지 선박회사 → 수입자	수입지 선박회사

✪ 컨테이너화물(FCL) 선적절차

① 공컨테이너 반입요청 및 반입
② 공컨테이너에 화물적입 및 CLP(컨테이너 내부 적부도) 작성
③ Pick-up 요청과 내륙운송 및 CY 반입
④ D/R(부두수취증)과 CLP(컨테이너 내부 적부도) 제출
⑤ B/L(선화증권) 수령 및 수출대금 회수

✪ 재래화물 선적절차

Shipping Request > Booking Note > Shipping Order > Mate's Receipt > Shipped B/L
※ 선적지시서(S/O)는 선사 또는 그 대리점이 화주에게 교부하는 선적승낙서를 의미한다.

체크 Point

✪ D/R(Dock Receipt, 부두수취증)과 M/R(Mate's Receipt, 본선수취증)

1. 부두수취증(Dock Receipt)
   ① 선사가 화주로부터 화물을 수취한 때에 화물의 상태를 증명하는 서류이다.
   ② CY에 반입된 화물의 수령증으로 발급되며 선사는 이를 근거로 컨테이너 선하증권을 발행한다.
   ③ 선적을 하기 위해 화물을 선박회사가 지정하는 장소(Dock)에 인도했을 경우 선박회사가 화물의 수취를 증명하여 화주에게 교부해 주는 화물수취증을 말하는데, 오늘날은 특히 컨테이너수송화물을 CY나 CFS 등에서 선박회사에 인도했을 경우 **재래선**의 본선수취증(Mate's Receipt) 대신 이것을 작성, 교부해 준다.
2. 본선수취증(Mate's Receipt)
   ① 본선이 M/R에 기재된 대로 화물을 수취하였음을 인정하는 영수증으로 선적완료 후 검수집계표에 근거하여 일등항해사(Chief Mate)가 선적화물과 선적지시서(S/O)를 대조하여 송하인(Shipper)에게 교부한다.
   ② 본선과 송하인 간에 화물의 수도가 이뤄진 사실을 증명하며, 본선에서의 화물 점유를 나타내는 우선적 증거이다.

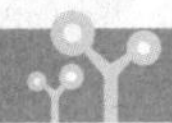

4 해운동맹

1 해운동맹(Shipping Conference)

(1) 개념

해운동맹이란 특정의 정기항로에 취항하고 있는 선박회사가 상호 **과당경쟁을 피할 목적**으로 운송에 있어서의 운임 및 영업조건 등을 협정하는 일종의 해운에 관한 국제 카르텔이다.

(2) 특징

① 미국을 포함한 대부분의 국가는 해상운송의 안전성을 위해 해운동맹을 적극적으로 받아들이고 있다.

② 해운동맹은 운영 방식에 따라 개방형 해운동맹과 폐쇄형 해운동맹으로 구분되며, 개방형 해운동맹은 가입을 희망하는 선사면 모두 받아들이나, 폐쇄형 해운동맹은 일정한 조건을 붙여 조건을 불충족한 선사는 가입이 제한된다.

③ 해운동맹은 정기선의 운임을 높게 유지함으로써 동맹회원이 동맹을 탈퇴함으로써 받게 되는 손실이 크므로 동맹유지가 쉽고 이탈이 없는 편이다.

2 해운동맹의 운영방법

(1) 대내적 규제수단

① **운임협정(Rate Agreement)** : 해운동맹 자체에서 공동운임표(common tariff)를 제정하여 동맹의 각 회원 선사들에게 이 운임을 적용할 것을 요구하는 협정이다.

② **항해협정(Sailing Agreement)** : 선사 간의 과당경쟁을 방지하여 동맹 내 운항 질서를 유지하기 위해 동맹 선사 간에 적정한 배선 수를 미리 설정하고 유지시키는 것이다.

③ **공동계산협정(Pooling Agreement)** : 해운 카르텔 중에서 가장 강력한 형태로서 모든 회원에게 고정운임률이 공동으로 적용되고 운송조건도 모두 동일한 협정이다.

④ **공동운항(Joint Service)** : 동일한 항로에 배선하고 있는 둘 이상의 선사가 배선을 통일하여 운항하는 것으로, 정기선 항로에서 2개 이상의 선사가 선박을 합작기업형태로 운항하는 것을 말한다.

⑤ **중립감시기구(Neutral Body)** : 동맹 회원 선사간의 건전한 상거래 질서의 유지를 위하여 설립한 감시기구를 말한다.

Tip

+ **투쟁선(Fighting Ship, 경쟁억압선)**

특정의 선박을 맹외선의 운항일정에 맞춰 배선하고 맹외선의 운임보다도 훨씬 저렴한 운임으로 수송함으로써 적극적으로 그 집하를 방해하는 방법이다.

(2) 대외적 규제수단(화주구속수단)

① **계약운임제(Contract Rate System)**

㉠ 동맹선에만 전적으로 선적한다는 계약을 동맹과 체결한 동맹화주에게는 표정운임률(Tariff Rate)보다 낮은 운임률을 적용하고, 이러한 계약을 체결하지 아니한 일반화주에게는 표정운임률을 적용하는 방식이다.

㉡ 계약운임제의 대상에서 제외된 화물을 비동맹화물 또는 자유화물(Open Cargo)이라고 한다.

② **운임할려제**(Fidelity Rebate System)

㉠ 일정 기간 동안 자기 화물을 모두 동맹선에만 선적한 화주에게 그 기간 내에 선박회사가 받은 운임의 일정 비율을 기간 경과 후에 환불하는 제도이다.

㉡ 운임연환불제와는 달리 유보기간이 없고 일정 기간 경과 후에 그 환불금을 전액 한 번에 지급한다.

③ **운임연환불제**(Deferred Rebate System) : 일정 기간(통상 6개월) 동안 동맹선에만 선적한 화주에 대해서 그 지급한 운임의 일부를 환불하는데, 환불에 있어서 그 기간에 이어 계속해서 일정 기간 동맹선에만 선적할 것을 조건으로 하여 그 계속되는 일정 기간이 경과된 후 환불되는 제도이다.

5 부정기선 ★★☆

1 부정기선(Tramper)

(1) 개념

① 부정기선은 화물운송의 수요에 따라 화주가 원하는 시기와 항로에 취항하는 선박을 말한다.

② 완전경쟁적 시장형태를 보이며, 소규모 조직으로도 영업이 가능하다.

③ 화물의 성질이나 형태에 따라 벌크선 또는 전용선이 이용된다.

(2) 특징

① 부정기선은 주로 단위화되지 않은 상태의 화물을 취급한다.

② 부정기운송은 단일 화주의 **대량 Bulk화물(원료, 철광석, 석탄, 곡물 등)**을 취급한다.

③ 운임은 물동량과 선복의 수요와 공급에 의해 수시로 결정된다.

④ 부정기선 운임은 일반적으로 운송계약을 할 때마다 당사자간 협의를 통하여 결정되며 용선계약서가 작성된다.

⑤ 용선계약(Charter Party)에 의해서 운송계약이 성립되고, 용선계약서를 작성하게 된다.

⑥ 운임부담능력이 적거나 부가가치가 낮은 화물을 대량으로 운송할 수 있다.

(3) 단점

① 부정기선운송의 운임은 해운시장에서 물동량과 선복량에 따라 변동하므로 정기선 운임에 비해 불안정하다.

② 해운동맹의 가입이 **어렵다.**

＊ **건화물지수**(BDI, Baltic Dry Freight Index) : 건화물 부정기선에 관한 운임지수를 말한다.

2 용선운송계약(C/P, Charter Party)

(1) 개요

① 개념

㉠ 특정 항해구간 또는 특정 기간 동안에 대하여 선복의 전부 또는 일부를 일정 조건하에서 임대차하는 운송계약으로 용선운송계약에는 주로 부정기선이 이용된다.

㉡ 용선운송계약의 경우의 송하인은 용선계약자가 되며, 송하인과 용선주의 관계는 **용선계약**에 의해 구속된다.

② 유형 및 종류

㉠ 전부용선계약(Whole Charter Party)은 선복(Ship's Space)의 전부를 빌리는 것이다.

㉡ 일부용선계약(Partial Charter Party)은 선복(Ship's Space)의 일부를 빌리는 것이다.

㉢ 부정기선의 운송에는 항해 단위의 계약을 기본으로 하는 **항해용선**과 일정 기간 동안 계약하는 **기간용선** 등이 있다. 그러나 정기선 운송의 경우에는 **개품운송계약**을 원칙으로 한다.

(2) **항해용선계약**(Voyage Charter)

① 개념

㉠ 특정 항구에서 다른 항구까지 화물운송을 의뢰하고자 하는 용선자와 선주 간에 체결되는 계약이다.

㉡ 항해용선계약(Voyage Charter Party)은 특정 항구에서 특정 항구까지 선복(Ship's space)을 빌리는 것이다.

㉢ 한 항구에서 다른 항구까지 한 번의 항해를 위해서 체결되는 운송계약으로 운송액은 적하톤당으로 정하는 용선계약이다.

㉣ 용선계약기간은 통상 한 개의 항해를 단위로 한다.

㉤ Voyage Charter에는 선적항과 양륙항을 표시하고, Time Charter에는 표시하지 않는다.

② 종류

구분	내용
선복용선계약 (Lump-Sum Charter)	• 선복용선계약은 적하량에 관계없이 일정한 선복을 계약하고 운임도 포괄적으로 약정하는 선복운임을 적용한다. • 선복용선계약은 한 선박의 선획 전부를 한 선적으로 간주하여 운임액을 정하는 용선계약을 말한다.

일대용선계약 (Daily Charter)	• 일대용선계약은 하루 단위로 용선하는 용선계약이다. • 일대용선계약은 화물을 선적한 날부터 양륙할 때까지의 날짜를 하루당 얼마로 선복을 임대하는 계약을 말한다.

③ 비용부담

㉠ 용선자는 용선주에게 운임을 지급하고 **용선주**는 선박운항에 따른 비용을 부담한다.

㉡ 항해용선계약은 선주가 선장을 임명하고 지휘·감독한다.

㉢ 선박에 부과되는 세금은 선주가 부담하고, 화물에 부과되는 세금은 용선자가 부담한다.

◖ 하역비 부담조건 유형 ◗

구분	내용
Berth(Liner) Term Charter	• 정기선의 하역비 부담조건이어서 Liner Term이라고도 한다 • 정기선운임은 하역비는 선주가 부담하는 Berth Term을 원칙으로 한다. • 적하 시와 양하 시의 하역비를 선주가 부담한다. • 선사(선주)가 선적항 선측에서 양하항 선측까지 발생하는 제반 비용과 위험을 모두 부담한다.
FIO(Free In, Out) Charter	• 적하 시와 양하 시의 하역비를 모두 화주가 부담한다. • 선적과 양륙과정에서 선내 하역인부임을 화주가 부담하는 조건이다.
FIOST(Free In, Out, Stowed, Trimmed) Charter	선내 하역비 부담 조건으로 선적, 양륙, 본선 내의 적입, 화물정리비까지 모두 **화주**가 책임과 비용을 부담하는 조건이다.
FI Charter	• 적하 시는 화주가 부담, 양하 시는 선주가 부담 • 항해용선계약에서 선내인부의 작업비용을 선적 시에는 용선자가 부담하고 양륙 시에는 선주가 부담하는 조건 • 임금(Stevedorage) 부담과 관련하여 선적 시는 용선자가, 양륙 시는 선주가 부담하는 조건이다.
FO Charter	• 적하 시는 선주가 부담, 양하 시는 화주가 부담 • 용선계약의 하역비 부담과 관련하여 선적 시에는 용선주가 부담하고 양륙 시에는 용선자가 부담하는 조건
Gross Term Charter	항비, 하역비, 검수비 모두 선주가 부담하는 조건
Net Term Charter	항비, 하역비, 검수비 모두 화주가 부담하는 조건

(3) 정기용선계약(Time Charter)

① 개념

㉠ 기간용선계약(Time Charter Party)이라고도 하며, 일정 기간을 정하여 선복(Ship's Space)을 빌리는 것이다.

㉡ 모든 장비를 갖추고 선원이 승선해 있는 선박을 일정 기간을 정하고 고용하는 용선계약이다.

② 특징

㉠ 정기용선계약에서 용선자는 영업상 사정으로 본선이 운항하지 못한 경우에도 용선료를 지급하여야 한다.

㉡ 정기용선계약에서 용선료는 원칙적으로 기간에 따라 결정된다.

㉢ 정기용선계약에는 **NYPE**(The New York Produce Exchange Form)라는 표준계약서가 사용되는 것이 대체적이다.

㉣ 정기용선계약에서 특정한 사유로 선박의 이용이 방해되는 기간 동안 용선자의 용선료 지불의무를 중단하도록 하는 조항은 **Off-hire**(용선조항, 휴항)이라고 한다.

체크 Point

Employment and Indemnity(보상약관)

선장은 본선의 사용, 대리점업무 등에 관여하여 용선자의 명령 지시에 따라야 되는 의무가 있는데, 이것 때문에 발생한 모든 결과 또는 손해에 대하여 용선자가 선주에게 보상하는 것을 약정한 정기용선계약상의 약관

③ 선주와 용선자의 권리와 의무

㉠ 정기용선계약에서 용선선박은 선박이 안전하게 항해할 수 있도록 일체의 속구를 갖추고 선원을 승선시킨 상태로 용선자에게 인도된다.

㉡ 선주는 선원의 급료, 선박의 감가상각비, 선용품비, **선박보험료**를 부담한다.

㉢ 선주는 선장 및 선원을 고용하고 임금을 지불해야 한다.

㉣ 선주는 선박이 안전한 항구와 항구 사이를 운항할 것과 적법한 항해에 사용될 것을 용선자에게 요구할 수 있다.

㉤ **용선자**는 용선기간 중 선박의 운항에 필요한 **연료비**, 항세, 용선료를 부담해야 한다.

㉥ 용선자는 선장에게 항해를 지시할 수 있다.

㉦ 용선자는 용선한 선박으로 제3자와 재용선계약을 체결할 수 있다.

(4) 나용선계약(Demise Charter, Bareboat Charter)

① 개념

㉠ 선박 자체만을 빌리는 선박임대차계약(Demise Charter)이다.

㉡ 나용선계약(Bareboat Charter Party)은 용선자가 항해기준이 아닌 **기간기준**으로 임차료를 계산하고, 선주로부터 선박 자체만을 임차하는 것이다.

㉢ 일종의 선박 임대차 계약으로 용선자가 일시적으로 선주 지위를 취득한다.

㉣ 선주로부터 선박만을 용선하여 선장 등 인적 및 물적 요소 전체를 용선자가 부담하고 운항의 전 과정을 관리하는 계약이다.

㉤ 용선자가 일정 기간 선박 자체만을 임차하여 자신이 고용한 선장과 선원을 승선시켜 선박을 직접 점유하는 한편, 선박 운항에 필요한 선비 및 운항비 일체를 용선자가 부담하는 방식이다.

㉥ 선박을 나용선하여 선원과 장비를 갖추어 재용선(Sub Charter)을 할 수도 있다.

② 선주와 용선자의 권리와 의무

㉠ 용선자가 용선기간 중 운항에 관한 일체의 감독 및 관리 권한을 행사한다.

㉡ 용선자가 선원의 승선수배와 선체보험료, 항만비용, 항해비용, 수선비 등 비용을 부담한다.

㉢ 용선자가 선용품, 연료 등을 선박에 공급하고 선장 및 승무원을 고용한다.

㉣ 용선자가 선박 이외의 선장 및 선원을 고용하고 관리·감독하며 장비 및 소모품에 대하여 모든 책임을 진다.

+ 국적취득조건부나용선

외국의 선박을 나용선한 뒤 용선기간이 종료되고 용선료를 모두 납부하면 자국의 국적선으로 등록하게 하는 제도이다.

◀ 용선계약의 비교 ▶

구분	항해용선계약	정기용선계약	나용선계약
제공내용	운송행위 제공	운송능력 제공	운송수단 제공
선원비	선주	선주	**용선자**
유류비	**선주**	**용선자**	**용선자**
자본비	선주	선주	**선주**
운송주체 및 감독	선주	선주	선박임차인, 나용선자
선주의 부담항목	**선원급료**, 식대, 윤활유, 유지비 및 수선료, 보험료, 감가상각비, 항비, 하역비, 예선비, 도선료 등	**선원급료**, 식대, 윤활유, 유지비 및 수선료, 보험료, 감가상각비	감가상각비, 보험료
감항능력 유지시기	선적항 출항 시	용선계약 개시 및 용선기간 중	선박인도 시
선하증권의 발행	선박소유자, 선장, 그 대리인인 용선인의 지시에 따라 서명한 경우 보상약관의 적용을 받음	선박소유자, 선장, 그 대리인인 용선인의 지시에 따라 서명한 경우 보상약관의 적용을 받음	임차인, 용선인, 선장, 대리인
선장고용책임	선주가 선장임명 및 지휘감독	선주가 선장임명 및 지휘감독	임차인이 선장임명 및 지휘감독
운임결정기준	선복으로 결정	기간에 의하여 결정	임차료는 기간을 기초로 결정

3 용선운임

운임은 일정한 운임률표가 아닌 물동량과 선복에 의한 시장가격에 의해서 결정된다.

(1) 선복운임(Lumpsum Freight)

① 화물의 양과 관계없이 항해 또는 선복을 단위로 하여 일괄 부과하는 운임이다.

② 운송되는 화물의 수량에 관계없이 항해(Voyage)를 단위로 해서 포괄적으로 계산하여 부과하는 운임이다.

③ 화물의 개수, 중량, 용적 기준과 관계없이 용선계약의 항해 단위 또는 선복의 양을 단위로 계산한 운임이다.

(2) 공적운임(Dead Freight)

① 실제 적재량을 계약한 화물량만큼 채우지 못할 경우 사용하지 않은 부분에 대하여 부과하는 운임이다.

② 화물의 실제 적재량이 계약량에 미달할 경우 그 부족분에 대해 지불하는 부적운임이다.

③ **용선자(화주)**가 선적하기로 계약한 수량의 화물을 실제로 선적하지 아니한 경우 그 선적 부족량에 대해서 지급하여야 하는 운임으로 일종의 위약배상금이다.

(3) 장기운송계약운임(Long Term Contract Freight)

① 화물을 장기적 또는 반복적으로 운송하기 위한 장기운송계약을 체결할 경우의 운임이다.

② 원유, 철광석 등 대량화물의 운송수요를 가진 대기업과 선사 간에 장기간 반복되는 항해에 대하여 적용되는 운임이다.

(4) 연속항해운임(Consecutive Voyage Freight)

특정 항로를 반복·연속하여 항해하는 경우에 약정한 연속 항해의 전부에 대하여 적용하는 운임이다.

(5) 비례운임(Pro Rate Freight)

선박이 항해 또는 운송 도중 불가항력 등의 이유로 항해(운송)를 계속할 수 없을 때 중도에서 화물을 화주에게 인도하고, 선주는 운송한 거리의 비율에 따라 부과하는 운임이다.

(6) 반송운임(Back Freight)

화물이 목적항에 도착하였으나 수화인이 화물의 인수를 거절하거나 목적항의 사정으로 양륙할 수 없어서 화물을 다른 곳으로 운송하거나 반송할 때 적용되는 운임이다.

(7) Forward rate

용선계약 체결 시 화물을 장기간이 지난 후 적재하기로 하는 경우에 미리 합의하는 운임이다.

6 항해용선계약서의 주요 조항 ★☆☆

1 정박기간(Laytime)

정박기간이란 화주가 계약화물을 용선한 선박에 적재・양륙하기 위하여 그 선박을 선적항 또는 양륙항에 있게 할 수 있는 기간이며 약정 기일 내에 하역을 끝내지 못하면 초과 정박기간에 대하여 체선료를 지급해야 한다.

(1) 관습적 조속하역조건(CQD, Customary Quick Despatch)

하루의 하역량을 한정하지 않고, 그 항구의 관습에 따라 가능한 한 신속히 하역하는 관습적 조속하역조건을 말한다. 정기선의 개품운송의 경우 대개 이 조건에 의한다.

(2) 연속정박기간(Running Laydays)

① 하역 시작일로부터 끝날 때까지의 모든 기간을 정박기간으로 계산하는 방법이다.
② 일요일과 공휴일에 대해서도 이것을 제외한다는 취지를 특별히 **명시하지 않는 한** 정박기간에 산입한다.

(3) WWD(Weather Working Days)

기상조건이 하역 가능한 상태의 날만 정박기간에 산입하는 정박기간 표시방법이다.

관련규정 WWD 파생조건

① 공휴일은 하역을 하더라도 통상 정박일수에 산입하지 않으며 "Sunday and Holidays EXcepted"의 첫 글자를 따라 SHEX라고 함
② 공휴일 하역 시 이를 정박일수에 산입한다는 조건도 있다. 이때 "Sunday and holiday excepted unless used"라고 표시하여 처리(WWD SHEXUU)
③ "Unless used"에 있어서도 만일 1시간이라도 하역을 하면 하루로 가산할 것인가 하는 문제가 발생하므로 실제 작업시간만 삽입코자 할 때에는 "Unless used but only time actually used to count"라고 명시해야 함
④ WWD SHINC(Weather Working Days, Sundays and Holidays Included) : 일요일과 공휴일이 하역작업 가능한 정박기간에 포함됨

---

(4) WIBON(Whether In Berth Or Not)

본선이 접안이 안 되었더라도 정박기간이 개시하는 것을 말한다.

2 정박기간의 개시와 종료

(1) 개시

① Gencon Form의 용선계약서에서는 하역준비완료통지서(**N/R**, Notice of Readiness)가 통지된 후 일정 기간(통상 12시간)이 경과하면 정박기간이 개시된다.

② 하역준비완료통지서가 오전에 통지된 경우 **오후 1시**부터, 오후 영업시간 내에 통지된 경우 **다음 날 오전 6시**부터 기산한다.

(2) 종료

① 하역기간의 종기는 일반적으로 하역이 완료되는 때이다.

② 선박이 선적항에 도착한 후 항만에서 파업이 발생하여 48시간 이내 해결되지 않을 경우 **선박소유자**는 용선자에게 정상적인 정박기간의 계산을 요구할 수 있고 계약을 해제할 수 있다. 양륙항 파업 시 **용선자**는 체선료의 반액을 지급하고, 파업종료 시까지 선박을 대기시킬 수 있으며 다른 안전항구를 양륙항으로 지정할 수도 있다.

3 Gencon Form의 해약조항(Cancelling Clause)

① 선박이 용선자에게 **인도돼야 할 마지막 날짜**(해약기일)이 지나서 도착할 경우에 용선자는 계약을 해약할 권리를 갖게 된다는 조항이다.

② 선주가 계약해지일까지 선적 준비를 완료하지 못한 경우, 용선자는 용선계약을 해지할 수 있다.

4 체선료와 조출료

(1) **체선료**(**DEM**, Demurrage)

① 체선료는 초과정박일에 대한 용선자 또는 화주가 선주에게 지급하는 보수이다.

② 초과정박일에 대하여 계약상 정박일수를 경과할 때 용선자가 선주에게 지급하는 약정금이다.

(2) **조출료**(**DES**, Despatch Money)

① 약정된 정박기간 만료 전에 선적 및 하역이 완료되었을 때 그 단축된 기간에 대해 선주가 화주에게 지급하는 비용을 말한다.

② 계약상 허용된 정박기간이 종료되기 전에 하역이 완료되었을 경우 단축된 기간에 대하여 선주가 용선자에게 지급하기로 약정한 금액이다.

Tip

+ 용선계약과 Charter Party B/L

1. 개념

용선계약서의 조건에 따라 화물의 선적이 완료되면 화주의 요청에 따라 Charter Party B/L을 발행한다. 용선운송에 있어서는 용선계약서가 B/L보다 우선한다.

2. 주요내용

① 제3자에게 양도된 경우 용선계약서의 내용보다 선하증권의 내용이 우선한다.
② 이면에는 용선계약서의 모든 내용이 편입된다는 문언이 포함되어 있다.
③ 약식(short form)으로 발행된다.
④ 신용장통일규칙(UCP 600)은 신용장에서 별도의 약정이 없는 한, 이 선하증권은 수리하지 않는다고 규정하고 있다.

 **항해용선계약 관련 기타 주요 내용**

① 용선자는 용선료를 선불(prepaid) 또는 착불(on delivery)로 지급할 수 있다.
② 용선료를 선불로 지급한 경우, 용선자는 용선료를 반환받을 수 없다.
③ 결빙으로 인해 선박이 양륙항에 도착할 수 없는 경우, 용선자는 선주 또는 선장에게 안전한 항구로 항해하도록 지시할 수 있다.
④ Not Before Clause는 본선이 선적준비완료 예정일 이전에 도착할 경우 용선자는 규정된 기일까지 **선적의무가 없다**는 조항이다.
⑤ Off-hire Clause는 용선기간 중 용선자의 **귀책사유가 아닌** 선체의 고장이나 해난과 같은 불가항력 사유 때문에 발생하는 휴항약관 조항이다.
⑥ Lien Clause(유치권조항)
㉠ 화주(용선자)가 운임 및 기타 부대경비를 지급하지 아니할 때 선주가 그 화물을 유치할 수 있는 권한이 있음을 나타내는 조항이다.
㉡ 선주는 용선운송계약에 의거한 운임, 공적운임, 체선료 등에 대하여 화물이나 그 화물의 부속물을 유치할 수 있는 권리를 가지며 화주는 이에 대한 책임을 부담해야 한다.
㉢ 용선료의 지급을 확보하기 위하여 선주 측에 화물압류의 권리가 있다는 취지를 규정하고 있다.

Tip

+ GENCON Form(1994)의 기재요령

1. Shipbroker : 선박중개인
2. Place and date : 용선계약의 체결장소와 날짜
3. Owners / Place of business : 선주명 / 사업소재지
4. Charterers / Place of business : 용선자 / 사업소재지
5. Vessel's name : 선박명
6. GT / NT : 총톤수 / 순톤수
7. DWT all told on summer load line in metric tons : **하계 만재흘수선**을 기준으로 한 재화중량톤수를 M/T로 표기한다.
8. Present position : 본선의 현재 위치
9. Expected ready to load : 본선의 선적가능예정일
10. Loading port or place : 선적항 또는 선적장소
11. Discharging port or place : 양륙항 또는 양륙장소
12. Cargo(also state quantity and margin in Owner's option : if full and complete cargo not agreed state "part cargo") : 화물의 명세, 수량, 선주의 재량범위 / 만선화물의 합의가 없으면 부분화물 표기
13. Freight rate(also state whether freight prepaid or payable on delivery) : 중량톤당 또는 용적톤당 운임률

14. Freight payment(state currency and method of payment ; also beneficiary and bank account) : 운임의 결제 통화, 지불방법, 수령인 및 은행구좌
15. State if vessel's cargo handling gear shall not be used : 본선 하역기기의 소유 여부와 그 기기의 사용 여부
16. Laytime : 정박기간
    • Laytime for loading : 적양항 별산
    • Laytime for discharging : 적양항 합산
    • Total laytime for loading and discharging : 정박기간의 개시
17. Shippers / Place of business : 송하인명 / 사업소 소재지
18. Agents(loading) : 선적항의 선주대리점
19. Agents(discharging) : 양륙항의 선주대리점
20. Demurrage rate and manner payable(loading and discharging) : 상환율 및 지급방식
21. Cancelling date : 해약선택권이 발생하는 날짜
22. General Average to be adjusted at : 공동해손의 정산장소
23. Freight Tax(state if for the Owner's account) : 운임세금(선주 부담일 경우)
24. Brokerage commission and to whom payable : 중개수수료와 이를 부담할 당사자
25. Law and Arbitration : 준거법 및 중재장소
26. Additional clauses covering special provisions, if agreed : 별도의 추가약관 및 첨부사항

7 해상운송운임 ★☆☆

✪ 선하증권상 운임(Freight and Charges)

운임에는 일반적으로 기본운임(Basic Ocean Freight) 및 추가할증료(Surcharge), 기타 요금(Charges)으로 구성된다.

1 해상운임의 산정기준

원칙적으로 운송인은 운임부과기준에 대한 재량권을 가진다.

(1) 중량기준(Weight Basis)

① 용적은 작지만 고중량 화물(철강제품 등)은 중량을 기준운임으로 책정한다.
② 화물의 중량은 포장이 포함된 총중량(Gross Weight)기준으로 계산한다.

(2) 용적기준(Measurement Basis)

① 양모, 면화, 코르크, 목재, 자동차 등과 같이 중량에 비해 부피가 큰 화물에 적용된다.
② Drum, Barrel, Roll 등과 같이 화물 사이에 공간이 생기는 화물에 적용된다.
③ 일정 비율의 손실공간을 감안하여 운임을 부과한다.
④ 이러한 화물은 통상 이들 손실공간을 포함시킨 적화계수를 적용한다.

(3) 종가기준(Ad Valorem)

보석이나 예술품, 희귀품 등에 대해서는 보통 상품가격의 2~5% 정도의 일정 비율을 할증 추가한 운임으로 정기선 운임에서만 통용되는 계산기준이다.

(4) 무차별운임(FAK Rate, Freight All Kinds)

① FAK는 화물의 종류에 관계없이 일률적으로 부과되는 운임이다.
② 컨테이너에 적입된 화물의 가액, 성질 등에 관계없이 부과하는 컨테이너당 운임이다.
③ 정기선운송 시 무차별운임은 화물이나 화주, 장소에 따라 차별하지 않고 화물의 중량이나 용적을 기준으로 일률적으로 부과하는 운임이다.

(5) Box Rate

컨테이너 내부에 넣는 화물의 양(부피)에 상관없이 무조건 컨테이너 하나당 운임을 책정하는 것이다.

2 해상운임의 종류

(1) 정기선 운임의 종류

① 개요
㉠ 특정 항로의 운임률표가 불특정 다수의 화주에게 공표되어 있다.
㉡ 정기선 운임은 기본운임(Basic Rate)과 할증료(Surcharge) 및 기타 추가요금(Additional Charge) 등으로 구성된다.
② 기본운임 : 실제 운임부과 기준이 되는 운임톤(Revenue Ton)은 중량과 용적 중에서 운임이 높게 계산되는 편을 택하여 표시하는 것이다.

> 체크 Point
> **Revenue Ton(R/T)**
> 운임단위를 무게기준인 중량톤과 부피기준인 용적톤으로 산출하고 원칙적으로 운송인에게 유리한 운임단위를 적용하는 운임톤을 의미한다.

③ 종가운임 : 귀금속 등 고가품의 가격을 기초로 하여 산출되는 운임

④ **특별운임** : 수송조건과는 별개로 해운동맹 측이 비동맹선과 적취 경쟁을 하게 되면 일정 조건하에서 정상 요율보다 인하한 특별요율을 적용하는 운임
⑤ **최저운임** : 화물의 용적이나 중량이 이미 설정된 운임산출 톤 단위에 미달하는 경우 부과되는 운임
⑥ **차별운임** : 화물, 장소 또는 화주에 따라 차별적으로 부과되는 운임

(2) 지급시기에 따른 운임

① **선불운임**(Freight **Prepaid**)
㉠ 선적지에서 송하인이 선적과 동시에 운임을 지급하는 것이다.
㉡ 운송이 완료되기 전에 운송인에게 미리 지불하는 선불운임이다.
㉢ CIF나 CFR계약에서는 일반적으로 선불운임이다.

② **후불운임**(Freight **Collect**)
㉠ 양륙지에서 매수인이 화물을 수령할 때 지급하는 것이다.
㉡ 운임후불은 **FOB 조건**의 수출거래에 있어서 화물의 도착항에서 수입자가 화물을 인수할 때에 운임을 지급하는 경우이다.
㉢ FOB계약에서는 일반적으로 후불운임이 지급된다.

(3) 할증운임(할증료)

화물의 성질, 형상, 운송방법 등에 따라 기본운임만으로 불충분할 경우 부과한다.

① **중량할증운임**(Heavy Lift Surcharge)
㉠ 초과 중량에 따라 기본운임에 가산하여 부과된다.
㉡ 일정 한도 이상의 중량화물 취급에 따른 추가비용을 보전하기 위해 부과하는 운임이다.
㉢ 화물 한 단위가 일정한 중량을 초과할 때 기본운임에 할증하여 부과하는 운임이다.

② **용적 및 장척할증료**(Bulky/Lengthy Surcharge) : 화물의 부피가 너무 크거나 길이가 긴 화물에 부과되는 할증료이다.

③ **체선/체화할증료(Port Congestion Surcharge,** 혼잡할증료)
㉠ 정기선 해상운송의 운임 중 도착항의 항만사정으로 예정된 기간 내 하역할 수 없을 때 부과한다.
㉡ 도착항의 항만혼잡으로 신속히 하역할 수 없어 손실이 발생할 경우 이를 보전하기 위해 부과하는 운임이다.
㉢ 양륙항의 체선이 심해 장기간의 정박이 요구되어 선사에 손해가 발생할 때 부과된다.
㉣ 특정 항구의 하역능력 부족으로 인한 체선으로 장기간 정박을 요할 경우 해당 화물에 대한 할증료이다.

④ **통화할증료(CAF,** Currency Adjustment Factor)
㉠ 화폐가치 변화에 의한 손실 보전을 위해 부과하는 할증료이다.
㉡ 급격한 환율변동으로 선사가 입을 수 있는 환차손에 대한 할증료이다.

⑤ **유류할증료(BAF, Bunker Adjustment Factor)**
㉠ 유류할증료는 벙커유의 가격변동에 따른 손실을 보전하기 위해 부과하는 운임이다.

㉡ 선박의 주연료인 벙커유가격 인상으로 발생하는 손실을 보전하기 위해 부과된다.

⑥ **인플레할증료**(IAF, Inflation Adjustment Factor) : 인플레이션 물가가 운임 인상에 반영이 늦어져 운항원가의 상승으로 선사의 적정이윤이 유지되지 못할 때 부과된다.

⑦ **양륙항변경할증료**(Diversion Surcharge)

㉠ Diversion Charge는 양륙항변경료를 말한다.

㉡ 당초 지정된 양륙항을 운송 도중에 변경할 경우 부과하는 운임이다.

관련규정 **선택항 추가운임 및 외항 추가운임**

1. 양륙지선택화물(Optional Cargo)

① Optional Surcharge는 양륙항을 정하지 않은 상태에서 운송 도중에 양륙항이 정해지는 경우에 부과되는 할증운임이다.

② Optional Surcharge란 해상운송계약 시 화물의 최종 양륙항을 확정하지 않고 기항 순서에 따라 몇 개의 항구를 기재한 후, 화주가 화물 도착 전에 양륙항을 선택할 수 있도록 할 때 부과하는 할증료이다.

2. 외항추가운임(Outport Arbitarary)

원래 계획된 기항지(base port) 이외의 지역에서 적·양하되는 화물에 부과하는 것이다.

---

⑧ **전쟁위험 할증료**(War Risks Premium) : 전쟁위험지역이나 전쟁지역에서 양·적하되는 화물에 대하여 부과하는 운임이다.

⑨ PSS(Peak Season Surcharge) : 성수기 물량 증가로 컨테이너 수급불균형 및 항만의 혼잡 심화에 따른 비용 상승에 대한 할증료이다.

⑩ **중동비상할증료**(MEES) : 중동전쟁 위험 비상할증료이다.

⑪ **특별운항할증료**(Special Operating Service Charge) : 항만 파업 등 비상사태에 대비하여 부과하는 할증료를 일컫는다.

⑫ **환적할증료**(Transhipment Surcharge) : 화물이 운송 도중 환적될 때 발생하는 추가비용을 보전하기 위한 할증료이다.

(4) 특수운임

① **특별운임**(Special Rate) : 해운동맹의 운임률표상의 기본운임과는 달리 특정 화물의 원활한 운송촉진, 가맹외선에 대한 대항조치, 대량화물에 대한 우대조치를 위해 일정 기간에 한해 적용하는 할인운임이다.

② **경쟁운임**(Open Rate)

㉠ 화물운임을 해운동맹에서 결정한 운임률표에 의하지 않고 가맹선사가 임의로 결정할 수 있는 운임이다.

㉡ 동맹회원 간에는 일반적으로 운임표가 의무적으로 부과되지만 특정 화물에 대해서는 자유로운 Open Rate가 가능하다.

③ **접속운임**(OCP Rate)

㉠ 운송업자가 해상운송 및 육상, 항공운송까지 화주를 대신하여 북미내륙의 Overland Common Point 지역까지 운송하는 경우에 화주가 운송업자에게 지불하는 운임이다.

㉡ 북미 태평양 연안에서 항공기, 철도, 트럭 등에 환적되는 내륙지행 화물에 적용되는 운임이다.

OCP(Overland Common Point)

극동에서 미주대륙으로 운송되는 화물에 공통운임이 부과되는 지역으로서 로키산맥 동쪽지역을 말한다.

(5) 부대비용

① **Wharfage** : 화물 적・양화를 위한 부두사용료이다.

② **터미널화물처리비(THC, Terminal Handling Charge)** : 수출화물이 CY에 입고된 시점부터 선측까지 그리고 수입화물이 본선 선측에서 CY 게이트를 통과하기까지 화물의 처리 및 이동에 따르는 비용으로 국가별로 그 명칭과 징수내용이 다소 상이하다.

③ **지체료(Detention Charge)** : 화주가 반출해 간 컨테이너 또는 트레일러를 무료사용이 허용된 시간(Free Time) 이내에 지정 선사의 CY로 반환하지 않을 경우 선박회사에 지불하는 비용이다.

④ **서류발급비**(Documentation Fee) : 선사가 선하증권(B/L)과 화물인도지시서(D/O)의 발급 시 소요되는 행정비용을 보전하기 위해 부과하는 비용이다.

⑤ **CFS Charge** : 컨테이너 하나의 분량이 되지 않는 소량화물의 적입 또는 분류작업을 할 때 발생하는 비용이다.

⑥ **보관료**(Storage Charge) : CY에서 무료장치기간(Free Time)을 정해두고 그 기간 내에 컨테이너를 반출해 가지 않을 경우 징수하는 부대비이다.

⑦ **도착지화물인도비용**(DDC, Destination Delivery Charge) : 북미수출의 경우, 도착항에서 하역 및 터미널 작업비용을 해상운임과는 별도로 징수하는 것으로서 TEU당 부과하고 있다.

특수화물(special cargo)의 추가운임 부과

1. 개념
   ① 특수화물은 취급에 특별한 장비 및 주의를 요하므로 추가운임이 부과된다.
   ② 운송약관에 의하면, 생선, 야채 등의 변질되기 쉬운 특수화물은 미리 운송인에게 신고하여야 한다.
2. 추가운임
   ① 유황, 독극물, 화약, 인화성 액체, 방사성 물질 등과 같은 위험물은 특별취급을 요하므로 사전에 운송인에게 신고해야 하고 추가운임이 부과된다.
   ② 악취, 분진, 오염 등을 일으키는 원피, 아스팔트, 우지, 석탄, 고철 등의 기피화물은 신고를 하여야 하며, 종류에 따라 추가운임이 부과된다.
   ③ 보통의 적양기(winch, crane)로 적양할 수 없는 통상 3톤 이상의 중량화물과 철도레일, 전신주, 파이프 등의 장척화물의 경우 추가운임이 부과된다.

8 선하증권(B/L, Bill of Lading) ★★★

1 개요

(1) 개념

① 송화인에 대하여 특정 선박에 특정 화물이 적재되었다는 사실을 기재하고 수령한 화물의 운송과 인도를 약속하기 위하여 선주 또는 선장이 서명하여 발행한 문서이다.

② B/L은 **운송인(선사)**이 작성하여 **송화인**에게 교부한다.

③ 선적일자와 관련하여 선하증권에 선적일이 표시되지 않고 발행일만 표시된 경우에는 선하증권 발행일이 선적일자로 간주된다.

(2) 성격

① 운송계약의 증빙

㉠ 선화증권은 운송계약서는 아니지만 운송인과 송화인 간에 운송계약이 체결되었음을 추정하게 하는 증거증권의 기능을 가진다.

㉡ B/L은 화물수령증의 기능을 한다.

② **권리증권** : 선의의 소지인에 대하여 그것과 상환으로 선적화물을 인도할 것을 확약한 권리증권이다.

③ 유통증권

㉠ B/L은 일반적으로 지시식으로 발행되며 유통성을 갖는다.

㉡ 선하증권은 유가증권으로서 배서 또는 양도에 의해 소유권이 이전되는 유통증권이다.

관련규정 해상화물운송장(SWB, Sea Waybill)

1. 개념

① 원본서류의 제시 없이도 물품의 인수가 가능한 서류로 권리증권이 아니며 유통성이 없다.

② 해상화물운송장은 운송계약의 추정적 증거서류이다.

2. 특징

① 수입화물선취보증제도를 이용하지 않아도 된다.

② 해상화물운송장은 대개 기명식으로 발행된다.

③ 해상화물운송장을 이용한 화물의 전매는 **불가능**하다.

④ 해상화물운송장은 UCP 600을 적용할 때 일정 조건하에 은행이 수리할 수 있는 운송서류이다.

⑤ 양륙지에서 수하인이 운송인에 의해 화주임이 확인된 경우 수하인이 화물의 인도청구권을 행사하기 위해 운송인에게 반드시 해상화물운송장을 제시하여야 하는 것은 아니다.

⑥ 해상화물운송장에 관한 통일된 국제규범으로는 해상화물운송장에 관한 CMI 통일규칙(CMI Uniform Rules for Sea Waybill)이 **있다**.

◀ 선하증권과 해상화물운송장의 비교 ▶

구분	선하증권	해상화물운송장
기능	운송물품에 대한 권리증권	단순 물품수취통지서
유가증권성	유가증권 및 권리증권	유가증권성이 없고 권리증권도 아님
권리행사자	적법한 소지인	수하인
유통성	유통가능	유통불가

◀ 선하증권의 법정 기재사항 ▶

관련 사항	기재사항
선적화물	• 운송품명(Description of Commodity) • 중량(Weight) • 용적(Measurement) • 개수(Number of Packages) • 화물의 기호(Marks & Nationality)
계약 당사자	• 송하인(Name of The Shipper) • 수하인(Name of The Consignee)
수출품 선적	• **선적항**(Port of Shipment) • **양륙항**(Port of Destination) • 선박명과 국적(Name of The Ship & Nationality) • 선장명(Name of The Master of Vessel) • 운송비(Freight Amount)
선하증권 발행	• 선하증권의 **작성 통수**(Number of B/L Issued) • 선하증권 **발행지 및 발행일자**(Place And Date of B/L Issued)
기타 참조사항	• Container No. : 화물이 적입된 컨테이너 번호를 표기한다. • Place of Delivery : 운송인의 책임하에 화물을 운송하여 수하인에게 인도하는 장소를 명시한다. • Final Destination : 화물의 최종 목적지를 표시한다. • Notify Party : 수입업자 또는 수입업자가 지정하는 대리인이 기재된다. ※ 운송물품의 거래가격은 법정기재사항이 아니다.

Tip

+ 우리나라 상법상 선하증권의 기재사항(상법 제853조 제1항)

1. 선박의 명칭·국적 및 톤수
2. 송하인이 서면으로 통지한 운송물의 종류, 중량 또는 용적, 포장의 종별, 개수와 기호
3. 운송물의 외관상태
4. 용선자 또는 송하인의 성명·상호
5. 수하인 또는 통지수령인의 성명·상호
6. 선적항
7. 양륙항
8. 운임
9. 발행지와 그 발행연월일
10. 수통의 선하증권을 발행한 때에는 그 수
11. 운송인의 성명 또는 상호
12. 운송인의 주된 영업소 소재지

2 종류

(1) 인수시기의 따른 구분

① **선적선하증권**(On board B/L, Shipped B/L)

㉠ 화물이 실제로 특정 선박에 적재되었다는 내용이 기재된 것으로 선적 후 발행되는 선하증권

㉡ B/L은 일반적으로 본선 선적 후 발행하는 선적식으로 발행된다.

② **수취선하증권**(Received B/L) : 선적 전이라도 화물이 선사의 창고에 입고되면 발행되는 선하증권이다.

✪ Custody B/L

화물이 운송인에게 인도되었으나 당해 화물을 선적할 선박이 입항하지 않은 상태에서 발행되는 B/L을 말한다.

(2) 화물상태의 따른 구분

① Clean B/L

㉠ 물품의 본선 적재 시에 물품의 상태가 양호할 때 발행되는 선하증권이다.

㉡ 선박회사가 인수한 물품의 명세 또는 수량 및 포장에 하자가 없는 경우 발행되는 B/L이다.

② **사고부 선하증권**(Foul B/L, Dirty B/L) : 선적 당시 화물의 포장이나 수량 등에 결함 또는 이상이 있어 그 사실이 선하증권에 그대로 기재되어 발행된 선하증권이다.

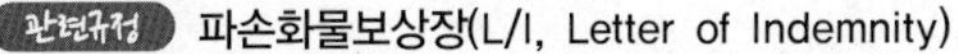

관련규정 파손화물보상장(L/I, Letter of Indemnity)

1. 개념
   ① 은행은 Foul B/L을 수리하지 않기 때문에 화주가 실제로는 Foul B/L임에도 불구하고 Clean B/L로 바꾸어 받을 경우 선박회사에게 제시하는 보상장을 말한다.
   ② 화주가 선박회사에 대해 발행하는 서류로, 향후 화물에 문제가 발생하더라도 선박회사에 책임을 전가시키지 않는다는 취지의 각서이다.
2. 활용절차
   ① 해상운송에서 운송인은 화물을 인수할 당시에 포장상태가 불완전하거나 수량이 부족한 사실이 발견되면 사고부 선하증권(Foul B/L)을 발행한다.
   ② 사고부 선하증권은 은행에서 매입을 하지 않으므로, 송화인은 운송인에게 일체의 클레임에 대해서 송화인이 책임진다는 서류를 제출하고 무사고 선하증권을 수령한다.
3. 활용예시
   L/I신용장으로 거래하는 화물을 선적한 선박의 일등 항해사가 선적물품에 하자가 있음을 발견하고 본 선수취증의 비고란(Remarks)에 이러한 사실을 기재하였다. 이 경우 화주는 L/I를 선사에 제출하고 Clean B/L을 발급받아 은행에 매입을 요청하는 조치를 할 수 있다.

(3) 수하인 지명방식에 따른 구분

① 기명식 선하증권(Straight B/L)
   ㉠ 선하증권의 수하인란에 수하인의 성명 또는 상호 및 주소가 기재된 선하증권으로 화물에 대한 권리가 수화인에게 귀속되는 선화증권
   ㉡ 선하증권에 기재된 특정 수하인이 아니면 원칙적으로 화물을 수령할 수 없다.
   ㉢ 기명식 선화증권은 화물의 전매나 유통이 **어렵다.**
   ㉣ 기명식 선화증권은 선화증권에 배서금지 문언이 없으면 배서양도는 가능하지만, 기명된 당사자만이 화물을 인수할 수 있다.
   ㉤ 수하인란에 수하인의 성명이 명백히 기입된 선하증권으로 수하인으로 기명된 수입상만이 물품인도를 청구할 수 있기 때문에 송금결제방식이나 청산결제방식의 거래에 한하여 이용된다.

② 지시식 선하증권(Order B/L)
   ㉠ Order B/L은 수화인란에 특정인을 기재하고 **있지 않은** 선하증권이다.
   ㉡ 선화증권의 수화인란에 수화인의 성명이 명시되어 있지 않고 'to order of'로 표시된 선화증권을 말한다.

(4) 통선하증권(Through B/L)

① 최초의 운송인만이 서명하여 그가 수하인 또는 B/L 소지인에 대하여 운송상의 모든 책임을 부담한다.
② 운송화물이 목적지에 도착할 때까지 서로 다른 둘 이상의 운송기관, 즉 해운, 육운, 공운을 교대로 이용하여 운송되는 경우 환적할 때마다 운송계약을 맺는 절차 및 비용을 절약하기 위하여 전 운송구간에 대해서 발행하는 B/L이다.

(5) 환적선하증권(Transhipment B/L)

운송경로의 표시에 있어 도중의 환적을 증권 면에 기재한 선하증권을 말한다.

(6) 제3자선하증권(Third Party B/L)

① 무역거래의 당사자(수출상)가 아닌 다른 자가 송하인으로 발행되는 선하증권이며 주로 중계무역에 이용된다.
② 선하증권 상에 표시되는 송화인은 통상 신용장의 수익자이지만, 수출입거래의 매매당사자가 아닌 제3자가 송화인이 되는 경우에 발행되는 선하증권이다.

(7) Switch B/L

무역업자가 실공급자와 실수요자를 모르게 하기 위하여 사용하는 B/L로서 중계무역에 사용된다.

예시 Switch B/L이 발행되는 상황

① 부산에 소재하는 중계무역상 A가 일본에 있는 B로부터 물품을 구매하여 영국에 있는 C에게 판매하고자 한다.
② 이를 위해 동경에서 부산으로 물품을 반입하여 포장을 변경한 다음 영국행 선박에 적재하였다.
③ A는 이 물품에 대해 송하인과 수하인, 통지처 등의 사항을 변경한 선하증권을 선사로부터 다시 발급받았다. 이 경우 Switch B/L이 발행 및 활용된다.

---

(8) 이면약관 기재 여부

① Long Form B/L : 선하증권의 필요기재사항과 운송약관이 모두 기재되어 발행되는 B/L을 말한다.
② Short Form B/L : 선하증권으로서 필요한 기재사항은 갖추고 있으나 일반선하증권에서 볼 수 있는 이면약관이 없는 선하증권이다.

(9) Red B/L

① 선하증권과 보험증권의 기능을 결합시킨 B/L이다.
② 선하증권 면에 보험부보 내용이 표시되어, 항해 중 해상사고로 입은 화물의 손해를 선박회사가 보상해 주는데, 이러한 문구들이 적색으로 표기되어 있는 선하증권이다.

(10) Stale B/L

Stale B/L은 선하증권의 제시 시기가 선적일 후 21일이 경과하는 등 필요 이상으로 지연되었을 때 그렇게 지연된 B/L을 말한다.

모든 신용장은 운송서류의 특정 기간을 명시해야 하며, 만일 기간 약정이 없는 경우 은행은 발행일자 이후 21일 경과한 서류는 거절하게 규정되어, 특별히 신용장 면에 'Stale B/L Acceptable'이란 조항이 없이는 이를 수리하지 않는다.

(11) Surrender B/L

① 송화주에게 발행된 유통성 선하증권을 송화주가 배서하여 운송인에게 반환함으로써, 선하증권의 유통성이 소멸된 B/L을 말한다.

② 선화증권의 권리증권 기능을 포기한 것으로서 선화증권 원본 없이 전송받은 사본으로 화물을 인수할 수 있도록 발행된 선화증권

③ 교부받은 B/L 원본에 송하인이 배서하여 운송인에게 반환함으로써 유통성이 소멸되는 선하증권으로 선하증권 사본에 “Surrender” 또는 “Telex Release”란 문구가 찍혀져 있다.

> **체크 Point**
>
> 선적서류보다 물품이 먼저 목적지에 도착하는 경우, 수입화주가 화물을 조기에 인수하기 위해 사용할 수 있는 서류로는 Surrender B/L, 해상화물운송장(Sea Waybill), L/G(Letter of Guarantee)가 있다.

(12) Groupage B/L와 House B/L

① Groupage B/L

㉠ 컨테이너를 이용하여 화물을 수출함에 있어 선사가 포워더에게 발행하는 서류로 Master B/L이라고도 한다.

㉡ 운송주선인이 동일한 목적지로 운송하는 여러 화주의 여러 화물을 혼재하여 하나의 그룹으로 만들어 선적 할 때 선박회사가 운송주선인에게 발행하는 B/L이다.

② House B/L : 혼재를 주선한 운송주선인이 운송인으로부터 Master B/L을 받고 각 화주들에게 발행해 주는 선하증권이다.

(13) Countersign B/L

운임을 도착지 지급조건으로 지불하거나 이외 다른 채무가 부수되어 있는 경우 물품인수자는 운임 및 채무에 대한 대금을 지급하고 화물을 수취하게 된다. 이때 선사가 확실히 대금지급받았음을 증명하기 위해 선하증권에 이서하게 되는데, 이러한 Countersign이 있는 선하증권을 말한다.

(14) Optional B/L

화물이 선적될 때 양륙항이 확정되지 않은 상태로 둘 이상의 항구를 양륙항으로 하여 선적항을 출발한 선박이 최초의 양륙항에 도착하기 전에 양륙항을 선택할 수 있도록 발행된 B/L이다.

(15) FIATA B/L(국제복합운송주선인협회 선하증권)

① 혼재선하증권(House B/L)의 일종으로 국제운송주선인협회가 발행하고, 국제상업회의소(ICC)가 인정한 서류이다.

② UCP 600에서는 운송인 또는 그 대리인의 자격을 갖추지 않은 운송주선인이 발행한 운송서류는 국제운송주선인협회가 발행한 운송서류라 하더라도 수리 거절되도록 규정하고 있다.

Tip

+ FIATA FBL 주요 내용

① 운임 및 기타 FBL에 기재된 모든 요금은 본 FBL에 지정된 통화 또는 포워더의 선택에 따라 발송지 또는 목적지 국가의 통화로 지급해야 한다.
② 선불운임에 대해서는 발송일의 발송지 또는 목적지의 은행 일람불당좌어음에 적용되는 가장 높은 환율이 적용된다.
③ 후불운임에 대해서는 화주의 화물도착통지 접수일과 화물인도지시서 회수일의 환율 중 더 높은 환율을 적용하거나, 포워더의 선택에 따라 본 FBL발행일의 환율이 적용된다.
④ 불가항력 또는 기타 사유로 인하여 이로(Deviation), 지연 또는 추가 비용이 발생한 경우 포워더가 화주에게 추가운임을 청구할 수 있다.
⑤ 프레이트 포워더(Freight Forwarder)는 화주의 단독위험으로 화물을 보관할 수 있다.
⑥ 프레이트 포워더가 인도지연으로 인한 손해, 화물의 멸실, 손상 이외의 결과적 멸실 또는 손상에 대해 책임을 져야 할 경우, 프레이트 포워더의 책임한도는 본 FBL(Forwarder's B/L)에 의거한 복합운송계약 운임의 2배 상당액을 초과하지 않는다.
⑦ FBL에 따르면, 화물의 손상, 멸실 등의 경우, 프레이트 포워더는 무과실을 입증하지 못하는 한 배상책임을 면할 수 없다.
⑧ 해상운송이나 내수로운송이 포함되지 않은 국제복합운송의 경우, 프레이트 포워더의 책임은 멸실 또는 손상된 화물의 총중량 1kg당 8.33SDR(Special Drawing Rights)을 초과하지 않는 금액으로 제한된다.
⑨ 운송주선인의 책임 : FIATA FBL에서는 인도일 경과 후 90일 이내에 인도되지 않을 경우 물품이 멸실된 것으로 간주한다.
⑩ 물품의 명세 : FIATA FBL에서는 물품의 명세에 대해 운송주선인이 책임지지 않는다.
⑪ 불법행위에 대한 적용 : 계약이행과 관련하여 운송주선인을 상대로 한 불법행위를 포함한 모든 손해배상청구에 적용한다.
⑫ 운송주선인의 책임 : 운송주선인의 이행보조자에 대해서도 FIATA FBL의 이면약관이 적용된다.
⑬ 제소기한 : FIATA FBL에 따르면 제소기한은 물품이 멸실된 것으로 간주할 수 있는 날로부터 9개월 이내로 규정되어 있다.

✪ 선하증권상 운송인의 주요 면책약관

① **잠재하자약관** : 상당한 주의를 기울여도 하자를 쉽게 발견할 수 없는 경우 발생하는 손실에 대해 운송인은 면책이다.
② **이로약관** : 항해 중에 인명, 재산의 구조, 구조와 관련한 상당한 이유로 예정항로 이외의 지역으로 항해한 경우 발생하는 손실에 대해 운송인은 면책이다.
③ **과실약관** : 과실은 항해과실과 상업과실로 구분하며 상업과실일 경우, 운송인은 면책을 주장하지 못한다.
④ **고가품약관** : 송화인이 화물의 운임을 종가율에 의하지 않고 선적하였을 경우, 운송인은 일정금액의 한도 내에서 배상책임이 있다.

3 해상운송 관련 국제조약

(1) 헤이그 규칙(Hague Rules, 1924)

① 의의 : 헤이그 규칙은 해상운송과 관련한 최초의 국제규칙으로 선주와 화주의 이해관계를 조정하고 해상운송에 관해 국제적인 통일을 기하기 위해서 제정되었다.

② 해상운송인의 책임

- 헤이그 규칙은 해상운송인 자신의 관리하에 있는 운송화물의 안전을 위하여 주의를 게을리하여 생긴 운송화물에 대한 멸실·손상에 대하여 배상책임을 지는 과실책임주의를 원칙으로 한다.
- 운송인의 의무 및 책임의 최소한을 규정하고 있다.

㉠ 선박의 감항성(Seaworthiness) 담보 주의의무

- 운송인의 기본적인 의무로서 선박의 감항능력에 관한 주의의무를 규정하고 있다.
- 운송인은 본선 선적 개시 시부터 출항 시까지 선박의 내항성(Seaworthiness)에 대한 주의를 게을리하지 말아야 할 의무가 있다.
- 선박의 항해에 필요한 승조원을 배치하고 선박의 의장 및 필수품을 보급할 의무가 운송인에게 있다.

㉡ 화물에 대한 주의의무(상업과실 책임)

- 화물이 운송될 창내, 냉동실, 냉기실 및 화물운송에 필요한 선박의 다른 모든 부분을 화물의 수령, 운송 및 보존에 적합하고 안전하게 하기 위하여 상당한 주의를 운송인이 기울여야 한다.
- 운송인은 물품의 선적, 적부, 운송, 보관 또는 양하가 적절하고 신중하게 행하여지지 않아서 발생한 물품의 손해에 대하여 책임을 면할 수 없다(배상책임을 진다).

③ 해상운송인의 면책

㉠ 항해상의 과실 : 운송인은 선박의 운항 또는 선박의 관리에 관한 선장, 선원, 도선사의 행위나 해태, 또는 과실로 인한 손해에 대해 책임을 지지 않는다. 해상운송인은 항해상 과실에 대하여 면책되기 위해서는 그 손해와 항해상의 과실 사이에 상당인과관계가 있음을 입증하여야 한다.

㉡ 화재 : 운송인은 자기 자신의 고의 또는 과실로 인한 것이 아닌 한 화재로 인한 화물의 손해에 대하여 손해배상책임이 없다.

㉢ 면책 카탈로그 : 헤이그 규칙에서는 항해상의 과실, 화재를 포함하여 총 17가지의 운송인의 면책을 규정하는 면책 카탈로그를 규정하고 있으며, 그 주요 내용으로는 항해상의 과실, 화재, 해상 고유의 위험, 불가항력, 전쟁위험, 공적위험, 공권력 작용, 검역상 제한, 송하인 과실, 노사분쟁, 폭동 또는 내란, 해상구조, 화물 고유의 하자와 포장 및 화인의 불충분, 잠재적 하자, 운송인 측의 무과실 등이 있다.

④ 책임기간 : 운송인의 책임기간은 물품이 선박에 적재된 순간부터 선박으로부터 물품이 양하되는 기간까지 이른바 "Tackle to Tackle" 원칙을 적용하고 있다. 따라서 화물의 선적 전과 양하 후의 운송구간에 관하여는 면책특약이 가능하다.

⑤ 손해배상 한도 : 헤이그 규칙에서는 1package, unit당 100파운드로 책임을 제한하였다.

⑥ 제소기간 한도 : 헤이그 규칙에서는 제소기간을 1년으로 한정하였다.

(2) 헤이그-비스비 규칙(Hague-Visby Rules)

① 의의 : Hague-Visby Rules(1968)는 그 자체가 독립된 새로운 협약이 아니라 Hague Rules(1924)를 개정하기 위한 것이었다.

② 주요 내용

㉠ 적용범위의 확장 : 헤이그-비스비 규칙은 선하증권이 체약국에서 발행된 경우, 운송이 체약국의 항구로부터 개시된 경우, 선하증권에 이 조약의 규정 또는 이 조약을 국내법화한 나라의 법률이 계약에 적용되는 경우에 적용된다고 규정하여 그 범위를 확장하였다.

㉡ 손해배상 한도 : 운송인의 책임한도는 포장물 또는 단위당 10,000 **포앙카레 프랑**과 총중량 1kg당 30 **포앙카레 프랑** 중 큰 금액으로 한다. (추후 667SDR 또는 kg당 2SDR로 개정)

㉢ 컨테이너 조항 신설 : 컨테이너에 내장된 화물의 포장 또는 단위의 개수가 선하증권에 기재되어 있으면 이들 개개의 포장 또는 단위를 책임제한액의 산정기준으로 하게 되었다.

㉣ 별도의 계약을 한다면 운송인은 화물의 선적, 취급, 선내작업, 운송, 보관, 관리 및 양하에 관해 협약에서 규정한 의무와 책임이 면제될 수 있다.

Tip

+ **지상약관(Paramount Clause)**

① 선하증권의 준거법을 결정하는 약관이다.

② 본 약관은 본 FBL이 증명하는 운송계약에 적용되는 국제조약 또는 국내법에 저촉되지 않는 범위 내에서만 효력을 갖는다.

③ 1924년 제정된 헤이그 규칙 또는 1968년 제정된 헤이그-비스비 규칙이 선적국에서 법제화되어 이미 발효 중인 나라에서는 헤이그-비스비 규칙이 모든 해상 물품운송과 내수로 물품운송에도 적용되고, 또 그러한 규정은 갑판적이든, 창내적이든 불문하고 모든 물품운송에 적용된다.

(3) 함부르크 규칙(Hamburg Rules)

① 의의

㉠ 제정된 배경은 종래의 관련 규칙이 선박을 소유한 선진국 선주에게 유리하고, 개도국 화주에게 불리하다는 주장과 관련이 있다.

㉡ 개발도상국의 화주의 입장을 강화함으로써 운송인의 책임을 강화하였다.

㉢ 개발도상국들이 화주들의 권익 보장을 **UN무역개발회의**(UNCTAD)에서 주장하였고, 1978년 독일에서 'Hamburg Rules'라 불리는 'UN해상물품운송조약(United Nations Convention on the Carriage of Goods by Sea, 1978)'이 채택되었다.

② 주요 내용

㉠ 선박의 감항능력(내항성) 담보에 관한 주의의무 규정의 삭제

㉡ 화재면책의 폐지 및 운송인 책임한도액의 인상

㉢ 운송인의 항해과실면책, 선박취급인의 과실면책, 선박의 화재면책조항 **폐지**

㉣ 면책 카탈로그(Catalogue)의 폐지

㉤ 지연손해에 관한 운송인 책임의 명문화

Hamburg Rules(1978)상 운송인(Carrier)

"Carrier" means any person by whom or in whose name a contract of carriage of goods by sea has been concluded with a shipper.

해석 "운송인"이라 함은 해상운송계약이 송하인과 체결된 자 또는 그 명의로 된 자를 말한다.

(4) 헤이그 규칙과 함부르크 규칙의 비교

① 책임기간

㉠ Hague Rules에 비해 Hamburg Rules의 운송인의 책임기간이 확대되었다.

㉡ 운송인의 책임구간을 운송품의 수취로부터 인도까지 확대하였다.

㉢ Claim의 통지기간을 연장하였다.

② 면책 폐지

㉠ Hague Rules에서 열거한 운송인이나 선박의 면책리스트가 Hamburg Rules에서는 모두 폐지되고 제5조의 운송인 책임의 일반원칙에 의해 규정받게 되었다.

㉡ Hague Rules에서 운송인의 **상업과실은 면책사항이 아니고** 항해과실만 면책으로 규정하였다. Hamburg Rules에서는 운송인의 항해과실면책, 선박취급상의 과실면책, 선박에 있어서 화재의 면책조항 등을 폐지하여 운송인의 책임을 더욱 강화하였다.

③ 지연손해 : Hague Rules에서는 지연손해에 대한 명문규정이 없었으나 Hamburg Rules에서는 제5조에 이를 명확히 하였다.

④ 책임한도액 : Hague Rules에 비해 Hamburg Rules의 운송인의 책임한도액이 인상되었다.

(5) 로테르담 규칙(Rotterdam Rules, 2008)

① 의의

㉠ 해상운송인의 면책사유가 광범위하여 화주들의 불만을 해소하기 위하여 화주의 이익을 반영한 함부르크 규칙은 국제적으로 널리 사용되지 못하였기 때문에 CMI와 UNCITRAL은 새로운 국제운송법규인 로테르담 규칙을 제정하였다.

㉡ 국제해상물건운송계약에 관한 UNCITRAL조약으로 복합운송(Door to Door)에 부응하는 해결책 제공과 운송인의 운송물에 대한 책임을 강화한 규칙이다.

② 주요 내용

㉠ 적용범위의 확장

- 해공복합운송 및 해륙복합운송에 대해서도 적용된다.
- 해상화물운송장 및 전자선하증권이 발행되는 경우에도 적용된다.
- 손해발생구간이 밝혀지지 않은 화물손해는 해상운송에서 발생한 것으로 간주한다.

㉡ 해상운송인의 책임

- 운송인 입증책임의 완화
  - 과실책임주의를 채택하고 있으며 화물의 멸실이나 훼손, 인도지연에 대한 책임을 부여하기 위해 청구자는 멸실이나 훼손 또는 인도지연, 또는 그것을 야기한 사건이나 상황이 운송인의 책임기간 중에 발생하였음을 증명하여야 한다. 그러나 운송인이 그러한 멸실이나 훼손의 원인이 운송인의 과실에 의한 것이 아님을 입증하면 책임을 지지 않게 된다.
  - 화주에게 화물의 감항성 의무를 부과했다.
- 선박의 감항성 담보 주의의무
  - 운송인으로 하여금 ⓐ 선박의 감항능력의 확보와 유지, ⓑ 선원, 장비, 운송용품을 갖추고 유지, ⓒ 선박의 선창과 모든 기관의 확보와 유지, ⓓ 운송을 위해 운송인에 의해 제공되는 컨테이너의 수령, 운송 그리고 보존을 위해 적합 또는 안전 유지 및 보관 등의 주의의무가 있다고 규정하고 있다. 다만, 감항능력 주의의무 위반에 대한 입증책임은 송하인에게 있다고 규정하고 있다.
  - 운송인의 감항능력 주의의무는 전체 해상운송기간에 대해서까지 확대된다.

㉢ 해상운송인의 면책

- 항해과실에 대한 일반원칙 적용 : 항해과실 면책조항이 없으므로 운송인은 항해과실로 인해 발생한 손해에 대해서도 책임을 부담한다. (함부르크 규칙과 동일)
- 화재 : 화재가 실제로 발생했고 손실을 야기한 원인임을 입증하면 운송인은 면책된다.
- 면책 카탈로그 적용 : 로테르담 규칙은 항해과실면책을 삭제하였지만 헤이그 규칙에 있던 면책 카탈로그를 15개로 축소하여 규정하고 있다.

㉣ **책임기간** : 로테르담 규칙에서 운송인의 책임기간은 운송을 위해 화물을 수령한 때부터 화물이 인도될 때까지로 책임기간을 육지까지 확장하고 있기 때문에 "Door to Door" 원칙이 적용된다.

㉤ 손해배상 한도

- 운송인의 책임한도액을 포장당 875SDR, 1kg당 3SDR 중 높은 금액으로 규정하고 있다.
- 당사자 간의 합의된 기간 내에 인도가 되지 않은 경우(지연인도) 운임의 2.5배를 최고한도로 **보상이 가능**하다. (포장당 875SDR, 1kg당 3SDR의 한도를 초과하지 못한다.)

㉥ **제소기간** : 이의제기 기간을 인도장소에서 혹은 7영업일 이내, 지연손해는 21일로 규정하고 있고 제소기간은 2년이다.

◖ 해상운송 관련 국제협약 비교 ◗

국제협약	제척기간	운송인 책임구간	포장 또는 단위당 책임한도	특징
Hague Rules (1924)	인도 후 1년	Tackle to Tackle(적재-양하), 적용대상 : 선하증권	100파운드 또는 동일한 금액의 타국통화	항해과실, 화재면책, 상업과실은 책임부담

Hague-Visby Rules(1968)	인도 후 1년	Tackle to Tackle(적재-양하) 적용대상 : 선하증권	포장단위당 10,000포앙카레 프랑 or 30포앙카레 프랑/kg 중 큰 쪽(포장당 666.67SDR 또는 kg당 2SDR 중 높은 금액, 우리나라 상법상 한도)	컨테이너 규정 설정, 선진국 선주 이익 대변
Hamburg Rules(1978)	인도 후 2년	Receipt to Delivery(인수-인도) 적용대상 : 해상운송	포장당 835SDR or 2.5SDR/kg 중 큰 금액	UN 해상물품운송협약, 운송인 책임 확대(항해과실/화재/상사과실 책임)
Rotterdam Rules(2008)	인도 후 2년	Door to Door 적용대상 : 해상운송이 포함된 복합운송	포장당 875SDR or 3SDR/kg 중 큰 금액	해상운송이 포함된 복합운송으로 책임범위 확대

✪ 국제해상운송 관련 기구

1. 국제해사기구(IMO, International Maritime Organization)
   ① 해사안전 및 오염방지 대책, 국제해사 관련 협약의 시행 및 권고 등을 위해 설립된 UN 산하 국제기구이다.
   ② 국제적 해사안전 및 해상오염 방지대책의 수립, 정부 간 해사기술의 상호협력, 정부 간 해운 관련 차별 조치의 철폐, 국제해사 관련 협약의 시행 및 권고 등을 설립 목적으로 한다.
2. 국제해사법위원회(CMI, Committee Maritime International)
   ① 해상법·해사 관련 관습·관행 및 해상실무의 통일화에 기여하기 위하여 1897년 벨기에 앤트워프에서 창설된 민간국제기구이다.
   ② 국제해사기구(IMO)에서 채택되는 각종 협약 가운데 해상운송과 선박소유자의 책임관계·선박소유권 이전관계·선박채권 등과 관련된 협약을 제정한다.
3. 아시아·태평양 경제이사회(ESCAP, UN Economic & Social Commission for Asia & Pacific)
   1947년 극동지역국가들의 경제부흥을 목적으로 설치된 UN경제사회이사회 산하의 4개 지역 경제위원회 중 하나이다.
4. 국제해운회의소(ICS, International Chamber of Shipping)
   ① ICS는 국제민간선주들의 권익보호와 상호협조를 위해 각국 선주협회들이 1921년 런던에서 설립한 민간기구이다. (우리나라 선주협회 정회원 가입)
   ② 선주의 이익 증진을 목적으로 설립된 민간기구이며, 국제해운의 기술 및 법적 분야에 대해 제기된 문제에 대해 선주들의 의견교환, 정책입안 등을 다룬다.
5. 국제해운연맹(ISF, International Shipping Federation)
   선주들의 권익보호와 선주들에 대한 자문을 목적으로 각국의 선주협회들이 1919년 결성한 국제민간기구로 런던에 본부가 있다.
6. 발틱국제해사협의회(BIMCO, The Baltic and International Maritime Conference)
   ① BIMCO는 선주들의 공동이익을 위해 창설된 민간기구이다.

② 회원사에 대한 정보제공 및 자료발간, 선주의 단합 및 용선제도 개선, 해운업계의 친목 및 이익 도모를 목적으로 설립되었다.
③ 1906년 정기(기간)용선계약서의 양식인 'Baltime Form'을 제정하였다.

7. **국제운수노동자연맹**(ITF, International Transport workers Federation)
편의치적선에 승선하는 선원의 보호와 임금과 노동조건에 관한 국제협약을 체결하고 공정한 실행 여부에 관한 검사활동 및 국제협약의 준수상황을 점검하는 역할을 수행한다.

8. **국제선급협회연합회**(IACS, International Association of Classification Society, 국제선급협회)
① 각국 선급협회의 공통 목적을 달성하고자 상호협력하고 여타 국제단체와의 협의를 위해 1968년에 결성되었다.
② IACS는 각국의 선급에 대한 검사를 하고 있으며 이 검사 결과에 따라 그 선급의 위상이 정하여진다.

+ 해운 관련 국제조약
① 해양오염방지조약(**MARPOL**, Marine Pollution Treaty) : 1973년 국제해사기구(IMO)에서 채택한 선박에 의한 오염 방지를 위한 국제조약 및 이에 관련된 의정서를 말한다.
② 해상인명안전조약(**SOLAS**, International Convention for the Safety of Life at Sea)
③ 선원의 훈련 · 자격증명 및 당직근무의 기준에 관한 국제협약(**STCW**, International Convention on Standards of Training, Certification and Watchkeeping for Seafarers)

9 연안운송 및 카페리운송

1 연안운송

(1) 개념

바다를 건너지 않고 해안을 따라 화물과 승객을 이동시키는 운송방법이다.

(2) 우리나라 연안해운의 활성화 방안

① 선사와 화주 간 지속적인 관계 개선 및 서비스 향상을 통한 진정한 의미의 장기용선계약 체결이 필요하다.
② 연안 선사를 위한 실효성 있는 선박금융기법 개발을 통해 연안 선사의 경영합리화 추진이 필요하다.
③ 연안 해운은 육상운송수단에 비해 친환경적인 운송수단으로 세제상의 지원이 필요하다.
④ 선복량 과잉을 방지하고 적정 선박량의 유지를 위한 방안이 필요하다.
⑤ 현행 연안운송사업의 등록기준은 선박 **1척** 이상이다.

2 카페리운송

(1) 개념

자동차와 화물을 동시에 수송할 수 있는 여객선을 이용한 운송방법이다.

(2) 카페리운송의 장단점

구분	내용
장점	① 생동물, 과일, 생선 등을 산지로부터 신속하게 직송하여 화물을 유통시킨다. ② 육상의 도로혼잡을 감소시킨다. ③ 상・하역비를 절감할 수 있다. ④ 불특정 다수를 대상으로 사람과 화물을 동시에 운송할 수 있다. ⑤ RO/RO(Roll On/Roll Off)선에서는 자동차를 싣고 부리는 데 운전사 외에 다른 것은 불필요하다.
단점	① 운임이 비싸다. ② 자동차 운송만으로는 채산성이 떨어진다.

+ 해운정책 관련 용어

1. 해운자유주의
   ① 해운자유화의 의의는 선박에 게양되는 국기에 상관없이 해상운송의 자유 및 공정한 경쟁원칙을 적용하는 데 있다.
   ② 해운자유주의 정책에서 화주는 국적선이든 외국적선이든 간에 운송인 선정의 자유를 갖는다.
2. 해운보호주의
   해운보호주의는 외부경쟁으로부터 국내 해운산업을 보호하기 위한 정책이다.
3. 해운의 국가통제
   해운의 국가통제란 정부가 직접 해운에 개입하는 것을 말하며 계획조선제도가 대표적인 예이다.
4. 카보타지
   카보타지란 국가 내에서 여객 및 화물을 운송하는 권리를 외국선박에는 주지 않고 자국선박이 독점하는 국제관례를 의미하며, **해운자유주의 정책의 상대적 개념**이라 할 수 있다. 우리나라에서는 선박법 제6조에서 국내 각 항 간의 운송을 한국적 선박으로 제한하고 있다.

※ 항공물류에서 Cabotage는 외국 항공기에 대해서 자국 내의 일정 지점 간의 운행을 금지하는 것을 의미한다.

CHAPTER 04

해상보험

1 개요(해상보험의 용어) ★☆☆

고지의무(duty of disclosure)

① 피보험자 또는 보험계약자가 알고 있는 모든 중요한 사항을 계약이 성립되기 이전에 보험자에게 고지하는 것을 말한다.

② 피보험자가 보험의 목적물에 대하여 가지는 권리 또는 이익으로 피보험자와 보험의 목적과의 경제적 이해관계를 말한다.

(1) 보험약관(Clauses)

일반적이고 표준적인 것은 보통약관, 별도로 특정 사항을 약정한 약관은 특별보험약관이라고 한다.

(2) 보험증권(Insurance Policy)

① 보험증권은 보험계약의 성립을 증명하는 서류로서 피보험자의 청구에 의해 발행하며 원칙적으로 양도 가능한 유통증권이다.

② **기평가보험증권**은 다툼을 미연에 방지하고 보험가액 평가에 소요되는 시간과 경비를 절약하여 신속한 보상을 하기 위해 사용되는 것으로 보험목적물의 협정보험가액이 기재된 보험증권이다.

(3) 피보험목적물(Subject Matter Insured)

해상보험의 목적물은 화물(Goods)뿐만 아니라 선박(Ship), 운임(Freight)도 포함한다.

(4) 피보험이익(Insurable Interest)

① 피보험자가 보험의 목적물에 대하여 가지는 권리 또는 이익으로 피보험자와 보험의 목적과의 경제적 이해관계를 말한다.

② **피보험이익**은 손해보험에서 보험사고의 발생에 의하여 손해를 입을 우려가 있는 피보험자의 경제적 이익이므로 보험계약 체결 시 반드시 확정되어 있어야 하는 것은 아니다.

③ 피보험이익은 적법하여야 한다.

④ 피보험이익은 **보험사고**가 발생할 때까지 확정되어 있어야 한다.

⑤ 피보험이익은 선적화물, 선박 등 피보험목적물에 대하여 특정인이 갖는 이해관계를 말한다.

⑥ 해상보험계약에서 보호되는 것은 피보험목적물이 아니라 피보험이익이라 할 수 있다.

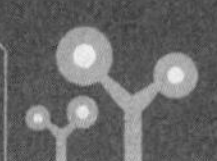

⑦ 피보험이익은 경제적 이익, 즉 금전으로 산정할 수 있어야 한다.

(5) 보험금액(Insured Amount)

피보험자가 실제로 보험에 가입한 금액으로서 손해발생 시 보험자가 부담하는 보상책임의 최고한도액은 **보험금액**이다.

(6) 보험금 : 실질적인 보상금액을 의미한다.

(7) 보험료(Premium)

① 보험자의 위험부담에 대한 대가로서 피보험자 또는 보험계약자가 보험자에게 지급하는 금전을 말한다.
② 보험계약을 체결할 때 보험계약자가 위험을 전가하기 위해 지불하는 금액을 말한다.

(8) 보험기간(Duration of Risk, Duration of Insurance)

보험자의 위험부담책임이 시작되는 때로부터 종료될 때까지의 기간을 말한다.

(9) 위부(Abandonment)

① Constructive Total Loss(추정전손)의 경우에 적용된다.
② 피보험 목적물을 전손으로 추정하도록 하기 위하여 잔존물의 소유권과 제3자에 대한 배상청구권을 보험자에게 양도하는 것이다.
③ 피보험자가 전손보험금을 청구하기 위해서 피보험목적물의 잔존가치와 제3자에 대한 구상권 등 일체의 권리를 보험자에게 넘기는 행위이다.
④ 피보험자의 위부통지를 보험자가 수락하게 되면 잔존물에 대한 일체의 권리는 보험자에게 이전된다.
⑤ 피보험자가 위부통지를 하지 않으면 손해는 분손으로 처리된다.

(10) 대위(Subrogation)

① 보험자가 피보험자에게 보험금을 지급한 경우 피보험자가 멸실 또는 손상된 피보험목적물에 대하여 갖고 있던 소유권과 구상청구권을 행사할 수 있는 권리를 승계받게 되는 것이다.
② 피보험자가 보험자로부터 손해보상을 받으면 피보험자가 보험의 목적이나 제3자에 대하여 가지는 권리를 보험자에게 당연히 이전시키도록 하는 것이다.

(11) 공동보험(Coinsurance)

여러 명의 보험자가 보험가입자의 위험에 대해 공동으로 책임을 지는 것으로 **보험가액이 보험금액의 합계액을 초과**하는 경우이다.

(12) 중복보험(Double Insurance)

다수의 보험자가 같은 피보험이익에 대해 공통으로 손해보험을 체결하여 보험금액의 합계액이 보험가액을 초과하는 경우는 '중복보험'에 해당한다.

(13) 담보특약(Warranty)

보험계약자(피보험자)가 반드시 지켜야 할 약속을 말한다.

관련규정 여러 가지 보험제도

1. **항공화물화주보험**(SII, Shipper's Interest Insurance)
   ① 항공운송인이 스스로 보험을 수배할 능력이 없는 일반 화주를 대리하여 부보하는 보험종목이다.
   ② 운송인이 보험자의 대리인 자격으로 화주와 계약을 체결하는 화물보험이다.
2. **화주항공보험**(Shipper's Air Cargo Insurance)
   화주의 화물을 항공기로 운항 중 발생할 수 있는 위험에 대한 담보보험
3. **화물배상책임보험**(Freight Legal Liability Insurance)
   항공운송업자가 운송화물에 입힌 손해로 인해 부담하는 법률상 배상책임을 담보한다.
4. **선박보험**(Hull Insurance)
   선박이 건조, 항해, 수리, 정박 중에 입는 손해를 보상하는 보험을 총칭
5. **선주상호보험**(Protection and Indemnity Insurance)
   해상운송 시에 선주들이 서로 손해를 보호하기 위한 상호보험
6. **컨테이너 운영자 화물손해배상 책임보험**(Container Operator's Cargo Indemnity Insurance)
   컨테이너 운영자(Freight Forwarder 등의 운송인)가 컨테이너 운송화물의 멸실・손상에 대하여 법률상 또는 운송계약상의 화주에 대한 배상책임을 이행함으로써 입는 경제적 손실을 보상하는 보험
7. **컨테이너 소유자 제3자 배상책임보험약관**(Container Owner's Third Party Liability Insurance)
   컨테이너운송 중에 발생한 신체적, 재산적 손해에 대하여 법률상의 배상 책임에 따라 컨테이너의 소유자 또는 임차인이 입는 손해를 전보하는 보험
8. **컨테이너 자체 보험**(Container Itself Insurance)
   컨테이너 자체의 멸실, 손상 등의 손해를 보상하기 위한 보험으로 담보조건으로는 전위험담보조건과 전손담보조건이 있음

+ 컨테이너보험의 일반적인 특징

① 보험대상이 되는 컨테이너는 국제표준화기구의 규격에 맞는 국제해상운송용 컨테이너이다.
② 컨테이너 보험의 보상한도액은 사고당 보상한도액과 피보험회사당 총책임한도액으로 구분된다.
③ 컨테이너 보험은 사고 1건당, 컨테이너 1개당 면책공제액을 정한다.
④ 컨테이너 보험은 컨테이너의 수가 많고 사용빈도가 높아서 기간계약을 맺어 계약기간 중 발생할 손해를 포괄적으로 담보한다.

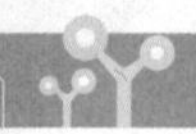

2 해상위험

1 정의

해상위험은 항해에 기인 또는 부수하는 위험 또는 보험증권에 기재되는 기타의 모든 위험을 말한다.

2 해상위험의 종류

① 해상위험(Maritime Perils)의 종류를 해상 고유의 위험(Perils of the Seas)과 해상위험(Perils on the Seas) 등으로 분류할 수 있다.

② 해상 고유의 위험으로는 침몰, 좌초, **충돌**, 풍파의 이례적인 활동, 행방불명이 있다.

③ 항해에 부수적으로 발생하는 해상위험으로는 **화재**, **투하**, 선장 및 **선원의 악행**, 강도, **해적**행위 및 표도가 있다.

④ 전쟁위험

3 담보위험과 면책위험

(1) 담보위험(Risks Covered)

① 담보위험이란 보험자가 부담하는 위험으로, 당해 위험으로 발생한 손해에 대하여 보험자가 보상하기로 약속하는 위험을 말한다.

② 현행 적하보험에서 사용되고 있는 B약관(ICC, BClause)과 C약관(ICC, CClause)은 열거책임주의 원칙을 택하고 있다.

(2) 면책위험(Excepted Perils)

① 손해가 발생해도 보험자가 책임지지 않는 위험으로 담보위험이 아닌 위험은 자동적으로 면책위험이 된다.

② 열거책임주의하에서는 담보위험이 보험증권상에 명시되고, 포괄책임주의하에서는 면책위험이 명시된다.

3 해상손해 ★★☆

1 종류

◀ 해상손해의 종류 ▶

2 전손

(1) 현실전손(Actual Total Loss)

① 개념

㉠ 현실전손은 보험의 목적인 화물이 현실적으로 전멸한 상태로서, 예를 들면 화재로 인한 선박의 전소, 해수로 인해 고체로 변한 시멘트 등과 같이 보험의 목적이 멸실되어 상품의 가치가 완전히 없어진 것을 말한다.

㉡ 현실전손의 경우에는 위부의 통지를 할 필요가 없다.

② 유형

㉠ 보험의 목적물이 파괴되거나 보험에 가입된 종류의 물품으로서 존재할 수 없을 정도로 손상을 입은 경우, 또는 피보험자가 회복할 수 없을 정도로 보험의 목적물의 점유를 박탈당하는 경우에는, 현실전손으로 간주한다.

㉡ 해상사업에 종사하는 선박이 행방불명되고, 상당한 기간이 경과한 후에도 그 선박에 대한 소식을 수취하지 못하는 경우에는 **현실전손**에 해당한다.

㉢ 청과나 육류 등이 부패하여 식용으로 사용할 수 없게 된 경우에 보험목적의 파괴에 해당하여 현실전손으로 볼 수 있다.

㉣ 보험목적물의 완전한 파손 또는 멸실은 현실전손에 해당한다.

체크 Point

현실전손의 예

화물	선박의 현실전손으로 인한 화물이 전손, 화물의 투하, 화물의 매각, 화물인도의 과실
선박	선박의 침몰, 선박의 좌초, 선박의 화재, 선박의 행방불명
운임	화물의 전손, 선박의 전손 및 항해불능

관련규정 **MIA(1906)상 현실전손**

Where the subject-matter insured is destroyed, or so damaged as to cease to be a thing of the kind insured, or where the assured is irretrievably deprived thereof, there is an **actual total loss**.

해설 피보험 목적물이 완전 멸실되거나 동 목적물이 부보 당시의 성질을 그대로 갖지 못할 정도로 심하게 훼손을 입거나, 또는 피보험자가 회복할 수 없도록 피보험 목적물을 박탈당했을 때를 의미하며, 위험에 처한 선박이 행방불명되어 상당 기간 찾을 수 없을 때를 현실전손으로 간주한다.

(2) 추정전손(Constructive Total Loss)

① 개념

㉠ 보험의 목적인 화물의 전멸이 추정되는 경우의 손해를 말한다.

㉡ 선박의 수리비가 수리 후의 선박가액을 초과하는 경우는 추정전손에 해당한다.

② 특징

㉠ 추정전손이 있을 경우에는, 피보험자는 그 손해를 분손으로 처리할 수도 있고, 보험의 목적물을 보험자에게 위부하고 그 손해를 현실전손의 경우에 준하여 처리할 수도 있다.

㉡ 추정전손은 위부의 통지를 하고 피보험자가 보험자에게 전손에 대한 보험금을 청구함으로써 현실전손으로 전환되는 것이다.

㉢ 위부의 통지가 정당하게 행하여지는 경우에는, 피보험자의 권리는 보험자가 위부의 승낙을 거부한다는 사실로 인하여 피해를 입지 아니한다.

3 분손

(1) 단독해손(Particular Average)

보험의 목적이 일부 멸실되거나 손상된 부분적인 손해에 대하여 손해를 입은 당사자가 단독으로 부담하는 손해이다.

(2) 공동해손(General Average)

① 개념

㉠ 공동해손이란 보험목적물이 공동의 안전을 위하여 희생되었을 때, 이해관계자가 공동으로 그 손해액을 분담하는 손해를 말한다.

㉡ General Average Loss는 선박·화물 및 기타 해상사업과 관련되는 단체에 공동의 위험이 발생했을 경우 그러한 위험을 제거하거나 경감시키기 위하여 선체·장비·화물 등의 일부를 희생시키거나 필요한 경비를 지출했을 때 이러한 손해와 경비를 의미한다.

② 성립요건

㉠ 공동해손이 성립되기 위해서는 선박과 화물에 동시에 위험이 존재하여야 한다. 따라서 어느 한쪽 이해당사자의 안전을 위한 비용지출은 공동해손비용이 아니다.

㉡ 공동해손으로 인정되기 위해서는 그 공동해손행위가 합리적이어야 하며, 선박이나 적하에 대한 불합리한 행위는 공동해손으로 인정되지 않는다.

㉢ **공동해손희생손해** : 구조비, 피난항 사용, 임시수리비, 자금조달비용 등

관련규정 **요크앤트워프규칙(York-Antwerp Rules)상 공동해손규정**

There is a general average act when, and only when, any extraordinary sacrifice or expenditure is intentionally and reasonably made or incurred for the common safety for the purpose of preserving from the peril the property involved in a common maritime adventure.

해설 공동해손행위는 공동의 항해 사업에 관련된 재산을 위험으로부터 보존할 목적으로 공동의 안전을 위하여 고의적이고 합리적으로 이례적인 희생 또는 비용을 행하거나 지출한 경우에 한하여 성립한다.

---

4 비용손해

(1) 손해방지비용(Sue and Labour Charge)

① 보험목적물에 해상위험이 발생한 경우 손해방지의무를 이행하기 위해 지출되는 비용

② 보험목적의 손해를 방지 또는 경감하기 위하여 피보험자 또는 그의 사용인 및 대리인이 지출한 비용을 말한다.

③ 화물에 손해가 발생하거나 손해발생의 염려가 있을 때, 보험자가 보상하게 될 손해를 방지 또는 경감하기 위하여 피보험자, 사용인 또는 대리인이 정당하고 합리적으로 지출하는 비용이다.

④ 손해방지비용은 특약이 없어도 당연히 보험자가 부담하는 것이 원칙이다.

(2) 구조비(Salvage Charge)

구조료(Salvage Charge)란 해난에 봉착한 재산에 발생할 가능성 있는 손해를 방지하기 위하여 자발적으로 화물을 구조한 자에게 해상법에 의하여 지불하는 보수이다.

관련규정 MIA(1906)상 Salvage charges

"Salvage charges" means the charges recoverable under maritime law by a salvor independently of contract. They do not include the expenses of services in the nature of salvage rendered by the assured or his agents, or any person employed for hire by them, for the purpose of averting a peril insured against. Such expenses, where properly incurred, may be recovered as **particular charges** or as a general average loss, according to the circumstances under which they were incurred.

(3) 특별비용(Particular Charge)

① 피보험 목적물의 안전 보존을 위하여 피보험자 또는 대리인에 의하여, 지출된 비용으로 공동해손비용과 구조비 **이외**의 비용이다.

② 보험목적물의 안전과 보존을 위하여 구조계약을 체결했을 경우 발생하는 비용은 특별비용으로 보상될 수 있다.

5 책임손해

공동위험을 면하기 위하여 다른 화주의 화물 또는 선체 및 선용품을 희생하도록 하거나 비용을 지출함으로써 피보험자의 화물이 안전하게 목적지에 도달할 수 있었던 경우 그 공동해손희생이나 비용손해에 대한 분담책임을 피보험자가 지는데, 이러한 책임손해를 공동해손분담금이라 한다.

6 충돌손해배상책임

현재 선박보험에서는 충돌손해배상책임 약관에 근거하여 부보선박이 선원의 과실이나 부주의로 다른 선박과 충돌하여 상대방 선주에게 입힌 손실을 피보험자(선주)를 대신하여 보험자가 보상한다.

4 적하보험약관 ★★☆

1 해상보험증권의 개념

① 보험계약의 성립과 보험계약의 내용을 명시하기 위해 보험자가 작성하여 보험계약자에게 교부하는 증서이다.

② 해상적하보험에는 구협회적하약관(Old Institute Cargo Clause)과 신협회적하약관(New Institute Cargo Clause) 등이 있다.

2 구협회적하약관

(1) 구약관(1963년)은 S. G. Policy와 ICC약관이 합쳐져서 하나의 보험증권을 구성하며 S. G. Policy상의 담보위험과 협회적하보험약관(제5조) 담보위험약관에 따라 보험자의 담보위험이 결정된다.

(2) 담보에 따른 분류

① **전위험담보조건**(A/R, All Risks) : 전 위험을 담보하나 '외부적 사고' 및 '우발적 사고'가 가져오는 위험에 의한 손해(화물의 멸실·손상·비용)에 해당하지 않는 손해는 담보하지 않는다.

② **분손담보조건**(WA, With Average) : 보험자가 보통의 항해에 있어서 입는 보통 해상손해의 전부를 담보하는 보험조건이다.

③ **분손부담보조건**(FPA, From Particular Average) : 단독해손부담보조건이므로 S. G. Policy상의 담보위험으로 야기된 손해 중 현실전손, 추정전손, 공동해손 및 비용손해를 보상하지만 단독해손은 원칙적으로 보상하지 않는다.

◖ ICC(FPA, WA, A/R)의 담보위험 및 면책사항 ◗

<table>
<tr><td rowspan="9">A/R
조건</td><td rowspan="8">WA
조건</td><td rowspan="7">FPA
조건</td><td>1. 전손(현실전손 및 추정전손)</td></tr>
<tr><td>2. 좌초, 침몰, 화재를 당했을 경우의 단독해손(인과관계 유무 불문)</td></tr>
<tr><td>3. 공동해손(공동해손희생손해, 공동해손분담액)</td></tr>
<tr><td>4. 적재, 환적, 하역작업 중의 매 포장단위당의 전손</td></tr>
<tr><td>5. 화재, 폭발, 충돌, 접촉</td></tr>
<tr><td>6. 조난항에서 양하작업에 기인된 손해</td></tr>
<tr><td>7. 중간의 기항항 또는 피난항에서의 양하, 입고 및 계반을 위한 특별비용(단, WA조건하에서 보험자 부보책임인 경우에 한함)</td></tr>
<tr><td></td><td>8. 상기 손해 이외의 풍랑으로 인해 발생한 단독해손</td></tr>
<tr><td colspan="2"></td><td>9. 하기 면책사항 이외의 모든 외부적, 우발적 원인에 의한 손해</td></tr>
<tr><td colspan="4">〈면책사항〉
• 피보험자의 고의적인 불법행위로 인한 일체의 손해
• 부보화물의 고유의 결함, 성질, 지연으로 인한 손해
• 위험의 요건을 구비치 않은 사유에 의한 손해, 즉 통상의 손해
• 전쟁, 폭동, 파업 등에 기인한 손해</td></tr>
</table>

◖ 1963년 ICC(FPA, WA, A/R)의 보상범위 ◗

사고의 종류 ＼ 조건	A/R	WA	FPA
1. 화재, 폭발	○	○	○
2. 운송용구의 침몰	○	○	○
3. 운송용구의 좌초	○	○	○
4. 운송용구의 타 물체와의 충돌	○	○	○
5. 운송용구의 탈선, 전복	○	○	○
6. 운송용구의 추락	○	○	○
7. 파손, 곡손, 요손	○	●	●
8. 누설, 증발, 혼합	○	●	●
9. 도난, 분실, 불착	○	●	●
10. 비, 눈, 한손	○	●	●
11. 벌레, 쥐로 인한 손해	○	●	●
12. 갈고리손, 또는 칠손	○	●	●
13. 해수손, 오손(손해형태가 7-12 이외의 손해)	○	○	△
14. 전쟁, 촉뢰, 습격, 나포 등	●	●	●
15. 동맹파업, 폭동, 소요	●	●	●
16. 원자력	※	※	※
17. 육상에 있는 동안의 지진, 분화	●	●	●
18. 검역 또는 관외 처분	※	※	※
19. 보험계약자, 피보험자 등의 고의, 중과실	×	×	×
20. 화물의 자연소모, 고유의 하자 또는 성질	×	×	×
21. 포장 불완전	×	×	×
22. 운송의 지연	×	×	×

주	○ : 전손, 분손 공히 보상됨 ※ : 보통약관상은 담보가 가능하나 현재는 인수되지 아니함 △ : 분손은 보상하지 않음 ● : 특약이 있는 경우에는 담보가 가능 × : 어떠한 경우에도 면책

3 신협회적하약관

신ICC는 19개 조항으로 구성되어 있으며 구약관의 S. G. Policy 또는 ICC약관 및 신설약관 등으로 구성되었다. 이 중 ICC약관의 담보위험과 면책위험조항에 따라 A, B, C 조건으로 구분된다.

구분	조항	약관명
담보위험	1	위험약관(Risks Clause)
	2	공동해손약관(General Average Clause)
	3	쌍방과실충돌약관(Both to Blame Clause)
면책위험	4	일반면책약관(General Exclusion Clause)
	5	불내항부적합면책약관(Unsea Worthiness and Unfitness and Exclusion Clause)
	6	전쟁면책약관(War Exclusion Clause)
	7	동맹파업 면책약관(Strike Exclusion Clause)
보험기간	8	운송약관(Transit Clause)
	9	운송계약종료약관(Termination of Contract of Carriage Clause)
	10	항해변경약관(Change of Voyage Clause)
보험금 청구	11	피보험이익약관(Insurable Interest Clause)
	12	계반비용약관(Forwarding Charge Clause)
	13	추정전손약관(Constructive Total Loss Clause)
	14	증액약관(Increase Clause)
보험이익	15	보험이익불공여약관(Not to Inure Clause)
손해경감	16	피보험자 의무약관(Duty of Assured Clause)
	17	포기약관(Waiver Clause)
지연방지	18	긴급조치약관(Reasonable Despatch Clause)
법률관습	19	영국 법 및 관습(English Law and Practice)

(1) ICC(A)

포괄담보방식을 취하고 있으며 이 조건은 제4조, 제5조, 제6조, 제7조의 면책위험을 제외하고 피보험목적물에 발생한 멸실, 손상 또는 비용 일체를 보험자가 담보한다.

① 일반면책위험(제4조)

- 피보험자의 고의적인 비행에 기인한 멸실 · 손상 또는 비용
- 보험목적의 통상의 누손, 중량 또는 용적상의 통상의 손실 및 통상의 자연소모
- 보험목적의 포장 또는 준비의 불완전 또는 부적합으로 인하여 발생한 멸실 · 손상 또는 비용
- 보험목적의 고유의 하자 또는 성질로 인하여 발생한 멸실 · 손상 또는 비용
- 지연의 피보험이익으로 인하여 발생된 경우일지라도 지연을 근인으로 하여 발생한 멸실 · 손상 또는 비용
- 본선의 소유자, 관리자, 용선자 또는 운항자의 지불불능 또는 재정상의 채무불이행으로부터 생긴 멸실 · 손상 또는 비용

- 원자력 또는 핵의 분열 및 융합 또는 이와 유사한 반응, 방사능이나 방사성 물질을 응용한 무기의 사용으로 인하여 발생한 멸실·손상 또는 비용

② **불내항 및 부적합면책위험**(제5조)
- 본선 또는 부선의 불감항 또는 피보험목적물의 안전운송에 부적당한 물품
- 합법적이지 못한 물품

③ **전쟁면책위험**(제6조)
- 전쟁, 내란, 혁명, 반역, 반란 등으로 인한 국내전투 또는 교전국에 의한 적대행위
- 포획, 나포, 억지 또는 억류와 이러한 행위 결과
- 유기된 기뢰, 어뢰, 폭탄, 기타 전쟁무기에 의한 발생

④ **동맹파업면책위험**(제7조)
- 동맹파업, 직장폐쇄, 노동쟁의, 폭동 또는 소요에 가담한 자에 의한 발생
- 동맹파업, 직장폐쇄, 노동쟁의, 폭동 또는 소요의 결과
- 테러리스트 또는 정치적 동기에 의해 행동하는 자에 의한 손해

(2) ICC(B)

열거담보방식을 택하고 있으며, 이 약관은 제4조, 제5조, 제6조, 제7조에 규정된 면책위험을 제외하고, 열거된 위험에 의한 손해는 면책비율에 관계없이 보험자가 담보한다.

(3) ICC(C)

① 열거담보방식을 택하고 있으며, 제4조, 제5조, 제6조, 제7조에 규정된 면책위험을 제외하고, 열거된 위험에 의한 손해는 면책비율에 관계없이 보험자가 담보한다.

② ICC(C)는 ICC(B)에서 열거된 위험 가운데 지진, 화산의 분화, 낙뢰·갑판유실, 선박, 부선, 선창, 운송용구, 컨테이너, 지게차 또는 보관장소에 해수 또는 호수, 강물의 유입, 추락손 등은 담보되지 않는다.

◖ ICC A, B, C 담보위험 및 면책사항 비교 ◗

구분	내용	(A)	(B)	(C)
담보위험	1. 화재 혹은 폭발	○	○	○
	2. 선박의 좌초, 교사, 침몰, 전복	○	○	○
	3. 육상용구의 전복, 탈선	○	○	○
	4. 선박과 물 이외 타 물체와의 충돌, 접촉	○	○	○
	5. 피난항에서의 화물의 하역	○	○	○
	6. 지진, 분화, 낙뢰	○	○	×
	7. 공동해손희생손해	○	○	○
	8. 투하	○	○	○
	9. 갑판유실	○	○	×

	10. 선박 및 보관장소에서 해수, 호수, 하천수 유입	○	○	×
	11. 선적, 하역작업 중 바다에 떨어지거나 갑판에 **추락**한 포장당 전손	○	○	×
	12. 상기 이외의 보험목적에 멸실 또는 손상을 발생시키는 일체의 위험	○	×	×
	13. 공동해손, 구조료(면책사항에 관련된 것은 제외)	○	○	○
	14. 쌍방과실충돌	○	○	○
면책사항	1. 피보험자의 고의적인 불법행위에 기인하는 멸실, 손상 또는 비용	×	×	×
	2. 통상의 누손, 중량, 용적의 통상의 감소, 자연소모	×	×	×
	3. 포장, 준비의 불완전	×	×	×
	4. 물품 고유의 하자, 성질	×	×	×
	5. 선박, 부선의 불내항(불감항), 선박, 부선, 운송용구, 컨테이너, 리프트밴의 부적합	×	×	×
	6. 지연에 의한 손실	×	×	×
	7. 선주, 관리자, 용선자, 운항자의 파산, 채무불이행(지급불능)	×	×	×
	8. 제3자의 불법행위에 의한 전체 또는 일부의 의도적인 손상 또는 파괴	○	×	×
	9. 원자핵분열 또는 원자핵융합 또는 동종의 반응 또는 방사능 또는 방사능물질을 응용한 무기 또는 장치의 사용에 의하여 발생한 멸실·손상 또는 비용	×	×	×

4 기타 부가약관(별도 특약으로 담보가능)

① **도난, 발화, 불착(TPND**, Theft, Pilferage and Nondelivery) : 도난, 좀도둑, 분실을 원인으로 한 포장 전체의 불착을 말한다.

② **투하 및 갑판유실(JWOB**, Jettison and Washing Overboard) : 바다에 투하되거나 갑판에서 유실되는 위험을 말한다.

③ **우담수손(RFWD**, Rain and/or Frosh Water Damage) : 빗물·단수로 인한 손해를 담보하는 조건

④ **습손, 열손위험(Sweat and Heating)** : 선창, 컨테이너 내벽에 응결한 수분에 접촉함으로써 일어난 손해 및 이상온도의 상승에 의하여 화물이 입은 손해, 화물의 표면에 응결한 수분에 의한 손해를 담보하는 조건

⑤ **곡손위험**(Denting and/or Bending) : 접촉이나 충격이 심해서 화물의 표면이나 내부가 구부러지는 손해

⑥ **누손·중량부족위험**(Leakage and/or Shortage) : 보험가입 화물의 누손, 화물의 수량, 중량 부족으로 인한 손해를 담보하는 조건으로 벌크화물에 주로 많이 발생

⑦ **갈고리에 의한 손해**(Hook and Hole) : 하역작업 중 갈고리에 의한 손해를 담보하는 조건으로 섬유품, 잡화 등에 추가로 담보

⑧ **곰팡이손위험**(Mildew and Mould) : 습도의 증가로 곰팡이 및 기타 미생물에 의한 손해를 담보하는 조건

⑨ **서식·충식위험**(Rate and/or Vermin) : 곡물, 소맥분, 축제품 등의 화물이 운송 도중 쥐나 곤충에 의한 손해를 담보하는 조건

⑩ **녹손위험**(Rust) : 기계류, 철물 등의 화물이 습도의 증가로 녹이 스는 경우 또는 해수, 담수, 빗물 등으로 녹이 스는 경우도 있는데 이러한 손해를 담보하는 조건

5 기타 특별약관

① **냉동기관약관**(Refrigerating Machinery Clause) : 주로 육류 및 생선 등이 운송 동안에 냉동기의 고장 및 파열에 연유해서 생기는 모든 멸실이나 손상을 담보
② **소손해 면책약관**(Franchise Clause) : 경미하게 발생한 손해에 대하여는 보험자가 보상하지 않도록 규정한 특별약관이다.
③ **기계류수선 특별약관**(Special Replacement Clause) : 기계를 보험의 목적으로 하는 모든 계약에 첨부되어 있는 약관이다.
④ **갑판적 약관**(On Deck Clause) : 위험요소가 큰 갑판적 화물에 적용하는 특별약관이다.

6 확장담보조건

① **내륙운송 확장담보조건**(ITE, Inland Transit Extension) : 해상운송과 연계하여 육상운송을 할 때 해상보험에 의한 담보의 구간을 내륙지점까지 확장담보하는 약관
② **내륙보관 확장담보조건**(ISE, Inland Storage Extension) : 통상적인 운송과정에서 중간창고나 보세창고 보관 중의 위험을 적하보험증권에 명시된 기간 이상으로 연장할 경우 담보하는 조건이다.

CHAPTER 05

항공운송

1 개요 ★☆☆

1 항공운송의 특징

(1) 높은 운임

① **정시성**과 신속성을 추구하는 화주는 타 운송수단에 비해 높은 운임에도 불구하고 항공화물운송을 선호한다.
② 해상화물운송에 비해 운송비용이 높고 비탄력적이다.
③ 해상화물운송에 비해 고가의 소형화물 운송에 적합하다.

(2) 신속 및 안전

① 해상화물운송에 비해 신속하고 안전하여 화물의 파손율도 낮은 편이다.
② 항공운송은 운항시간의 단축으로 위험 발생률이 낮다.
③ 포장비가 저렴하고, 화물 손상률이 낮다.
④ 항공운송에 적합한 품목은 긴급 화물, 일시적(계절적) 유행상품, 투기상품 등 납기가 임박한 제품들이다.
⑤ 반도체나 휴대폰과 같은 부가가치가 높은 품목의 운송에 적합하다.
⑥ 화물추적, 특수화물의 안정성, 보험이나 클레임에 대한 서비스가 우수하다.

(3) 작업상 특징

① 항공화물전용기에 의한 운송은 주로 **야간**에 이루어진다.
② 항공화물운송은 항공여객운송에 비해 왕복운송의 비중이 낮고 **편도운송이 많다**.
③ 항공여객운송에 비해 계절적 변동이 **거의 없다**. (운송수요의 탄력성이 **작다**.)
④ 항공화물운송은 항공여객운송과 달리 **지상조업(Ground Handling)이 필요**하다.
⑤ 항공시장의 자유화로 인해 항공사 간 전략적 제휴는 점차 **증가**하는 추세이다.
⑥ 화물의 수취가 불편하고, 공항에서 문전까지 집배송이 필요하다.

(4) 국제항공화물운송 환경변화

① 송화인의 항공화물운송 의뢰는 대부분 항공화물운송주선인에 의해 이루어지고 있다.
② 아마존과 같은 국제전자상거래업체의 성장으로 GDC(Global Distribution Center) 관련 항공화물이 증가하고 있다.
③ 국제항공화물운송에서 신선화물이 증가하고 있다.
④ 우리나라 인천국제공항의 국제항공 환적화물 비중이 크게 증가하고 있다.

항공운송의 위험화물

1. 개념

위험화물은 항공운송 중 발생하는 기압, 온도, 진동 등의 변화에 따라 항공기, 인명, 화물 등에 피해를 줄 수 있는 화물이다.

2. 종류

IATA의 위험화물규정상 위험품목(DGR, Dangerous Goods Regulations)은 **발화성 가스**(Flammable Gases), **산화성 물질**(Oxidizing Substances), **부식성 물질**(Corrosives Substances), **방사성 물질**(Radioactive Materials) 등 9개로 분류된다.

※ 부패성 화물(Perishable Cargo)은 위험품목이 아님에 유의한다.

2 항공화물운송사업

(1) 항공운송사업(Air Carrier)

① 개념

㉠ 국제항공운송사업은 타인의 수요에 맞추어 항공기를 사용하여 유상으로 여객이나 화물을 운송하는 사업이다.

㉡ 항공운송사업자는 국내항공운송사업자, 국제항공운송사업자 및 소형항공운송사업자를 말한다.

② 특징

㉠ 생산탄력성이 매우 **낮다.**

㉡ 고정자산이 많아 고정비가 차지하는 비율이 비교적 높다.

㉢ 고가의 항공기 구입 등 방대한 규모의 선행투자가 필요하다.

㉣ 항공운송사업의 운송서비스는 재고로 저장할 수 없는 특성이 있다.

㉤ 항공운송사업은 조종사, 객실승무원, 정비사, 운항관리사 등 전문 인력이 필요하다.

(2) 항공화물운송대리점(Air Cargo Agent)

① 개념

㉠ 항공운송사업자를 위하여 유상으로 항공기를 이용한 여객이나 화물의 국제운송계약 체결을 대리하는 사업이다.

㉡ 항공화물은 해상화물에 비해 운송인과 실화주 간 직접 운송계약을 체결하는 경우는 **적고**, 항공화물운송대리점 또는 항공운송주선인과 운송계약을 체결하는 간접계약을 통해 이루어진다.

② 주요 업무

㉠ 내륙운송주선

㉡ 수출입항공화물의 유치 및 계약 체결

ⓒ 수출입통관절차 대행
ⓡ 항공화물 부보업무

(3) 항공운송주선업자(혼재업)(Air Freight Forwarder)

① 국제물류주선업자(Freight Forwarder)는 항공기를 가지고 있지 않지만 독자적인 운송약관과 자체 운임요율표를 가지고 있으며 **HAWB(House Air Waybill)를 발행**하는 자이다.
② 운송, 수출입 통관 및 보험에 관한 화주의 대리인이자 전문혼재업자이다.
③ 혼재화물 운송 시 Master Air Waybill상에서 출발지의 혼재업자가 송화인이 되고 도착지의 혼재업자가 수화인이 된다.

◖ 항공화물운송대리점과 항공운송주선업자 ◗

구분	항공화물운송대리점	항공운송주선업자
활동영역	주로 FCL화물 취급	LCL화물 취급
취급화물	국내 수출입과 관련된 컨테이너 만재화물 취급	국내외 수출입 컨테이너 미만 소화물 취급
운임률표	항공사 운임률표 사용	자체 운임률표 사용
책임	항공사 책임	주선업자 책임
운송약관	항공사약관 사용	자체약관 사용
수하인	매 건당 수하인이 있음	항공운송주선 업자가 수하인
수수료	IATA의 5% 수수료와 기타	IATA의 5% 수수료 외에 중량절감에 의한 수령운임과 지불운임과의 차액
화물운송장	항공사의 화물운송장 사용 (Master Air Waybill 발행)	항공사의 화물운송장과 화물운송장에 부착된 혼재업자용 화물운송장을 사용 (House Air Waybill 발행)

(4) 항공사업법상 상업서류송달업(Courier)

상업서류송달업은 타인의 수요에 맞추어 유상으로 수출입 등에 관한 서류와 그에 딸린 견본품을 항공기를 이용하여 송달하는 사업이다.

※ 관세법령상 과세가격이 **미화 250달러** 이하인 물품으로서 견품으로 사용될 것으로 인정되는 물품은 관세가 면제된다.

+ 국제특송(국제소화물일관운송)

① 소형·경량물품을 문전에서 문전까지 신속하게 수취·배달하여 주는 서비스이다.
② 쿠리어(Courier) 서비스라고도 한다.
③ 운송업자는 모든 운송구간에 대하여 일관책임을 진다.
④ 대표적인 글로벌 업체로는 DHL, FedEx, UPS 등이 있다.

+ 전세운송(Charter)

1. 개념
   여객 및 화물을 임차인과 임대인 간 전세계약을 통해 항공기 일부 또는 전부를 사용하여 운항하는 것이다.
2. 특징
   ① 전세운송은 IATA 운임(Tariff)에 상관없이 화물, 기종 등에 따라 다양하게 결정된다.
   ② 전세운송은 항공사에 대해서도 항공기 가동률을 높이는 데 큰 역할을 한다.
   ③ 전세운송을 위해서는 필요한 조치가 많다는 점과 상대국의 규정을 감안하여 시간적 여유를 두고 항공사와 협의해야 한다.
   ④ 항공사는 전세운송을 할 때 중간 기착지에 대해서도 해당 국가의 허가를 얻어야 한다.

3 단위탑재(수송)용기(ULD, Unit Load Device)

(1) 개념

① 항공화물운송에 사용되는 컨테이너, 파렛트, 이글루 등 항공화물 탑재용구의 총칭이다.
② 외면표기(Markings)는 IATA의 규정에 의해 ULD Type Code, Maximum Gross Weight, The Actual Tare Weight를 반드시 표기하도록 하고 있다.

(2) 특징

① 신속한 항공기 탑재 및 하역작업으로 항공기의 가동률을 제고한다.
② 지상조업시간, 하역시간을 단축할 수 있다.
③ 운송화물의 안전성이 제고된다.
④ 초기 투자비용이 **많이** 든다.
⑤ 냉장, 냉동화물 등 특수화물의 운송이 용이하다.

(3) 종류

① 항공기 간의 호환 여부에 따라 Aircraft ULD와 Non-Aircraft ULD로 구분한다.
② 종류에는 파렛트, 컨테이너, 이글루, GOH(Garment on Hanger) 등이 있다.
③ 기종별 규격의 비표준화로 ULD의 기종 간 호환성이 낮다.

+ 항공기중량 관련 용어

- 자체중량(empty weight)은 기체구조, 엔진, 고정 장비 및 내부 장비 등의 중량이다.
- 운항중량(operating weight)은 승무원, 엔진의 윤활유, 여객 서비스용품, 식음료 등의 중량이다.
- 유상중량(payload)은 항공기에 탑재한 유상 여객, 화물, 우편물 등의 중량이다.
- 착륙중량(landing weight)은 이륙할 때의 무게에서 비행하면서 **소모된 연료의 무게를 뺀** 항공기의 무게이다.
- 이륙중량(take-off weight)은 항공기가 이륙할 때 총중량으로 최대이륙중량을 초과할 수 없다.

2 항공화물운송장(AWB, Air Waybill) ★★☆

1 개념

① 항공화물운송장은 송하인이 작성함이 원칙이나 항공사나 항공사의 권한을 위임받은 대리점에 의해 작성될 수 있다.
② 원본 3통과 다수의 부본이 발행된다.
③ 항공화물운송장의 원본은 적색, 청색, 녹색 3통이 발행된다.
④ 항공사가 발행하는 Master AWB과 혼재업자가 개별화주에게 발행하는 House AWB로 구분하여 사용한다.

2 기능

(1) 화물인도증서

① 항공화물운송장은 **운송계약의 증거**, 화물수령증, 보험증서, 송장, 청구서, 수입통관자료, 운송인에 대한 송하인의 지시서, 수하인에의 화물인도증서의 역할을 한다.
② 송화인과의 운송계약 체결에 대한 문서증명으로 사용할 수 **있다.**
③ 운송 위탁된 화물을 접수했다는 수령증이다.
④ 유가증권의 성격은 **없고** 화물수령증(화물수취증) 역할을 한다.
⑤ 항공화물운송장은 원칙적으로 **송하인**이 작성하고 **상환증권의 성격을 갖지 않는다.**

(2) 비유통성

① 일반적으로 기명식으로 발행되어 유통성이 **없다.**
② **수취식**으로 발행된다.

(3) 보험계약증거

① AWB는 화주이익보험을 가입한 경우 보험금액 등이 기재되어 보험가입증명서 내지 보험계약증서 역할을 한다.
② 송하인이 항공화물운송장에 보험금액과 보험부보사실을 기재하는 화주보험을 부보한 경우에는 항공화물운송장은 보험계약의 증거가 된다.

(4) 계산 근거

① 운임 및 요금의 청구서이다.
② 화물과 함께 목적지로 보내 수화인의 운임 및 요금 계산 근거를 제공한다.
③ 세관에 대한 수출입 신고자료 또는 통관자료로 사용된다.
④ 화물 취급, 중계, 배송과 같은 운송 지침의 기능도 수행한다.

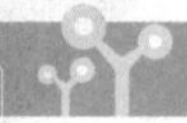

◖ AWB와 B/L의 비교 ◗

구분	항공화물운송장(AWB)	선하증권(B/L)
유통성	비유통성	유통성
수하인	기명식	통상 지시식
작성주체	송하인이 작성	운송인(선사)이 작성
성격	화물수령증	권리증권
발행시기	**화물인도시점(수취식)**	선적 후 발행(선적식)

+ IATA가 정한 국제항공화물운송장의 구성 표준양식

구분	용도	색깔	기능
원본1	운송인용 (For Issuing Carrier)	녹색	• 운송인용으로 운임이나 요금 등의 회계처리를 위하여 사용되고 송하인과 운송인과의 운송계약 체결의 증거이다. • 운송인용이라고 기재하고 송화인이 서명하여야 한다.
원본2	수하인용 (For Consignee)	적색	수화인용이라고 기재하고 송화인 및 운송인이 서명한 후 화물과 함께 도착지에 송부하여야 한다.
원본3	송하인용 (For Shipper)	청색	• 송하인용으로 출발지에서 항공회사(운송인)가 **송하인으로부터 화물을 수취하였다는 것을 증명하는 수취증**이고 또한 송하인과 운송인과의 운송계약 체결의 증거서류이다. • 송화인용이라고 기재하고 운송인이 서명하여 화물을 인수한 후 송화인에게 교부하여야 한다.
원본4	인도항공회사 화물인도용 (Delivery Receipt)	황색	운송인(인도항공회사 비치용)이 도착지에서 수하인과 화물을 상환할 때 수하인이 이 부분에 서명하고 인도항공회사에 돌려주는 것으로서 화물인도 증명서 및 운송계약이행의 증거서류가 된다.
원본5	도착지 공항용 (For Third Carrier)	백색	화물과 함께 도착지 공항에 보내져 세관통관용 기타 업무에 사용된다.
원본6	도착지 공항용 (For Third Carrier)	백색	운송에 참가한 항공회사가 운임청산에 사용한다.
원본7	제2항공회사용 (For Second Carrier)	백색	운송에 참가한 항공회사가 운임청산에 사용한다.
원본8	제1항공회사용 (For First Carrier)	백색	운송에 참가한 항공회사가 운임청산에 사용한다.
원본9	발행대리점용 (For)	백색	발행대리점의 보관용으로 사용한다.

원본10 원본11	예비용 (Extra Copy)	백색	필요에 따라 사용한다.

체크 Point

항공화물운송장 주요 항목 작성방법

- Declared Value for Carriage : 해당란에는 송하인의 운송신고가격이 기재된다.
- Currency : 해당란은 AWB 발행국 화폐단위 Code를 기입하며 Currency란에 나타난 모든 금액은 AWB에 표시되는 화폐단위와 일치한다.
- Amount of Insurance : 해당란은 화주가 보험에 부보하는 보험금액을 기입하며, 보험에 부보치 않을 때에는 공백으로 둔다.
- Consignment Details and Rating : 해당란은 화물요금과 관련된 세부사항을 기입한다.
- Chargeable Weight : 해당란은 화물의 실제중량과 부피중량 중 높은 쪽의 중량을 기입한다.

3 항공운임 ★☆☆

1 운임결정원칙

① 요율 요금 및 그와 관련된 규정의 적용은 항공화물운송장(AWB)의 발행 당일(발행일)에 유효한 것을 적용한다.
② 항공화물의 요율은 공항에서 공항끼리의 운송만을 위하여 설정된 것으로 부수적으로 발생되는 서비스에 대한 요금은 별도로 계산된다.
③ 항공화물의 요율은 출발지국의 현지통화로 설정하며, 출발지로부터 목적지까지 한 방향으로만 적용한다.
④ 별도로 규정이 설정되어 있는 경우를 제외하고는 요율과 요금은 가장 낮은 것으로 적용하여야 한다.
⑤ 운임은 출발지에서 중량 kg/LB당 요율로 곱하여 산정한다.
⑥ 항공운임은 선불(Prepaid)이거나 도착지불(Charges Collect)이다.
⑦ 화물의 실제 운송경로는 운임산출 시 근거로 한 경로와 반드시 일치할 필요는 **없다**.
⑧ IATA Tariff Co-Ordinating Conference에서 결의하는 각 구간별 요율은 해당 정부의 **승인**을 얻은 후에야 유효한 것으로 이용가능하다.
⑨ 모든 화물요율은 kg당 요율로 설정되어 있다. 단, 미국 출발화물의 중량요율(Weight Rate)은 파운드(lb)당 및 kg당 요율로 설정할 수 있으며, 단위탑재용기요금(BUC)의 경우 미국 출발화물도 kg당 요율로 설정한다.

2 항공운송운임요율

항공화물요율은 **공항에서 공항까지**의 운송을 기준으로 계산하여 설정된다.

(1) 일반화물요율(GCR, General Cargo Rate, General Commodity Rate)

① 항공화물운송의 요금을 산정할 때 기본이 되며, 특정품목 할인요율이나 품목분류요율을 적용받지 않는 모든 항공화물운송에 적용되는 요율이다.

② 일반화물요율은 최저운임(M), 기본요율(N), 중량단계별 할인요율(Q)로 구성되어 있다.

③ 일반화물요율은 품목분류요율이나 특정품목 할인요율보다 **후순위**로 적용된다.

구분	내용
최저운임 (Minimum Rate)	• 한 건의 화물운송에 적용할 수 있는 가장 낮은 운임 • 화물의 중량운임이나 용적(부피)운임이 최저운임보다 낮은 경우 적용되는 운임이다. • 요율표에 'M'으로 표시한다.
기본요율 (Normal Rate)	• 45kg 미만에 적용되는 요율로 일반화물요율의 기준이 된다. • 요율표에 'N'으로 표시한다.
중량단계별 할인요율 (Changable Weight)	45kg 이상의 경우 중량단계별로 다른 요율이 적용되며, 중량이 높아짐에 따라 운임률이 절감된다.

(2) 특정품목 할인요율(SCR, Specific Commodity Rate)

① 개념

㉠ 특정품목 할인요율(SCR)은 주로 해상운송화물을 항공운송으로 유치하기 위해 설정된 요율이다.

㉡ SCR은 특정 구간에 동일품목이 계속적으로 반복하여 운송되는 품목이거나 육상이나 해상운송과의 경쟁성을 감안하여 항공운송을 이용할 가능성이 많은 품목에 대하여 적용하기 위하여 설정된 할인요율이다.

② 특징

㉠ 특정 대형화물에 대해서 운송구간 및 최저중량을 지정하여 적용하는 할인운임이다.

㉡ 동일구간이나 동일상품이 계속적으로 반복하여 운송되는 상품에 대해 적용하는 운임이다.

㉢ 일정 구간에 반복되어 운송되는 특정 물량에 대하여 항공 이용을 촉진·확대할 목적으로 적용하는 할인운임이다.

㉣ 특정품목 할인요율은 다량의 상품수송에 적용하고자 그 요율과 관련하여 설정된 최저중량이 제한을 받도록 되어 있다.

(3) 품목분류요율(CCR, Commodity Classification Rate)

① 개념

㉠ 특정 구간의 특정품목에 대하여 적용되는 요율로서 보통 **일반화물**요율에 대한 백분율로 할증(S) 또는 할인(R)되어 결정된다.

㉡ 일반화물요율보다 높게 설정되는 할증품목(Surcharge Item)과 낮게 설정되는 할인품목(Reduction Item)으로 구분된다.

㉢ CCR은 GCR과 비교하여 크거나 작거나 간에 GCR보다 우선하여 적용된다.

② **대상** : 특정품목은 6가지 종류이며, 세부적인 품목들은 다음의 대상들이 있다.

㉠ 할인운임(R) : **신문**, **점자책**, **잡지**, **정기간행물**, 서류, **카탈로그**, **비동반 수하물** 등

㉡ 할증운임(S) : **생동물**, **귀중화물**, **자동차**, **시체**, 금, 보석, 화폐, **증권** 등

(4) 종가운임(Valuation Charge)

① 개념

㉠ 종가운임은 항공화물운송장에 화물의 실제가격이 기재된 경우에 부과된다.

㉡ 종가운임은 신고가액이 화물 1kg당 US$ 20를 초과하는 경우에 부과된다.

② 특징

㉠ 종가운임은 운송되는 화물의 가격에 따라 부과되는 운임으로 항공화물운송장의 "declared value for carriage"란에 신고가격을 기재하게 된다.

㉡ 종가운임이 부과되면 항공운송인의 책임제한이 적용되지 않고, 화주는 항공화물운송장에 기재된 가격 전액을 배상받을 수 있다.

㉢ 항공사는 화물운송 도중 사고가 발생하여 배상해야 할 때는 일반적으로 IATA(International Air Transport Association)의 규정에 따라서 배상한다. 그러나 화주가 고가의 화물에 대하여 정해진 배상기준금액을 초과하여 배상받고자 할 경우에는 항공사에 신고를 하고 일정률의 추가운임을 지불한다.

(5) 단위탑재용기요금(BUC, Bulk Unitization Charge)

① 파렛트, 컨테이너 등 단위탑재용기(ULD)별 탑재용기의 형태 및 크기, 중량에 따라 상이하게 적용된다.

② 단위탑재용기운임은 파렛트 또는 컨테이너 단위로 부과된다.

③ 항공사가 송화인 또는 대리점에 컨테이너나 파렛트 단위로 판매 시 적용되는 요금이다.

④ **단위탑재용기요금 사용제한 품목** : ㉠ 유해, ㉡ 귀중화물, ㉢ 위험물품, ㉣ 살아있는 동물

+ 항공화물 부대운임

① Disbursement fee(입체지불수수료) : 송하인 또는 그 대리인이 선지급한 비용으로 수하인이 부담하는 육상운송료, 보관료, 통관수수료 등을 말하며 운송인은 송하인의 요구에 따라 AWB를 통해 수하인에게 징수한다.

② Dangerous goods handling fee(위험물취급수수료) : 위험화물 접수 시 포장상태, 관계 서류, 당국의 검사에 따라 부과하는 수수료이다.

③ Charges collect fee(CCF) : 착불 수수료를 의미하며, 항공운송에서 수입화물의 운임이 착지불될 때 수입자에게 청구하는 비용이다. 항공화물운송장에 Charge Collect 또는 Freight Collect로 기재되어 있는 운임을 목적지에서 수하인으로부터 징수하는 경우의 수수료를 의미한다.

④ Handling charge(화물취급수수료) : 화물취급수수료는 항공화물운송대리점 또는 항공운송주선인(혼재업자)이 수출입화물의 취급에 따른 서류발급비용, 화물도착통지(Arrival Notice), 해외 파트너와의 교신 등에 소요되는 통신비용 등 제반 서비스 제공에 대한 대가로서 징수하는 수수료이다.

⑤ Pick up service charge(집화수수료) : 항공화물운송대리점 또는 항공운송주선인이 송하인이 지정한 장소로부터 화물을 집화하는 경우에 발생한 차량운송비용을 말하며, 화물인수지연으로 차량이 대기할 경우 대기비용을 부가하여 실비로 정산한다.

3 운임산출 중량방법

실제중량과 용적중량 중 숫자가 큰 중량이 운임산출의 기준 중량이 된다.

(1) 실제 중량에 의한 방법

화물중량의 측정은 kg으로 측정한다.

(2) 용적(부피)중량에 의한 방법

① 가로 × 세로 × 높이의 방식으로 계산한다.

② 용적 운임부과 중량 환산기준

- 1kg = 6,000㎤
- 1CBM : 1㎥ = (100×100×100)cm = 166.66kg(약 167kg)

확인하기

▶ **항공화물에 적용되는 운임(용적기준)**

- 무게 : 30kg
- 크기 : 가로 80cm × 세로 50cm × 높이 60cm
- 항공운임 : kg당 US$ 5
- 운임부과 중량 환산기준 : 6,000cm^3 = 1kg

해설 1. 운임부과 중량 환산기준 : 6,000cm^3(가로×세로×높이)=1kg이므로 80×50×60/6,000=40kg

2. 중량기준(30kg)보다 용적기준(40kg)이 더 무거우므로 용적기준 채택

3. 항공운임 = 40kg×5$ = 200$

체크 Point

항공운송화물의 사고유형

사고유형		내용
화물 손상	Mortality	운송 중 동물이 폐사되었거나 식물이 고사된 경우
	Spoiling	내용물이 부패되거나 변질되어 상품의 가치를 잃게 되는 경우
지연 (Delay)	SSPD(ShortShipped)	적하목록에는 기재되어 있으나 화물이 탑재되지 않은 경우
	OFLD(Off-Load)	출발지나 경유지에서 선복 부족으로 인하여 의도적이거나, 실수로 화물을 내린 경우
	OVCD(Over-Carried)	• 예정된 목적지 또는 경유지를 지나서 화물이 운송되었거나 발송 준비가 완료되지 않은 상태에서 화물이 실수로 발송된 경우 • 항공화물 지연(delay) 사고의 하나로, 화물이 하기되어야 할 지점을 지나서 내려진 경우
	STLD(ShortLanded)	적하목록에는 기재되어 있으나 화물이 도착되지 않은 경우
	Cross Labelled	실수로 인해서 라벨이 바뀌거나 운송장 번호, 목적지 등을 잘못 기재한 경우
	MSCN(Miss-connected)	다른 목적지로 화물이 잘못 보내진 경우
분실(Missing)		탑재 및 하역, 창고보관, 화물인수, 타 항공사 인계 시에 분실된 경우

4 국제항공기구 및 국제조약 ★★★

1 국제항공기구

(1) 국제항공운송협회(IATA, International Air Transport Association)

① 개념

㉠ 항공사들이 설립한 순수 민간단체로 여객운임 및 화물요율 등을 결정하는 국제기구이다.

㉡ 각국의 정기 항공사에 의해 운임, 정비 등 상업적, 기술적인 활동을 목적으로 설립된 국제적 민간항공단체로 캐나다 몬트리올과 스위스 제네바에 본부를 두었다.

㉢ 국제민간항공운송에 종사하는 민간항공사들이 협력하여, 안전하고 경제적인 항공운송업의 발전과 항공교역의 육성 및 관련 운송상의 문제를 해결한다.

㉣ 표준운송약관, 항공화물운송장, 판매대리점과의 표준계약에 관한 표준방식을 설정한다.

② 특징

㉠ IATA는 약관을 포함한 항공권의 규격 및 발권절차의 통일을 추구하고 있다.

ⓛ IATA는 ICAO와 연대 협력한다.
ⓒ IATA는 항공운송업계의 바람직한 경쟁을 목표로 한다.
ⓔ IATA는 출입국절차의 간소화를 위해 노력하고 있다.

(2) 국제민간항공기구(ICAO, International Civil Aviation Organization)

① 개념

㉠ 1944년에 결의된 Chicago Conference를 기초로 하고 있는 정부 간 국제협력기구이다.
㉡ 시카고조약에 의거하여 국제항공의 안전성 확보와 항공질서 감시를 위한 관리를 목적으로 설립된 UN 산하 항공전문기구
㉢ 국제연합(UN) 산하의 전문기구로 국제항공운송에 필요한 원칙을 제정하고 기술 및 안전에 대해 연구하며 캐나다의 몬트리올에 본부 설립
㉣ 계약당사자가 아닌 운송인이 이행한 국제항공운송에 관한 일부규칙의 통일을 위한 와르소조약(Warsaw Convention)을 보충하는 과달라하라조약(Guadalajala Convention)을 채택한 국제기구이다.

② 주요 업무

㉠ 국제항공법회의에서 초안한 국제항공법을 의결한다.
㉡ 국제민간항공의 안전 확보와 항공 시설 및 기술발전 등을 목적으로 하고 있다.
㉢ 항공기 사고 조사 및 방지, 국제항공운송의 간편화 등의 업무를 하고 있다.

(3) 국제운송주선인협회연맹(FIATA, International Federation of Freight Forwarders Associations)

국제운송인을 대표하는 비정부기구로 전 세계 운송주선인의 통합, 운송주선인의 권익보호, 운송주선인의 서류 통일과 표준거래조건의 개발 등을 목적으로 한다.

(4) 국제항공연맹(FAI, Federation Aeronautique Internationale)

항공스포츠를 통한 각국의 정치, 인종 초월, 인류 이해, 친선도모, 참된 국제정신 고양을 위해 설립되었으며, 주요 활동으로는 각종 스포츠 경기대회 개최 장려, 각종 항공기록 통제 규정 제정 등이 있다.

(5) 국제공항협회(ACI, Airports Council International)

1991년 국제공항운영협의회와 공항협의조정위원회, 국제민간공항협회 등 공항 관련 3개 단체를 통해 설립되었으며, 전 세계 공항의 안전과 발전, 공항 간 협력을 위해 결성된 비영리단체이다.

(6) 국제항공화물협회(TIACA, The International Air Cargo Association)

항공사, 포워더, 공항, 관세사, 화주, 항공산업 장비제조사, 언론사 등과 같은 항공화물과 항공 물류산업을 대표하는 항공화물 관련 국제협회로 규제 완화, 법령 제안 등을 통해 항공운송 활성화에 기여하는 비영리 조직이다.

2 국제조약

(1) 바르샤바협약(Warsaw Convention, 와르소조약)

① 의의

㉠ 정식 명칭은 국제항공운송에 있어서의 일부규칙의 통일에 관한 협약(Convention for the Unification of certain Rule Relating to International Transportation by Air)이다.

㉡ 국제항공운송인의 책임과 의무를 규정한 최초의 조약이다.

㉢ 제1차 세계대전 후 급속도로 발달한 항공운송이 국제적인 교통수단으로 이용되고 국제적으로 적용할 법규 및 여객이나 운송인에게도 최소한의 보장이 요청됨에 따라 1929년 체결되었다.

㉣ 국제항공운송인의 민사책임에 관한 통일법을 제정하여 동일사건에 대한 각국법의 충돌을 방지하고 국제항공운송인의 책임을 일정 한도로 제한하여 국제민간항공운송업의 발전에 그 목적을 둔 최초의 국제규범이다.

② 주요 내용

㉠ 바르샤바협약은 국제간 항공운송으로서 운송계약상 발송지 및 목적지가 모두 체약국에 있는 경우 적용된다.

㉡ 화물에 대한 책임한도액

- 여객사망 한도액 : 12만 5,000프랑
- 화물 책임한도액 : 위탁수하물 250프랑/1kg, 휴대수하물 5,000프랑/1인당

(2) 헤이그의정서(Hague Protocol)

바르샤바협약의 내용을 일부 수정한 의정서로서 1955년에 채택된 Hague Protocol에서는 여객에 대한 운송인의 보상 책임한도액을 인상했다.

체크 Point

바르샤바협약과 헤이그의정서의 이의신청기간

구분	바르샤바협약	헤이그의정서
화물 훼손	7일 이내	**14일** 이내
화물 연착	**14일** 이내	21일 이내

(3) 과달라하라(Guadalajara)협약

① 과달라하라조약은 항공기 임대차의 증가에 따른 새로운 조약의 필요성에 따라 국제민간항공기구(ICAO)가 1965년에 채택한 조약이다.

② 정식명칭은 "계약당사자가 아닌 운송인이 이행한 국제항공운송에 관한 일부규칙의 통일을 위한 바르샤바조약을 보충하는 조약"이다. (우리나라 미가입)

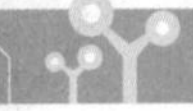

(4) 몬트리올협정(Montreal Agreement, 1966)

① 의의 : 미국이 항공운송 사고 시 운송인의 책임한도액이 너무 적다는 이유로 바르샤바조약을 탈퇴하였다. 이에 따라 IATA가 미국 정부와 직접교섭은 하지 않고 미국을 출발, 도착, 경유하는 항공회사들 간의 회의에서 운송인의 책임한도액을 인상하기로 합의한 협정이다.

② 주요 내용

㉠ 운송인은 항공운송 중에 발생한 사고로 인한 손해에 한하여 책임을 진다. 다만, 운송인이 송하인의 동의 없이 다른 운송수단 형태에 의한 운송으로 대체한 경우 다른 운송수단에 따른 운송은 항공운송 기간 내에 있는 것으로 간주된다.

㉡ 운송인은 화물의 파괴, 분실 또는 손상으로 인한 손해가 항공운송 중에 발생하였을 경우에 한하여 무과실책임을 진다.

㉢ 연착손해에 대해서는 추정과실책임주의를 적용하며, 운송인은 승객, 수화물 또는 화물의 항공운송 지연으로 인한 손해에 대한 책임을 진다.

㉣ 운송인의 책임한도는 1kg당 22SDR로 규정하고 있으며, IMF 비가맹국은 250금프랑 기준으로 한다. (Montreal 추가 의정서에서는 IMF의 SDR이 통화의 환산단위로 도입되었다.)

㉤ 몬트리올협약상 제소기한은 2년이며, 중재에 의한 분쟁해결을 허용하고 있다.

Tip

+ 헤이그의정서와 몬트리올협정의 차이

- 화물의 책임한도액의 경우 차이는 없으나, 여객의 경우 Hague Protocol은 1인당 US$ 20,000인 데 비해 몬트리올협정은 **US$ 75,000**(소송비용 포함)이다.
- 항공운송인의 책임에 대하여는 바르샤바협약 및 Hague Protocol은 과실책임주의를 원칙으로 하고, 몬트리올협정은 절대주의를 원칙으로 하고 있으며, 여객운송에 관한 규정만을 두고 있고 화물운송은 바르샤바조약이 그대로 적용된다.

관련규정 Montreal Convention(1999)

1. 개념

항공운송 관련 국제협정을 통합하기 위해 1999년 ICAO 국제항공법회의에서 채택되어 2003년에 발효된 국제조약(바르샤바협정 등 통합 및 현대화)

2. 적용범위

This Convention applies to all international carriage of **persons, baggage** or cargo performed by aircraft for reward. It applies equally to **gratuitous carriage** by aircraft performed by an air transport undertaking.

해석 몬트리올협약은 모든 국제운송 승객, 수하물 혹은 짐으로 비행기에 의해 운송되는 것으로서 보상에 대해 적용한다. 공중운송을 수행하는 비행기에 의해 운반되는 무료 운송에도 동일하게 적용한다.

(5) 과테말라의정서(Guatemala Protocol)

① 1971년에 개최된 과테말라 외교회의에서 통과시킨 의정서로서, 운송인의 책임을 엄격책임으로 변경함으로써 항공운송인의 책임에 관한 기본적인 사고를 크게 바꾸었다.

② 1971년에 채택된 Guatemala Protocol에서는 운송인의 절대책임이 강조되었다.

Tip

+ 국제항공운송조약의 비교

항공운송조약	주요 목적	여객 사망, 상해	(위탁)수화물/1인당	화물/kg당
Warsaw Convention (1929)	• 국제항공운송 통일법 제정 • 운송인의 책임제한	FRF 125,000 (USD 10,000)	FRF 5,000 (USD 400)	FRF 250 (USD 20)
Hague Protocol (1955)	• 운송인의 여객책임한도액 인상 • 과실책임주의	FRF 250,000 (USD 20,000)	FRF 5,000 (USD 400)	FRF 250 (USD 20)
Montreal Agreement (1966)	• 운송인의 여객책임한도액 인상 • 절대책임주의	USD 75,000 (소송비 포함)	FRF 5,000 (USD 400)	USD 20
Montreal Protocol No.4(1975)	• 화폐단위를 SDR로 변경 • 화물책임원칙 변경	SDR 16,600	SDR 323	SDR 17 화물 고유의 결함, 전쟁 등 면책
Montreal Convention (1999)	• 휴대수화물 책임 변경 • 여객지연 추가	무한책임, 여객지연 SDR 4,150	SDR 1,000	SDR 17 (현재 SDR 19)

CHAPTER 06

컨테이너운송

1 개요 ★☆☆

1 컨테이너

(1) 컨테이너

① 개념

㉠ 화물의 단위화를 목적으로 하는 운송용기로서 육상・해상・항공을 통한 화물운송에 있어 경제성, 신속성, 안정성의 이점을 갖고 있다.

㉡ 물적유통 부문의 운송・보관・포장・하역 등의 전 과정을 일관운송할 수 있는 혁신적인 운송용기이다.

㉢ 반복사용이 가능한 운송용기로서 신속한 하역작업을 가능하게 하고 이종운송수단 간 접속을 원활하게 하기 위해 고안된 화물수송용기이다.

㉣ 화물을 운송하는 과정에서 재포장 없이 사용할 수 있도록 설계되어 취급이 용이하며, 해상운송방식뿐만 아니라 **육상운송 및 항공운송에서도** 사용할 수 있도록 고안된 운송용기이다.

㉤ 환적작업이 신속하게 이루어질 수 있는 장치를 구비하여야 하며, 화물의 적입 및 적출이 용이하도록 설계된 용기이다.

② 특징

㉠ 우리나라에서는 20 feet 컨테이너가 가장 많이 사용된다.

㉡ 20ft 컨테이너 1개를 1TEU라 하며, TEU를 컨테이너 물동량 산출 단위로 이용한다.

③ 컨테이너 크기

㉠ 20피트 컨테이너 높이 2.4m × 폭 2.4m × 길이 6m

㉡ 40피트 컨테이너 높이 2.4m × 폭 2.4m × 길이 12m

㉢ 45피트 컨테이너 높이 2.4m × 폭 2.4m × 길이 13m

④ 컨테이너의 봉인(Seal)

㉠ 화물이 적입된 컨테이너를 봉인하는 것으로 식별을 위한 기호 및 번호가 적혀 있다.

㉡ 봉인상태에 의하여 도난, 변조 등의 부정행위의 유무를 확인할 수 있다.

㉢ 컨테이너 봉인은 화물이 적입된 시점부터 도착지에서 화물이 적출될 때까지 장착된다.

㉣ 컨테이너에 부착된 봉인의 번호는 선하증권에 기재된다.

(2) 컨테이너화의 장점

① 운임 감소

② 인건비 절감

③ 화물의 안전성 제고
④ 신속한 하역
⑤ 정박기간의 단축

(3) 컨테이너화의 단점

① 컨테이너 전용부두 설치와 컨테이너 운반용 섀시 및 터미널, 전용선 확보 등 시설확보에 따른 대규모 자본이 필요하다.
② 컨테이너의 유휴 등 고가 설비의 효율적 활용이 쉽지 않다.
③ 컨테이너의 용량이 커서 소량화물의 경우 혼재를 해야 하는 불편이 있다.
④ 모든 화물을 컨테이너화할 수 없는 단점을 가지고 있다.
⑤ 컨테이너화에는 선사직원 및 항만노무자의 교육·훈련 등에 있어 장기간의 노력과 투자가 필요하다.

2 컨테이너운송의 장단점

(1) 장점

① 선박의 속력이 빠르고 신속한 화물조작이 가능하다.
② 운송기간의 단축으로 수출대금의 회수가 빨라져 교역촉진이 가능하다.
③ 표준화된 컨테이너를 사용함으로써 안전하게 운송할 수 있어 보험료를 절감할 수 있다.
④ 컨테이너 전용부두와 갠트리 크레인 등 전용장비를 활용하여 신속한 하역작업을 할 수 있어 작업 시간의 단축이 가능하다.
⑤ 고정식 기계하역시설이 갖추어지지 않은 항만에도 이동식 장비로 하역작업이 가능하다.
⑥ 해상운송과 육상운송을 원만하게 연결하고 환적시간을 단축시킴으로써 신속한 해륙일관운송을 가능하게 한다.
⑦ 송화인 문전에서 수화인 문전까지 효과적인 Door to Door 서비스를 구현할 수 있다.
⑧ 컨테이너운송의 발달은 국제복합운송 발달의 계기가 되었다.

(2) 단점

① 특수 컨테이너가 개발되고 있지만 모든 화물을 컨테이너화할 수 없는 한계를 가지고 있다.
② 컨테이너화에는 거액의 자본이 필요하며, 선사 및 항만 직원의 교육·훈련, 관련 제도 개선, 기존 설비의 교체 등에 장기간의 노력과 투자가 필요하다.
③ 왕항복항 간 물동량의 불균형이 발생하면 컨테이너선의 경우 벌크선과 달리 **공컨테이너 회수 문제가 발생**할 수 있다.

3 컨테이너의 분류(적재방식에 따른 분류)

LO-LO(Lift On/Lift Off) 방식	본선이나 육상에 설치되어 있는 갠트리 크레인으로 컨테이너를 수직으로 선박에 적재 또는 양륙하는 방식이다.
RO-RO(Roll On/Roll Off) 방식	선미 또는 현측에 경사판(Ramp)이 설치되어 있어 이 경사관을 통해서 트랙터 또는 포크리프트, 트레일러 등으로 하역하는 방식이다.
FO-FO(Float On/Float Off) 방식	부선에 컨테이너나 일반화물을 적재하고 부선에 설치된 갠트리 크레인에 의해서 하역하는 방식이다.

관련규정 RO/RO선, LO/LO선, LASH선

1. RO/RO선
   ① 경사판(Ramp)을 통하여 하역할 수 있는 선박이다.
   ② 선수, 선미 또는 선측에 램프(Ramp)가 설치되어 있어 화물을 이 램프를 통해 트랙터 또는 지게차 등을 사용하여 하역하는 방식의 선박이다.
   ③ 데릭, 크레인 등의 적양기(Lifting Gear)의 도움 없이 자력으로 램프를 이용하여 Drive On/Drive Off할 수 있는 선박이다.
2. LO/LO선(Lift On/Lift Off Vessel)
   하역방식에 의한 컨테이너선의 분류 중의 하나로서, 컨테이너를 크레인 등을 사용하여 하역하고 화물창구(Hatch Opening)를 통하여 상하로 오르내리게 하는 방식의 선박이다.
3. LASH선(Light Aboard Ship)
   ① 부선(Barge)에 컨테이너 등 화물을 적재한 채로 본선에 적재 및 운송하는 선박이다.
   ② Float On/Float Off 방식에 특화된 선박이다.

2 컨테이너 화물운송형태 ★☆☆

✪ 컨테이너화물

1. 개념
   컨테이너 1개의 만재 여부에 따라 FCL(Full Container Load)과 LCL(Less than Container Load)화물로 대별할 수 있다.
2. FCL(Full Container Load) Cargo
   FCL은 하나의 컨테이너에 만재되어 운송되는 화물을 의미한다.
3. LCL(Less than Container Load) Cargo
   여러 명의 송하인 화물로 1개의 컨테이너를 채우는 혼재화물이다.

(1) CY to CY(FCL/FCL)

① CY/CY 운송은 수출자의 공장에서 컨테이너를 만재한 상태에서 수입자의 창고까지 운송하는 형태를 말하며, Door to Door 운송이라고도 한다.

② CY → CY (FCL → FCL)운송은 수출지 CY에서 수입지 CY까지 FCL형태로 운송되며, 컨테이너운송의 장점을 최대한 살릴 수 있는 방식이다.

(2) CFS to CFS(LCL/LCL)

① CFS/CFS 운송은 주로 다수의 수출자와 다수의 수입자 간에 이용된다.

② Pier to Pier 또는 LCL/LCL 운송이라고도 부르며 운송인이 여러 화주로부터 컨테이너에 운송하여 목적항의 컨테이너 화물장치장(CFS)에서 여러 수하인에게 화물을 인도하는 방법이다.

③ 혼재업무를 포워더들이 행하기 때문에 이를 Forwarder's Consolidation이라 한다.

(3) CFS to CY(LCL/FCL)

① CFS/CY 운송은 수입업자가 여러 송하인으로부터 물품을 수입할 때 주로 이용된다.

② CFS → CY (LCL → FCL)운송은 운송인이 다수의 송화인으로부터 화물을 모아 수출지 CFS에서 혼재하여 FCL로 만들고, 수입지 CY에서 분류하지 않고 그대로 수화인에게 인도하는 형태이다.

③ 운송인이 여러 송하인들로부터 화물을 CFS에서 집하하여 목적지의 수입업자 창고 또는 공장까지 운송하는 것으로 Buyer's Consolidation이라 한다.

예시 미국에 소재하고 있는 대형백화점인 A회사는 한국에서 백화점 자체 브랜드의 의류를 여러 봉제업자들로부터 OEM방식으로 가공하여 취합한 후 일괄하여 컨테이너로 수입한다. 한국의 국제물류주선업체인 B회사가 위 물품의 운송을 위탁받았다고 할 때 B회사가 취할 수 있는 적합한 운송형태는 CFS to CY이다.

예시 한국 부산의 A마트는 베트남 호치민의 B, C, D 업체로부터 매월 식품 및 식자재 약 30 CBM을 컨테이너로 수입하고 있다. 이때 혼재방식은 Buyer's Consolidation, 운송형태는 CFS to CY가 적절하다.

---

(4) CY to CFS(FCL/LCL)

① CY/CFS 운송은 하나의 수출자가 둘 이상의 수입자의 화물을 한 컨테이너에 적입한 경우에 이용된다.

② 선적지에서 수출업자가 FCL화물로 선적하고 목적지의 CFS에서 컨테이너를 개봉하여 화물을 분류한 후 여러 수입업자에게 인도한다.

활용예시 A사는 중국의 명절을 맞이하여 특수가 기대되는 상품을 중국 내 여러 바이어에게 수출하기로 계약을 체결하였다. A사가 선택할 수 있는 가장 적합한 컨테이너운송 방법은 CY to CFS이다.

혼재서비스(Consolidation Service) 형태

1. Consolidation 개념
   ① 국제물류주선업자가 소량의 LCL화물을 집화하여 FCL화물로 만드는 과정을 뜻하는 용어이다.
   ② 혼재운송은 소량화물의 선적 용이, 비용절감, 물량의 단위화로 취급상 용이하다.
   ③ 혼재운송에서 운송주선인은 선박회사가 제공하지 않는 문전운송 서비스를 제공한다.
2. Buyer's Consolidation
   ① **다수**의 송하인의 화물을 **단일**의 수하인에게 운송해 주는 형태이다.
   ② 수입자는 한 사람이지만 같은 국가에 상품의 공급자(수출자)가 다수인 경우 수출국에 있는 포워더(Forwarder)를 지정하여 운송 업무를 전담하도록 하는 것이다.
   ③ 한 사람의 포워더(Forwarder)가 수입자로부터 위탁을 받아 다수의 수출자로부터 화물을 집하하여 컨테이너에 혼재한 후 이를 수입자에게 운송하는 형태이다.
   ④ 수입화물이 소량(LCL)이고 여러 수출자로부터 수입이 이루어지는 경우에 활용한다.
   ⑤ 운송인이 여러 송하인(수출업자)들로부터 화물을 CFS에서 집하하여 목적지의 수입업자 창고 또는 공장까지 운송하는 것
3. Shipper's Consolidation
   수출업자가 한 사람이고 수입업자가 다수일 때 수출업자가 주체가 되어 집하, 혼재하여 운송하는 방법
4. Forwarder's Consolidation
   여러 화주(송화인)의 소량 컨테이너화물(LCL)을 수출지의 CFS에서 혼재하여 FCL 단위화물로 선적 운송하고, 수입지에 도착한 후 CFS에서 컨테이너화물을 분류하여 다수의 수입자들에게 인도해 주는 서비스

컨테이너 리스방식 및 리스료 부과방식

1. 컨테이너 리스방식
   ① Master Lease : 컨테이너 임차 시 임차료, 임차 및 반납조건 등을 포괄적인 계약조건으로 정한 후 계약기간 내에서는 자유롭게 임차와 반납을 허용하는 리스형태
   ② Lease & Purchase : 원하는 특정 날짜까지 일일 단위로 계산하여 리스비를 지불하는 방식으로 컨테이너 구매비용보다 리스비가 커지면 컨테이너를 소유할 수 있다.
   ③ Round Lease : 왕복 운항을 기준으로 컨테이너를 리스하는 방식
   ④ One Way Lease : 편도 운항을 기준으로 컨테이너를 리스하는 방식
2. 컨테이너 리스료 부과방식
   ① Rental Charge : 1일이나 1개월 기준으로 부과하는 방식이다.
   ② DPP(Damage Protection Plan) : 손상된 컨테이너 수만큼 보전해 주는 조건이다.
   ③ Interchange Ratio(반납률) : 반납률이 낮으면 리스료가 올라간다.
   ④ Geography(반납예정표) : 한 지점에서 1개월 동안 반납해야 할 최대수량을 기록한 표

3 컨테이너화물의 수출입절차

1 수출화물의 육상운송절차(FCL)

① 수출자는 운송인에게 선적의뢰 시 선적요청서(S/R)를 비롯한 포장명세서(P/L) 등의 서류를 제출한다.
② 화물 컨테이너 작업을 위해 공컨테이너를 수출자 창고로 투입요청한다.
* LCL화물의 경우 혼재작업을 위해 선사는 내륙운송업자에게 연락하여 수출화물을 수령하여 선적지 CFS까지 내륙운송할 것을 지시하며 수출자는 직접 운송하여 CFS에 직접 인도도 가능하다.
③ 선사는 육상운송회사에게 수출화물을 수령(Pick-up)하여 선적지 컨테이너 야적장(CY)까지 내륙운송을 지시한다.
④ 선박회사는 육상운송회사에 연락하여 수출화주가 희망하는 장소에 공컨테이너 투입을 요청한다.
⑤ 수출통관이 완료된 후 수출신고필증이 발급된 경우 화주는 컨테이너에 화물을 적입하고, 공컨테이너 투입 시 함께 전달된 선사의 봉인(Carrier's Seal)을 컨테이너에 직접 장착한다.
⑥ 컨테이너 터미널에 직접 인도하거나 ODCY에 반입한다.
⑦ ODCY에서 컨테이너 터미널의 마샬링 야드까지의 단거리 운송(셔틀운송)을 한다.
⑧ 컨테이너 터미널에 반입한 수출화물컨테이너는 선박이 지정 선석에 정박하기 전에 미리 마샬링 야드에 대기하였다가 선박이 정박하면 해당 선박에 적재한다.
⑨ 선박회사는 적재 후 선하증권(B/L)을 발행한다.

체크 Point

선적 및 하역업무 부속서류

1. 컨테이너적입도(CLP, Container Load Plan)
   ① 컨테이너마다 적재된 화물의 명세를 기재하는 서류이다.
   ② FCL화물의 경우 송화인이 작성하며, CY에서 본선 적재할 때와 양륙지에서 컨테이너 보세운송할 때 사용되는 서류이다.
   ③ LCL화물의 경우 CFS 운영업자가 작성하는 서류이다.
   ④ LCL화물의 경우 CLP는 대개 CFS Operator나 이와 계약관계에 있는 검수회사가 선적예약 시 화주가 제출한 제반서류를 기초로 작성한다.
2. Stowage Plan
   체계적인 하역작업 및 본선안전을 위한 것으로 여기에는 선적용 적부도와 양륙용 적부도가 있다.
3. Tally Sheet
   하역화물의 개수, 화인, 포장상태, 화물사고, 외형상의 고장 유무 등을 기재한 검수표이다.
4. Delivery Order(D/O)
   ① 양륙지에서 선사가 수하인으로 B/L을 받고 화물인도를 지시하는 서류이다.
   ② 양륙지에서 선사 또는 대리점이 수하인으로부터 선하증권 또는 보증장을 받고 본선 또는 터미널(CY 또는 CFS)에 화물인도를 지시하는 서류이다.

③ 물품의 보관자에 대해 그 물품을 증권(선하증권)의 정당한 소지인에게 인도해야 하는 것을 지시하는 대표적인 증서이다.

5. Boat Note(B/N)
화물양륙 시 화물을 인도받는 수하인, 그 대리인 또는 하역업자가 양륙화물과 적하목록을 대조하여 본선에 교부하는 화물인수증이다.

6. Measurement/Weight Certificate
각 포장당 용적 및 총중량의 명세서이며 해상운임 산정의 기초가 된다.

7. Manifest(M/F, 적하목록)
① 선박 또는 항공기에 적재된 화물의 총괄목록으로 선적화물에 대한 명세서이며, 양륙지에서 하역 및 통관절차에 필요한 서류이다.
② 우리나라로 해상수입되는 화물의 경우 적재항에서 화물이 선박에 적재되기 **24시간** 전까지 적하목록을 선박 입항예정지 세관장에게 전자문서로 제출하여야 한다. 다만, 중국, 일본 등의 경우에는 적재항에서 선박이 출항하기 전까지, 벌크화물의 경우에는 선박이 입항하기 **4시간** 전까지 제출하여야 한다.

2 수입화물의 내륙운송절차

① 수입국 선사는 수출국 선사로부터 B/L목록 및 사본, 선박 출항보고서, 적하목록, 위험화물목록, 최종본선 적부계획(Final Stowage Plan), 컨테이너 적부도(CLP) 등을 입수 및 검토한다.
② 선사는 화주가 도착화물을 신속히 인수할 수 있도록 해당 선박이 도착하기 전에 화주에게 화물의 도착을 알리는 **도착통지서(A/N, Arrival Notice)**를 발송한다.
③ 도착통지를 받은 수입상은 화물을 어느 보세창고에 입고할 것인지를 지정하며 수입상이 창고를 지정하지 않을 경우 선사에서 임의로 배정할 수 있다.
④ 선박이 국제항에 입항 및 하선한 후 보세구역에 장치된다.
⑤ 수입자가 관할세관에 수입신고를 하며 세관은 물품검사를 진행한 후 수입신고 수리하여 수입통관을 진행한 후 수입신고필증을 교부한다.
⑥ 수입상이 선하증권 원본을 제출하면 선사는 화물인도지시서(D/O)를 발급한다. CY나 보세장치장 등은 선사 또는 포워더가 발행한 원본 선하증권이나 화물인도지시서를 소지하고 있는 화주에게 화물을 인도하며, 운임과 창고료 등을 영수한다.
⑦ 공컨테이너 반납
㉠ 화주가 인수해 간 컨테이너의 반송은 원칙적으로는 Full Container를 Pick-up했던 ODCY로 반납하는 것이 원칙이다. 예외적으로 선사가 지정한 내륙 컨테이너 데포(Depot)나 CY에 반납할 수 있다.
㉡ 이때 선사가 정한 Free Time을 경과하여 반환하는 경우에는 컨테이너 지체료가 부과된다.

✪ 수입절차

- 선적서류 입수 – 도착 통지 – 배정적하목록 작성 – 수입통관 – 화물 양화/입고/운송 – 화물인출의 순이다.
- 수출국에서 선박이 출항하면 수출국 포워더는 수입국 포워더에게 일련의 서류를 선적통지와 함께 송부하는데, 여기에는 House B/L과 Master B/L이 포함된다.

✚ 관세법상의 수출입통관

1. 통관

   관세법상 통관은 수입, 수출, 반송으로 이루어진다.

2. 신고

   ① 물품을 수출입 또는 반송하고자 할 때에는 당해 물품의 품명・규격・수량 및 가격 등 기타 대통령령이 정하는 사항을 세관장에게 신고하여야 한다.

   ② 입항 후 신고가 원칙이나, 당해 물품을 적재한 선박 또는 항공기가 입항하기 전에 수입신고를 할 수 있다. (입항 전 수입신고)

   ③ 세관장은 수출입 또는 반송에 관한 신고서의 기재사항이 갖추어지지 아니한 경우에는 이를 보완하게 할 수 있다.

   ④ 관세청장은 수입하려는 물품에 대하여 검사대상, 검사범위, 검사방법 등에 관하여 필요한 기준을 정할 수 있다.

3. 수입통관절차

   외국물품입항(항공/해상/육상) → 외국물품의 보세구역 반입과 장치 → **수입신고 → 수입신고 내용의 심사 → 신고물품의 검사 → 신고수리 및 외국물품의 내국물품화 → 납세** → 물품의 보세구역 반출

4. 반송통관 활용예시

   ① A는 중국의 B로부터 플라스틱 주방용기를 구매하여 국내에 판매할 목적으로 부산항에 반입하였다. 운송경로는 북경–홍콩–부산이다.

   ② A가 해당 물품을 부산항에 소재한 보세구역에 보관하면서 국내구매자를 물색하였으나 가격조건이 맞지 않아 수입을 포기하였다.

   ③ 대신 A는 베트남에 있는 C와 판매계약을 체결하여 해당 물품을 보세구역에서 베트남으로 바로 선적하고자 한다. 이 경우 사용하는 통관방법은 반송통관이다.

관련규정 보세구역

1. 보세구역

   지정보세구역, 특허보세구역, 종합보세구역으로 구분하며 지정보세구역은 지정장치장, 세관검사장으로 분류하고, 특허보세구역은 보세창고, 보세공장, 보세전시장, 보세건설장, 보세판매장으로 구분할 수 있으며 종합보세구역은 특허보세구역의 기능을 2 이상 수행하는 구역이다.

2. 지정보세구역

   ① **지정장치장** : 지정장치장은 통관을 하려는 물품을 일시 장치하기 위한 장소로서 세관장이 지정하는 구역으로 한다.

   예시 A물품의 최초 선적지는 미국 뉴욕이고 최종 목적지는 중국 상해이다. X선사가 해당 물품을 선적하여 부산항에 입항하였는데, 부산항에 양륙하여 보세구역에 잠시 보관하다 다른 선박에 환적하여 중국으로 운송할 예정이다. 해당 물품은 컨테이너에 적재되어 있고 FCL화물이다. 이 경우 활용할 수 있는 보세구역은 지정장치장이다.

   ② **세관검사장** : 통관을 하고자 하는 물품을 검사하기 위한 장소로서 세관장이 지정하는 지역을 말한다.

3. 특허보세구역
   ① 보세창고
      ㉠ 통관을 하고자 하는 물품을 일시 장치하기 위한 장소로서 세관장의 특허를 받아 운영하는 장소를 말한다.
      ㉡ 보세창고의 운영인은 미리 세관장에게 신고를 하고 외국물품의 장치에 방해되지 아니하는 범위에서 보세창고에 내국물품을 장치할 수 있다.
      ㉢ 보세창고의 경우 장치기간이 지난 내국물품은 그 기간이 지난 후 **10일 내에 그 운영인의 책임으로 반출**하여야 한다.
   ② **보세공장** : 외국물품 또는 외국물품과 **내국물품을 원료로 하거나 재료로 하여** 수출하는 물품을 제조・가공하거나 수리・조립・검사・포장 기타 이와 유사한 작업을 하는 것을 목적으로 한다.
   ③ **보세전시장** : 박람회・전람회・견본품 전시회 등의 운영을 위하여 외국물품을 장치・전시 또는 사용할 수 있다.
   ④ 보세건설장
      ㉠ 산업시설의 건설에 소요되는 외국물품인 기계류 설비품 또는 공사용 장비를 장치・사용하여 해당 건설공사를 할 수 있다.
      ㉡ 운영인은 보세건설장에서 건설된 시설을 수입신고가 수리되기 전에 **가동하여서는 아니 된다**.
   ⑤ 보세판매장
      ㉠ 세관장은 보세판매장에서 판매할 수 있는 물품의 종류, 수량, 장치 장소 등을 제한할 수 있다.
      ㉡ 보세판매장에서 판매할 수 있는 물품의 종류, 판매한도는 **기획재정부령**으로 정한다.
4. 종합보세구역
   관세청장은 직권으로 또는 관계 중앙행정기관의 장이나 지방자치단체의 장, 그 밖에 종합보세구역을 운영하려는 자의 요청에 따라 무역진흥에의 기여 정도, 외국물품의 반입・반출 물량 등을 고려하여 일정한 지역을 종합보세구역으로 지정할 수 있다.
5. 보세운송
   ① 국제항에 입항한 선박에서 하역한 외국물품을 관세법의 규정에 따라 내륙지에 있는 보세창고로 운송하는 절차이다.
   ② 보세운송의 신고는 화주, 관세사의 명의로 할 수 있다.
   ③ 세관장은 보세운송물품의 감시・단속을 위하여 필요하다고 인정될 때에는 관세청장이 정하는 바에 따라 운송통로를 제한할 수 있다.
   ④ 보세운송 신고를 한 자는 해당 물품이 운송목적지에 도착하였을 때 도착지의 세관장에게 보고하여야 한다.
   ⑤ 수출신고가 수리된 물품은 관세청장이 따로 정하는 것을 제외하고는 보세운송절차를 생략한다.

4 컨테이너 터미널 ★★☆

1 컨테이너 터미널(Container Terminal)

(1) 개념

부두에 위치하여 하역, 화물보관, 육상운송기관에의 컨테이너화물의 인수・인도를 행하는 장소이다.

(2) 제반시설

① 컨테이너 야적장(CY, Container Yard)
   ㉠ 수출입 컨테이너의 반입, 장치, 보관, 인수・인도가 이루어지는 장소이다.
   ㉡ 컨테이너를 인수・인도하고 보관하는 장소로서, 넓게는 Marshalling Yard, Apron, CFS 등을 포함하

는 컨테이너 터미널의 의미로도 사용되지만 좁게는 컨테이너 터미널의 일부 공간을 의미하기도 한다.

On-Dock CY와 Off-Dock CY

① CY는 On-Dock CY와 Off-Dock CY로 구분할 수 있다.
② On-Dock CY는 컨테이너의 인수·인도·보관을 위해 터미널 내(항만 내)에 있는 장소이다.
③ Off-Dock CY(ODCY, Off Dock Container Yard)는 부두 내 CY의 부족현상을 보완하기 위해 **부두(항만)에서 떨어진 곳**에 설치된 컨테이너장치장으로서, 수출입 컨테이너화물의 장치, 보관 및 통관 등의 업무가 이루어지는 장소이다.

위험물컨테이너장치장

개항의 항계 안에서 폭발, 화재 및 오염 등을 사전에 봉쇄하여 항만교통의 안전을 유지하기 위하여 컨테이너 부두 내의 일정 지역을 별도로 설정하여 특수 소화장비 등을 비치한 장치장이다.

② 컨테이너 화물집화장(CFS, Container Freight Station)
㉠ 컨테이너화물의 혼재 및 분류 작업이 이루어지는 장소이다.
㉡ 수출하는 LCL화물을 집하하여 FCL화물로 만들거나, 수입하는 혼재화물을 컨테이너에서 적출하는 등의 화물취급 작업을 하는 장소를 말한다.
㉢ 컨테이너 한 개를 채울 수 없는 소량화물(LCL화물)을 인수·인도하고 보관하거나 컨테이너에 적입(Stuffing, Vanning) 또는 적출(Unstuffing, Devanning) 작업을 하는 장소

관련 용어

1. Loading, Stuffing : 선적 컨테이너에 화물을 싣는 작업을 말한다.
2. Devanning : 선적 컨테이너로부터 화물을 하역하는 작업을 말한다.
3. Stowage : 선박의 선창 또는 객실에 화물을 쌓는 방법(적부)을 말한다.
4. Trimming : 철광석, 석탄, 밀 등을 컨베이어벨트로 선박의 선창 안으로 적재할 경우 화물이 선창 가운데에만 쌓이게 되는데, 이 화물을 인력으로 편편하게 골라주는 선창 내 화물고르기 작업을 의미한다.

③ 선석(Berth)
㉠ 선박이 접안하여 하역작업이 이루어질 수 있도록 구축된 구조물이다.
㉡ 선박을 계류시키는 설비가 설치되어 있는 선박의 접안장소이다.
㉢ 표준선박 1척을 직접 정박시키는 설비를 가지고 있다.

④ 에이프런(Apron)
㉠ 하역작업을 위한 공간으로 바다와 가장 가까이 접한 곳이며 Gantry Crane이 설치되어 컨테이너의 양하 및 적하가 이루어지는 장소를 말한다.

㉡ 컨테이너의 선적 및 양륙을 위하여 선측에 Gantry Crane이 설치되어 있는 장소이다.
㉢ 안벽에 접한 부분으로 안벽 크레인이 주행할 수 있도록 레일이 설치된 장소이다.
㉣ 야드트럭이 하역작업을 하거나 컨테이너크레인이 주행할 수 있도록 안벽을 따라 일정한 폭으로 포장된 공간이다.

항공물류에서 Apron

항공물류에서 Apron은 공항에서 여객의 탑승 및 하기, 화물의 탑재 및 하역 · 정비 · 보급 등을 위하여 항공기가 대기하는 장소를 의미한다.

⑤ **마샬링 야드**(M/Y, Marshalling Yard)
㉠ Marshalling Yard는 바로 선적해야 할 컨테이너를 하역순서대로 정렬하여 두거나 양륙된 컨테이너를 배치해 놓은 장소이다.
㉡ 접안선박이 입항하기 전에 접안선박의 적부계획에 따라 작업 순서대로 컨테이너를 쌓아두는 장치장 역할을 한다. 그리고 양하된 컨테이너를 일시적으로 보관한 후 화주의 인도요구에 즉시 응할 수 있도록 임시 장치해 두는 일정한 공간이다.

⑥ **컨트롤타워**(Control Tower, 컨트롤센터) : 컨테이너 터미널 전체 작업을 관리 · 감독하는 장소

⑦ **게이트**(Gate)
㉠ 컨테이너 터미널의 주요 시설 중 컨테이너 터미널(선사)과 외부(화주, 내륙수송업자)와의 책임관계를 구분하는 지점이다.
㉡ Terminal Gate는 터미널을 출입하는 화물이나 빈 컨테이너 등이 통과하는 출입구를 말하며, CY Gate는 컨테이너 및 컨테이너화물을 인수 · 인도하는 장소이다.

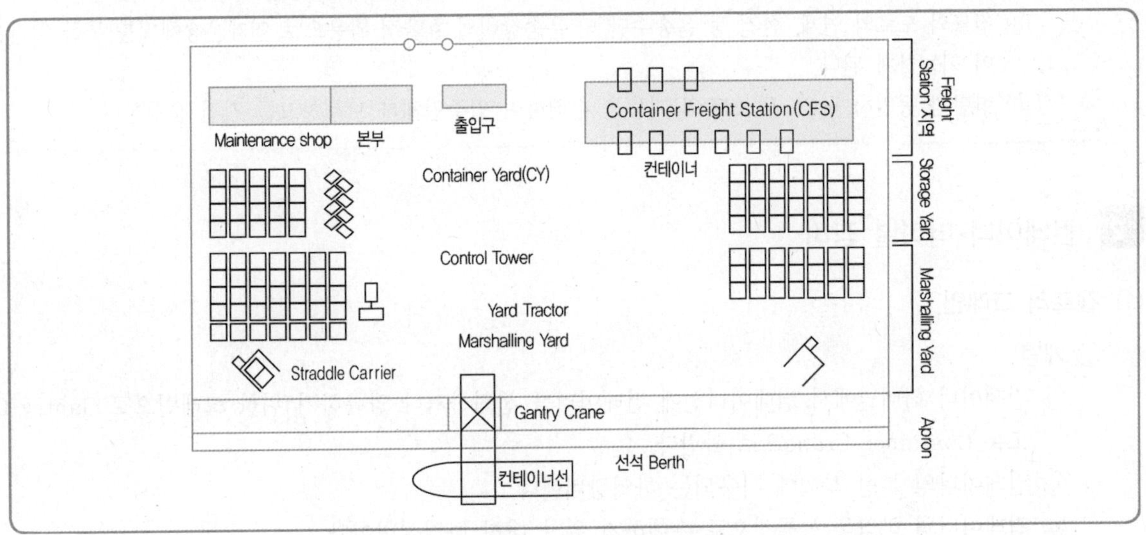

◀ 컨테이너 터미널의 구조 ▶

체크Point

ICD의 개념 및 이용이점

1. 개념
   ① 항만 내에서 이루어져야 할 본선 선적 및 양하작업과 마샬링 기능을 제외한 장치보관기능, 집하분류기능, 통관기능을 가지는 내륙의 특정 구역으로서, 선사 및 대리점, 포워더, 하역회사, 관세사, 트럭회사, 포장회사 등이 입주하여 물류 관련 활동을 수행할 수 있는 장소를 말한다.
   ② 본래는 내륙통관기지(Inland Clearance Depot)를 의미하였으나 컨테이너화의 확산으로 내륙컨테이너기지로 성장하였다.
   ③ 항만 또는 공항이 아닌 내륙에 설치된 컨테이너운송 관련 시설로서 고정설비를 갖추고 있다.
   ④ 한국의 내륙컨테이너기지(ICD)에서 제조기능은 수행하지 않는다.
2. 이용이점
   ① 컨테이너운송과 관련된 선사, 복합운송인, 화주 등 관련 업체들 간 정보시스템 구축이 용이하여 신속·정확·안전한 서비스가 제공될 수 있다.
   ② 수출입화물의 수송거점일 뿐만 아니라 화주의 유통센터 또는 창고 기능까지 담당하고 있다.
   ③ ICD는 집화·분류·혼재, 보관, 철도운송 활동에 의한 물류합리화를 실현하고 대량수송수단을 통한 수송비를 절감하며 항만구역 및 항만주변의 도로체증을 완화하고, 철도수송에 의한 CO_2 배출을 저감하는 효과가 있다.
   ④ 내륙에 도착한 공컨테이너를 항만터미널까지 운송할 필요가 없어 교통량 감소 및 운송경비의 절감효과를 얻을 수 있다.
   ⑤ 공컨테이너 장치장으로도 활용되고 있다.
   ⑥ LCL화물의 혼재 및 배분 기능을 수행한다.
   ⑦ 화물유통기지, 물류센터로 활용하여 불필요한 창고 이동에 따른 비용을 절감할 수 있다.
   ⑧ 철도와 도로의 연계, 환적 등 운송수단 및 운송장비의 효율적 활용으로 연계운송체계를 통한 일관운송이 가능하게 된다.
   ⑨ 항만과 동일하게 CY 및 CFS의 기능을 수행하며 입주업체가 보세창고를 직접 운영한다.

2 컨테이너 터미널 장비

(1) 갠트리 크레인

① 개념
   ㉠ 컨테이너 터미널에서 컨테이너선에 컨테이너를 선적하거나 양륙하기 위한 크레인으로 Gantry Crane 또는 Container Crane으로 불린다.
   ㉡ 컨테이너의 본선 작업에 사용되는 하역장비이다.
   ㉢ 컨테이너의 하역을 능률적으로 수행하기 위한 대형 하역설비이다.

② 특징

㉠ 컨테이너 터미널 내의 하역기기 중 가장 크다.

㉡ Apron에 부설된 레일을 따라 움직이거나 레일 위에서 움직이기 때문에 **자유로운 이동은 불가능**하다.

㉢ 컨테이너 선박의 대형화에 따라 아웃리치(Outreach)가 길어지는 추세이다.

㉣ Rubber Tired Gantry Crane은 컨테이너를 야드에 장치하거나 장치된 컨테이너를 섀시에 실어주는 작업을 하는 컨테이너 이동장비로 고무바퀴가 장착된 이동성이 있는 Crane이다.

(2) 스트래들 캐리어(Straddle Carrier)

터미널 내에서 컨테이너를 양각(양다리) 사이에 끼우고 이동시키는 운반차량으로 기동성이 좋은 대형 하역기기이다.

(3) 컨테이너 섀시(Chassis)

① 컨테이너를 전문적으로 운송하기 위하여 제작된 트레일러이다.

② Yard Chassis는 Van Trailer의 컨테이너를 싣는 부분을 말한다.

(4) 트랙터

컨테이너 야적장에서 Chassis를 끄는 트럭이다.

야드트랙터(Yard Tractor)

① 야드 내의 작업용 컨테이너 운반트럭으로 일반 컨테이너 트럭과 대체로 같다.

② 에이프런과 컨테이너 야드 간 컨테이너의 이동을 위한 장비로 통상야드 섀시와 결합하여 사용한다.

(5) 윈치 크레인(Winch Crane)

크레인 자체를 회전시키면서 컨테이너 트럭이나 무개화차로부터 컨테이너를 양·적하하는 하역장비이다.

(6) 리치스태커(Reach Stacker)

① 부두 또는 야드에서 컨테이너를 직접 운반하여 적재하거나 반출하는 데 사용되는 장비이다.

② 컨테이너를 적·양하할 때 사용하고 이송작업도 가능한 장비이다.

③ 컨테이너 터미널 또는 CY(ICD) 등에서 컨테이너를 트레일러에 상·하차하거나 야드에 적재할 때 사용하는 타이어주행식의 장비이다.

④ 컨테이너 운반용으로 주로 사용되며 컨테이너의 적재 및 위치이동, 교체 등에 사용되는 하역장비이다.

(7) 트랜스테이너(Transtainer, 트랜스퍼 크레인, Transfer Crane)

① 컨테이너를 야드에 장치하거나 장치된 컨테이너를 섀시에 실어주는 작업을 하는 컨테이너 이동장비이다.

② 컨테이너를 다단적하기 위해 전후방으로 레일상 혹은 타이어륜으로 이동하는 크레인이다.

(8) 포크리프트

CFS에서 컨테이너에 화물을 적입·적출할 때 사용하는 장비이다.

5 컨테이너 화물운송 관련 국제협약 ★☆☆

1 CCC협약(컨테이너통관협약, Customs Convention on Container, 1956)

컨테이너 자체가 국경을 통과함에 따라 당사국 간의 관세 및 통관방법 등을 협약·시행할 필요성이 있어, 1956년 유럽경제위원회에 의해 채택되었다.

2 컨테이너안전협약(CSC, International Convention for Safe Containers, 1972)

컨테이너 국제운송 시 컨테이너 취급, 적재 또는 수송 도중 일어나는 인명의 안전을 확보하기 위하여 컨테이너의 기준을 국제적으로 규정하기 위해 UN이 IMO(국제해사기구)와 협동으로 1972년에 채택하였다.

3 ITI협약(국제통과화물 통관협약, Custom Convention on the International Transit of Goods, 1971)

관세협력이사회가 1971년 신국제도로운송 통관조약 작성과 병행하여 새로 채택한 조약으로 국제도로운송통관조약이 도로주행차량 또는 적재된 컨테이너의 도로운송을 대상으로 하고 있는 데 비해, 본 조약은 각종 운송기기에 의한 육·해·공 모든 운송수단을 대상으로 하고 있다.

4 TIR협약(Customs Convention on the International Transport of Goods under Cover to TIR Carnets)

1959년 유럽경제위원회가 도로운송차량에 의한 화물의 국제운송을 용이하게 하기 위한 목적으로 채택하였다.

+ TIR협약의 주요 내용

① CCC협약이 컨테이너 자체의 수출입에 관한 관세법상 특례를 설정한 협약인 반면, TIR협약은 컨테이너 속에 내장된 화물이 특정 국가를 통하여 도로운송차량으로 목적지까지 수송함에 따른 관세상의 특례를 규정한 협약이다.

② 주요 내용으로는 체약국은 도로운송차량에 의하여 컨테이너에 적입되고 봉인되어 운송되는 화물에 대해 일정한 조건하에 경유지 세관에서의 수입세나 수출세의 납부를 면제하고 경유지에서 원칙적으로 세관검사를 면제한다.

CHAPTER 07

복합운송

1 복합운송의 이해 ★★☆

1 복합운송(Multimodal Transport) 개요

(1) 개념

① 국제복합운송이란 국가 간 **두 가지 이상**의 상이한 운송수단을 연계하여 이용하는 것으로 오늘날 일반적인 국제운송 형태이다.

② 하나의 계약으로 운송의 시작부터 종료까지 전 과정에 걸쳐, 운송물을 적어도 2가지 이상의 서로 다른 운송수단으로 운송하는 것을 말한다.

(2) 발전이유

① 국제복합운송은 컨테이너의 등장과 운송기술의 발달로 인해 비약적으로 발전하였다.

② Containerization으로 인한 일관운송의 발전은 해륙복합운송을 비약적으로 발전시켰다.

③ 복합운송은 하나의 운송수단에서 다른 운송수단으로 신속하게 환적할 수 있는 새로운 운송기술의 개발에 힘입어 활성화되었다.

(3) 특징

① 국제복합운송을 통해 국가 간 운송에서도 Door to Door 운송을 실현할 수 있다.

② 북미 및 시베리아 횡단철도와 해상운송을 연계하는 복합운송경로의 개척에 힘입어 해륙복합운송이 발달하였다.

③ 우리나라의 복합운송은 남북분단으로 인해 항공 및 해상 운송이 주요 역할을 담당해 오고 있다.

④ 위험부담의 분기점은 송하인이 물품을 복합운송인에게 인도하는 시점이다.

2 복합운송의 요건

국제복합운송의 기본요건은 **모든** 운송구간에 대한 **일관운임(Through Rate)** 설정, **일관**선하증권(Through B/L) 발행, 단일운송인 책임(Single Carrier's Liability) 등이다.

① **단일책임**(단일계약) : 복합운송인은 자기의 명의와 계산으로 송하인을 상대로 복합운송계약을 체결한 계약당사자로서 운송에 대한 **모든 책임이 복합운송인에게 집중**되는 단일책임을 진다.

② **단일운임** : 전 운송구간에 대해 단일운임이 적용된다.

③ **단일책임** : 전 운송구간에 걸쳐 화주에게 단일책임을 진다.

④ **단일증권** : 화물을 인수한 경우 복합운송증권을 발행한다.
⑤ **운송수단의 다양성** : 서로 다른 2가지 이상의 운송수단에 의해 운송된다.
* 단일운송수단은 복합운송의 요건이 아니다.

3 복합운송인의 개념 및 유형

(1) 개념

① 자기 명의의 복합운송증권을 발행한다.
② 운송 주체로서의 기능과 역할을 수행하며 화물운송을 주선하기도 한다.
③ 소량의 화물을 집하하여 컨테이너 단위화물로 만드는 혼재작업도 수행한다.
④ 수출업자로부터 징수하는 운임과 운송업자에게 지불하는 차액을 이익으로 취득한다.
⑤ 복합운송인은 물품의 수령에서 인도까지 모든 운송구간에 대해 책임을 진다.

(2) 유형

복합운송인은 실제운송인일 수도 있고 계약운송인일 수도 있다.

① **실제운송인형**(Actual Carrier) : 복합운송인은 자신이 직접 운송수단을 보유하여 운송서비스를 제공하기도 하며 직접 운송수단을 보유하고 있는 선사, 항공사, 철도회사를 의미한다.
② **무선박운송인형**(NVOCC)
㉠ 계약운송인형 국제물류주선업자는 운송수단을 직접 보유하지 않으면서 운송의 주체자로서의 역할과 책임을 다하는 운송인을 말한다.
㉡ NVOCC는 자신이 **직접 선박 등 운송수단을 보유하지 않은** 계약운송인형 국제복합운송업자를 말한다.
㉢ NVOCC는 화주와 운송계약을 직접 체결하고 복합운송서비스를 제공한다.
㉣ VOCC에 대해서는 화주의 입장이 되고 화주에 대해서는 운송인의 기능을 수행한다.
㉤ 1984년 미국의 신해운법에 의해 법적 지위를 인정받았다.
㉥ NVOCC도 화주에게 자기 명의로 B/L을 발행할 수 있다.

4 복합운송인의 책임과 책임체계

(1) 복합운송인의 역할

① 수출업자에게 바람직한 운송경로의 선택과 소요비용을 계산하여 제시한다.
② 선적서류의 작성이나 신용장, 외환의 매매 등에 관한 은행업무를 대행한다.
③ 화물의 포장 및 보관서비스를 제공한다.

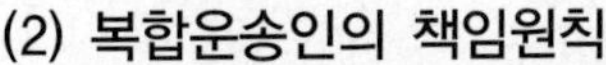

(2) 복합운송인의 책임원칙

① **엄격책임(Strict Liability, 절대책임) 원칙**

㉠ 운송인의 면책조항을 전혀 인정하지 않는다.

㉡ 손해의 결과에 대해서 항변의 면책이 인정되지 않고 절대적으로 책임을 지는 것이다.

② **과실책임**(Liability for Negligence) **원칙**

㉠ 선량한 관리자로서 복합운송인의 적절한 주의의무를 전제로 한다.

㉡ 운송인이 주의의무를 다하지 못해 발생한 손해에 대해서는 책임을 지는 것이다. 이때 피해자 측은 운송인이 주의의무를 태만히 했음을 증명해야 한다. 운송인의 과실을 화주가 입증하는 것을 원칙으로 하고 있다.

③ **무과실책임(Liability without Negligence) 원칙**

㉠ 과실의 유무를 묻지 않고 운송인이 결과를 책임지는 것이지만, **불가항력 등의 면책을 인정**한다.

㉡ 운송인의 책임발생에 대하여 운송인이나 사용인의 과실을 요건으로 하지 않는 책임이다. 엄격책임 또는 절대책임과는 달리 불가항력 및 기타 약간의 사유가 면책사유로서 인정된다.

＊ 1992년 UNCTAD/ICC 복합운송증권에 관한 국제규칙에서 채택하고 있는 복합운송인의 책임원칙은 **과실추정책임원칙**과 책임체계는 **변형단일책임체계**이다.

(3) 복합운송인의 책임체계

① 이종책임체계(Network Liability System)

㉠ 이종책임체계에서는 복합운송인이 운송구간 전체에 대하여 책임을 지지만 책임 내용은 손해발생구간의 판명 여부에 따라 달라진다.

㉡ 손해발생구간을 판명·불명으로 나누어 각각 다른 책임체계를 적용하는 방식으로 손해발생구간을 아는 경우 운송인의 책임은 운송물의 멸실 또는 훼손이 생긴 운송구간에 적용될 국제조약 또는 강행적인 국내법에 따라 결정된다.

해설 손해발생구간이 확인된 경우 해당 구간의 국내법 및 국제조약이 적용되는 체계이다.

㉢ 기존의 운송계약과 잘 조화될 뿐만 아니라 기존 협약 사이의 충돌을 피하거나 적어도 최소한도로 줄일 수 있다. 운송물의 멸실, 훼손이 생긴 운송구간을 아는 경우 운송인의 책임은 운송물의 멸실 또는 훼손이 생긴 해상, 육상, 항공 등의 운송구간에 적용될 국제조약 또는 국내법에 따라서 결정된다.

㉣ 이종책임체계에서 불명손해의 경우 그 손해가 해상구간에서 발생한 것으로 추정하여 헤이그-비스비 규칙을 적용하거나 별도로 정한 기본책임을 적용한다.

해상운송구간	헤이그 규칙 또는 헤이그-비스비 규칙
항공운송구간	바르샤바조약
도로운송구간	도로화물운송조약(CMR) 또는 각국의 일반화물자동차 운송약관
철도운송구간	철도화물운송조약(CIM)

② 단일(통일)책임체계(Uniform Liability System)

㉠ 화주에 대해 운송계약의 체결자인 복합운송인이 **전 운송구간에 걸쳐서 전적으로 동일 내용의 책임을 부담**하는 책임체계이다.

㉡ 복합운송인이 운송물의 손해에 대하여 사고발생구간에 관계없이 동일한 기준으로 책임을 지는 체계이다.

㉢ 전 운송구간에 걸쳐 모두 동일내용의 책임을 복합운송인이 부담하는 형태로서, 화물의 손해에 대하여 그 발생장소나 운송수단 여하를 불문하고 동일원칙, 동일내용의 책임을 부담한다. 화물손해 발생 시 복합운송인이 하청운송인에게 구상해야 하므로 오히려 절차가 복잡하고 비용이 증가될 수 있다.

㉣ 단일책임체계는 기존의 각 운송종류별 책임한도가 달라서 그중 어느 것을 선택할 것인지가 문제시된다.

㉤ 단일책임체계는 유일한 면책사유로 불가항력에 상당하는 사유만을 인정하고 있다.

③ **변형**(절충형, 절충식)**통합책임체계**(Modified Uniform Liability System)

㉠ 절충식 책임체계(modified uniform liability system)는 단일책임체계와 이종책임체계를 절충하는 방식으로 UN국제복합운송조약이 채택한 책임체계이다.

㉡ UN 국제물품복합운송협약에서는 손해발생구간의 확인 여부와 관계없이 동일한 책임규정을 적용한다.

㉢ 손해발생구간이 확인되고 그 구간에 적용될 법규의 책임한도액이 UN 협약의 책임한도액보다 높을 경우는 그 구간의 법을 적용한다.

2 복합운송증권 ★☆☆

1 복합운송증권

① 복합운송증권은 복합운송계약에 의해 복합운송인이 발행하는 운송서류로서 복합운송계약의 내용, 운송조건, 운송계약 및 운송화물의 수령 등을 증명하는 증거서류로서 선하증권 형식으로 발행한다.

② 복합운송증권은 선박, 철도, 항공기, 자동차 등 종류가 다른 운송수단 중 두 가지 이상의 조합에 의해 이루어지는 운송에 대해 복합운송인이 발행하는 증권으로 선하증권과 달리 운송인뿐 아니라 운송주선인에 의해서도 발행된다.

③ 복합운송증권은 두 가지 이상의 다른 운송방식에 의하여 운송물품의 수탁지와 목적지가 상이한 국가의 영역 간에 이루어지는 복합운송계약하에서 발행되는 증권이다.

④ 화물의 손상에 대하여 전체 운송구간에 대한 단일책임형태로 발행된다.

2 복합운송증권의 특징

(1) 발행시기 및 성격

① 본선 적재 전에 복합운송인이 화물을 수취한 상태에서 발행된다.

② 복합운송증권의 인도는 화물의 인도와 동일한 성격을 갖는다.

(2) 유통성 및 비유통성

① 지시식으로 발행된 경우 배서·교부로 양도가 가능하다.

② 유통성 복합운송증권은 수하인이 배서 또는 교부하여 화물을 처분할 수 있는 권리가 부여된 유가증권이다.

③ 복합운송증권이 비유통성 증권으로 발행된 경우에는 지명된 수화인을 증권에 기재하여야 한다.

(3) 포워더에 의한 발행

① 복합운송증권은 발행인의 특별한 제한이 없어 FIATA B/L에 한해서는 운송주선업자도 **발행 가능**하다.

② 복합운송증권은 실질적인 운송인(Actual Carrier)에 의해서만 발행되는 선하증권과는 달리 운송주선인도 발행할 수 **있다**.

③ 컨테이너화물에 대한 복합운송증권은 FIATA의 표준양식을 사용하여 발행될 수도 **있다**.

3 복합운송증권의 형태

(1) 선하증권 형식의 복합운송증권

① 복합운송증권의 대부분은 선하증권 형식의 'Combined Transport B/L'이 주로 사용된다.

② 'Combined Transport B/L', 'Multimodal Transport B/L' 등의 다양한 명칭을 사용하며 복합운송을 의미하는 문언이 기재된다.

(2) 복합운송서류(CTD, Combined Transport Document)

① ICC에서 1975년에 제정한 '복합운송증권에 관한 통일규칙(Uniform Rules for A Combined Transport Document'에서 규정하는 복합운송증권이다.

② 모든 복합운송구간을 포괄하기 때문에 각 운송구간에 대한 별도의 운송서류가 필요 없으며, **유통이 가능한 형태와 유통불가능한 형태**로 발행할 수 있다.

(3) 복합운송서류(MTD, Multimodal Transport Document)

① UN 국제물품복합운송조약에서는 복합운송서류를 'Multimodal Transport Document'라고 한다.

② 'UN 국제복합운송조약에 준거한 복합운송증권으로 그 조약이 아직까지 발효되지 못하여 실제 사용된 경우는 없다.

③ 조약이 화주 중심이기 때문에 MTD는 복합운송인에 대하여 엄격한 책임원칙을 정한 것이 특징이다.

4 복합운송 관련 국제규칙

(1) 복합운송증권통일규칙

ICC는 1973년에 '복합운송증권통일규칙(ICC Uniform Rules for A Combined Transport Document)'을 채택하였는데, 이 규칙은 1991년 말까지 적용되어 오다가 UNCTAD/ICC규칙으로 대체되었다.

(2) UN국제물품복합운송조약

① UN조약은 복합운송에서 발생한 물품의 손해에 대하여 단일운송계약을 지배하는 국제조약에 비해 매우 엄격한 책임을 운송인에게 부과하며, 그 손해발생에 대하여 복합운송인이 과실이 없음을 입증하지 못하면 책임을 부담한다.

② UN조약의 내용을 보면, 손해발생구간이 판명된 때에는 국내법, 국제조약 또는 본 조약상의 책임한도액 중 가장 높은 금액으로 한다.

③ UN조약은 물품의 멸실・훼손에 대한 복합운송인의 책임제한에 관해 포장물 또는 적재단위당 920SDR과 1kg당 2.75SDR로서 헤이그 규칙보다도 10% 증가되어 있는데, 이는 비스비 규칙 이후의 계속적인 인플레이션이 반영된 것이다.

+ UN국제물품복합운송조약 주요 내용

① 복합운송인의 책임체계 : 절충식 책임체계
② 복합운송인의 책임기간 : 화물을 인수한 때부터 인도할 때까지
③ 송하인은 위험물에 관하여 적절한 방법으로 위험성이 있다는 표식을 하거나 꼬리표를 붙여야 한다.
④ 법적 절차 또는 중재절차가 2년 내에 제기되지 않으면 어떠한 소송도 무효가 된다.

(3) UNCTAD/ICC 복합운송증권규칙 주요 내용

① UNCTAD/ICC 합동위원회가 헤이그 규칙, 헤이그-비스비 규칙, 복합운송증권통일규칙 등을 기초로 1991년 파리의 ICC 이사회에서 제정한 '복합운송증권에 관한 통일규칙'이다.

② 복합운송서류(MTD)는 **유통가능한 형식 또는 특정 수하인이 지정된 유통 불가능한 형식**으로 발행된 복합운송계약을 증명하는 증권이며 관련 법규가 허용하는 경우 전자자료교환(EDI) 통신문으로 대체할 수 **있다.**

③ 화물이 정해진 인도 기일로부터 90일 내에 인도되지 아니한 경우에는 청구권자는 반증이 없는 한 그 화물을 멸실된 것으로 취급할 수 있다.

④ 화물의 멸실 또는 손상에 대한 배상액은 화물이 수하인에게 인도되는 장소와 시간 또는 화물을 계약에 따라 인도하여야 할 장소와 시간의 화물 가액에 의하여 산정하여야 한다.

⑤ 송하인이라 함은 복합운송인과 복합운송계약을 체결하는 자를 의미한다.

⑥ 국제복합운송인의 종합적인 책임에 대한 총액은 화물 전손 시 발생하는 책임한도를 초과하지 못한다.

⑦ 이 규칙에서 복합운송인은 복합운송증권을 발행하고 전 운송구간에 대해서 책임을 지며, 이종책임체계(Network System)를 채택하여 손해발행구간이 판명된 경우와 판명되지 않은 경우를 구분하여 규제한다.

운송수단별 국제규칙

① 복합운송 : UN복합운송조약(UNCTAD/ICC)

② 항공운송 : 바르샤바조약(Warsaw Convention), 몬트리올협약(Montreal Convention)

③ 도로운송 : 국제도로물품운송조약(CMR Convention, 1956)

④ 해상운송 : 선하증권통일조약(Hague Rules, 1924), 함부르크 규칙(Hamburg Rules, 1978), 로테르담 규칙(Rotterdam Rules, 2008)

⑤ 철도운송 : 국제철도물품운송조약(CIM Convention, 1970)

프레이트 포워더(Freight Forwarder)

1. 개념

① 운송주선인은 송화인의 위탁에 의해 수출화물을 본선에 인도하거나, 수화인의 위탁에 의해 수입화물을 본선으로부터 인수하는 자이다.

② 송화인으로부터 화물을 인수하여 수화인에게 인도할 때까지 화물의 적재, 운송, 보관 등의 업무를 주선한다.

③ 직접 운송수단을 보유하지 않은 채 화주를 대신하여 화물운송을 주선하기도 한다.

④ 자체 운송수단을 보유하지 않지만 집화, 분배, 혼재 등의 업무를 수행하는 운송의 주체자로서의 기능을 수행하는 자로서 운송주선인, 국제운송주선인, 복합운송인, 복합운송주선인 등으로 용어를 혼용하여 사용하고 있다.

⑤ 우리나라에서 복합운송주선인은 해상화물은 물론 항공화물도 주선할 수 있다.

2. 포워더 주요 업무

① 운송수단 수배

㉠ 운송의 자문, 수배

㉡ 운송계약의 체결과 선복의 예약

㉢ 운송주체로서의 역할과 기능을 하며 운송수단을 수배

㉣ 화주의 대리인으로서 적절한 운송수단을 선택하여 운송에 따르는 제반 업무를 처리해 주는 전통적인 운송주선 기능을 담당한다.

㉤ 수출화물을 본선에 인도하고 수입화물을 본선으로부터 인수한다.

② 운송서류 작성

㉠ House B/L 발행

㉡ 운송 관계 서류 작성

③ 운송제반업무 수행

㉠ 보관업무 수행

㉡ 화물의 포장, 집화, 혼재(LCL화물), 분배

㉢ (적하)보험수배

㉣ Co-loading service : 화주로부터 선적을 의뢰받은 소량화물(LCL)을 자체적으로 혼재처리하기 어려운 경우, Forwarder 간의 협력을 통해 혼재작업을 하는 것
㉤ 운송주선인은 화주에게 화물의 성질에 따라 가장 적절한 포장형태 등 각종 조언을 한다.
㉥ 운송의 통제인 및 배송인 역할을 수행한다.

④ 수행불가업무
㉠ 보험금 지급
㉡ 우리나라의 경우 운송주선인은 화주의 의뢰에 따라 관세사가 행하는 업무인 수출입신고를 이행할 수 **없다**.

3 복합운송경로 ★☆☆

1 랜드브리지(Land Bridge)

① Land Bridge란 육해복합일관운송이 실현됨에 따라 해상-육로-해상으로 이어지는 운송구간 중 **육로**운송구간을 말한다.
② 운송시간의 단축 또는 운송비의 절감이 주요 목표이다.

2 ALB(American Land Bridge)

① 1972년 미국의 Sea Train사가 처음으로 개설한 것으로 극동과 유럽 간의 화물운송에서 **미국대륙의 횡단철도로 중계**하여 극동-구주 간의 화물을 컨테이너로 일관운송하는 형태이다.
② 극동지역에서 선적한 화물을 미국 태평양 연안의 오클랜드나 로스앤젤레스 등의 항구로 해상운송한 후, 미국 동부의 대서양 연안이나 멕시코만의 항구까지 철도로 운송하여 이곳에서 다른 선박에 환적하여 유럽의 앤트워프, 함부르크, 로테르담, 브레멘 등 각 항구까지 해상운송하는 경로이다.
③ 극동의 주요 항만에서 북미 서안의 주요 항만까지 해상운송하며, 북미 서안에서 철도를 이용하여 미 대륙을 횡단하고, 북미 동부 또는 남부항에서 다시 대서양을 해상운송으로 횡단하여 유럽지역 항만 또는 유럽 내륙까지 일관수송하는 운송경로이다.
④ 한국, 일본 등 극동지역의 화물을 해상운송한 후 미국 대륙을 철도로 횡단하고 유럽지역까지 다시 해상운송하는 방식이다.
⑤ ALB는 수에즈 운하가 봉쇄될 경우, 이용할 수 있는 운송시스템 중의 하나이다.

《 American Land Bridge(ALB) 》

출발지	수송수단	중계지	수송수단	중계지	수송수단	목적지	소요일수
극동 주요항	해상	오클랜드	철도	찰스턴	해상	앤트워프, 함부르크, 로테르담, 브레멘 등	27~32일
		LA	철도	뉴올리언스	해상	로테르담	

3 MLB(Mini Land Bridge)

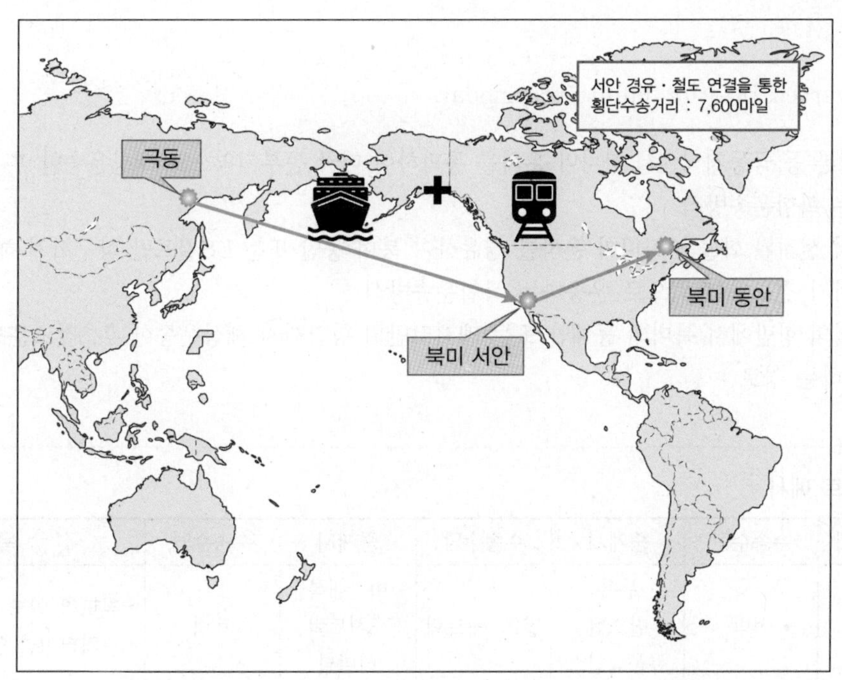

① 극동아시아에서 미국 태평양 연안까지 해상운송하고, 태평양 연안의 항구로부터 미국 동안까지 철도운송하는 방식이다.

② 한국, 일본 등 극동지역의 화물을 해상운송한 후 철도와 트럭을 이용하여 미국 동해안이나 미국 멕시코만 지역의 항만까지 운송하는 방식이다.

③ 극동아시아에서 미국의 서부 연안까지 해상운송이 이루어지고 미국 서해안에서 철도에 환적된 다음 미국 대서양 연안 및 걸프지역 항만까지 운송하는 복합운송서비스

④ 보통 랜드브리지가 육상에서 수 개국을 거치나 1개국만 거치므로 미니(mini)라는 명칭이 붙었다.

4 IPI(Interior Point Intermodal, Micro Land Bridge)

① MLB가 Port to Port 운송인 데 비하여 IPI, 즉 마이크로 브릿지(Micro Bridge)는 미국 내륙지점으로부터 최소한 2개의 운송수단을 이용한 일관된 복합운송서비스이다.
② 극동지역의 항만에서 북미의 서해안 항만까지 해상운송한 후, 북미대륙의 횡단철도를 이용하여 화물을 인도하는 경로
③ IPI는 한국, 일본 등의 극동지역 항만에서 선적된 화물을 북미 서안까지 해상운송한 후에, 북미대륙의 횡단철도를 이용하여 미국 주요 내륙지점의 철도터미널 또는 선사의 CY/CFS에서 화물 인도가 행해지는 복합운송방식이다.

5 RIPI(Reversed Interior Point Intermodal)

① 한국, 일본 등 극동지역에서 파나마 운하를 통과하여 미국 동부지역으로 해상운송한 후 미국 내륙지점까지 운송하는 복합운송방식
② 극동에서 선적된 화물을 파나마 운하를 경유하여 북미 동안 또는 US걸프만 항구까지 해상운송을 한 후 내륙지역까지 철도나 트럭으로 운송하는 복합운송방식
③ 극동지역의 항만에서 북미의 동해안 또는 멕시코만의 항만까지 해상운송한 후, 철도운송을 이용하여 화물을 인도하는 경로

체크 Point

RIPI 루트 예시

출발지	수송수단	중계지	수송수단	중계지	수송수단	목적지
동경	선박	뉴욕 찰스턴 뉴올리언스	철도 → 트럭	미국내륙 도시트럭 터미널	트럭	• 철도역 인도 → 수화주 • 트럭터미널 인도 → 수화주

6 CLB(Canada Land Bridge)

① 1979년 일본의 포워더에 의해 개발된 운송루트로 포워더 주도형의 서비스이다.
② 극동지역에서 캐나다의 밴쿠버나 미국의 시애틀까지 해상운송한 후에, 육상운송으로 대륙을 횡단하고, 다시 해상운송으로 유럽의 항구에 이르는 운송경로이다.

체크Point

CLB(China Land Bridge)
한국, 일본 등 극동지역의 화물을 해상운송한 후 중국대륙철도와 실크로드를 이용하여 유럽까지 운송하는 방식이다.

7 시베리아 대륙횡단철도망(TSR, Trans Siberian Railway)

(1) 개념

① 극동지역의 주요 항구와 러시아의 컨테이너 전용항구인 보스토치니 간의 해상운송경로와 **시베리아 대륙 철도망 및 유럽 또는 서남아시아의 내륙운송로가 연결**된 복합운송경로이다.
② TSR은 1891~1892년에 걸쳐 착공하고 1897년에 부분적으로 개통되었다.

(2) 특징

① 이 서비스를 이용할 경우 부산에서 로테르담까지의 운송거리가 수에즈 운하를 경유하는 올 워터 서비스(All Water Service)에 비해 단축될 수 있다.
② 우즈베키스탄, 투르크메니스탄 등 항만이 없는 내륙국가와의 국제운송에도 유용하다.
③ 극동지역과 유럽 간의 대외교역 불균형에 따른 컨테이너 수급문제와 동절기의 결빙문제가 발전에 걸림돌이 되고 있다.
④ 러시아 철도의 궤도 폭과 유럽 철도의 궤도 폭이 달라 환적해야 하는 불편이 있다.

8 SLB(Siberia Land Bridge)

① 한국, 일본 등 극동지역의 화물을 해상운송한 후 시베리아 대륙횡단철도를 이용하여 유럽이나 중동까지 운송하는 방식이다.
② 극동지역과 유럽대륙을 연결하는 경로로, All Water 서비스에 비해 운송거리를 크게 단축시킬 수 있고, 주 경로상 TSR 구간을 포함한다.
③ SLB는 TSR을 이용하는 운송시스템이다.

9 중국대륙횡단철도망(TCR, Trans China Railway)

① TCR은 중국 연운항을 기점으로 하는 대륙횡단철도이다.
② 연운항에서 중국대륙을 관통하여 유럽까지 연결될 수 있다.
③ 연운항에서 우루무치, 카자흐스탄의 드루주바(Druzhba)를 거쳐 유럽에 이른다.
④ 시베리아횡단철도(TSR)와 연결되어 극동－유럽을 잇는 철도망을 형성하고 있다.

10 아시아횡단철도(TAR, Trans Asian Railway)

① 아시아횡단철도는 유럽과 아시아를 가로지르는 완전한 철도망을 만들기 위한 국제연합 아시아태평양경제사회위원회(UNESCAP) 프로젝트이다.

② 우리나라를 통과하는 TAR(아시아횡단철도) 구간은 도라산~부산(497.4km)의 주 노선과 대전~목포(252.6km), 익산~광양항(179.0km)의 분기노선 등으로 이루어져 있다.

TMR(Trans Manchurian Railway)은 만주횡단철도를, TMGR(Trans Mongolian Railway)은 몽골횡단철도를 의미한다.